Judith Goldgruber

Organisationsvielfalt und betriebliche Gesundheitsförderung

GABLER RESEARCH

Judith Goldgruber

Organisationsvielfalt und betriebliche Gesundheitsförderung

Eine explorative Untersuchung

Mit einem Geleitwort von Univ.-Prof. Dr. Bernhard J. Güntert

GABLER

RESEARCH

Bibliografische Information der Deutschen Nationalbibliothek
Die Deutsche Nationalbibliothek verzeichnet diese Publikation in der
Deutschen Nationalbibliografie; detaillierte bibliografische Daten sind im Internet über
<http://dnb.d-nb.de> abrufbar.

Dissertation Private Universität für Gesundheitswissenschaften, Medizinische Informatik und
Technik Hall in Tirol, 2010

1. Auflage 2012

Alle Rechte vorbehalten
© Gabler Verlag | Springer Fachmedien Wiesbaden GmbH 2012

Lektorat: Marta Grabowski | Sabine Schöller

Gabler Verlag ist eine Marke von Springer Fachmedien.
Springer Fachmedien ist Teil der Fachverlagsgruppe Springer Science+Business Media.
www.gabler.de

Umschlaggestaltung: KünkelLopka Medienentwicklung, Heidelberg
Gedruckt auf säurefreiem und chlorfrei gebleichtem Papier

ISBN 978-3-8349-2794-1

Geleitwort

In den aktuellen gesundheitspolitischen Diskussionen und in Reformvorschlägen erfahren Gesundheitsförderung und Prävention eine deutliche Aufwertung; auch wenn nach wie vor weit über 90 Prozent der Mittel des Gesundheitswesens in die „Reparaturmedizin" fließen.

Heute ist man sich bewusst, dass mit dem Altern der Gesellschaft die berufliche Tätigkeit verlängert werden muss, um den Generationenvertrag auch in Zukunft erfüllen zu können. Dabei kann es nicht nur darum gehen, das Rentenalter hochzusetzen, vielmehr muss auch die Arbeitsfähigkeit erhalten werden. Dazu sind einerseits sicher Verhaltensänderungen bei den Einzelnen hin zu einem gesundheitsbewussten Leben notwendig, andererseits aber auch dringende Verhältnisänderungen in der Arbeitswelt, welche die Belastungen bei den Mitarbeitern reduzieren, umverteilen und Alterskarrieren ermöglichen. Kranken- und Rentenversicherungen sowie Bundes- oder Landesministerien bzw. -agenturen, aber auch Wirtschafts- oder Arbeiterkammern unterstützen daher immer häufiger Gesundheitsförderung im betrieblichen Setting, setzen (finanzielle) Anreize, stellen Beratungsleistungen oder zeichnen erfolgreiche Modelle aus.

Die Bedeutung der Betrieblichen Gesundheitsförderung (BGF) bzw. des Betrieblichen Gesundheitsmanagements (BGM) hat auch aus unternehmerischer Sicht stark zugenommen. Immer mehr Unternehmer sind sich bewusst, dass Investitionen in die Gesundheitsförderung nicht nur unmittelbar durch Verringerung von Krankheitsabwesenheiten lohnend sind, sondern dass sie auch eine bedeutende Wertschätzung den Mitarbeitern gegenüber darstellen. Dadurch werden „weiche" Faktoren wie Identifikation mit dem Betrieb, Kommunikations- und Kooperationsbereitschaft, Arbeitszufriedenheit, Leistungsbereitschaft usw. entscheidend beeinflusst und auch die Stellung des Unternehmens am Arbeitsmarkt wird gestärkt.

Trotz all dieser Bemühungen ist BGF/BGM noch lange nicht überall anzutreffen. Auch weiß man, dass viele gut gemeine BGF-/BGM-Projekte entweder schon in der Planungsphase, während des Projektverlaufes oder unmittelbar nach Auslaufen einer Förderung scheitern oder einfach versanden. Die Gründe des Scheiterns sind wenig erforscht. Die Kommunikation über „erfolgreiche" Projekte fällt Unternehmen ganz offensichtlich leichter als die Kommunikation über weniger erfolgreiche. Ein interessanter Forschungsansatz wäre die systemische Analyse von gescheiterten BGF-/BGM-Projekten, der Zugang zu Daten und Informationen ist allerdings äußerst schwierig.

Der hier von Judith Goldgruber gewählte Ansatz geht jedoch einen ganz anderen und ebenfalls noch wenig begangenen Weg. Ausgehend von der Beobachtung, dass Größe und Branche der Unternehmen zur Erklärung von Erfolg oder Misserfolg von BGF-/BGM-Projekten nicht ausreichen, wird die These aufgestellt, dass die spezifischen Besonderheiten der Unternehmen mit den ihnen eigenen Kulturen die eigentlichen Erfolgs- bzw. Misserfolgsfaktoren sind. Daraus leitet sich die Forschungsfrage nach der Angemessenheit verschiedener Varianten der BGF je nach organisationaler Voraussetzung der Unternehmen ab.

Die Ergebnisse lassen direkte Rückschlüsse für die Praxis zu, insbesondere für die situationsgerechte Wahl von nachhaltig wirksamen BGF-/BGM-Ansätzen. Auch dienen die Ergebnisse der Sensibilisierung von BGF-/BGM-Verantwortlichen und -Beratern bezüglich Organisations- und Kulturfragen. Und es wird deutlich gemacht, dass die oft angestrebten umfassenden BGM-Modelle auch „reife" Organisationskulturen erfordern, sonst mit großer Wahrscheinlichkeit zum Scheitern verurteilt sind.

„Weniger BGM ist oft nachhaltigere BGF" ist ein Fazit aus der Arbeit, „BGM bedeutet immer auch Organisations- und Kulturentwicklung im Unternehmen" ein zweites. Dessen müssen sich Unternehmensleitungen, BGF-/BGM-Berater und -Förderer sehr bewusst sein, um die Situation auch im gesellschaftlichen Interesse nachhaltig zu beeinflussen. Diese Zusammenhänge werden in vorliegendem Buch theoretisch fundiert, differenziert, mit einem starken Praxisbezug und gut verständlich erläutert.

Innsbruck, Februar 2011   Bernhard J. Güntert

Vorwort

Die Idee zu diesem Buch entstand während der Diskussionen über mögliche Gründe für die aktuell beobachtbare stagnierende Verbreitung von betrieblicher Gesundheitsförderung (BGF) im deutschsprachigen Raum. Jenseits der vielfältigen – möglicherweise durchaus zutreffenden – Spekulationen dahingehend, dass es den Organisationen entweder an monetären Mitteln für BGF oder methodischen Kompetenzen mangle, klare und eindeutige Verantwortungszuweisung fehle, die Mitarbeiter sich um ihre Gesundheit selbst zu kümmern hätten etc. muss es doch systematisch feststellbare Gründe geben; so die Überlegung.

Um dieses komplexe Thema besser zu verstehen, ist eine tiefere als die im Kontext mit BGF übliche Auseinandersetzung mit dem Wesen von Organisationen nötig. Das vorliegende Buch *Organisationsvielfalt und betriebliche Gesundheitsförderung* soll hierzu beitragen.

Dreieinhalb Jahre liegen zwischen der ersten und letzten Zeile dieser Arbeit. Gemäß den Worten Ecos (2005), wonach „man … nur keine Angst haben [darf] und … die Arbeit als einzigartige Gelegenheit ansehen [muss], Dinge zu lernen, die für das ganze Leben von Nutzen sein werden" (S. 36), wurde diese Zeit für mich intensiv; nicht immer einfach, jedoch stets beflügelnd.

Als bedeutsamer Wegbegleiter kann wohl das folgende Zitat bezeichnet werden, welches ich mir immer dann vor Augen führte, wenn doch Zweifel aufkamen, ob meine Arbeit an der Dissertation tatsächlich sinnvoll genutzte Lebenszeit wäre:

> Whatever your views about what scientists do, what they think they're doing, and how and why they go about doing it, there is no question that science is the most powerful tool ever to come into the hands of the human race. (Longland, 2007, S. 3)

Ich danke allen Menschen, die mich beruflich wie privat durch meine Promotionszeit begleiteten von Herzen für die Förderung meines Interesses an der wissenschaftlichen Arbeit und für die Möglichkeit und Unterstützung, das vorliegende Werk zu realisieren.

Mein besonderer Dank gilt meinem Doktorvater, Prof. Dr. Bernhard J. Güntert, der mir als Absolventin einer Fachhochschule den Weg zur Promotion ermöglichte und mich auf diesem kontinuierlich durch fachliche Anregungen und freundliche Worte unterstützte.

Herzlich danke ich meinem ehemaligen Professor und Kollegen Prof. Dr. Dieter Ahrens: für alles! Er hat stets ein bisschen mehr von mir verlangt als nötig gewesen wäre, mir nie Lösungen unterbreitet, dafür immer für kritische Diskussionen Zeit gefunden. Ohne ihn hätte ich niemals Licht am Ende der Doktorarbeit gesehen.

Auch danke ich allen Teilnehmern der Experten-Delphi-Befragung für ihre wertvollen Kommentare, die wesentlich zur Beantwortung der Forschungsfrage beitrugen.

Meiner Mutter, Bernadette M. Goldgruber, danke ich für die mehrmalige Korrektur des Manuskripts, ganz besonders aber dafür, mir einen beinahe unerschöpflichen Glauben an mich selbst mit auf den Weg gegeben zu haben. Dafür, dass sie immer für mich da war und es nach wie vor ist, danke ich auch meiner Großmutter, Gisela M. Goldgruber.

Meinem Freund, Martin Lachmann, gebührt allergrößter Dank für sein Verständnis, unser Leben über Jahre nach meinen Promotionsplänen ausgerichtet zu haben, sein Geschick, mich jeden Tag aufs Neue zum Lachen zu bringen und dafür, mich stets an die wesentlichen Dinge des Lebens abseits der Wissenschaft zu erinnern.

Schließlich danke ich Stefanie Brich und Sabine Schöller vom Gabler Verlag für die freundliche Zusammenarbeit bei der Drucklegung.

Angemerkt sei, dass der besseren Lesbarkeit willen in vorliegendem Buch die männliche Sprachform verwendet wird. Bei allen männlichen Bezeichnungen sind stets auch die weiblichen gemeint.

Weiz, September 2011   Judith Goldgruber

Inhalt

1 Verbreitung von betrieblicher Gesundheitsförderung (BGF)

Vielfalt bedeutet Unterschied. Ebenso wie sich Menschen hinsichtlich verschiedenster, mehr oder weniger offensichtlicher Merkmale unterscheiden, unterscheiden sich Organisationen: Manche der Unternehmen, Betriebe, Schulen, Krankenhäuser oder Vereine sind groß, andere klein, manche alt, andere neu. Die einen stellen Produkte her, die anderen erbringen Dienstleistungen. Einige forschen, andere wiederum verwalten, bilden aus oder reparieren. Manche sind einem sozialen, andere einem rationalen Menschenbild verhaftet. In einigen Organisationen herrschen gesundheitsförderliche Arbeitsbedingungen vor, in anderen nicht. Auch und insbesondere unterscheiden sich Organisationen hinsichtlich des Führungsverständnisses ihrer Leitungspersonen.

Welcher Versuch der Organisationsdifferenzierung auch immer herangezogen wird: Der Vielfalt an Organisationen steht *ein* Idealmodell der betrieblichen Gesundheitsförderung (BGF) gegenüber. So heißt es in der Luxemburger Deklaration, dass BGF „nur dann erfolgreich sein [kann]" (ENWHP, 2007), wenn die gesamte Belegschaft einbezogen, BGF in alle wichtigen Entscheidungen und in alle Unternehmensbereiche integriert wird, alle Maßnahmen systematisch durchgeführt und sowohl verhaltens- als auch verhältnisorientierte Maßnahmen umgesetzt werden. Wird das Idealmodell der BGF auf sämtliche Organisationen gleichermaßen angewandt, ist es wenig verwunderlich, dass ihre Verbreitung geringer ausfällt als angestrebt (SVR, 2005, S. 257) und zudem in unterschiedlichen Organisationen derselben Branchen und Größen heterogen ist (z.B. Beck & Schnabel, 2009; Bödeker & Hüsing, 2008; Chew, Cheah & Koh, 2002; Docherty, Fraser & Hardin, 1999; Hollederer, 2007). Auch zeigt ein schlichter Blick in die Praxis, dass die Realisierung der BGF in ihrer Idealform nicht weniger aber auch nicht mehr als ein visionäres Ziel zu bleiben scheint.

Anfänglich bestanden die Aktivitäten darin, die klassischen gesundheitsförderlichen Programme gemäß der Ottawa-Charta (WHO, 1986) auf das Setting Betrieb zu übertragen – ausgedrückt in der Luxemburger Deklaration (ENWHP, 2007). Heute zeigt sich eine deutliche Tendenz der Verknüpfung mit organisationssoziologischen, -psychologischen und betriebswirtschaftlichen Konzepten (z.B. Ahrens & Schott, 2004; Badura & Hehlmann, 2003; Ulich & Wülser, 2009). In diesem disziplinären Kontext wird auch die vorliegende Arbeit angelegt, die somit im sozial- und geisteswissenschaftlichen Bereich der Gesundheitswissenschaften anzusiedeln ist.

1.1 Problemstellung

„Die Ansätze der betrieblichen Gesundheitsförderung [sind] noch zu wenig verbreitet"
(SVR, 2005, S. 257). Um ihre Verbreitung zu fördern, wurden auf europäischer und
nationaler Ebene Netzwerke, wie etwa das European Network for Workplace Health
Promotion (ENWHP) oder das Österreichische Netzwerk Betriebliche Gesundheitsförderung (ÖNBGF) geschaffen (Slesina, 2008, S. 303). Auch wenn in den vergangenen
Jahren Untersuchungen zur Verbreitung von BGF durchgeführt wurden, bleibt das
Wissen um den Stand der BGF lückenhaft und widersprüchlich (Pfaff, Plath, Köhler &
Krause, 2008, S. 9). Analog zu Lenhardt (2005, S. 10), demzufolge die empirische Da-
tenlage lange Zeit äußerst dürftig war, geben Pfaff et al. (2008) an, dass die Anzahl der
vorliegenden empirischen Arbeiten zur Verbreitung von BGF in Deutschland nach wie
vor „als sehr gering zu bezeichnen" (S. 11) sei.

Im Folgenden soll die Forschungslücke hinsichtlich der möglichen Ursachen für die
gegenwärtige Verbreitung von BGF anhand von achtzehn einschlägigen Untersuchungen aufgezeigt werden:

Der Studienvergleich zeigt, dass die Verbreitung von BGF gering und zudem heterogen ist, insbesondere in Bezug auf Betriebsgrößen und Branchen, aber auch in Bezug auf andere untersuchte Größen, etwa Regionen, Berufsgruppen oder die wirtschaftliche Lage der Betriebe. Auch zeigen die Verbreitungsdaten, dass der BGF-
Begriff – wie vermutet – nicht einheitlich verwendet wird, sondern dass in der Praxis
unter dem Label „BGF" vielerlei Maßnahmen, von Gefährdungsbeurteilungen über
Ernährungskurse bis hin zu Führungskräftetrainings, angeboten werden. Es kann festgestellt werden, dass die Mehrzahl der recherchierten Prävalenzstudien zu BGF aus
Europa stammt (56 %), während insbesondere die älteren Studien amerikanischen
(28 %) und asiatischen (17 %) Ursprungs sind. Mehr als drei Viertel der Verbreitungsdaten zu BGF wurden im Rahmen von Befragungen erhoben, einige Untersuchungen
(22 %) basieren auf Sekundärerhebungen. Die Verbreitung von BGF kann vorsichtig
auf ein Fünftel bis ein Viertel der Organisationen geschätzt werden, auch wenn anzunehmen ist, dass – analog zum Rechercheergebnis von Pfaff et al. (ebd., S. 11) – die
Vergleichbarkeit der referierten Untersuchungen und somit die Belastbarkeit der ermit-
telten Daten durch mangelnde Repräsentativität und somit gefährdete externe Validität
der Untersuchungen problematisch sein dürfte.

In der Mehrzahl der Untersuchungen wurde explizit auf die heterogene Verbreitung
von BGF in Betrieben unterschiedlicher *Größe* hingewiesen (Beck & Schnabel, 2009;
Bödeker & Hüsing, 2008; Chew et al., 2002; Docherty et al., 1999; Hollederer, 2007;
Köhler et al., 2009; Linnan et al., 2008; Muto et al., 1996; Muto et al., 1999; Pfaff et
al., 2008; Ulmer & Groeben, 2005; Wilson et al., 1999). Sämtlichen Studien zufolge
steigt die Verbreitung von BGF mit zunehmender Betriebsgröße. Nach Ursachen hier-

für wurde jedoch nicht explizit gefragt. *Spekulationen* zufolge könnten die Ursachen in der besseren personellen und finanziellen Ressourcenausstattung größerer Betriebe liegen (Beck & Schnabel, 2009; Hollederer, 2007; Köhler et al., 2009; Muto et al., 1996). Sie könnten aber auch in den, in größeren Betrieben vergleichsweise eher vorhandenen Strukturen (z.b. Entscheidungs-, Steuerungsstrukturen) liegen, an die BGF anknüpfen kann (Hollederer, 2007; MDS, 2008) und – damit einhergehenden – in einem geringeren Implementierungsaufwand. Weiteren Spekulationen zufolge könnten Ursachen für die höhere Verbreitung von BGF in größeren Betrieben auch in der einfacheren Durchführbarkeit standardisierter Maßnahmen und im tendenziell höheren Engagement der außerbetrieblichen Akteure (z.B. Krankenkassen) liegen, die in größeren Betrieben viele Menschen gleichzeitig erreichen und somit bessere Kosten-Nutzen Relationen erzielen können (Beck & Schnabel, 2009). Auch könnten eher vorhandene professionelle Ansprechpartner und ein vergleichsweise geringerer Kosten- und Zeitdruck zur höheren Verbreitung von BGF in größeren Betrieben beitragen (Hollederer, 2007). Der Stand der Forschung zeigt, dass wir schlicht nicht wissen, welches die Ursachen für die unterschiedliche Verbreitung von BGF sind.

Auf Unterschiede in der BGF-Verbreitung in Abhängigkeit der *Branche* wurde ebenfalls in einigen Studien hingewiesen (Beck & Schnabel, 2009; Bödeker & Hüsing, 2008; Chew et al., 2002; Docherty et al., 1999; Hollederer, 2007; Macdonald et al., 2006; MDS, 2008). In der Industrie (Beck & Schnabel, 2009) – speziell im Bereich Bergbau/Energie (Hollederer, 2007), im verarbeitenden Gewerbe (MDS, 2008) und in der Fertigungswirtschaft (Chew et al., 2002; Macdonald et al., 2006) – sowie im öffentlichen Dienst (Beck & Schnabel, 2009; Docherty et al., 1999) ist die Verbreitung von BGF einigen Untersuchungen zufolge am höchsten. Am niedrigsten ist sie hingegen im Dienstleistungsbereich (Docherty et al., 1999) – speziell im Handel (Beck & Schnabel, 2009) und im Gastgewerbe (Chew et al., 2002; Hollederer, 2007) – sowie im Handwerk (Beck & Schnabel, 2009), aber auch – konträr zu den eben referierten Untersuchungsergebnissen – in der Fertigungswirtschaft (Docherty et al., 1999). Keine bedeutenden branchenspezifischen Unterschiede wurden in den Untersuchungen von Linnan et al. (2008) und Ulmer und Gröben (2005) festgestellt. Zwei Studien zeigen, dass die *Region* Einfluss auf die Verbreitung von BGF hat (Hollederer, 2007; Macdonald et al., 2006), während dieser Zusammenhang in einer anderen Studie nicht nachgewiesen werden konnte (Ulmer & Groeben, 2005). Auch wurden Unterschiede in der Verbreitung von BGF in Abhängigkeit der *Berufsgruppe* (Bödeker & Hüsing, 2008) und der *wirtschaftlichen Lage* der Betriebe (Beck & Schnabel, 2009) festgestellt.

In Übereinstimmung mit den Rechercheergebnissen von Pfaff et al. (2008, S. 9–11) zeigt der Studienvergleich, dass die Palette der gesundheitsbezogenen Maßnahmen, die unter dem Label BGF angeboten werden, sehr breit und die Häufigkeit ihrer Realisierung sehr unterschiedlich ist. Einige Untersuchungen (Bödeker & Hüsing, 2008;

Docherty et al., 1999; Muto et al., 1999; Pfaff et al., 2008; Ulmer & Groeben, 2005; Wilson et al., 1999) deuten darauf hin, dass die gesetzlich vorgeschriebenen, vornehmlich den Arbeitsschutz betreffenden Maßnahmen verbreiteter sind als die freiwilligen, klassischen Gesundheitsförderungsprogramme zu Bewegung, Ernährung und Stressbewältigung. Manchen Ergebnissen zufolge wurden unter dem Label BGF am häufigsten diagnostische Maßnahmen (z.b. Arbeitsplatz-, Belastungsanalysen, Gefährdungsbeurteilungen, Gesundheits-Check-ups) realisiert (Muto et al., 1999; Pfaff et al., 2008; Ulmer & Groeben, 2005). Köhler et al. (2009) fanden hingegen heraus, dass derlei Maßnahmen nur selten zum Einsatz kamen. Einige Untersuchungsergebnisse (Grosch et al., 1998; Köhler et al., 2009; Linnan et al., 2008; Macdonald et al., 2006; Muto et al., 1999; Schwager & Udris, 1998) zeigen, dass verhaltensbezogene Maßnahmen (z.B. Betriebssportgruppen, Rückenschulen, Raucherentwöhnungsprogramme) besonders häufig angeboten wurden, während sie anderen Studien zufolge nur selten eingesetzt wurden (Muto et al., 1999; Pfaff et al., 2008). Nach Chew et al. (2002), Muto et al. (1996) und Pfaff et al. (2008) wurden in den untersuchten Organisationen am häufigsten verhältnisbezogene Maßnahmen realisiert. Der Studienvergleich zeigt, dass dieselben Maßnahmen, die in einigen Studien als besonders verbreitet angegeben werden, in anderen Studien als selten eingesetzt beurteilt werden – und zwar unabhängig von Betriebsgrößen, Branchen und anderen situativen Merkmalen.

Zur *Erklärung* der stagnierenden Verbreitung von BGF fehlt es bislang also sowohl an nationalen als auch an internationalen systematischen Untersuchungen. Der Wissensstand bezüglich der Gründe für die unterschiedliche Verbreitung von BGF muss somit als äußerst lückenhaft bezeichnet werden. Spekulationen über Ursachen für die geringe und heterogene Verbreitung von BGF über Betriebsgrößen und Branchen hinweg wurden nur in vereinzelten Studien unternommen (Beck & Schnabel, 2009; Grosch et al., 1998; Hollederer, 2007; Köhler et al., 2009; MDS, 2008; Muto et al., 1996; Ulmer & Gröben, 2004). Neben der, in Bezug auf die Betriebsgröße bereits aufgelisteten möglichen Gründe, auf die sich die Mehrheit der Autoren bezog, beeinflussen Ulmer und Gröben (2004) zufolge die Rate der Arbeitsunfälle, die subjektive Wertschätzung des Arbeits- und Gesundheitsschutzes und der erwartete Nutzen die Etablierung von BGF.

Auch Informationen über die *Motive* der Organisationen, die in BGF investieren sind lückenhaft und noch wenig untersucht (z.B. Bachmann, 2002). Stehen primär wirtschaftliche Ziele im Vordergrund, sind es betriebswirtschaftliche Personalentwicklungsüberlegungen, sind sozialpolitische oder andere Motive vorherrschend? Pelikan (2007, S. 80) führt zwei sehr unterschiedliche Gründe an, weshalb Organisationen sich auf BGF einlassen: Entweder, weil BGF – zweckrational – eine spezifische neue Ressource darstellt, mit deren Hilfe organisationale Probleme gut oder besser gelöst werden können als ohne oder, weil BGF ein spezifisches Sinnkriterium, einen neuen Wert verkörpert, anhand dessen – wertneutral – neue Ziele erreicht werden können. Schließlich besteht kaum systematisches Wissen über die Organisationen, die eben *nicht* in BGF investieren.

Grosch et al. (1998) führen in diesem Zusammenhang ein äußerst interessantes Argument an, wonach „attempts to increase participation should look beyond individual, health, and organizational variables, to specific features of the work environment that encourage involvement in health promotion activities" (S. 36) Die Autorin schließt sich dieser Ansicht an und vermutet, dass die Nichtberücksichtigung spezifischer Besonderheiten der Arbeitsumgebung nicht nur zur Erklärung geringer Partizipationsraten, sondern auch zur Erklärung der stagnierenden Verbreitung von BGF insgesamt beitragen kann: Möglicherweise ist die unterschiedliche Verbreitung von BGF also auf die Tatsache zurückzuführen, dass die organisationalen Voraussetzungen unterschiedlicher Organisationen bislang zu wenig Berücksichtigung fanden. Nach Auffassung der Autorin liegen systematische organisationale Erklärungsansätze für die Verbreitung von BGF vor. Hieraus leitet sich der Gegenstand dieser Arbeit ab: *BGF und Organisation*. Mit dem Organisationsbegriff werden hier, gemäß den Qualitätskriterien für BGF „alle Arbeitsstätten, Betriebe und Unternehmen bezeichnet – sowohl der Privatwirtschaft als auch des Öffentlichen Dienstes, des Produktionssektors genauso wie des Dienstleistungsbereichs" (BKK, 1999, S. 2).

1.2 Zielsetzung und Forschungsfrage

Obwohl die Notwendigkeit der Verknüpfung von Organisationstheorien mit BGF diskutiert wurde (z.B. Grossmann, 1993; Marstedt, 1994; Pelikan, 2007; Quaas, Kubitscheck & Thiele, 1997; Westermayer & Stein, 2006), fehlt bislang eine organisationstheoretische Fokussierung auf unterschiedliche Organisationen im Kontext der Verbreitung von BGF. Dies erschwert das Grundverständnis der Problemlage sowie daraus abzuleitende Handlungsstrategien.

Spezifische Aspekte von Organisationen, wie etwa gewachsene Kulturen, legen die Vermutung nahe, dass die etablierten Konzepte und Instrumente der BGF nicht geeignet erscheinen, nachhaltig Verbreitung zu finden. Auch wird vermutet (z.B. Chew et al., 2002; Glasgow, Lichtenstein & Marcus, 2003; Muto et al., 1999), dass die Motivationslage der Leitungsperson(en) maßgeblich dafür verantwortlich zu sein scheint, ob BGF-Projekte durchgeführt werden oder nicht. So richtig diese Vermutungen sein mögen, so wenig kann durch sie theoretisch plausibel erklärt werden, warum BGF in unterschiedlichen Organisationen derselben Branchen und Größen unterschiedliche Verbreitung findet. Bislang wurden diese und ähnliche Vermutungen noch nicht in einen Zusammenhang mit unterschiedlichen Organisationstypen gebracht, die sowohl fördernde als auch hemmende Einflüsse auf die Etablierung von BGF haben können. Über organisationstheoretische Ansätze ließe sich die unterschiedliche Verbreitung von BGF in unterschiedlichen Organisationstypen zumindest theoretisch erklären. Daraus ließen sich in einem weiteren Schritt Herausforderungen und damit Ansätze für Adaptionen der BGF unter Einbeziehung der organisationalen Voraussetzungen unterschiedlicher Organisationstypen ableiten.

Ziel dieser Arbeit ist es, aus der Organisationsvielfalt erwachsende Konsequenzen für die BGF zu untersuchen. Angenommen wird, dass unterschiedliche Organisationen aufgrund ihrer spezifischen Besonderheiten verschiedene BGF-Varianten benötigen. Wenn dem so ist, sollen Hypothesen darüber entwickelt werden, für welche BGF-Varianten sich unterschiedliche Organisationstypen eignen. Warum investieren etwa einzelne Organisationen verschiedenster Branchen und Größen in die Gesundheit ihrer Mitarbeiter und andere Organisationen derselben Branche und Größe tun dies nicht? Die situativen Merkmale Branche und Größe scheinen nicht hinreichend dazu geeignet zu sein, hier klärend beizutragen. Eine intensive Auseinandersetzung mit dem *Wesen* der Organisationen ist erforderlich.

Den spezifischen Besonderheiten einer Organisation angemessene BGF-Varianten tragen zur Erhöhung ihrer Verbreitung bei. Aus dieser Vermutung leitet sich die folgende *Forschungsfrage* ab:

> Welche BGF-Varianten sollten künftig in unterschiedlichen Organisationen eingesetzt werden, wenn sie deren organisationalen Voraussetzungen angemessen sein sollen?

Zur Beantwortung der Forschungsfrage tragen die beiden folgenden *Unterfragen* bei:

> Lässt sich die Eignung unterschiedlicher Organisationstypen für verschiedene BGF-Varianten organisationstheoretisch begründen?
> Lässt sich die Eignung unterschiedlicher Organisationstypen für verschiedene BGF-Varianten organisationskulturell begründen?

1.3   Methodik und Aufbau

Dem Gegenstand *Organisation und BGF* nähert sich die Autorin anhand einer explorativen Untersuchung. Diese erscheint notwendig zu sein, da der Gegenstand noch weitgehend unerforscht ist und es theoretische Voraussetzungen zu schaffen und neue Hypothesen zu entwickeln gilt. Methodik und Aufbau des Buches werden nun knapp beschrieben. Ausführlich erörtert werden die beiden explorativen Ansätze in den Kapiteln 5.1 und 6.1:

Die theoretische Fundierung der BGF ist Ziel des folgenden Kapitels (Kapitel 2), welches die gesundheitswissenschaftliche Säule dieser Arbeit bildet. Ein breiter Bogen von Theorien, die in verschiedenen gesundheitswissenschaftlichen Disziplinen entwickelt wurden, bis hin zu arbeitsweltbezogenen Forschungsergebnissen wird gespannt.

Das Wesen von Organisationen zu verstehen, um Implikationen für die BGF abzuleiten, ist Ziel des zweiten Kapitels (Kapitel 3), welches die sozialwissenschaftliche Säule dieser Arbeit bildet. Einer organisationstheoretischen Längsschnittbetrachtung von Organisationen wird eine organisationstypologische Querschnittbetrachtung zur Seite gestellt.

Organisationskulturelle Bezüge zur Mitarbeitergesundheit herauszuarbeiten ist Ziel des dritten Kapitels (Kapitel 4), in welchem eine theoretische Verknüpfung der gesundheits- mit der sozialwissenschaftlichen Säule dieser Arbeit erfolgt. Anknüpfungspunkte zwischen Organisationskultur und Mitarbeitergesundheit werden aufgezeigt.

Die Formulierung vorläufiger Hypothesen über den Zusammenhang zwischen Organisationstypen und BGF ist Ziel der theoriebasierten Exploration (Kapitel 5). Die Hypothesen werden aus der Theorie auf deduktivem Weg systematisch abgeleitet. Um den spezifischen Besonderheiten unterschiedlicher Organisationen Rechnung tragen zu können, wird die *eine* BGF in plausible Varianten unterteilt. Die Untersuchung organisationstheoretischer Bedingungen für BGF erfolgt anhand von gesundheitsbezogenen Variablen. Sechs Theoriegruppen organisationstheoretischer Ansätze werden mit BGF verknüpft.

Die Verdichtung der Hypothesen ist Ziel der empirisch-qualitativen Exploration (Kapitel 6). Auf induktivem Weg werden die vorläufigen Hypothesen im Rahmen einer Delphi-Befragung mit neun renommierten Experten diskutiert und weiterentwickelt. In zwei Wellen schätzen die Befragten in einer teilstrukturierten schriftlichen Interviewsituation, der ein teilstandardisierter Fragebogen zugrunde gelegt wird, die Plausibilität der vorläufigen Hypothesen ein.

Schließlich wird die Arbeit einer Reflexion unterzogen. Die gewählte Methode und die erzielten Ergebnisse werden diskutiert, Schlussfolgerungen werden abgeleitet. Ein Ausblick auf weiterführenden Forschungsbedarf wird gegeben (Kapitel 7).

2 Gesundheit am Arbeitsplatz

Seit einigen Jahren kann BGF als etabliertes Instrument zur Reduktion von Arbeitsbelastungen und zur Stärkung von Gesundheitsressourcen am Arbeitsplatz betrachtet werden. Mittlerweile existiert eine Vielzahl an Fachpublikationen (z.b. Badura & Hehlmann, 2003; Bamberg, Ducki & Metz, 1998; Ulich & Wülser, 2009), Erfahrungsberichten (z.b. Meifert & Kesting, 2004; Pfaff & Slesina, 2001), wissenschaftlichen Untersuchungen (z.b. Harden et al. 1999; Shain & Kramer, 2004) und Netzwerken von Wissenschaftlern und Praxisexperten (z.b. ENWHP; ÖNBGF). Ein breiter Bogen von Theorien unterschiedlicher gesundheitswissenschaftlicher Disziplinen, über arbeitsweltbezogene Forschungsergebnisse, bis hin zu BGF in verschiedenen Varianten soll in diesem Kapitel gespannt werden. Ziel ist es, BGF theoretisch zu fundieren.

2.1 Gesundheit – Definitionsversuche

Für die Gesundheitswissenschaften und speziell für BGF ist eine Konkretisierung des Gesundheitsbegriffs bedeutend. Aus diesem Grund wird nun der Frage nachgegangen, wie Gesundheit denn eigentlich definiert ist, bevor im nächsten Kapitel unterschiedliche Gesundheitsmodelle dargestellt werden, die wertvolle Ansätze für BGF liefern werden.

In der allgemeinen gesundheitswissenschaftlichen Literatur wurden viele Versuche unternommen, den Gesundheitsbegriff zu bestimmen. Einigkeit über eine einheitliche Definition konnte dabei jedoch nicht erzielt werden. Unterschiede bestehen nicht nur hinsichtlich der Definitionsbestandteile, sondern auch hinsichtlich der Annahmen darüber, „wie Gesundheit erhalten, geschwächt oder stabilisiert werden kann". (Greiner, 1998, S. 40)

Ohne Anspruch auf Vollständigkeit erheben zu wollen, sollen nun einige Beispiele das Definitionsproblem des Gesundheitsbegriffs illustrieren:

In der Konstitution der Weltgesundheitsorganisation (WHO) (1948; zitiert nach WHO 1998) ist Gesundheit definiert als ein „Zustand des umfassenden körperlichen, geistigen und sozialen Wohlbefindens und nicht nur [als] das Fehlen von Krankheit oder Behinderung". Diese Definition wurde vielfach kritisiert (Franzkowiak & Sabo,

1998, S. 18; Hurrelmann, 2006, S. 117–119; Ulich & Wülser, 2009, S. 31; Wipplinger & Amann, 1998, S. 20) – als zu statisch, zu wenig dynamisch, zu subjektiv, zu vage und letztlich zu utopisch. Allerdings verweist sie auf einen positiven Gesundheitsbegriff in Form von positiven Wertaussagen und sie begründet den ersten Ansatz, Gesundheit systematisch von Krankheit abzugrenzen. Da neben dem vollkommenen körperlichen und psychischen auch das soziale Wohlbefinden explizit angesprochen wird, kommt in dieser berühmten und vielzitierten Definition der gesellschaftliche Bezug von Gesundheit deutlich zum Ausdruck. (Vogt, 2006, S. 147)

Im Kontext von Gesundheitsförderung besonders interessant ist die Entwicklung, dass Gesundheit im Laufe der Zeit mehr und mehr als Mittel zum Zweck und nicht mehr als abstrakter Zustand betrachtet wurde und wird. Gesundheit ist „funktional gesehen eine Ressource …, die es Menschen erlaubt, ein individuell, sozial und ökonomisch produktives Leben zu führen." (WHO, 1998) In der Ottawa Charta wird Gesundheit „als ein wesentlicher Bestandteil des alltäglichen Lebens [beschrieben] und nicht als vorrangiges Lebensziel. Gesundheit steht für ein positives Konzept, das in gleicher Weise die Bedeutung sozialer und individueller Ressourcen für die Gesundheit betont wie die körperlichen Fähigkeiten." (WHO, 1986) An dieser Stelle wird eine für die BGF zentrale Veränderung in der Auffassung von Gesundheit erkennbar – Arbeit und Arbeitsbedingungen werden als bedeutende Einflussfaktoren auf die Gesundheit hervorgehoben: „Die Art und Weise, wie eine Gesellschaft die Arbeit, die Arbeitsbedingungen und die Freizeit organisiert, sollte eine Quelle der Gesundheit und nicht der Krankheit sein. Gesundheitsförderung schafft sichere, anregende, befriedigende und angenehme Arbeits- und Lebensbedingungen." (WHO, 1986) In der Barcelona Deklaration wird der zentrale Einfluss von Arbeit und Arbeitsbedingungen auf die Gesundheit erwerbstätiger Menschen in folgendem Statement auf den Punkt gebracht: "The world of work, and the way that working life is organised in our societies today, is a major, and perhaps the strongest, single social determinant of health" (ENWHP, 2002).

Eine neuere Definition stammt von Hurrelmann (2006), der aus den Grundvorstellungen zentraler wissenschaftlicher Theorien von Gesundheit folgende Definition des Gesundheitsbegriffs ableitet: „Gesundheit ist das Stadium des Gleichgewichtes von Risikofaktoren und Schutzfaktoren, das eintritt, wenn einem Menschen eine Bewältigung sowohl der inneren … als auch äußeren … Anforderungen gelingt. Gesundheit ist ein Stadium, das einem Menschen Wohlbefinden und Lebensfreude vermittelt" (S. 146).

Ein Vergleich verschiedener Definitionen weist Gesundheit als „komplexes, mehrdimensionales, ganzheitliches, dynamisches und prozessuales Konzept" (Udris et al., 1992, S. 11) aus. Die Auffassung von Gesundheit als statischer Zustand rückt hingegen mehr und mehr in den Hintergrund. Aus dem Vergleich leiten die Autoren folgende Kriterien zur Beschreibung von Gesundheit ab (Udris et al., 1992, S. 11):

- Abwesenheit von Symptomen, Krankheit oder Behinderung
- Schmerz- und Beschwerdefreiheit
- keine funktionelle Beeinträchtigung von Lebensaktivitäten
- positiv bewertete psychologische Erfahrung
- adäquate Einschätzung der eigenen Handlungskompetenz
- Liebes- und Genussfähigkeit, Fähigkeit zu Trauern
- Belastungsresistenz
- Kapazität und Potenzial, selbstständig Ziele zu setzen und zu verfolgen
- Fähigkeit, Umwelt- und soziale Anforderungen sowie Belastungen und Krisen zu bewältigen
- Suchen und Finden von Sinn im Leben

Die Übersicht verdeutlicht, dass Bestimmungsstücke von Gesundheit aus unterschiedlichen Disziplinen stammen, etwa der Medizin, Psychologie, Soziologie oder den Gesundheitswissenschaften. Weiterhin zeigt die Übersicht, dass für eine interdisziplinäre und umfassende Definition von Gesundheit sowohl körperliche als auch psychische und soziale Aspekte als bedeutsam betrachtet werden. (Greiner, 1998, S. 40)

Abschließend soll nun das Definitionsproblem des Gesundheitsbegriffs wieder relativiert werden:

> Bengel, Strittmatter und Willmann (2001) geben an, dass Antonovsky:
> nicht an der Erklärung von Gesundheit als absolutem oder idealistischem Konzept interessiert [sei] ..., da dies nicht den realen Gegebenheiten entspräche.... Zudem erfordere eine Gesundheitsdefinition immer die Festlegung von Normen und beinhalte damit die Gefahr, andere Menschen an Werten zu beurteilen, die für sie gar nicht zuträfen (S. 28).

2.2 Gesundheitsmodelle

Eine systematische, wissenschaftlich fundierte Gesundheitsförderung baut auf Modellvorstellungen über Gesundheit auf (Becker, 1992, S. 92). Im Folgenden wird ein allgemeiner Überblick über Gesundheitsmodelle gegeben. Er beansprucht nicht, dem Thema mit Vollständigkeit gerecht zu werden; vielmehr dient er als theoretische Heranführung an die Gesundheitsförderung.

Die derzeit bestehenden Gesundheitsmodelle lassen sich Udris et al. (1992, S. 13) zufolge drei Kategorien zuordnen – medizinischen (Biomedizinisches Modell), sozialwissenschaftlichen (Biopsychosoziales Modell) und subjektiven Gesundheitstheorien

(Laienmodelle). Eine ähnliche Differenzierung nehmen Becker (2001, S. 41–49) und Noack (1993, S. 14–29) vor, wobei ersterer zusätzlich zu den drei bereits genannten Kategorien systemische Modelle differenziert und letzterer Gesundheit in medizinische, psychologische und soziologische Konzepte untergliedert. Die Differenzierungen von Udris et al. (1992, S. 11–13) und Becker (2001, S. 41–49) werden nun zusammengeführt; die Gesundheitsmodelle in Tabelle 1 vergleichend gegenübergestellt.

Tabelle 1   Gesundheitsmodelle im Vergleich (Becker, 2001, S. 41–42)

Kennzeichen	Pathogenetisches Modell	Salutogenetisches Modell	Laienmodelle	Systemische Modelle
allgemeine Kennzeichnung	biomedizinisches Modell	biopsychosoziales Modell, Stressbewältigungsmodell	biomedizinisches oder bio-psycho-soziales Modell	biopsychosoziales Modell, systemisches Modell
zu erklärendes Phänomen	Auftreten einer spezifischen Krankheit	keine Krankheit, Bewegung in Richtung Gesundheit	Gesundsein oder Kranksein	Position oder Bewegung auf Gesundheits-Krankheits-Kontinuum
Gesundheitsbegriff	dichotom, Gesundheit = Abwesenheit von Krankheit	Gesundheits-Krankheits-Kontinuum, Gesundheit negativ definiert	dichotom oder dimensional, körperliche und seelische Gesundheit	funktionierendes Gesamtsystem, Gesundheits-Krankheits-Kontinuum, körperliche und seelische Gesundheit
diagnostische Aspekte	biologische Parameter (z.B. anatomisch, biochemisch)	subjektive Indikatoren (z.B. Schmerz) und Ärzteurteil (z.B. Prognose)	subjektive Indikatoren (z.B. Wohlbefinden, Funktions- und Leistungsfähigkeit)	subjektive Indikatoren (z.B. Wohlbefinden) und biologische Parameter
Ursachen, Erklärungsmodell	spezifische Erreger oder Krankheitsursache(n), Risikofaktoren für spezifische Krankheiten, primär Prozesse im Individuum	Schutzfaktoren, generelle Widerstandsressourcen, insbesondere Kohärenzgefühl	subjektive Gewichtung von Vererbung, biologischen Prozessen, Umwelteinflüssen, Stress, Lebensweise, Schicksal	Bewältigung externer und interner Anforderungen mithilfe externer und interner Ressourcen, Prozesse im Individuum und zwischen ihm und der Umwelt
Bedeutung von Stressoren	eher negativ (Risikofaktoren), eher krankheitsfördernd	Effekt abhängig von Stressbewältigung (Coping)	starker (negativer) Einfluss, Betonung von Stress	Stressoren wirken als Anforderungen, Effekt abhängig von Ressourcen
Bedeutung der Bedürfnisse	-	-	-	Bedürfnisbefriedigung fördert Gesundheit

Bedeutung von Gefühlen	-	Bedeutung negativer Gefühle (z.B. Spannung und Stress)	Bedeutung positiver und negativer Gefühle	Bedeutung positiver und negativer Gefühle, Umgang mit Gefühlen
Gesundheitsförderung (allgemeine Prinzipien)	Prävention spezifischer Krankheiten, Verhinderung, Abschwächung spezifischer Risikofaktoren: Verhältnis- und Verhaltensprävention, zentrale Rolle der Medizin	Aufbau und Nutzung von Schutzfaktoren und generellen Widerstandsressourcen (vor allem Kohärenzgefühl)	abhängig vom subjektiven Ursachenmodell (z.B. Vermeidung oder Ausgleich von Risiken, Herstellung eines seelischen, körperlichen und sozialen Gleichgewichts)	Verbesserung der Voraussetzungen zur Bewältigung externer und interner Anforderungen mithilfe externer und interner Ressourcen
Gesundheitsförderung (exemplarische Interventionen)	Aufklärung, medikamentöse Beeinflussung von Risikofaktoren (z.B. Blutdruck, Cholesterin) Lebensweise (z.b. Ernährung, Bewegung, Rauchen, Drogen), Schutzimpfung, Arbeitsschutz	Förderung des Kohärenzgefühls, Gesundheitserziehung, Früherkennung, Förderung der Stressbewältigung von Risikogruppen (z.B. Arbeitslose)	Vermeidung von Stress, innere Ausgeglichenheit, gesunde Ernährung, Bewegung, Nichtrauchen, Entspannung, Erholung, Einnahme von Substanzen, maßvoller Alkoholkonsum	Förderung der seelischen Gesundheit und Lebenszufriedenheit, soziale Unterstützung und Selbsthilfe, Beachtung des subjektiven Gesundheits- und Krankheitsmodells

2.3 Entstehungsgeschichte der Gesundheitsförderung

Die WHO legte mit ihrer Definition von Gesundheit im Jahr 1948 die Grundlagen für einen positiven Gesundheitsbegriff und für die Gesundheitsförderung (Trojan & Legewie, 2001, S. 22). Eine ähnlich wegbereitende Wirkung wie die WHO-Definition hatte die Entschließung der 30. Weltgesundheitsversammlung von 1977. Die Versammlung bekräftigte Gesundheit als „grundlegendes Menschenrecht". Zur Erreichung dieses Globalziels verabschiedete sie die Strategie „Gesundheit für alle" bis zum Jahr 2000 und „schuf damit eine Keimzelle für die Gesundheitsförderung" (Franzkowiak & Sabo, 1998, S. 20). Auch die Deklaration von Alma-Ata im Jahr 1978 stellte einen bedeutenden Zwischenschritt zur Gesundheitsförderung dar, insbesondere weil sie Health Professionals erstmals gleichberechtigt neben Ärzte stellte und Laienkompetenz sowie nicht-medizinisches Erfahrungswissen anerkannte (ebd., S. 22). Beinahe alle Leitmotive der späteren Programme, insbesondere die Bestätigung der „utopischen" Gesundheitsdefinition der WHO, die Notwendigkeit intersektoraler Politik, soziale Ungleichheit als zentrales Problem der Gesundheitspolitik und Bürgerbeteiligung, wurden bereits in der Erklärung zur Konferenz von Alma-Ata angeführt (Trojan & Legewie, 2001, S. 23).

Die Ziele und Prinzipien der Gesundheitsförderung wurden in den 1980er Jahren ent-wickelt und im Rahmen der 1. Internationalen Konferenz zur Gesundheitsförderung im Jahr 1986 in der Ottawa Charta niedergeschrieben. Diese gilt als „Kristallisationspunkt der Bemühungen um eine ‚Emanzipation der Prävention von der Biomedizin'" (Trojan & Legewie, 2001, S. 26). Mit der Ottawa Charta (WHO, 1986) wird das Konzept der Gesundheitsförderung als neues Paradigma für Prävention und Gesundheitspolitik prä-sentiert. Sie basiert auf einer salutogenetischen Perspektive.

Gesundheitsförderung wird definiert wie folgt (Franzkowiak & Sabo, 1998):

> Gesundheitsförderung zielt auf einen Prozeß, allen Menschen ein höheres Maß an Selbstbestimmung über ihre Gesundheit zu ermöglichen und sie damit zur Stärkung ih-rer Gesundheit zu befähigen. ... Gesundheit [ist] als ein wesentlicher Bestandteil des alltäglichen Lebens zu verstehen und nicht als vorrangiges Lebensziel. Gesundheit steht für ein positives Konzept, das in gleicher Weise die Bedeutung sozialer und indi-vidueller Ressourcen für die Gesundheit ebenso betont wie die körperlichen Fähigkei-ten. Die Verantwortung für Gesundheitsförderung liegt deshalb nicht nur bei dem Ge-sundheitssektor, sondern bei allen Politikbereichen und zielt über die Entwicklung ge-sünderer Lebensweisen hinaus auf die Förderung von umfassendem Wohlbefinden. (S. 96)

Den Kern dieser Charta bilden die folgenden Handlungsstrategien (ebd., S. 96–97): Voraussetzungen für die Gesundheit sichern, Interessen vertreten, befähigen und er-möglichen, vermitteln und vernetzen. Als vorrangige Handlungsfelder wurden die Entwicklung einer gesundheitsfördernden Gesamtpolitik, die Schaffung gesundheits-förderlicher Lebenswelten, die Unterstützung gesundheitsbezogener Gemeinschaftsak-tivitäten, die Entwicklung persönlicher Kompetenzen und die Neuorientierung der Ge-sundheitsdienste definiert. In der Ottawa Charta wird die gemeinsame Verpflichtung zur Gesundheitsförderung hervorgehoben, die sich in ihrem grundsätzlichen Anspruch, eine gesundheitsfördernde Gesamtpolitik zu entwickeln, zeigt. Weiterhin wird zur Bil-dung einer starken Allianz zur Förderung der öffentlichen Gesundheit sowie zu inter-nationalem Handeln aufgerufen, damit „Gesundheit für alle" bis zum Jahr 2000 ver-wirklicht werden kann. (ebd., S. 100–101)

In den beiden internationalen Ottawa-Folgekonferenzen von Adelaide und Sunds-vall in den Jahren 1988 und 1991 wurden jeweils einzelne Handlungsbereiche der Ottawa Charta spezifiziert. Während im Rahmen der Adelaide-Konferenz noch Emp-fehlungen zur gesundheitsfördernden Gesamtpolitik entwickelt wurden, so wurde drei Jahre später, anlässlich der Sundsvall-Konferenz bereits die Entwicklung gesundheits-fördernder Lebenswelten fokussiert. Dies weist Ahrens (2007, S. 53) zufolge darauf hin, dass hiermit eine grundlegende Neubestimmung von Zielen und Interventionsfel-dern der Gesundheitsförderung begann, die gleichzeitig eine „leise Distanzierung" vom umfassenden Ansatz der Ottawa Charta bedeutete. Mit der Bildung sogenannter

„Settings" wurde die gesamtpolitische Verantwortung für die Gesundheit der Bevölkerung auf verschiedene Träger (z.b. Betriebe, Schulen, Gemeinden) übertragen. Der pragmatischen Begründung der leichteren Gestaltbarkeit der Lebenswelten, in denen Menschen „spielen, lernen, arbeiten und lieben" (WHO, 1986), steht ein tendenzielles Abrücken vom Anspruch der politischen Gestaltung der Lebensverhältnisse und gleichzeitig eine zunehmende Betonung der individuellen Verantwortung gegenüber. Dennoch gilt der *Setting-Ansatz* heute als Kernstrategie der Gesundheitsförderung. Richtet er sie doch auf die Lebensbereiche, Systeme und Organisationen aus, in denen Menschen einen großen Teil ihrer Lebenszeit verbringen und die mit ihren Strukturen und ihrer jeweiligen Kultur die Gesundheit der Menschen beeinflussen. (Grossmann & Scala, 2006, S. 206)

Elf Jahre nach Ottawa fand 1997 die 4. Internationale Konferenz zur Gesundheitsförderung in Jakarta statt. Diese diente der Überarbeitung der Ottawa Charta. Die fünf in der Ottawa Charta definierten Handlungsfelder der Gesundheitsförderung wurden als wirksam und erfolgreich anerkannt. Darüber hinaus wurden drei umfassende Ansätze zur Gesundheitsentwicklung definiert: der *Setting-Ansatz*, die Einbeziehung der Bevölkerung und Gesundheitslernen. (Franzkowiak & Sabo, 1998, S. 117) Neben dem Setting-Ansatz werden hiermit zwei weitere Kernstrategien der Gesundheitsförderung eingeführt: Empowerment und Partizipation. *Empowerment* zielt darauf ab, dass Menschen die Fähigkeit entwickeln und verbessern, ihre soziale Lebenswelt und ihr Leben selbst zu gestalten. Im Rahmen dieses Prozesses sollen Bedingungen geschaffen werden, die eine Befähigung der Betroffenen fördern und es ihnen ermöglichen, ein eigenverantwortliches und selbstbestimmtes Leben zu führen. (Stark, 2006, S. 28) *Partizipation* hat die aktive Einbeziehung von Menschen in die Planung und Durchführung gemeinschaftsrelevanter Aktivitäten im Sinne von Bürgerbeteiligung zum Ziel. Die Menschen sollen „bottom up" ihre Interessen vertreten, ihre Bedürfnisse artikulieren und ihre eigenen Angebote entwickeln. Partizipation wirkt sich vor allem im Sinne des Empowerments positiv auf die Gesundheit aus, indem sie bei Menschen das Bewusstsein stärkt, einen gestaltenden Einfluss auf ihre Lebensbedingungen nehmen zu können. (FGÖ, 2005) Neben den alten Kernstrategien der Gesundheitsförderung wurden in Jakarta neue Handlungsansätze, insbesondere im Bereich der intersektoralen Kooperation, gefordert. Als zentrale Elemente der Gesundheitsförderung im 21. Jahrhundert gelten ab Jakarta die Förderung sozialer Verantwortung für Gesundheit, der Ausbau der Investitionen in die Gesundheitsentwicklung, die Festigung und der Ausbau von Partnerschaften für Gesundheit, die Stärkung der gesundheitsfördernden Potenziale von Gemeinschaften und der Handlungskompetenz Einzelner und letztlich die Sicherstellung einer Infrastruktur für Gesundheitsförderung. (Franzkowiak & Sabo, 1998, S. 117)

Im Jahr 1998 wurde die Rahmenstrategie für Gesundheitsförderung „Gesundheit für alle" bis zum Jahr 2000 den Anforderungen des 21. Jahrhunderts angepasst und zur Rahmenstrategie „Gesundheit für alle" aktualisiert. Auf der 5. Internationalen Konferenz zur Gesundheitsförderung in Mexiko-City wurden im Jahr 2000 erstmals eine Erklärung der Gesundheitsminister zur Gesundheitsförderung und ein Rahmen für nationale Aktionspläne zur Gesundheitsförderung verabschiedet. Anlässlich der bislang letzten 6. Internationalen Konferenz im Jahr 2005 wurde die Bangkok Charta für Gesundheitsförderung in einer globalisierten Welt entwickelt. Diese beschreibt die nötigen Maßnahmen, Verpflichtungen und Forderungen, um Gesundheitsdeterminanten in einer globalisierten Welt mittels Gesundheitsförderung beeinflussen zu können. Die Bangkok Charta versteht sich als Ergänzung und Weiterentwicklung der Werte, Prinzipien und Handlungsstrategien der Gesundheitsförderung, wie sie durch die Ottawa Charta festgeschrieben wurden. (WHO, 2005)

Gesundheitsförderung am Arbeitsplatz wird heute mit dem Begriff „betriebliche Gesundheitsförderung" umschrieben. Bereits in der Ottawa Charta wurde der Organisation der Arbeit und der Gestaltung der Arbeitsbedingungen besonderer Stellenwert zugeschrieben. Dies kommt in den folgenden Textpassagen deutlich zum Ausdruck (Ulich & Wülser, 2009, S. 17):

> Menschen können ihr Gesundheitspotential nur dann weitestgehend entfalten, wenn sie auf die Faktoren, die ihre Gesundheit beeinflussen, auch Einfluß nehmen können. ... Die Art und Weise, wie eine Gesellschaft die Arbeit, die Arbeitsbedingungen und die Freizeit organisiert, sollte eine Quelle der Gesundheit und nicht der Krankheit sein. Gesundheitsförderung schafft sichere, anregende, befriedigende und angenehme Arbeits- und Lebensbedingungen. (WHO, 1986)

Im Jahr 1997 wurde von der Europäischen Union eine Deklaration zur BGF verfasst, die seit 2007 in aktualisierter Form vorliegt – die Luxemburger Deklaration (ENWHP, 2007). Dieser wegweisende Schritt läutete eine neue Epoche der internationalen Zusammenarbeit in betrieblichen Gesundheitsfragen ein (Meifert & Kesting, 2004, S. 8).

> In der Luxemburger Deklaration wird BGF definiert wie folgt:
> Betriebliche Gesundheitsförderung (BGF) umfasst alle gemeinsamen Maßnahmen von Arbeitgebern, Arbeitnehmern und Gesellschaft zur Verbesserung von Gesundheit und Wohlbefinden am Arbeitsplatz. Dies kann durch eine Verknüpfung folgender Ansätze erreicht werden: Verbesserung der Arbeitsorganisation und der Arbeitsbedingungen, Förderung einer aktiven Mitarbeiterbeteiligung, Stärkung persönlicher Kompetenzen. (ENWHP, 2007)

In dieser Deklaration werden u.a. folgende Herausforderungen für die Arbeitswelt im 21. Jahrhundert aufgelistet: Arbeitslosigkeit, wachsende Verbreitung neuer Informationstechnologien, Veränderungen der Beschäftigungsverhältnisse, älter werdende Belegschaften, wachsende Bedeutung des Dienstleistungssektors, Personalabbau (Downsizing), wachsender Anteil von Arbeitnehmern in Klein- und Mittelunternehmen (KMU) sowie Kundenorientierung und Qualitätsmanagement. (ENWHP, 2007) Um diesen Herausforderungen zu begegnen, reichen die Mittel des traditionellen Arbeitsschutzes nicht mehr aus. Eine gesündere Belegschaft mit höherer Motivation, besserer Arbeitsmoral und besserem Arbeitsklima kann von Organisationen erzielt werden, die Gesundheit fördern. Als moderne Unternehmensstrategie zielt BGF darauf ab, Gesundheitspotenziale zu stärken, Krankheiten vorzubeugen und das Wohlbefinden am Arbeitsplatz zu verbessern. Arbeit kann einerseits krank machen, andererseits aber auch die berufliche und persönliche Entwicklung fördern. BGF will diejenigen Faktoren beeinflussen, die die Mitarbeitergesundheit fördern. (ebd.)

Hierzu zählen gemäß der Luxemburger Deklaration:
- Unternehmensgrundsätze und -leitlinien, die in den Beschäftigten einen wichtigen Erfolgsfaktor sehen und nicht nur einen Kostenfaktor
- eine Unternehmenskultur und entsprechende Führungsgrundsätze, in denen Mitarbeiterbeteiligung [sic] verankert ist, um so die Beschäftigten zur Übernahme von Verantwortung zu ermutigen
- eine Arbeitsorganisation, die den Beschäftigten ein ausgewogenes Verhältnis bietet zwischen Arbeitsanforderungen einerseits und andererseits eigenen Fähigkeiten, Einflussmöglichkeiten auf die eigene Arbeit und sozialer Unterstützung
- eine Personalpolitik, die aktiv Gesundheitsförderungsziele verfolgt
- ein integrierter Arbeits- und Gesundheitsschutz. (ENWHP, 2007)

BGF basiert auf einer fach- und berufsübergreifenden Zusammenarbeit und kann nur dann erfolgreich sein, wenn alle Schlüsselpersonen dazu beitragen.

Sie kann ihr Ziel „gesunde Mitarbeiter in gesunden Unternehmen" erreichen, wenn sie sich an folgenden Leitlinien orientiert:
1. Die gesamte Belegschaft muß einbezogen werden (Partizipation).
2. BGF muss bei allen wichtigen Entscheidungen und in allen Unternehmensbereichen berücksichtigt werden (Integration).
3. Alle Maßnahmen und Programme müssen systematisch durchgeführt werden: Bedarfsanalyse, Prioritätensetzung, Planung, Ausführung, kontinuierliche Kontrolle und Bewertung der Ergebnisse (Projektmanagement).
4. BGF beinhaltet sowohl verhaltens- als auch verhältnisorientierte Maßnahmen. Sie verbindet den Ansatz der Risikoreduktion mit dem des Ausbaus von Schutzfaktoren und Gesundheitspotentialen (Ganzheitlichkeit). (ENWHP, 2007)

2.4 Ressourcen und Belastungen am Arbeitsplatz

Nun werden Gesundheitsressourcen diskutiert, mit deren Hilfe spezifische Belastungen am Arbeitsplatz vermieden, gemildert oder verringert werden können.

2.4.1 Ressourcen am Arbeitsplatz

Ressourcen sind „Mittel, die eingesetzt werden können, um das Auftreten von Stressoren zu vermeiden, ihre Ausprägung zu mildern oder ihre Wirkung zu verringern" (Zapf & Semmer, 2004, S. 1041–1042). Die Ressourcenforschung stützt sich theoretisch auf das salutogenetische Modell (Kolip, 2003, S. 155). Die zentrale Frage lautet: „Welche ‚Mittel' stehen einer Person zur Verfügung bzw. lassen sich aktivieren, um mit Streß fertig zu werden, Belastungen zu ertragen und die eigene Gesundheit zu erhalten bzw. nicht krank zu werden?" (Udris et al., 1992, S. 14) Die kontinuierliche Förderung der Gesundheitsressourcen und -potenziale bei einzelnen Menschen, in ihren Nahräumen und Lebenskontexten sowie im Rahmen der Lebensverhältnisse und Gesamtpolitik zählt zu den zentralen Selbstverpflichtungen der Gesundheitsförderung (Franzkowiak, 2006b, S. 189). Auch die Ottawa Charta (1986) basiert auf einem integrierten Ressourcenansatz, wonach das Vorhandensein bestimmter Ressourcen Gesundheit begünstigt, während der Mangel an wichtigen Ressourcen zu Störungen der Gesundheit führen kann. Neben dem salutogenetischen Modell von Antonovsky (z.B. 1979; 1997) zählen die beiden systemischen Gesundheitsmodelle von Becker (z.B. 2001) und Udris et al. (z.B. 1992) zu den bekanntesten Ressourcenkonzepten.

In der Literatur (z.B. Faltermaier, 2005; Udris & Frese, 1999; Udris et al., 1992; Zapf & Semmer, 2004) werden – bei häufig synonymer Verwendung der Begriffe – zwei *Arten von Ressourcen* unterschieden:

- *interne* physische und psychische Ressourcen und
- *externe* physikalische, materielle, biologische, ökologische, soziale, institutionelle, kulturelle, organisationale et cetera Ressourcen.

Dieser Gliederung wird auch in diesem Buch gefolgt, wobei der Fokus im Bereich der externen Ressourcen auf die organisationalen Ressourcen gerichtet wird.

2.4.1.1 Organisationale Ressourcen

Externe Ressourcen werden durch die sozial-ökologische Umwelt einer Person determiniert. Hierzu zählen etwa die Sicherung von Grundbedingungen wie Arbeit, ausreichendem Wohnraum und angemessener Ernährung, sozialer Rückhalt, soziale Integration und Unterstützung, ein gesundheitsförderliches soziales Klima, gesundheitliche Grundversorgung und schließlich ein guter Zugang zu Gesundheitsdiensten sowie Krisenhilfe- und Beratungseinrichtungen in der Gemeinde (primary health care). (Franzkowiak, 2006b, S. 189) Die beiden wesentlichen und nachfolgend beschriebenen externen Ressourcen in der Arbeitswelt sind Situationskontrolle und soziale Unterstützung (Udris et al., 1992, S. 15; Udris & Frese, 1999, S. 437–439; Zapf & Semmer, 2004, S. 1044–1053). Wie sämtliche organisationale Ressourcen, haben sie große Bedeutung für BGF. Udris et al. (1992) beschreiben sie als „situative Bedingungen mit protektivem, d.h. gesundheitsschützenden Charakter, in denen sich in der handelnden Auseinandersetzung des Individuums mit Möglichkeitsräumen individuelle Fähigkeiten (innere Ressourcen) entwickeln und verändern." (S. 15)

Situationskontrolle

Situationskontrolle (z.B. Handlungs- und Entscheidungsspielraum, Autonomie, Partizipation) ist eine wichtige, in der Arbeitstätigkeit enthaltene Ressource. Abweichend vom Alltagsverständnis wird Kontrolle hier als (prinzipielle) Beeinflussbarkeit belastender Umweltbedingungen durch die Person verstanden. (Udris & Frese, 1999, S. 437) „Kontrolle ist in dem Maße gegeben, in dem eine Person oder ein Kollektiv von Personen über Möglichkeiten verfügt, relevante Bedingungen und Tätigkeiten entsprechend eigener Ziele, Bedürfnisse und Interessen zu beeinflussen" (Frese, 1978; zitiert nach Zapf & Semmer, 2004, S. 1044). Kontrolle entspricht Udris und Frese (1999, S. 437) zufolge einem menschlichen Grundbedürfnis nach Durchschaubarkeit, Verstehbarkeit und Beherrschbarkeit von Ereignissen.

Unterschieden werden objektive und kognitive Kontrolle. Erstere stellt das Ausmaß tatsächlich vorhandener Beeinflussbarkeit der Situation dar, letztere den Grad an wahrgenommener, antizipierter oder vermeintlicher Beeinflussung der – potentiell belastenden – Umgebungsbedingungen durch die Person. Die Autoren betonen, dass die Kontrollwünsche der Person größer sein müssen, als die in einer Situation objektiv vorhandenen oder erkannten Kontrollmöglichkeiten. Überfordernde Merkmale der Arbeit (z.B. Zeitdruck, Hektik) werden oft als „Stress" bezeichnet und somit als schädlich eingeschätzt. Untersuchungen, wie etwa jene im Rahmen des Demand/Control-Modells von Karasek (z.B. 1979; Karasek & Theorell, 1990) zeigen jedoch, dass Arbeitsbedingungen nicht zwangsläufig schädlich sein müssen, sondern dass sie trotz hohem Überforderungscharakter dann nicht oder in viel geringerem Ausmaß zu psychischen Belastungen führen, wenn gleichzeitig ein großer Kontrollspielraum gegeben ist. (Udris & Frese, 1999, S. 438)

Soziale Unterstützung

Soziale Unterstützung bezeichnet das Vorhandensein von stabilen sozio-emotionalen Netzen und Hilfeleistungen, die positiv auf die Stressbewältigung einer Person wirken, Gesundheit fördern und Krankheiten vorbeugen können (ebd., S. 438). Austauschtheoretisch definiert Udris (1989; zitiert nach Udris et al., 1992) soziale Unterstützung als „Transaktion von Ressourcen zwischen den Mitgliedern eines sozialen Netzwerks mit dem (impliziten oder expliziten) Ziel der gegenseitigen Aufrechterhaltung bzw. Verbesserung des Wohlbefindens" (S. 16). Soziale Unterstützung kann sowohl durch formelle (z.B. Familie, Arbeitsgruppe) als auch durch informelle soziale Netzwerke (z.B. Freunde) erfolgen. Als Quellen für Hilfe kommen alle Personen in Frage, mit denen die „fokale" Person in einer Rollenbeziehung steht. Soziale Unterstützung wird häufig statisch gesehen. Das soziale Netz tritt (als äußere Ressource) in Kraft, sobald eine Person Hilfe benötigt. Soziale Unterstützung kann jedoch auch als dynamischer Prozess verstanden werden. Eine Person kann soziale Unterstützung (als innere Ressource) mobilisieren, aufrechterhalten, annehmen, abweisen oder auch anderen geben. Soziale Unterstützung muss gemeinsam mit der Arbeitsorganisation betrachtet werden. So zeigen die inzwischen zahlreich vorliegenden Erfahrungen mit partizipativer Gestaltung von Arbeitsstrukturen durch selbstregulierende, teilautonome Arbeitsgruppen, dass hier die sozialen Unterstützungsmöglichkeiten „quasi eingebaut" sind. Durch Kooperationserfordernisse und Kommunikationsmöglichkeiten kann die Situationskontrolle vergrößert, die kognitive Kontrolle verstärkt und die Bewältigung von Stressbedingungen erleichtert werden. Daraus erklärt sich der potentiell positive Effekt sozialer Unterstützung, der nach Udris und Frese (1999, S. 439) mittlerweile nachgewiesen ist. Die Autoren weisen jedoch darauf hin, dass soziale Unterstützung auch negativ wirken kann, etwa wenn sie als „Pflicht zur Gegenleistung" betrachtet wird oder „Anpassungskosten" in einer Arbeitsgruppe verursacht.

2.4.1.2 Personale Ressourcen

Persönlichkeitsmerkmale, soziale Kompetenzen und Stressbewältigungsstrategien sind relativ stabil und werden als personale Ressourcen bezeichnet (Franzkowiak, 2006b, S. 189; Zapf & Semmer, 2004, S. 1042). Ein stabiles, widerstandsfähiges Immunsystem und weitgehende körperliche Gesundheit stehen an erster Stelle. Udris et al. (1992) beschreiben personale Ressourcen als „habitualisierte, d.h. situationskonstante, aber zugleich flexible gesundheitserhaltende und -wiederherstellende Handlungsmuster sowie kognitive Überzeugungssysteme („belief systems") der Person" (S. 17)

In der Literatur (Bengel et al., 2001; Udris et al., 1992; Zapf & Semmer, 2004) finden sich einheitlich die folgenden Konstrukte zu personalen Ressourcen: Kontrollüberzeugungen, Widerstandsfähigkeit, Optimismus, Selbstwirksamkeit und Kohärenzgefühl. Anhand dieser wird zu erklären versucht, wie individuelle Eigenschaften Einfluss auf die Entstehung und Veränderung von Gesundheit und Krankheit nehmen. Sie werden nachfolgend vorgestellt.

Kontrollüberzeugungen

Im Konzept der Kontrollüberzeugungen (locus of control, LOC) wird angenommen, dass Personen bestrebt sind, Kontrolle über Ereignisse in ihrer Umwelt zu erlangen (Zapf & Semmer, 2004, S. 1056). Kontrollüberzeugungen sind spezifische, situationsabhängige Faktoren. Gesundheitliche Kontrollüberzeugungen (health locus of control,

HLOC) entsprechen den Erwartungen einer Person, dass Gesundheit und Krankheit beeinflussbar sind – und zwar unabhängig von objektiver Möglichkeit zur Einflussnahme. Neben internalen und externalen werden fatalistische (gesundheitliche) Kontrollüberzeugungen unterschieden (Bengel et al., 2001, S. 53–54):

- Personen, die meinen, auf Dinge und Ereignisse Einfluss nehmen zu können, verfügen über *internale Kontrollüberzeugungen*. Sie sind etwa davon überzeugt, ihre Gesundheit durch eigenes Handeln beeinflussen zu können.

- Hingegen haben Personen, die glauben, dass äußere Umstände, andere Personen oder das Schicksal über ihr Leben bestimmen, *externale Kontrollüberzeugungen*. Sie sehen ihre Gesundheit abhängig von anderen Individuen oder äußeren Bedingungen.

- Personen mit *fatalistischen Kontrollüberzeugungen* glauben, ihre Gesundheit dem Schicksal, Glück oder Zufall zu verdanken.

Grundsätzlich wird angenommen, dass internale Kontrollüberzeugungen am günstigsten sind. Je nach Situation sind jedoch unterschiedliche Kontrollüberzeugungen angemessen. Gerade bei chronischen Krankheiten können passive Verhaltensweisen, die mit externalen Überzeugungen assoziiert sind, adäquat sein. Sie entlasten emotional und tragen damit zum subjektiven Wohlbefinden bei (ebd., S. 53–54).

Widerstandsfähigkeit

Im Konstrukt der Widerstandsfähigkeit (hardiness) wird ein salutogenetischer Ansatz verfolgt und nach Invulnerabilität und gesundheitlichen Ressourcen gefragt. Das Persönlichkeitsmerkmal der Widerstandsfähigkeit bewirkt dem Konzept zufolge, dass Menschen auf objektiv gleiche Belastungen und Stresssituationen unterschiedlich reagieren, da widerstandsfähige Personen – im Gegensatz zu jenen, die nicht über dieses Persönlichkeitsmerkmal verfügen – resistent gegen die negativen Wirkungen von Stress sind und folglich keine körperlichen Symptome entwickeln. (ebd., S. 55) Das Konstrukt umfasst drei Komponenten (Zapf & Semmer, 2004, S. 1057):

- *Engagement* (commitment) bezeichnet die Fähigkeit einer Person, an die Wichtigkeit und Bedeutsamkeit dessen zu glauben, was sie ist und tut sowie sich in verschiedenen Lebensbereichen zu engagieren.

- *Kontrolle* (control) ist die Überzeugung, in seine Umwelt eingreifen und auf sie Einfluss nehmen zu können. Die Unterscheidung von internaler und externaler Kontrolle verdeutlicht den Bezug auf das eben beschriebene Konzept der Kontrollüberzeugungen.

- *Herausforderung* (challenge) ist die Überzeugung, dass das eigene Leben durch Entwicklung und Stabilität gekennzeichnet ist und dass Veränderungen nicht bedrohlich sind, sondern als Herausforderungen betrachtet werden.

Konzeptionell ist zu erwarten, dass Personen mit hoher Widerstandsfähigkeit besser mit Stress umgehen können, als Personen mit niedriger Widerstandsfähigkeit. Zum einen, weil Widerstandsfähigkeit indirekt über Situationseinschätzungen (primary und secondary appraisal) und problembezogenes Coping als Puffer gegen Stress wirkt. Zum anderen, weil Widerstandsfähigkeit direkt spannungsreduzierend wirkt. (Bengel et al., 2001, S. 56)

Optimismus

Im Konstrukt des dispositionellen Optimismus stellt Optimismus ein über Zeit und Situationen hinweg relativ stabiles Persönlichkeitsmerkmal dar. Dieses befähigt Personen, ihre Umwelt in spezieller Weise wahrzunehmen, positive Ereignisse zu erwarten und in Bezug auf deren Ausgang zuversichtlich zu sein. Optimisten verfügen über eine sogenannte *„generalisierte positive Ergebniserwartung"*, die nicht auf einen bestimmten Verhaltensbereich oder auf bestimmte Situationen begrenzt ist. Diese Denkweise hat Optimismus mit Kontrollüberzeugungen gemeinsam. Positive Ergebnisse sind im Konstrukt des Optimismus jedoch nicht notwendigerweise nur auf Grund des eigenen Handelns erzielbar, wie im Konstrukt der Kontrollüberzeugungen postuliert wird. (Zapf & Semmer, 2004, S. 1057) Nach Bengel et al. (2001, S. 58) bestätigen mehrere Untersuchungen den protektiven Einfluss von Optimismus auf die physische Gesundheit, das psychische Wohlbefinden, die Lebenszufriedenheit, den Coping-Stil und auf präventive Gesundheitsverhaltensweisen. So wenden Optimisten eher problemorientierte Bewältigungsstrategien an oder suchen aktiv nach sozialer Unterstützung. Demzufolge scheint Optimismus indirekt oder als Puffer auf die Gesundheit zu wirken.

Selbstwirksamkeitserwartung

Selbstwirksamkeit bezeichnet die Überzeugung, bestimmte Handlungen ausführen und Probleme lösen zu können. Sie beschreibt also ein durch Effizienz- und Ergebniserwartung gekennzeichnetes Verhalten.

Selbstwirksamkeit entsteht durch Erfahrungen einer Person mit erfolgreich bewältigten Situationen und führt wiederum zu angemessenen Bewältigungsstrategien. Insbesondere für die Motivation zu (gesundheitlichen) Verhaltensänderungen scheinen Selbstwirksamkeitserwartungen wesentlich zu sein. Indirekt stellen sie also einen wichtigen gesundheitlichen Protektivfaktor dar. Ursprünglich wurden Selbstwirksamkeitserwartungen als situationsabhängige Überzeugungen verstanden. Heute werden sie zunehmend als stabile Persönlichkeitsmerkmale angesehen. Subjektive Einschätzungen beeinflussen gesundheitsrelevante Verhaltensweisen. So stellt hohe Selbstwirksamkeit beispielsweise einen Puffer gegen die Effekte von Stressoren dar. Sie lässt die positiven Effekte von Handlungsspielraum erst zum Tragen kommen. (ebd., S. 54–55)

Zapf und Semmer (2004, S. 1056) verweisen auf neuere Untersuchungsergebnisse. Diese zeigen, dass die im Demand/Control-Modell (z.b. Karasek, 1979; Karasek & Theorell, 1990) postulierte Interaktion zwischen Stressoren und Kontrolle nur für Personen mit hoher Selbstwirksamkeit gilt.

Kohärenzgefühl

Das bedeutsamste Konstrukt personaler Ressourcen stammt Udris et al. (1992, S. 17) zufolge von Antonovsky (z.B. 1979; 1997), wobei die wichtigste personale Ressource das Kohärenzgefühl ist. Dieses beschreibt ein Gefühl des Vertrauens darauf, dass Ereignisse vorhersehbar und begreifbar sind (Verstehbarkeit), dass Ressourcen zur Verfügung stehen, um Anforderungen zu meistern (Handhabbarkeit) und dass die Anforderungen Herausforderungen sind (Sinnhaftigkeit) (Ulich & Wülser, 2009, S. 37).

Udris et al. (1992, S. 18) stellten in ihrem Vergleich der Konstrukte zu personalen Ressourcen gewisse Überschneidungen fest. Das Kohärenzgefühl ist etwa vergleichbar mit dem Konzept der Kontrollüberzeugungen, dem Konstrukt der Widerstandsfähigkeit und der Selbstwirksamkeitstheorie. Den Autoren zufolge fungieren *Selbst-Kontrolle* und *psychologischer Sinn* als „Metadimension" der meisten Konstrukte. Gesundheitsförderndes Verhalten geht demzufolge mit der Überzeugung und Erwartung einher, dass die Person selbst zur Erhaltung ihrer Gesundheit maßgeblich beitragen kann und dass sie ihre Lebensbedingungen im Allgemeinen sowie ihre Arbeitsbedingungen im Speziellen kontrollieren kann und als sinnvoll erlebt.

Der Bezug dieses Kapitels zu BGF ist in folgenden Bereichen deutlich auszumachen: Belastung, Beanspruchung und Stress haben einen zentralen Wert für die BGF, da sie dieser eine interdisziplinäre, wissenschaftliche Fundierung geben. Die verschiedenen Konstrukte zur Stressbewältigung weisen auf die Chance der BGF hin, Menschen zu ermutigen und zu befähigen, ihre Belastungen durch eigenständiges, aktives Handeln zu bewältigen. In Abhängigkeit ihrer Lebenslage und persönlichen Lebensweise können Menschen durch Kompetenzförderung, -erweiterung und soziale Unterstützung dazu befähigt werden, zielgerichtet ihre Gesundheit zu erhalten oder zu verbessern. (Franzkowiak, 2006a, S. 21)

Arbeitsstress stellt hingegen ein Risiko für Gesundheit und Wohlbefinden dar. Insbesondere dann, wenn längerfristig keinerlei gegensteuernde Maßnahmen gesetzt werden und die folgenden Bedingungen erfüllt sind (Semmer & Mohr, 2001, S. 154):

- Die Stresssituation ist chronisch.
- Eine Anpassung an diese Situation erfordert ständige Anstrengung und Aufmerksamkeit und ist aus diesem Grund sehr schwierig.
- Den Anforderungen nicht zu genügen, hat weitreichende Folgen.
- Die Probleme übertragen sich in andere Lebensbereiche.

Längerfristig könnte hieraus ein Circulus vitiosus von steigender Vulnerabilität resultieren, bei welchem genau jene Ressourcen immer geringer werden, die nötig wären, um den Herausforderungen zu begegnen (Semmer & Mohr, 2001, S. 154).

2.4.2 Belastungen am Arbeitsplatz

Belastungen in Organisationen sind vielfältig. Unterschieden werden *akute* (z.b. schwerer Unfall, Tod eines Familienmitglieds) und *chronische Stressoren* (z.b. ständig hoher Zeitdruck, belastendes Sozialklima). Letztere können entweder strukturell verankert sein (z.b. hohe Konzentrationserfordernis an einem Überwachungsarbeitsplatz) oder episodisch wiederkehren (z.b. schwelende Konfliktsituationen). (Zapf & Semmer, 2004, S. 1029) Potentielle Quellen für Stressoren am Arbeitsplatz – die für die Arbeitsgestaltung und somit für die BGF besonders relevant sind – stellen nach Ulich und Wülser (2009, S. 65) die physikalische Umgebung, Arbeitsaufgaben und -organisation, die Rolle einer Person, zeitliche Aspekte, das soziale Umfeld, die Gesamtbalance von Einsatz und Ertrag, Kontakt mit Kunden und Klienten und das Verhältnis zwischen der Erwerbsarbeit und anderen Lebensbereichen dar. Für viele der genannten Stressoren lassen sich relevante Zusammenhänge mit Wohlbefindens- und Gesundheitsindikatoren nachweisen (ebd., S. 64). Neben der Ressourcenstärkung ist die Belastungsoptimierung für BGF somit von großer Bedeutung. Nachfolgend werden einige besonders relevante Stressoren vorgestellt.

2.4.2.1 Aufgaben- und organisationsbezogene Stressoren

Das Konzept des Rollenstress ist das – vor allem in den USA – am meisten verbreitete Konzept über Stressoren im Zusammenhang mit Arbeitsaufgaben und Arbeitsorganisation (Zapf & Semmer, 2004, S. 1029–1030). Eine wesentliche Rolle spielen auch Über- und Unterforderung sowie Regulationsbehinderungen. Die genannten Konzepte werden nun beschrieben.

Das Konzept des Rollenstress

Im Konzept des Rollenstress werden drei Arten von Stressoren unterschieden (ebd., S. 1029–1030):

- *Rollenkonflikt* entsteht aufgrund von unterschiedlichen Erwartungen einer oder mehrerer Personen oder Rollen.
- *Rollenambiguität* entsteht, wenn unklar ist, was von einem erwartet wird.
- *Rollenüberforderung* tritt auf, wenn die Zeit für die Erfüllung der gestellten Aufgaben nicht ausreicht.

Die besondere Bedeutung des Konzepts liegt in seinem Hinweis darauf, dass auch die Rolle, die eine Person einnimmt, einen wesentlichen Stressfaktor darstellen kann; nicht nur die Arbeitsaufgabe selbst. Hierin liegt allerdings auch die größte Schwäche des Konzepts. Die konkrete Gestaltung der Aufgaben wird nicht genügend fokussiert. Zusammenhänge der Stressoren Rollenkonflikt, Rollenambiguität und Rollenüberforderung sind mit verschiedenen Stressfolgen nachweisbar (Zapf & Semmer, 2004, S. 1030).

Das Konzept der Über- oder Unterforderung

Stressoren im Zusammenhang mit Arbeitsaufgaben und der Arbeitsorganisation können auch Über- oder Unterforderung bewirken. Beide Formen der Fehlbeanspruchung können quantitativer (unangemessenes Verhältnis von verfügbarer Zeit zur Arbeitsmenge) wie qualitativer Art (Missverhältnis zwischen inhaltlichen Anforderungen der Tätigkeit und Kompetenzen der Person) sein (Udris & Frese, 1999, S. 434). Vier Grundtypen werden unterschieden (Zapf & Semmer, 2004, S. 1030):

- *Qualitative Überforderung* führt zu Zeitdruck und resultiert aus zu komplexen Aufgabenstellungen.
- *Quantitative Überforderung* führt zu Zeitdruck aufgrund von zu vielen Aufgabenstellungen.
- *Qualitative Unterforderung* führt zu Langeweile oder Monotonie, da die Tätigkeit keine Denkanforderungen stellt und keine Erfolgserlebnisse bietet.
- *Quantitative Unterforderung* führt ebenfalls zu Langeweile oder Monotonie, da die Tätigkeit zu wenige Aufgaben bietet.

Das Konzept der Regulationsbehinderungen

Das Konzept der Regulationsbehinderungen basiert auf der Handlungsregulationstheorie, die sich mit der Frage beschäftigt, wie Menschen Ziele setzen und erreichen und welche psychischen Prozesse ihr beobachtbares Verhalten regulieren. Angenommen wird, dass Menschen Ziele zwar aktiv setzen und verfolgen, dass sie jedoch aufgrund von fördernden oder hemmenden Umwelteinflüssen nicht völlig frei über die Zielsetzung und -erreichung entscheiden können. (Ulich & Wülser, 2009, S. 66) Das Konzept der Regulationsbehinderungen bezieht sich auf Belastungen, die bei der Erledigung der Arbeitsaufgaben auftreten, wenn „bestimmte äußere Arbeitsbedingungen ... die Erreichung des Arbeitsergebnisses behindern, ohne dass der Arbeitende dieser Behinderung effizient begegnen könnte" (Greiner, Leitner, Weber, Hennes & Volpert, 1987; zitiert nach Ulich & Wülser, 2009, S. 67). Regulationsbehinderungen liegen demnach in der direkten Verantwortung der Organisation. Modelle der Handlungsregulation betrachten Stressoren als Regulationsbehinderungen.

Drei Arten von Regulationsbehinderungen werden unterschieden (Zapf & Semmer, 2004, S. 1030–1031):

- *Regulationshindernisse* erschweren die Arbeit durch Zusatzaufwand (z.B. Unterbrechungen, Funktionsstörungen, Blockierungen).
- Bei *Regulationsunsicherheit* besteht keine vollständige Sicherheit darüber, ob ein Arbeitsziel erreicht werden kann oder nicht (z.B. zu komplexe Ziele, ungenügendes oder verspätetes Feedback).
- Bei *Regulationsüberforderungen* kann die Regulation nicht in der vorgegebenen Zeit geleistet werden (z.B. Überforderung durch Zeitdruck, Überforderung durch intensive Konzentration).

2.4.2.2 Soziale Stressoren

Im Gegensatz zu Stressoren aus Arbeitsaufgaben und der Arbeitsorganisation werden soziale Stressoren und deren gesundheitliche Auswirkungen in der Literatur kaum thematisiert. Demgegenüber steht die praktische Erfahrung, dass soziale Konflikte mit Vorgesetzten, der Umgang mit schwierigen Kollegen oder Klienten et cetera stark verbreitet sind. (ebd., S. 1032) Im Folgenden werden einige soziale Stressoren vorgestellt.

Soziale Konflikte

Soziale Stressoren entstehen etwa durch Konfliktsituationen zwischen einer Person und ihren Vorgesetzten, Kollegen oder Klienten. Diese Konflikte können entweder unmittelbar im Zusammenhang mit der Arbeitstätigkeit stehen, sich also auf die „Sachebene" beziehen oder sie können sich auf die „Beziehungsebene" richten. Für eine Organisation ist es bedeutsam zu wissen, ob Konflikte durch bestimmte organisationale Strukturen erzeugt werden oder ob sie eher in den Personen angelegt sind. Soziale Konflikte dürfen nicht auf die Ebene der Beziehung reduziert werden, da sie in vielen Fällen auf Rollenstress, defizitäre Aufgabengestaltung, mangelhafte Arbeitsorganisation und knappe Ressourcen zurückzuführen sind (ebd., S. 1033).

Organisationale Ungerechtigkeit

Unfaires Verhalten und Ungerechtigkeit der Organisation und ihrer Repräsentanten zählen ebenfalls zu den sozialen Stressoren. Während früher ausschließlich Aspekte wie distributive (z.B. zu geringer Lohn) und prozedurale Gerechtigkeit (z.B. ungerechtes Beförderungssystem) erforscht wurden, wird heute einem zwischenmenschlichen Aspekt organisationaler Gerechtigkeit vermehrt Aufmerksamkeit gewidmet. Der Begriff der *Interaktionsgerechtigkeit* bedeutet faires Verhalten im persönlichen Umgang. Zapf und Semmer (ebd., S. 1034) geben an, dass beim Gefühl, ungerecht behandelt zu werden, auf Dauer Arbeitsmotivation und -zufriedenheit sinken,

Ärger und Aggressionen steigen und Kündigungen vermehrt in Erwägung gezogen werden. Weiterhin spielen aufgaben- und organisationsbezogene Stressoren (z.b. übertriebene Dokumentationsanforderungen, ausschweifende bürokratische Prozeduren, die Zuweisung von Aufgaben, die nicht der eigenen Qualifikation entsprechen) im Zusammenhang mit Fairness eine wichtige Rolle.

Selbstwertverletzendes Verhalten

Selbstwertverletzendes Verhalten durch Vorgesetzte, Kollegen oder Klienten stellt einen regelmäßig auftretenden Stressor in Organisationen dar. Stress entsteht, sobald eine Situation als bedrohlich bewertet wird, wobei die Bedrohung des Selbstwerts eine *höchst* bedrohliche Situation darstellt. Zapf und Semmer (2004, S. 1035) zufolge haben Menschen ein Bedürfnis nach Schutz und Aufrechterhaltung ihres Selbstwerts. Wenn relevante Aspekte der eigenen Person (z.B. Persönlichkeit, Arbeit, Leistung) negativ bewertet werden, kommt es zu Selbstwertverletzungen und damit zu Kränkungen und Demütigungen. Typische Situationen von Selbstwertverletzungen sind Kritik und negative Bewertung, Abwertung der Beziehung, Zuschreibung von negativen Persönlichkeitsmerkmalen, Zurückweisung, übergangen werden, als ungerecht empfundene Beschuldigungen oder als überflüssig empfundene Kontrolle. Selbstwertverletzungen treten insbesondere im Kontext von Mobbing auf.

Mobbing

Mobbing stellt eine Extremform sozialer Stressoren dar und bedeutet, „dass eine Person über längere Zeit hinweg von einer oder mehreren Personen belästigt, drangsaliert oder ausgegrenzt wird" (Zapf & Semmer, 2004, S. 1035). Mobbing kann aus kleineren Ereignissen im Sinne des „Daily-Hassles Konzepts" bestehen. Einzelne Mobbinghandlungen können jedoch auch Formen eines kritischen Lebensereignisses (z.B. sexuelle Belästigung) annehmen. Mobbing ist durch gezielte negative Handlungen gegenüber einer Person, ein Machtgefälle und die Ausrichtung auf ein bestimmtes Opfer gekennzeichnet. Ursachen von Mobbing können sowohl in der Organisation als auch in bestimmten Personen, der sozialen Gruppe oder bei den Betroffenen selbst liegen. Folgende Mobbingstrategien werden unterschieden (ebd., S. 1036):

- *Mobbing über organisationale Maßnahmen* geschieht über einen Eingriff in die Arbeitsaufgaben, die -organisation oder den Kompetenzbereich einer Person (z.B. sinnlose Arbeitsaufgaben, Entzug von Entscheidungskompetenzen).
- *Soziale Isolation* ist eine Mobbingstrategie, die das Opfer systematisch ausgrenzt (z.B. Vermeidung jeglichen Kontakts).
- *Angriffe auf die Person und ihre Privatsphäre* erfolgen meist in Form von selbstwertverletzenden Äußerungen über die Person und ihr Privatleben.

- Das *Verbreiten von Gerüchten* ist die subtilste und zugleich häufigste Form des Mobbings. Hier braucht der Täter keine direkte Konfrontation mit dem Opfer einzugehen.

Soziale Stressoren in der Interaktion mit Klienten

Abschließend sollen zwei soziale Stressoren in der Interaktion mit Klienten erwähnt werden (Zapf & Semmer, 2004, S. 1038–1041):

- Der Begriff der *Emotionsarbeit* bezeichnet „bezahlte Arbeit, bei der ein Management der eigenen Gefühle erforderlich ist, um nach außen in Mimik, Stimme und Gestik ein bestimmtes Gefühl zum Ausdruck zu bringen, unabhängig davon, ob dies mit den inneren Empfindungen übereinstimmt oder nicht." (Zapf & Semmer, 2004, S. 1038) Emotionsarbeit ist Bestandteil von vielen Dienstleistungsberufen. Sie stellt dann einen Stressor dar, wenn die zu zeigenden nicht mit den aktuell empfundenen Emotionen übereinstimmen; wenn also „emotionale Dissonanz" vorliegt.
- Im Kontext der Burnout-Forschung wurde auch der *Umgang mit schwierigen Menschen* intensiv untersucht. Der Umgang mit schwierigen Klienten, Kunden oder Patienten stellt eine hohe Belastung dar und ist durch folgende Stressoren gekennzeichnet (ebd., S. 1033): Außergewöhnliche Anforderungen (z.B. erfordern manche Kunden eine besondere Behandlung.), persönliche Angriffe (z.B. legen manche Kunden beleidigendes Verhalten an den Tag), persönliche Aversionen (z.B. sind manche Kunden unangenehm) und Abstimmungsschwierigkeiten (z.B. äußern manche Kunden widersprüchliche Wünsche).

2.4.2.3 Personale Einflüsse auf Stressoren

Da Menschen Stressoren unterschiedlich wahrnehmen, bewerten und bewältigen, stellen auch personale Einflüsse auf Stressoren potentielle Belastungsquellen in Organisationen dar. Darüber hinaus unterscheiden sich Menschen darin, inwieweit sie aktiv Stresssituationen aufsuchen und Stress selbst erzeugen. Zusammenhänge zwischen Merkmalen der Person und Stressoren werden nach Zapf und Semmer (ebd., S. 1054–1055) durch drei Mechanismen deutlich:

- In Abhängigkeit ihrer Fähigkeiten und ihrer Persönlichkeit gelangen Menschen durch Selbst- und Fremdselektion auf bestimmte Arbeitsplätze.
- Sie schaffen ihre Belastungen selbst (z.B. tendieren emotional labile Personen stärker dazu, Konflikte zu produzieren und schwierige Situationen zu erzeugen).
- Sie setzen auch ihre Ziele selbst (z.B. gehen anspruchsvolle Ziele oft mit erhöhten Belastungen einher).

Typ-A-Verhalten und Feindseligkeit

Ein wesentlicher personaler Risikofaktor ist das Typ-A-Verhalten.

> Friedman und Rosenman (1974; zitiert nach Faltermaier, 2005) beschreiben es als einen: handlungs- und emotionsbezogenen Komplex, der bei einer Person beobachtet werden kann, die auf aggressive Weise in einen ständigen Kampf verstrickt ist, mehr und mehr in immer weniger Zeit zu leisten, und die das wenn notwendig auch gegen den Widerstand anderer Personen oder Sachen durchsetzt. (S. 113–114)

Das Typ-A-Verhalten ist durch hohe Ambitionen, Konkurrenzverhalten, Feindseligkeit, Zynismus, Misstrauen und Ärger, Aggressivität und ein hohes Macht- und Kontrollbedürfnis gekennzeichnet. Frühen Forschungsergebnissen zufolge wurde es mit einem erhöhten Risiko für Herz-Kreislauf-Krankheiten in Verbindung gebracht. Da in neueren Studien die Ergebnisse nicht repliziert werden konnten, wurde und wird das Konstrukt vielfach kritisiert. Heute konzentriert sich die Forschung stärker auf einzelne Komponenten des Typ-A-Musters, wobei Feindseligkeit als sein wichtigster „toxischer" Baustein betrachtet wird. (Zapf & Semmer, 2004, S. 1059–1060)

Ärgerausdruck

Neben dem Typ-A-Verhalten stellt Ärgerausdruck einen wesentlichen personalen Risikofaktor dar. Ärgerausdruck ist das zentrale Merkmal der sogenannten „antagonistischen Feindseligkeit", die ein besonders hoher Risikofaktor für Herz-Kreislauf-Krankheiten zu sein scheint. Eine sehr „toxische" Komponente dieses Konstrukts ist – neben dem nach außen gerichteten Ärger – die Unterdrückung von Ärger (Anger-In). Erhebliche Bedeutung kommt auch der Art des Ärgerausdrucks zu. Antagonistisches, feindseliges „Ausleben" des Ärgers steht konstruktiver Konfrontation mit den Ursachen des Ärgers gegenüber. Erstere Art des Umgangs mit Ärger dürfte weniger effektiv sein als letztere, da durch das „Ausleben" des Ärgers andere Menschen provoziert, Konflikte geschaffen und soziale Ressourcen untergraben werden, ohne den Ärger zu verarbeiten. (ebd., S. 1060)

Negative Affektivität

Abschließend wird das Konstrukt der Negativen Affektivität (Neurotizismus) skizziert. Menschen, die neurotische Persönlichkeitsmerkmale in sich tragen, sind u.a. dadurch gekennzeichnet, dass sie Dinge meist negativ sehen und beurteilen. Das Konstrukt ist insbesondere durch die Indikatoren Ängstlichkeit, Depressivität, Nervosität und Irritierbarkeit gekennzeichnet, wodurch die Stressanfälligkeit einer Person massiv erhöht wird. Negative Affektivität gilt zum einen als abhängige Variable, die vom Stresserleben beeinflusst werden kann, zum anderen beeinflusst sie ihrerseits das Stressgeschehen. (ebd., S. 1060–1061)

2.5   Gesundheitsförderung und Krankheitsprävention am Arbeitsplatz

Die Konzepte Gesundheitsförderung und Krankheitsprävention werden einander nun gegenübergestellt. Ziel ist es, das erforderliche Verständnis für verschiedene Varianten der Gesundheitsförderung und Krankheitsprävention am Arbeitsplatz, von Verhaltensprävention bis hin zu betrieblichem Gesundheitsmanagement, zu erlangen.

2.5.1 Gesundheitsförderung versus Krankheitsprävention

Der Anteil der kurativen Medizin an der im letzten Jahrhundert erreichten Zunahme der Lebenserwartung wird auf etwa zehn bis vierzig Prozent geschätzt (SVR, 2005, S. 169). Zu den weiteren relevanten Einflussgrößen gesundheitlicher Outcomes zählen neben dem sozialen Status und Lebensstil auch transsektorelle Determinanten wie Bildungswesen, Umweltqualität, Wohnverhältnisse, Arbeitsbedingungen, Verkehrssicherheit und Wanderungsintensität. Die Forderung Sektor übergreifender Gesundheitspolitik ist damit konsequent und ökonomisch geboten. (Marckmann, 2001, S. 204–205) Von zentraler Bedeutung ist hierbei eine stärkere Akzentsetzung auf präventive gesundheitsbezogene Interventionen.

Die Risikofaktoren Tabakkonsum, Bluthochdruck, Alkoholmissbrauch, zu hohe Cholesterinwerte, Übergewicht, geringer Verzehr von Obst und Gemüse und Bewegungsmangel sind für beinahe 60 Prozent des derzeitigen Krankheits- und Mortalitätsgeschehens in Europa verantwortlich (Suhrcke, Urban, Iburg, Schwappach, Boluarte & McKee, 2007, S. 9). Die Identifikation und die Erforschung der Beeinflussungsmöglichkeiten dieser Risikofaktoren sind zentrale Bausteine der internationalen Public Health-Forschung. Hierbei zeigte sich, dass die Kontrolle und Veränderung der Risikofaktoren häufig nur durch Interventionen in Systeme, wie etwa durch BGF, erfolgreich ist (Rosenbrock, 2006, S. 57). Zudem finden zentrale Lebens- und Arbeitsbedingungen in ihrer Bedeutung für die Entwicklung dieser Risikofaktoren noch immer zu wenig Beachtung (Ahrens, 2004a, S. 215–216).

In der letzten Hälfte des vorigen Jahrhunderts entwickelten sich die Gesundheitswissenschaften im deutschsprachigen Raum zu einem multidisziplinären Feld. Im heutigen Verständnis lässt sich New Public Health durch vier Aspekte kennzeichnen (Fülgraff, 1999, S. 232–233):

- Die wichtigsten bestimmenden Faktoren für Gesundheit und Krankheit liegen außerhalb des Gesundheitssektors und der Reichweite der Gesundheitspolitik.
- Das am biomedizinischen Modell orientierte Konzept von Krankheitsprävention wird ergänzt durch das salutogene Konzept der Gesundheitsförderung.

- Gesundheitsförderung ist auf Chancengleichheit auf dem Gebiet der Gesundheit gerichtet. Da die Schichtenabhängigkeit von Morbidität und Mortalität deutlich nachweisbar und dominierend ist, soll Public Health schichten- und zielgruppenspezifisch ausgerichtet sein.

- Neben dem Bevölkerungsbezug gehört zu New Public Health gleichrangig der Systembezug, welcher das Gesundheitssystem selbst zum Forschungsgegenstand von Public Health macht.

Public Health zielt nicht nur auf die Senkung der Wahrscheinlichkeit zu erkranken, sondern auf die Erhaltung und insbesondere die aktive Förderung von Gesundheit. Dabei spielen die politischen, ökologischen, rechtlichen und infrastrukturellen Verhältnisse und das individuelle Verhalten gleichermaßen eine bedeutende Rolle. Umweltbelastungen und deren Auswirkungen, Arbeitslosigkeit und die Qualität von Arbeitsplätzen, Bildungs- und Ausbildungschancen, das Angebot an Lebensmitteln, soziale Sicherheit und der Zugang zum System gesundheitlicher Versorgung, Wohnformen und soziales Umfeld – all diese und viele weitere Faktoren beeinflussen die Möglichkeit, ein gesundes Leben zu führen, wobei die allgemeinen Lebens- und Arbeitsbedingungen zwischen den verschiedenen Bevölkerungsgruppen ungleich verteilt sind. (Fülgraff, 1999, S. 227–228)

Ebenso wie Public Health und Gesundheitswissenschaften ineinander verwobene interdisziplinäre Wissenschaftsinnovationen und letztlich nicht völlig voneinander zu differenzieren sind, zeigen sich auch bei Gesundheitsförderung und Krankheitsprävention klare Gemeinsamkeiten aber auch deutliche Unterschiede. Die klassische Gesundheitsförderung zielt ganz bewusst nicht auf die Beeinflussung und Kontrolle von Risikofakten – dies ist seit jeher Gegenstand der Primärprävention – sondern auf die Verbesserung der Gesundheit der Bevölkerung (Schnabel, 2007, S. 133).

In der wissenschaftlichen Diskussion der letzten Jahre wurden die beiden Konzepte *Gesundheitsförderung* und *Krankheitsprävention* oft gleichgesetzt, was dazu führte, dass die unterschiedlichen Wirkweisen der Interventionen nicht deutlich gemacht werden konnten. „Sowohl der krankheitsorientierte Ansatz der Prävention als auch der ressourcenorientierte Ansatz der Gesundheitsförderung zielen [jedoch] – wenn auch aus unterschiedlichen Blickwinkeln und mit verschiedenen Strategien – auf die verbesserte Gesundheit des einzelnen sowie der Bevölkerung und sollten als einander ergänzend betrachtet werden." (Walter, Schwartz, Robra & Schmidt, 2003, S. 190)

„Gesundheitsförderung definiert sich durch das Zusammenführen von zwei strategischen Ansätzen: der Stärkung von persönlicher und sozialer Gesundheitskompetenz verbunden mit einer systematischen Politik, die auf die Verbesserung von Gesundheitsdeterminanten und den Abbau von gesundheitlicher Ungleichheit abzielt." (Kickbusch, 2003, S. 182) Anders als die Gesundheitsförderung versucht die Krankheitsprävention Walter et al. (2003, S. 189) zufolge, gesundheitliche Schädigung durch gezielte Aktivitäten zu verhindern, weniger wahrscheinlich zu machen oder zu verzögern.

Trotz Definitionen wie diesen werden Gesundheitsförderung und Krankheitsprävention im deutschsprachigen Raum unterschiedlich benutzt und abgegrenzt (SVR, 2005, S. 106). Der Hintergrund dieses Problems besteht vor allem darin, dass sich in den Gesundheitswissenschaften mittlerweile die Erkenntnis durchsetzte, dass Gesundheit und Krankheit quasi als Extrempole eines Kontinuums zu betrachten sind, in welchem ein hochkomplexes multifaktorielles Geschehen die individuellen und verhältnisbezogenen Einflussfaktoren auf die Gesundheit von Bevölkerungen bestimmt. Demzufolge wären die Konzepte *Gesundheitsförderung, Primärprävention, Sekundärprävention, Tertiärprävention, Kuration, Rehabilitation* und *Pflege* auf diesem Kontinuum abzubilden, wobei das zentrale Problem darin besteht, die exakten Übergänge zu identifizieren (Ahrens, 2004b, S. 277–279).

Schnabel (2007, S. 23) weist zudem darauf hin, dass zum besseren Verständnis dieses Geschehens noch die Dimension *Zeit*, also die Entwicklung der Menschen seit ihrer Geburt, zu berücksichtigen sei, da viele gesundheitliche Beeinträchtigungen auf frühere und/oder permanente Belastungen im Arbeits- und Privatleben zurückzuführen seien. Dem Autor zufolge könnten Gesundheitsförderung (als Konzept zur Ressourcenstärkung) und Krankheitsprävention (die hauptsächlich darauf abzielt, Risiken zu eliminieren) unabhängig voneinander begründet und auch unabhängig voneinander, zweckmäßig eingesetzt werden.

Waller (2006, S. 155) versteht und unterscheidet Gesundheitsförderung und Krankheitsprävention als die beiden grundlegenden Strategien zur Verbesserung oder Erhaltung der Gesundheit. Ausgehend von einer gemeinsamen methodischen Basis zur Umsetzung dieser Strategien (Gesundheitsaufklärung und -beratung, Gesundheitserziehung und -bildung, Gesundheitsselbsthilfe, Gesundheitstraining und Präventivmedizin, Gemeinwesenarbeit und Gesundheitspolitik), hat die an salutogenen Ressourcen und Potenzialen orientierte Gesundheitsförderung zum Ziel, die Gesundheitsressourcen der Menschen auf allen gesellschaftlichen Ebenen zu analysieren und zu stärken, während die pathogen orientierte Krankheitsprävention bestrebt ist, Gesundheitsrisiken so weit wie möglich zu reduzieren oder zu vermeiden.

Hurrelmanns (2006, S. 149–152) Unterscheidung von Gesundheitsförderung und Krankheitsprävention kennzeichnet die Orientierung am Erzielen von Gesundheitsgewinn. Gesundheitsförderung und Krankheitsprävention sind seiner Ansicht nach die beiden sich ergänzenden Strategien, um die Schutzfaktoren für Gesundheit zu stärken und die Risikofaktoren abzuschirmen oder abzuschwächen. Beide Strategien haben das Ziel, die gesundheitliche Lebensqualität sowohl von Gesunden als auch von Kranken zu erhöhen, indem Krankheitslasten zurückgedrängt und Gesundheitspotenziale gefördert werden. Seiner Ansicht nach stehen Gesundheitsförderung und Krankheitsprävention in einem Ergänzungsverhältnis. Gesundheit wird hier als Fläche betrachtet, innerhalb derer sich Krankheit ausbreitet. Wenn Krankheit expandiert, reduziert sich zwangsläufig Gesundheit. Wird Krankheit zurückgedrängt, wird durch einen „Wiedergewinn" mehr Gesundheit möglich. Der Flächenanteil von Gesundheit kann aber auch unabhängig von der Ausdehnung von Krankheit erhöht werden, indem durch Verbesserung der sozialen und materiellen Bedingungen die äußeren Grenzen des Möglichkeitsraums von Gesundheit ausgeweitet werden. (Hurrelmann, 2006, S. 151–152)

In der internationalen gesundheitswissenschaftlichen Fachliteratur werden zunächst die drei präventiven Strategien Primär-, Sekundär- und Tertiärprävention unterschieden (Walter et al., 2003, S. 189):

- *Primärprävention* umfasst alle spezifischen Aktivitäten vor Eintritt einer Schädigung zur Vermeidung auslösender oder vorhandener Teilursachen. Gesundheitspolitisches Ziel der Primärprävention ist die Senkung der Inzidenzrate einer Erkrankung in einer Population oder die Eintrittswahrscheinlichkeit einer Erkrankung bei einem Individuum.

- *Sekundärprävention* umfasst sämtliche Maßnahmen zur Entdeckung symptomloser Frühstadien von Krankheiten (z.B. Gesundheitscheck, Vorsorgeuntersuchungen, Früherkennungsmaßnahmen) sowie eine möglichst frühzeitig einsetzende Therapie. Gesundheitspolitisches Ziel der Sekundärprävention ist die Inzidenzabsenkung manifester oder fortgeschrittener Erkrankungen.

- *Tertiärprävention* bezeichnet die wirksame Behandlung einer symptomatisch gewordenen Erkrankung mit dem Ziel, Verschlimmerung und bleibende Funktionsverluste zu vermeiden. Gesundheitspolitisches Ziel der Tertiärprävention ist es, die Leistungsfähigkeit soweit wie möglich wiederherzustellen und die Inzidenz bleibender Einbußen und Behinderungen abzusenken.

Eine zweite, international akzeptierte Unterscheidung präventiver gesundheitsbezogener Strategien zielt einerseits auf Individuen und andererseits auf Kontextfaktoren (SVR, 2005, S. 25–26):

- *„Reine" Verhaltensprävention* ohne expliziten Kontextbezug, etwa kontextunabhängige Medienkampagnen, Beratungs-, Informations- und Trainingsangebote in Einrichtungen der Krankenkassen.

- *Kontextorientierte Verhaltensprävention* entweder als Verhaltensprävention mit explizitem Kontextbezug („Gesundheitsförderung im Setting") oder als Integration von Verhältnis- und Verhaltensprävention („gesundheitsförderndes Setting").

- *„Reine" Verhältnisprävention* ohne die Notwendigkeit individueller Entscheidungen über Verhaltens- und Konsummuster, etwa durch Normierung im Verbraucher- oder Immissionsschutz.

Eine weitere Ausdifferenzierung ist, wie in Tabelle 2 dargestellt, darüber hinaus hinsichtlich des Kontextbezugs und der Interventionsebene präventiver gesundheitsbezogener Interventionen denkbar (SVR, 2005, S. 104).

Tabelle 2   Kontextbezug und Ebenen der Interventionen (SVR, 2005, S. 104)

Kontextbezug Interventions- ebenen	*Verhaltensprävention* *ohne* verhältnispräventive Elemente	*Verhaltensprävention* *mit* verhältnispräventiven Elementen
Individuum (Mikroebene)	z.B. ärztliche, weitgehend standardisierte Gesundheitsberatung für einen Patienten in der Arztpraxis	z.B. „präventiver Hausbesuch" mit Bezug/Beratung zu Lebensbedingungen und Lebensstil
Setting (Mikro- und Mesoebene)	z.B. edukative Angebote in Schulen und Informationsangebote in Betrieben ohne klaren Kontextbezug – Gesundheitsförderung im Setting	z.B. Gesundheitsförderung in Schulen, Betrieben und Verwaltungen u.a. durch OE mit partizipativen Elementen – gesundheitsförderliches Setting
Bevölkerung (Makroebene)	z.B. Motivationskampagnen ohne Kontextbezug, z.B. „Esst mehr Obst", „Rauchen gefährdet die Gesundheit" und Social Marketing ohne Beeinflussung von Rahmenbedingungen des Verhaltens	z.B. Anti-Tabak-Kampagne unter Einschluss verhältnispräventiver Maßnahmen (Abbau von Zigarettenautomaten, Nutzung der Tabaksteuer für präventive Zwecke)

OEOrganisationsentwicklung

Ein Exkurs in die Wirksamkeits- und Wirtschaftlichkeitsdebatte gesundheitsbezogener Interventionen soll die Notwendigkeit der eindeutigen Abgrenzung der beiden Konzepte Gesundheitsförderung und Krankheitsprävention abschließend verdeutlichen:

Die konzeptionelle Abgrenzung ist in Gesundheitssystemen, die sich aus verschiedensten Quellen (Steuermittel, Sozialversicherung) finanzieren und in denen zusätzlich noch verschiedenste rechtliche Zuständigkeiten (Bund, Länder, Gemeinden, Sozialversicherung) existieren, von erheblicher Bedeutung für die Steuerung. Eine in wissenschaftlichen und gesundheitspolitischen Diskussionen noch immer diskutierte Frage zielt auf den potenziellen Nutzen von Maßnahmen der Gesundheitsförderung und Krankheitsprävention: aus der Perspektive der Sozialversicherung wären das zukünftig zu erwartende Einsparungen. Viele der politisch und wissenschaftlich mit diesem Thema befassten Experten meinen nach wie vor, dass die zentrale Zielsetzung der Gesundheitsförderung darin bestünde, Krankheit zu reduzieren. Dies führt dann im Rahmen von Evaluationsstudien zum logischen Schluss, dass die Erfolge von Maßnahmen der Gesundheitsförderung durch reduzierte Krankheitsparameter (z.B. Arbeitsunfähigkeitstage) nachzuweisen wären (Ahrens, 2004b, S. 279–281).

Damit einher geht ein methodisches Missverständnis. Das Missverständnis nämlich, dass die klinisch-epidemiologisch bewährten Evaluationsmethoden auch auf die Gesundheitsförderung anwendbar seien (Trojan, 2006, S. 80).

Demgegenüber wird argumentiert, dass das primäre Ziel der Gesundheitsförderung darin bestünde, die Gesundheit der Bevölkerung zu verbessern und somit die Maßnahmen der Gesundheitsförderung eben nicht den Nachweis der Krankheitsreduktion zu erbringen hätten, sondern eben nur die Wirksamkeit bezogen auf die Verbesserung des Gesundheitszustands (Ahrens, 2004b, S. 279–281; Schnabel, 2007, S. 24–25).

Auch hinsichtlich der Evaluation des potenziellen Nutzens setzt sich zunehmend die Erkenntnis durch, dass derart komplexe, primär auf Organisationen und Systeme fokussierende Interventionen durch klassische epidemiologische Evaluationsverfahren nicht ausreichend erfasst werden können, sondern vielmehr quantitative und qualitative Instrumente der Projektevaluation angewendet werden müssen (Elkeles, 2006, S. 145).

2.5.2 Betriebliche Gesundheitsförderung versus Arbeitsschutz

Die in Tabelle 3 unternommene Gegenüberstellung von BGF und Arbeitsschutz dient der theoretischen Unterscheidung der beiden Ansätze. Gemeinsam sind BGF und Arbeitsschutz Bestandteile eines betrieblichen Gesundheitsmanagements (Ulich & Wülser, 2009, S. 11).

Tabelle 3 BGF versus Arbeitsschutz (Ulich & Wülser, 2009, S. 13)

Ansätze Aufgaben	BGF	Arbeitsschutz
Betrachtung des Menschen als ...	autonom handelndes Subjekt → Potentialmodell → Stärken orientiert → salutogenetisches Grundverständnis	schutzbedürftiges Wesen → Defizitmodell → Schwächen orientiert → pathogenetisches Grundverständnis
Aufgaben/Ziele verhältnisorientiert	Schaffen bzw. Erhalten gesundheitsförderlicher Arbeitsbedingungen und Kompetenzen → Entwicklungsperspektive → Ressourcen orientiert	Vermeiden bzw. Beseitigen gesundheitsgefährdender Arbeitsbedingungen und Belastungen → Schutzperspektive → Belastungen orientiert
Aufgaben/Ziele verhaltensorientiert	Erkennen und Nutzen von Handlungs- und Gestaltungsspielräumen → Wahrnehmen von Chancen	Erkennen und adäquates Handeln in gefährlichen Situationen → Wahrnehmen von Gefahren

BGF Betriebliche Gesundheitsförderung

Das Verhältnis von BGF und Arbeitsschutz wird durch unterschiedliche historische und ideelle Wurzeln geprägt: Während der Arbeitsschutz gesetzlich vorgeschrieben und zentralistisch organisiert wird, ist BGF freiwillig und von dezentralen Regelungen (z.b. Vereinbarungen zwischen Krankenkassen und Organisation, Unternehmensleitung und Betriebsrat) abhängig (SVR, 2005, S. 136).

2.5.3 Modelle des Gesundheitsverhaltens

Einige der zentralen Modelle des Gesundheitsverhaltens, auf die in der Literatur (z.b. Faltermaier, 2005; Nutbeam & Harris, 2001; Schwarzer, 2004) immer wieder Bezug genommen wird, werden nun vorgestellt. Ziel ist es, den theoretischen Hintergrund der Verhaltensprävention zu erarbeiten. Anhand der fünf Modelle soll die Bedeutung verhaltensbezogener Maßnahmen aufgezeigt werden und es soll verdeutlicht werden, warum gesundheitsbezogene Verhaltensänderung schwierig herbeizuführen ist und nachhaltige Effekte selten sind.

Gesundheitsverhalten bezeichnet „jede Aktivität einer sich gesund empfindenden Person, die Krankheiten verhindern oder sie in einer noch nicht symptomatischen Phase entdecken soll" (Kasl & Cobb, 1966; zitiert nach Faltermaier, 2005, S. 173). Gesundheitsverhalten soll also – im Gegensatz zum Risikoverhalten – die Wahrscheinlichkeit, dass Krankheiten vermieden werden und dass Gesundheit erhalten wird erhöhen. Die folgenden fünf Verhaltensweisen, die überwiegend als das Gegenteil von Risikoverhalten verstanden werden können, erweisen sich Faltermaier (2005, S. 173) zufolge als signifikante Prädiktoren für eine geringere Mortalität: Nichtrauchen, kein übermäßiger Alkoholkonsum, kein Übergewicht, ausreichende körperliche Aktivität und ausreichender Schlaf. Eine wichtige Quelle der Gesundheitsförderung ist die Gesundheitspsychologie. Um die Änderung von schwierigen Verhaltensweisen verstehen und erklären zu können, bedarf es theoretischer Vorstellungen, in denen die Einflussgrößen und Wirkmechanismen abgebildet werden. Dazu wurde in der Gesundheitspsychologie eine Reihe von Gesundheitsverhaltensmodellen entwickelt. Nach Schwarzer (2004, S. 39) lassen sich diese grob in die folgenden zwei Klassen einteilen:

- Die *kontinuierlichen Prädiktionsmodelle* gehen von bestimmten Variablen (z.B. Einstellungen, Selbstwirksamkeitserwartung) aus und betrachten diese als prädiktiv für ein bestimmtes Gesundheitsverhalten (z.B. Health Belief-Modell).
- *Dynamische Stadienmodelle* (Stufenmodelle) haben hingegen qualitativ unterschiedliche Phasen zum Gegenstand, welche die Personen während des Prozesses einer Verhaltensänderung angeblich durchlaufen (z.B. Transtheoretisches Modell der Verhaltensänderung).

2.5.3.1 Health Belief-Modell

Das in den 1950er Jahren entwickelte Health Belief-Modell ist eines der am längsten etablierten Modelle zur Prognose gesundheitsgerechten Verhaltens. Ursprünglich wurde es zur Erklärung der Teilnahme an öffentlichen Gesundheitsprogrammen (z.b. Vorsorgeuntersuchungen, Impfprogramme) verwendet. Später wurde es zur Anwendung auf andere Bereiche des Gesundheitsverhaltens weiterentwickelt. Als sozialpsychologisches Modell bleibt es jedoch auf jene Gesundheitsverhaltensweisen begrenzt, die durch individuelle Einstellungen und Wahrnehmungen erklärt werden können. (Nutbeam & Harris, 2001, S. 19–22)

Das Kernstück des Modells bilden die folgenden vier gesundheitlichen Überzeugungen (health beliefs) (Waller, 2006, S. 43): wahrgenommene Gefährdungen durch eine Krankheit, wahrgenommene Gefährlichkeit einer Krankheit, wahrgenommener Nutzen einer Maßnahme und wahrgenommene Kosten einer Maßnahme.

In Abbildung 1 werden die wesentlichen Elemente des Health Belief-Modells schematisch dargestellt.

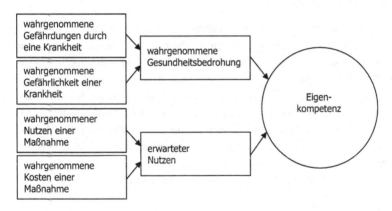

Abbildung 1   Health Belief-Modell (Nutbeam & Harris, 2001, S. 20)

Das Health Belief-Modell ist entscheidungstheoretisch orientiert. Ihm liegt die Annahme zugrunde, dass Menschen rational denken und ihnen die negativen Konsequenzen ihres Verhaltens nur aufgezeigt werden müssten, um sie zur Änderung ihres Verhaltens zu veranlassen (Seibt, 2006, S. 150). Darüber hinaus basiert es auf der Modellvorstellung, dass Menschen nur dann präventives Verhalten zeigen, wenn in ihrer subjektiven Abwägung der Nutzen einer Maßnahme die erwarteten Kosten übersteigt (Faltermaier, 2005, S. 177). Gesundheits- und Vorsorgeverhalten wird demnach dann an den Tag gelegt, wenn Menschen eine eigene Gefährdung durch eine Krankheit annehmen, die sie als bedrohlich wahrnehmen und den Nutzen von protektiven Maßnahmen höher als die Kosten dieser Maßnahmen einschätzen (Waller, 2006, S. 44). Zusätzlich weist Faltermaier (2005) darauf hin, dass oft noch ein „gewisser Anstoß erfolgen [muss], der ein Handeln auslösen kann" (S. 177), etwa zunehmende Beschwerden oder ärztliche Warnungen.

Der Nutzen des Health Belief-Modells liegt darin, dass es auf einfache und anschauliche Weise die Bedeutung individueller Wahrnehmungen über Gesundheit und die Relation zwischen Kosten und Nutzen veranschaulicht. Es wird weltweit sowohl zur Erklärung von Vorsorgeverhalten als auch zur Ableitung von Interventionsstrategien verwendet. Anwendung fand es insbesondere in der AIDS-Prävention. Heute wird es, meist in Kombination mit anderen Theorien, bei der Planung gezielter Gesundheitsprogramme eingesetzt. Es erweist sich am nützlichsten, wenn es auf das traditionelle Vorsorgeverhalten, für das es ursprünglich konzipiert wurde, angewendet wird. Weniger hilfreich scheint es für dauerhafte, komplexe und sozial bestimmte Verhaltensweisen zu sein. (Seibt, 2006, S. 150–152)

2.5.3.2 Theory of Planned Behavior

Die Theory of Planned Behavior ist eine Weiterentwicklung der Theory of Reasoned Action, die in den 1960er Jahren entwickelt wurde. Die beiden Theorien versuchen den Zusammenhang zwischen Einstellung und (Gesundheits-)Verhalten zu erklären. Der Theory of Planned Behavior liegt die Annahme zugrunde, dass „die Ausführung eines Verhaltens immer vorab der Ausbildung einer Intention, eines Vorsatzes bedarf". (Faltermaier, 2005, S. 181) Im Modell wird zwischen Intention (Verhaltensabsicht) und Verhalten unterschieden. Im Vordergrund steht die Intention. Führt doch die Absicht mit dem Rauchen aufzuhören, ein Lauftraining zu starten et cetera bekanntlich nicht notwendigerweise auch zur Ausführung dieses Verhaltens.

Drei kognitiv-emotionale Erwartungen beeinflussen die Intention zu Gesundheitsverhalten (ebd., S. 181):

- Die *persönliche Einstellung* ist die gefühlsmäßige Einschätzung eines bestimmten Gesundheitsverhaltens. Sie beruht auf Überzeugungen über die Konsequenzen dieses Verhaltens (Ergebniserwartung).
- Die *subjektive Norm* bezieht sich auf Vorstellungen darüber, wie wichtige Bezugspersonen (z.B. Familie, Freunde, Kollegen) dieses Gesundheitsverhalten bewerten.
- Die *wahrgenommene Verhaltenskontrolle* bezieht schließlich mit ein, ob sich eine Person eine bestimmte Verhaltensweise zutraut oder nicht. Dies hängt sowohl von ihren Kontrollüberzeugungen als auch von den wahrgenommenen Möglichkeiten ab, das Verhalten auch tatsächlich ausführen zu können.

In Abbildung 2 wird die Theory of Planned Behavior schematisch dargestellt.

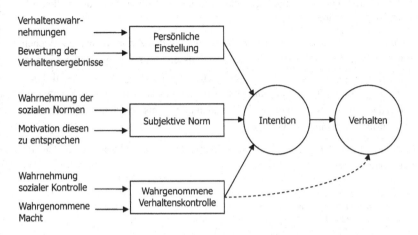

Abbildung 2 Theory of Planned Behavior (Nutbeam & Harris, 2001, S. 24)

In den 1980er Jahren wurde die Theory of Planned Behavior vor allem zur Rauchprävention bei Jugendlichen eingesetzt, später auch in der Aids-Prävention. Heute gilt sie als eine der populärsten psychologischen Theorien in Gesundheitsförderungs- und Präventionsprogrammen. Sie liefert Einsichten in Schlüsselfaktoren der Verhaltensbeeinflussung und dient insbesondere zur Identifizierung von Informationen über eine bestimmte Zielgruppe, noch vor der Programmentwicklung. (Seibt, 2006, S. 232)

Die Theory of Planned Behavior zeichnet sich Faltermaier (2005, S. 182) zufolge dadurch aus, dass sie die Intention zu einem Gesundheitsverhalten als Vermittlerin zwischen Einstellung und Verhalten beschreibt. Ein weiterer Vorteil ist, dass auch soziale Einflüsse in Form der subjektiven Normen berücksichtigt werden. Kritisiert wird insbesondere die Komponente der wahrgenommenen Verhaltenskontrolle. So wird nicht eindeutig zwischen wahrgenommener und tatsächlicher Kontrolle unterschieden. Einschränkend muss bedacht werden, dass diese Theorie Individuum bezogen ist; strukturelle oder kulturelle Elemente bleiben unberücksichtigt. (Seibt, 2006, S. 232)

2.5.3.3 Sozial-kognitive Theorie

Aus dem in der Psychologie seit den 1940er Jahren unternommenen Versuch, Verhalten allgemeingültig zu erklären, entstand zunächst die soziale Lerntheorie. Später wurde diese revidiert und in die umfang- wie einflussreiche sozial-kognitive Theorie umbenannt (Schwarzer, 2004, S. 61).

Es wird angenommen, dass kognitive, motivationale, emotionale und aktionale Prozesse durch subjektive Überzeugungen gesteuert werden; vor allem durch die beiden folgenden (Schwarzer, 2004, S. 58):

- *Handlungsergebniserwartungen* beziehen sich auf den Zusammenhang zwischen eigenem Handeln und nachfolgenden Ergebnissen. Sie sagen nichts darüber aus, ob sich eine Person selbst in der Lage sieht, diese Handlungen auch auszuführen.
- Die *Selbstwirksamkeitserwartung* bezeichnet die wahrgenommene Kompetenz einer Person, ein bestimmtes Verhalten auch angesichts von Schwierigkeiten und Hindernissen ausüben zu können.

In Abbildung 3 werden die wesentlichen Elemente der sozial-kognitiven Theorie schematisch dargestellt.

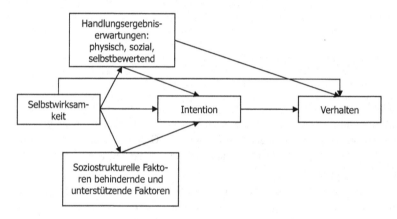

Abbildung 3   Sozial-kognitive Theorie (Schwarzer, 2004, S. 61)

Die Darstellung zeigt, dass die Selbstwirksamkeitserwartung zum einen direkten Einfluss auf das Verhalten ausübt und zum anderen auch indirekten Einfluss über die Handlungsergebniserwartungen hat. Die Handlungsergebniserwartungen werden in physische, soziale und selbstbewertende unterteilt. Damit wird ausgedrückt, dass ein eigener sozialer Einflussfaktor – wie beispielsweise die subjektive Norm in der Theory of Planned Behavior – nicht erforderlich ist. Sind solche sozialen normativen Überzeugungen doch nichts anderes als Handlungsergebniserwartungen. Diesen werden hier auch Risikowahrnehmungen untergeordnet, da der sozial-kognitiven Theorie zufolge auch die Handlungsunterlassung eine Kategorie des Handelns ist. (ebd., S. 61–62)

Die sozial-kognitive Theorie spielt in der Forschung zum Gesundheitsverhalten weltweit eine bedeutende Rolle. Seibt (2006, S. 208) zufolge ist sie eine der heute am häufigsten verwendeten Theorien in theoriegeleiteten Gesundheitsförderungsprogrammen. Die Konstrukte der sozial-kognitiven Theorie wurden in zahlreichen Studien getestet. Dabei haben sie sich immer wieder bestätigt. Insbesondere die Selbstwirksamkeitserwartung wurde intensiv beforscht, etwa im Zusammenhang mit Raucherentwöhnung, sexuellem Risikoverhalten, Schmerztoleranz, Gewichtskontrolle, präventiver Ernährung und körperlicher Aktivität. Themenübergreifend zeigte sich, dass Menschen mit hoher eher als solche mit niedriger Kompetenzerwartung dazu in der Lage sind, Risikoverhaltensweisen abzubauen und Gesundheitsverhaltensweisen über einen längeren Zeitraum aufrechtzuerhalten, sofern sie von der Notwendigkeit dazu überzeugt sind und einen festen Entschluss gefasst haben. (Schwarzer, 2004, S. 62)

Ein zentraler Kritikpunkt an der sozial-kognitiven Theorie ist die sogenannte Intentions-Verhaltens-Lücke. So sieht Bandura davon ab, zwischen Intention und Verhalten vermittelnde Variablen explizit zu beschreiben. Schwarzer (2004) führt das darauf zurück, dass Bandura mit der Absicht, ein besonders sparsames Modell zu entwerfen, darauf verzichtet hat, obwohl „es … ihm sicher nicht schwer fallen [würde], ein paar wichtige Einflussgrößen zwischen Intention und Verhalten zu nennen" (S. 62).

2.5.3.4 Transtheoretisches Modell der Verhaltensänderung

Das transtheoretische Modell wurde in den 1970er Jahren entwickelt. Menschen, Gruppen oder auch ganze Organisationen durchlaufen dem Modell zufolge typischerweise verschiedene Stufen, um ein ihrem eigenen Willen unterworfenes, bislang regelmäßig durchgeführtes Verhalten zu verändern, zu beenden oder ein neues Verhalten anzufangen und stabil beizubehalten. (Seibt, 2006, S. 232) Ein wesentlicher Unterschied zu anderen Modellen des Gesundheitsverhaltens ist, dass das transtheoretische Modell nicht nur in der Intentionsbildung ansetzt, sondern die Phase des Veränderungsprozesses und seiner Stabilisierung stärker einbezieht (ebd., S. 235).

Das Kernstück des Modells bilden die folgenden sechs Stufen der Veränderung (stages of change) (Faltermaier, 2005, S. 185):

- *Sorglosigkeit* (precontemplation): Personen ziehen eine Verhaltensänderung nicht in Erwägung oder wollen ihr Verhalten ganz bewusst nicht verändern.
- *Bewusstwerden* (contemplation): In diesem Stadium erwägt eine Person bewusst, ein Problemverhalten innerhalb der nächsten sechs Monate zu verändern.
- *Vorbereitung* (preperation): Die Person entschließt sich ernsthaft dazu, ein spezifisches Verhalten innerhalb der nächsten 30 Tage zu verändern.
- *Handlung* (action): In diesem Stadium zeigt die Person das angestrebte Zielverhalten und hält es über einen Zeitraum von bis zu sechs Monaten aufrecht.

- *Aufrechterhaltung* (maintenance): Die Person hält das Zielverhalten über einen Zeitraum von sechs Monaten hinaus aufrecht.
- *Stabilisierung* (termination): Nun hat die Person ihr Zielverhalten stabilisiert. Es besteht keine Versuchung oder Rückfallgefahr mehr.

Die Veränderung des Problemverhaltens erfolgt über das Durchlaufen dieser Stufen, wobei das Modell zirkulär und nicht linear anzusehen ist: Personen können in jeder Stufe für unbegrenzt lange Zeit (oder für immer) verbleiben. Sie unterscheiden sich darin, wie schnell sie die jeweiligen Phasen durchlaufen, wobei Rückfälle immer möglich sind. Rückfälle werden als normale Schwierigkeiten im Veränderungsprozess betrachtet. Dieser erfolgt vor allem dadurch, dass Personen die Vor- und Nachteile ihres Problemverhaltens abwägen aber auch dadurch, dass ihre Selbstwirksamkeitserwartungen ansteigen. (Faltermaier, 2005, S. 186)

Ursprünglich für die Therapie von Suchtverhalten konzipiert, hat das transtheoretische Modell mittlerweile in der Praxis große Verbreitung erlangt. Es ist sowohl auf der individuellen Ebene, als auch auf der breiteren Ebene der Programmplanung anwendbar. (Seibt, 2006, S. 234) Nutbeam und Harris (2001) betrachten es als einen „Ansatz zur Definierung der vielfältigen Anforderungen bei der Planung gesundheitsfördernder Maßnahmen für Individuen und Gruppen." (S. 29) Das Modell stellt einen wichtigen Bezugsrahmen für Programme von Raucherentwöhnung über körperliche Aktivität, Nutzung von Kondomen bis hin zu Ernährungsverhalten dar.

Aufgrund seiner Fokussierung auf Veränderungsprozesse ist das transtheoretische Modell bedeutsam für die Gesundheitsförderung. Verdeutlicht es doch einmal mehr, wie wichtig es ist, Gesundheitsförderungsprogramme auf die Bedürfnisse, Verhältnisse und Möglichkeiten einer speziellen Zielgruppe abzustimmen. Im Modell werden Individuen, Gruppen oder Organisationen anhand der Phase, in der sie sich während eines Veränderungsprozesses gerade befinden, kategorisiert und differenziert. Darüber hinaus können Gesundheitsförderungsinterventionen „phasenspezifisch" entwickelt und implementiert werden. Somit können die Programme auch dann als „erfolgreich" bewertet werden, wenn sich die Menschen „nur" zur nächsten Phase weiterentwickelt haben. Nach Seibt (2006, S. 235) stießen diese Erkenntnisse die Prozessevaluation an.

2.5.3.5 Health Action Process Approach

Der Health Action Process Approach (HAPA) wurde in den 1980er Jahren auf der Grundlage empirischer Studien entwickelt. Das Modell soll die bewährten Komponenten bestehender Verhaltensmodelle integrieren und ihre Nachteile überwinden. Dabei baut es wesentlich auf der Selbstwirksamkeitstheorie von Bandura auf. Der HAPA dient der Erklärung und Vorhersage von gesundheitsförderlichen und -schädlichen Verhaltensweisen.

In Abbildung 4 werden die wesentlichen Elemente des HAPA schematisch dargestellt.

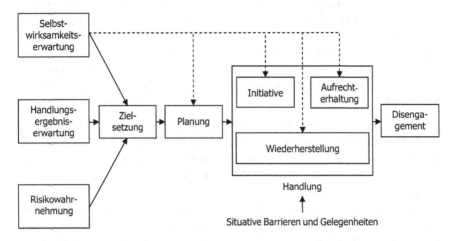

Abbildung 4 Health Action Process Approach (Schwarzer, 2004, S. 91)

Im Unterschied zu anderen Verhaltensmodellen erklärt der HAPA nicht nur die Intention zu einem bestimmten Verhalten (Motivationsprozess), sondern auch die Phase nach der Bildung einer Absicht, wenn es um die Umsetzung in das konkrete Handeln und um seine Aufrechterhaltung geht (Volitionsprozess) (Schwarzer, 2004, S. 90):

- *Präintentionale Motivationsprozesse*: Zunächst wird versucht, die Intentionsbildung für Gesundheitsverhaltensweisen zu erklären. Eine Rolle spielen hierbei die folgenden Selbst-Überzeugungs-Konstrukte (ebd., S. 91–92): Die *Risikowahrnehmung* beruht auf subjektiven Einschätzungen des Schweregrads von Erkrankungen und der eigenen Verwundbarkeit. Aufbauend auf der wahrgenommenen Bedrohung kommt es zum Abwägen von positiven und negativen *Handlungsergebniserwartungen* bezüglich des Gesundheitsverhaltens und der Einschätzung der Selbstwirksamkeit. Günstig für die Intentionsbildung sind dabei mehrheitlich positive Konsequenzerwartungen und eine hohe *Selbstwirksamkeitserwartung*. Mit der Bildung einer Intention zur Verhaltensänderung endet die Motivationsphase. Die Person tritt in die Volitionsphase ein.
- *Postintentionale Volitionsprozesse*: Nun geht es um die Frage, unter welchen Bedingungen die Person eine beabsichtigte Handlung auch umsetzt. Die Volitionsphase wird in folgende drei Phasen eingeteilt (ebd., S. 93–96): In der *präaktionalen Phase* wird die Handlung detailliert geplant (Handlungsplanung). Mit der Initiierung der Handlung beginnt die *aktionale Phase*. Die Ausführung der

Handlung muss in dieser Phase ständig kontrolliert und gegenüber anderen Anforderungen oder Ablenkungen aufrechterhalten werden (Handlungskontrolle).
Nach Abschluss einer Handlung müssen in der *postaktionalen Phase* die Ergebnisse wahrgenommen und (Miss-)Erfolge bewertet werden (Handlungsbewer-
tung). Im Volitionsprozess kommt es darauf an, dass die Person situative Barrieren überwindet und Ressourcen erschließt, wobei Kompetenzerwartung und sozialer Rückhalt zwei besonders wichtige Komponenten darstellen. (Faltermaier,
2005, S. 184–185)

Schwarzer (2004, S. 100) zufolge handelt es sich beim HAPA nicht um eine geschlossene „Theorie", sondern um ein heuristisches Modell, das dazu dient, Forschung und
Interventionen über den gesamten Prozess der Verhaltensänderung hinweg anzuregen.
Da das Modell Bestandteile aus anderen Modellen integriert, kann es sich teilweise auf
deren empirisch gesicherte Ergebnisse stützen.

Anhand der fünf Modelle des Gesundheitsverhaltens wurde die Bedeutung verhaltensbezogener Maßnahmen aufgezeigt. Der weitere Nutzen der Modelle liegt darin
begründet, im Rahmen der explorativen Untersuchung die theoretische Grundlage der
verhaltensbezogenen BGF-Variante zu bilden.

2.5.4 Modelle zu Arbeitsbedingungen und Gesundheit

Einige der zentralen Modelle zu Arbeitsbedingungen und Gesundheit, auf die in der
Literatur immer wieder Bezug genommen wird, werden nun vorgestellt. Ziel ist es, den
theoretischen Hintergrund der Verhältnisprävention zu erarbeiten. Anhand der sechs
arbeitswissenschaftlichen Stresskonzepte soll das hohe Potential verhältnisbezogener
Maßnahmen aufgezeigt werden, durch veränderte Arbeitsorganisation, sinnvoll prakti-
zierte Arbeitsteilung und andere Änderungen der Rahmenbedingungen von Erwerbsarbeit gesundheitsgerechte Arbeitsbedingungen zu schaffen.

2.5.4.1 Konzept Anforderung/Belastung

Das Konzept Anforderung/Belastung ist das „jüngste" Konzept zu Arbeitsbedingungen
und Gesundheit. Es wurde theoriegeleitet entwickelt und integriert Aspekte aus den
nachfolgend vorgestellten Stresskonzepten. Mit diesem Konzept sind folgende Hauptaussagen verbunden (Oesterreich, 1999, S. 142):

-    Höhere *psychische Anforderungen* in der Arbeit (z.B. hoher Entscheidungsspiel-
     raum) sind nützlich, weil sie positive Aspekte der Gesundheit (z.B. aktivere
     Freizeit) fördern. Die Höhe der Anforderungen beeinflusst aber negative Aspekte
     der Gesundheit, d.h. Gesundheitsrisiken nicht.

- Höhere *psychische Belastungen* (z.B. Zusatzaufwand) sind schädlich, weil sie Gesundheitsrisiken (z.B. psychosomatische Beschwerden) erhöhen. Die Höhe der Belastungen beeinflusst aber positive Aspekte der Gesundheit nicht.

In Tabelle 4 wird die Systematik der psychischen Anforderungen und Belastungen im Konzept Anforderung/Belastung dargestellt. *Psychische Anforderungen* ergeben sich zum einen aus Entscheidungsanforderungen, zum anderen aus Kooperationsanforderungen. *Psychische Belastungen* entstehen entweder durch Zusatzaufwand, monotone Bedingungen oder Zeitdruck (Oesterreich, 1999, S. 145–146):

Tabelle 4 Konzept Anforderung/Belastung (Oesterreich, 1999, S. 144)

Psychische Anforderungen	
Entscheidungsanforderungen	*Kooperationsanforderungen*
Entscheidungsspielraum	betriebsintern, mit einzelnen Kollegen
zeitbezogene Entscheidungen	betriebsintern, in Gruppe
strukturbezogene Entscheidungen	Betriebsextern

Psychische Belastungen		
Zusatzaufwand	*Monotone Bedingungen*	*Zeitdruck*
Informatorische Erschwerungen	bei Routinetätigkeit	enge Zeitvorgabe
manuell/motorische Erschwerungen	bei langen Phasen ohne Eingriffserfordernis	diskontinuierlich durch Endtermine
Unterbrechungen		

Im Konzept Anforderung/Belastung wird betont, dass Anforderungen und Belastungen konzeptuell klar voneinander zu trennen sind, da das Ausmaß von Anforderungen einerseits und jenes von Belastungen andererseits verschiedene Wirkungen für die arbeitenden Personen hat. Höhere Anforderungen erhöhen die Wahrscheinlichkeit für reichhaltigere Freizeitbetätigungen und größeres Selbstvertrauen. Höhere Belastungen führen hingegen zu vermehrten Gesundheitsrisiken. Anforderungen und Belastungen sind bedingungsbezogene Merkmale der Arbeitstätigkeit. Sie sind durch veränderte Arbeitsteilung und -organisation oder technische Änderungen beeinflussbar. Diese Erkenntnis verdeutlicht den Bezug des Konzepts Anforderung/Belastung auf Bedingungen des Arbeitshandelns – und seine Bedeutung für eine gesundheitsgerechte Gestaltung der Arbeit im Sinne von Verhältnisprävention. (ebd., S. 154)

In Abbildung 5 werden die wesentlichen Elemente des Konzepts Anforderung/Belastung schematisch dargestellt.

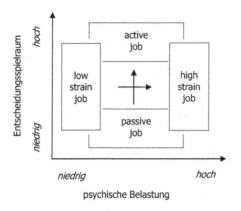

Abbildung 5   Konzept Anforderung/Belastung (Oesterreich, 1999, S. 171)

2.5.4.2 Demand/Control-Modell

Im Demand/Control-Modell wird der Frage nachgegangen, ob Arbeitstätigkeiten, die sowohl hohe Anforderungen als auch hohe Belastungen beinhalten, besonders anspruchsvoll und wünschenswert sind, weil sie eine besonders aktive Lebensweise begünstigen, oder ob dem nicht so ist (Oesterreich, 1999, S. 142).

Karasek (z.B. 1979; Karasek & Theorell, 1990), der Begründer dieses Modells, nimmt an, dass ein hoher Entscheidungsspielraum (control), etwa in Bezug auf Entscheidungsverantwortung und Qualifikation gesundheitsförderlich wirkt und dass psychische Belastungen (demands), etwa Zeitdruck, Arbeitsmenge oder widersprüchliche Anforderungen, gesundheitsschädigend wirken und Fehlbeanspruchungen mit sich bringen (Ulich & Wülser, 2009, S. 78). Das Gesundheitsrisiko wird als besonders hoch angenommen, wenn bei hoher psychischer Belastung gleichzeitig der Entscheidungsspielraum gering ist. Das Freizeitverhalten wird als besonders aktiv angenommen, wenn bei hohem Entscheidungsspielraum gleichzeitig die psychische Belastung hoch ist. Soziale Unterstützung am Arbeitsplatz vermindert den Modellannahmen zufolge die negative Wirkung psychischer Belastungen. (Oesterreich, 1999, S. 157)

In Abbildung 6 werden die zentralen Elemente des Demand/Control-Modells schematisch dargestellt. Aus der Abbildung geht hervor, dass der Entscheidungsspielraum den Modellannahmen zufolge generell hoch sein sollte, dass Belastungen nur bei geringem Entscheidungsspielraum schädlich sind und dass Belastungen bei hohem Entscheidungsspielraum sogar noch erhöht werden könnten, um „aktivierende" Tätigkeiten zu fördern. (Ulich & Wülser, 2009, S. 79)

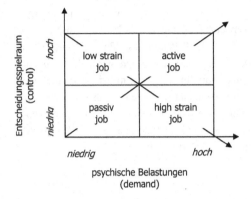

Abbildung 6 Demand/Control-Modell (Oesterreich, 1999, S. 171)

Die Richtung von links oben nach rechts unten beschreibt ein zunehmendes Risiko für Fehlbeanspruchungen und Krankheiten (z.B. Burnout, kardiovaskuläre Erkrankungen). Demzufolge sind *High Strain Jobs* mit niedrigem Entscheidungsspielraum und hohen psychischen Belastungen besonders gesundheitsschädlich. Die High Strain-Hypothese wurde in verschiedenen Untersuchungen bestätigt.

Die Richtung von links unten nach rechts oben beschreibt ein zunehmendes aktivierendes Potenzial der Tätigkeiten. Demzufolge sind *Active Jobs* mit hohem Entscheidungsspielraum und hohen psychischen Belastungen besonders aktivierend. Sollen sie doch insbesondere aktives Freizeitverhalten fördern. Die Lern- und Entwicklungshypothese erhält im Gegensatz zur High Strain-Hypothese in der Literatur jedoch nur wenig Unterstützung.

Unklar – jedoch für die BGF besonders relevant – ist auch, ob hohe Belastungen und ein niedriger Entscheidungsspielraum additiv oder interaktiv wirken („Pufferhypothese"). Wenn nämlich mit einer puffernden Wirkung des Entscheidungsspielraums gerechnet werden kann, würde dessen Vergrößerung negative Wirkungen von Belastungen vermindern, ohne dass diese selbst zwingend reduziert werden müssten. Wenn aber Belastungen unabhängig vom Entscheidungsspielraum schädlich wirken – wie etwa im Konzept Anforderung/Belastung angenommen – wäre eine ausschließliche Erhöhung des Entscheidungsspielraums ohne Abbau von Belastungen nicht ausreichend. (Ulich & Wülser, 2009, S. 80–81)

2.5.4.3 Modell beruflicher Gratifikationskrisen

Das Modell beruflicher Gratifikationskrisen wurde von Siegrist (z.B. 1996) entwickelt. Er geht von der im Arbeitsvertrag angelegten sozialen Reziprozität der Tauschbeziehung zwischen Leistung und Belohnung aus, wonach für erbrachte Arbeitsleistungen angemessene Gratifikationen – Belohnungen – gewährt werden. Gratifikationen ergeben sich aus Geld, Anerkennung und Wertschätzung sowie beruflicher Statuskontrolle in Form von Aufstiegschancen, Arbeitsplatzsicherheit und ausbildungsadäquater Beschäftigung (Siegrist & Dragano, 2008, S. 308). Angenommen wird, dass ein Ungleichgewicht zwischen beruflicher Verausgabung und als Gegenwert dafür erhaltener Belohnung zu Stressreaktionen führt. Er unterscheidet situative (extrinsische) und personale (intrinsische) Verausgabungsquellen. Eine Kombination starker, lang anhaltender Verausgabung mit im Vergleich dazu bescheidenen Belohnungen löst Stress aus, der sich in sogenannten Gratifikationskrisen offenbart (s. Abbildung 7).

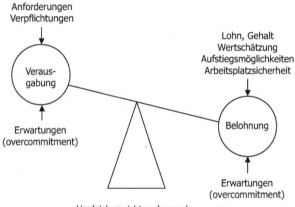

Abbildung 7 Modell beruflicher Gratifikationskrisen (Ulich & Wülser, 2009, S. 89)

Gratifikationskrisen resultieren aus fehlender Anerkennung bei hoher Anstrengungsbereitschaft. Im Modell werden drei Bedingungen aufgelistet, unter denen dies mit hoher Wahrscheinlichkeit der Fall ist (Siegrist & Dragano, 2008, S. 308):

-   Bei fehlenden Alternativmöglichkeiten (z.B. fehlende Arbeitsplatzalternative aufgrund geringer Qualifikation).

- Bei Vorliegen strategischer Gründe (z.b. dem Aufrechterhalten von ungünstigen Arbeitsverträgen zur Erzielung von Wettbewerbsvorteilen gegenüber Mitbewerbern).
- Durch persönlichen Bewältigungsstil (z.b. überzogene Verausgabungsneigung).

Im Modell beruflicher Gratifikationskrisen wird die Interaktion zwischen Merkmalen der Arbeitssituation und Merkmalen des Bewältigungshandelns von Organisationsmitgliedern berücksichtigt. Neben den unmittelbaren Arbeitstätigkeiten werden die organisationalen Rahmenbedingungen und Aspekte des Arbeitsmarktes (z.b. Lohnniveau, Karrieremuster, Arbeitsplatzsicherheit) einbezogen. Das Modell trägt somit Entwicklungen des Erwerbslebens (z.b. Globalisierung, Mobilität, Arbeitsmarktsegmentierung, Risiko eines Arbeitsplatzverlustes) Rechnung. (Siegrist & Dragano, 2008, S. 308)

2.5.4.4 Belastungs-Beanspruchungskonzept

Ursprünglich wurden mit dem Belastungs-Beanspruchungskonzept Überlegungen zu physischer Belastung unternommen, aber auch psychische Belastungen können damit erklärt werden. In diesem Konzept wird danach gefragt, ob alles, was in der Arbeitstätigkeit auf den Menschen wirkt, als „Belastung" anzusehen ist und ob sowohl eine zu geringe wie eine zu hohe Belastung schädlich für die Gesundheit, eine mittlere Belastung hingegen optimal ist (Oesterreich, 1999, S. 143). In diesem Zusammenhang soll darauf hingewiesen werden, dass der Belastungsbegriff im Gegensatz zur Alltagssprache im Belastungs-Beanspruchungskonzept eine neutrale Bedeutung hat. Belastung kann nämlich sowohl zu gering (Gesundheitsgefährdung durch Unterforderung), optimal (Gesundheitsförderung) als auch zu hoch beanspruchen (Gesundheitsgefährdung durch Überforderung). (ebd., S. 174–176) Eine Belastungsoptimierung geht mit der Gestaltung der Arbeitsbedingungen einher.

Sowohl das Belastungs-Beanspruchungskonzept als auch das Konzept Anforderung/Belastung trennen Bedingungen und deren Auswirkungen (Beanspruchungen). Jedoch unterscheidet das Konzept Anforderung/Belastung in dem Bereich, der im Belastungs-Beanspruchungskonzept als „Belastung" konzipiert ist, zwischen Anforderungen und Belastungen. Das Konzept Anforderung/Belastung setzt voraus, dass höhere Anforderungen gesundheitsförderlich wirken, wozu es im Belastungs-Beanspruchungskonzept keine entsprechende Aussage gibt. Im Konzept Anforderung/Belastung wird demgegenüber jedoch nicht angenommen, dass zu niedrige Anforderungen mit höheren Gesundheitsrisiken einhergehen. Gesundheitsrisiken entstehen diesem Konzept zufolge dann, wenn die Belastungen in der Arbeit hoch sind – sie können keine „zu niedrige" Ausprägung haben, sondern sollten gar nicht vorhanden sein, wohingegen im Belastungs-Beanspruchungskonzept unterstellt wird, dass Beanspruchungen sowohl zu hoch als auch zu niedrig sein können. (ebd., S. 179)

2.5.4.5 Konzept Vollständige Tätigkeit

Im Konzept Vollständige Tätigkeit wird danach gefragt, ob alle Tätigkeitsmerkmale im Sinne von Anforderungen, genauer gesagt von „vollständiger Tätigkeit" verstanden werden können, wenn es um psychologisch betrachtete Wirkungen der Arbeit geht oder ob dem nicht so ist. Vollständigere Tätigkeiten sind gesundheitsförderlich, zu wenig vollständige Tätigkeiten aber mit mehr Gesundheitsrisiken verbunden. (Oesterreich, 1999, S. 143)

Vollständige Tätigkeiten sind Tätigkeiten, die sowohl „zyklisch" als auch „hierarchisch vollständig" sind. *„Zyklische Vollständigkeit"* bedeutet, dass die Tätigkeiten außer ausführenden auch vorbereitende, organisierende und kontrollierende Aufgaben enthalten, *„hierarchische Vollständigkeit"* meint, dass die Tätigkeiten nicht nur automatisiert psychische Prozesse, sondern auch Wahrnehmungs-, Vorstellungs- und Denkprozesse erfordern. (ebd., S. 180) Ulich (2005, S. 209) fasst die Merkmale vollständiger Tätigkeiten, die bei der Festlegung von Aufgaben berücksichtigt werden sollten, folgendermaßen zusammen:

- Selbstständiges Setzen von Zielen, die in übergeordnete Ziele einfließen.
- Selbständige Handlungsvorbereitungen im Sinne der Wahrnehmung von Planungsfunktionen.
- Auswahl der Mittel einschließlich der erforderlichen Interaktionen zur adäquaten Zielerreichung.
- Ausführungsfunktionen mit Ablauffeedback zur allfälligen Handlungskorrektur.
- Kontrolle mit Resultatfeedback und der Möglichkeit, Ergebnisse der eigenen Handlungen auf Übereinstimmung mit den gesetzten Zielen zu überprüfen.

Ebenso wie im Konzept Anforderung/Belastung, im Demand/Control-Modell und im Konzept Psychischer Stress am Arbeitsplatz werden im Konzept Vollständige Tätigkeit Aufgaben, die Anforderungen im Sinne von Denken und Planen, Kooperation und Kommunikation enthalten und Qualifikationen nutzen und fördern als gesundheitsförderlich betrachtet. Anders als in diesen Konzepten wird im Konzept Vollständige Tätigkeit jedoch auf einen separaten Begriff der psychischen Belastung verzichtet. Es wird vielmehr angenommen, dass bei zu geringer Vollständigkeit vermehrt Gesundheitsrisiken und bei höherer Vollständigkeit zunehmend positive Gesundheitseffekte auftreten. Das Konzept Anforderung/Belastung geht hingegen zwar auch von positiven Effekten höherer Anforderungen aus. Es postuliert jedoch keine vermehrt auftretenden Gesundheitsrisiken infolge von geringen Anforderungen. Vermehrte Gesundheitsrisiken ergeben sich ausschließlich durch höhere Belastungen, d.h. trotz hoher, positiv zu wertender Anforderungen können gleichzeitig hohe Belastungen mit entsprechenden Gesundheitsrisiken vorliegen. (Oesterreich, 1999, S. 180)

2.5.4.6 Konzept Psychischer Stress am Arbeitsplatz

Das Konzept Psychischer Stress am Arbeitsplatz gründet auf der Frage, ob die positiv zu bewertende Funktion von höheren Anforderungen, speziell von höherem Entscheidungs- und Handlungsspielraum, vor allem darin zu sehen ist, dass die gesundheitlich negative Wirkung von Belastungen (Stressoren) gemindert wird oder ob dem nicht so ist (Oesterreich, 1999, S. 143).

„Stress", genauer gesagt Stressempfinden beinhaltet einen subjektiv unangenehmen Spannungszustand, der aus der Befürchtung resultiert, eine stark aversive Situation nicht vermeiden zu können. Ausgelöst wird Stressempfinden durch Stressoren. „Arbeitsstressoren" sind Merkmale der Arbeitstätigkeit. Sie betreffen in erster Linie arbeitsorganisatorische Probleme (z.B. Handlungsunterbrechungen, Zielkonflikte), Unsicherheit und Verantwortung (z.B. unklare Anweisungen, Rollenkonflikte), quantitative Belastung (z.B. Konzentration, Zeitdruck), Unfallgefährdung und Umgebungsbelastungen (z.B. Lärm, Hitze). (ebd., S. 190)

Wie in Abbildung 8 veranschaulicht, wird im Konzept Psychischer Stress am Arbeitsplatz angenommen, dass hoher Entscheidungsspielraum und bessere soziale Unterstützung die negativen Folgen von Stressoren puffern können.

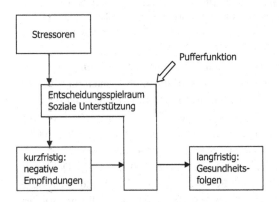

Abbildung 8   Konzept Psychischer Stress am Arbeitsplatz (Oesterreich, 1999, S. 200)

Im Rahmen empirischer Studien konnte zwar die Pufferfunktion der sozialen Unterstützung belegt werden, es gelang jedoch nicht, die Pufferfunktion des Entscheidungsspielraums zu bestätigen. Eine mögliche Begründung hierfür ist, dass – wenn dem Entscheidungsspielraum ausschließlich die Rolle einer Pufferfunktion für Belastungen zukäme – eine Arbeitsgestaltung, die mehr Entscheidungsraum böte, überflüssig wäre, wenn es nur wenige belastende Bedingungen in der Arbeit gäbe. (ebd., S. 201)

Im Unterschied zum Konzept Psychischer Stress am Arbeitsplatz ist im Konzept An-forderung/Belastung eine Erhöhung des Entscheidungsspielraums (also der Anforde-rungen) auch bei geringen Belastungen am Arbeitsplatz begrüßenswert. Gemeinsam ist den beiden Konzepten die Annahme, dass Arbeitsbedingungen für Organisationsmit-glieder gesundheitliche Folgen haben können – womit Maßnahmen der Verhältnisprä-vention durch Arbeitsgestaltung nahegelegt werden. (Oesterreich, 1999, S. 199)

Anhand der sechs Modelle zu Arbeitsbedingungen und Gesundheit wurde die Be-deutung verhältnisbezogener Maßnahmen aufgezeigt. Der weitere Nutzen der Modelle liegt darin begründet, im Rahmen der explorativen Untersuchung die theoretische Grundlage der *verhältnisbezogenen BGF-Variante* zu bilden.

2.5.5 BGF durch Organisationsentwicklung (OE)

Organisationsentwicklung (OE) ist eine Philosophie, eine Wissenschaft und eine Hal-tung gegenüber Menschen und Systemen, behauptet Schein (2000, S. 19–20).

> Die Gesellschaft für OE (1983; zitiert nach Kieser, 2006b) definiert OE als:
> längerfristig angelegten, organisationsumfassenden Entwicklungs- und Veränderungs-prozeß von Organisationen und der in ihr tätigen Menschen. Der Prozeß beruht auf Lernen aller Betroffenen durch direkte Mitwirkung und praktische Erfahrung. Sein Ziel besteht in einer gleichzeitigen Verbesserung der Leistungsfähigkeit der Organisation (Effektivität) und der Qualität des Arbeitslebens (Humanität). (S. 153)

Neben dieser Definition existieren einer Literaturrecherche von Trebesch (2000a) zu-folge etwa 50 Definitionen von OE. Hiermit wird deutlich, „wie unterschiedlich die Auffassungen über Ziele, Inhalte und Methoden der OE sind" (S. 52) und dass OE nicht eindeutig abzugrenzen ist, da sie stark von persönlich geprägten Auffassungen zur Organisation, zur Entwicklung und zum Menschenbild abhängt (Glasl, 2008b, S. 43). Immerhin besteht unter den Autoren breiter Konsens darüber, dass OE als Ent-wicklungsansatz die folgenden Merkmale aufweist (Kieser, 2006b, S. 153): Der Fokus liegt am Prozess, der Prozess wird von den Betroffenen – unter dem Motto „Betroffene zu Beteiligten machen" – getragen, ein Berater ist erforderlich und schließlich werden sowohl Ziele der Organisation als auch Ziele der Organisationsmitglieder verfolgt.

Die Ursprünge der OE gehen zum einen auf die Human-Relations-Bewegung zu-rück und zum anderen auf die Arbeiten von Lewin (z.B. 1946), der sich bereits in den 1940er Jahren mit Gruppen als Medium der Verhaltensänderung beschäftigte und ent-scheidende Erkenntnisse zur Gruppendynamik erlangte (Trebesch, 2000b, S. 11). „Man kann ein (soziales) System nur verstehen, wenn man versucht, es zu verändern" (Fatzer, 2004, S. 13) lautet eine seiner zentralen Feststellungen. Lewin entwickelte das berühmte *Drei-Phasen-Modell* der OE, mit welchem Veränderungen von Personen erfasst werden können und auf welches sich letztlich sämtliche der theoretischen Konzepte zu OE zurückführen lassen: In der Phase des *„Auftauens"* werden tradierte Einstellungen, Werte und Verhaltensweisen in Frage gestellt. In der *Phase der „Änderung"* werden neue Einstellungen, Werte und Verhaltensweisen übernommen. Letztlich werden in der *Phase des „Wiedereinfrierens"* die neu erworbenen Einstellungen, Werte und Verhaltensweisen stabilisiert und routiniert. (Kieser, 2006b, S. 154)

Eine Weiterentwicklung des eben skizzierten Drei-Phasen-Modells stellt das *Sieben-Phasen-Modell* organisatorischer Veränderungs- oder Lernprozesse dar (Fatzer, 2004, S. 32): Am Beginn der Veränderung steht die *Phase des Schocks*, in der ein großer Unterschied zwischen den hohen Erwartungen der Beteiligten und der Realität besteht. In der darauffolgenden *Phase der Verneinung* erleben die Beteiligten ein falsches Sicherheitsgefühl und schätzen ihre Kompetenz überhöht ein. Darauf folgt die *Phase der Einsicht* in die Notwendigkeit von Veränderung und Unsicherheit. Diese führt zur *Phase der Akzeptanz* der Realität, in welcher es erst möglich wird, alte Gewohnheiten „loszulassen". Der Akzeptanz der Realität folgt die, durch Erfolge, Misserfolge, Ärger und Frustration geprägte *Phase des Ausprobierens* und Suchens nach neuen Verhaltensweisen, worauf die *Phase der Erkenntnis* folgt, weshalb gewisse Verhaltensweisen zum Erfolg führen und andere nicht. Schlussendlich findet in der *Phase der Integration* die Übernahme der erfolgreichen Verhaltensweisen ins aktive Verhaltensrepertoire der Menschen statt.

Unter der – bereits in der Definition der Gesellschaft für Organisationsentwicklung angeführten – doppelten Zielsetzung der parallelen Verbesserung der Leistungsfähigkeit der Organisation (Effektivität) und der Qualität des Arbeitslebens (Humanität), ergeben die nachfolgend aufgelisteten Merkmale die Grundprinzipien von OE (ebd., S. 23):

- OE ist langfristig angelegt.
- OE ist partizipativ angelegt.
- Das Vorgehen ist prozessorientiert.
- Der Diagnosephase wird breiter Raum gegeben.
- OE benutzt eine rollende Planung.
- OE arbeitet mit Datenrückkoppelung.
- Konfliktbearbeitung ist ein integrativer Bestandteil von OE.
- Ganzheitlichkeit ist ein Prinzip von OE.

Eine Auswahl möglicher Zielsetzungen von OE-Prozessen gibt Fatzer (ebd., S. 17). Ihm zufolge kann OE neben konkreten Problemlösungen etwa dazu dienen, die Organisation innovativ und lernfähig zu machen, die Organisationskultur zu analysieren und zu verändern, eine Passung zwischen Technologie und der Organisation zu schaffen, Führungsverantwortliche zu befähigen und Komplexität zu reduzieren.

Angesichts permanenter Umweltveränderungen ist das Globalziel von OE jedoch die Transformation der Gesamtorganisation (Fatzer, 2004, S. 17). In Abbildung 9 wird der Transformationsprozess der OE schematisch dargestellt.

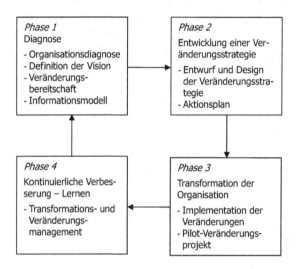

Abbildung 9 Transformationsprozess der OE (Fatzer, 2004, S. 24)

OE geht somit über das schlichte Reagieren auf Veränderung weit hinaus. Vielmehr stellt sie einen permanenten Prozess hin zur lernenden Organisation dar; lernend sowohl im adaptiven als auch im generativen Sinn. Nach Senge (2004, S. 147) bedeutet adaptives Lernen lediglich die Anpassung an und die Bewältigung von Veränderung, während generatives Lernen den Drang zum Schöpferischen und zur Ausweitung der Fähigkeiten beinhaltet. Schöpferisches Lernen erfordert – im Gegensatz zum adaptiven Lernen – eine neue Art der Weltbetrachtung, egal ob es sich um das Verständnis für die Bedarfe der Kunden oder die Förderung der Mitarbeitergesundheit handelt. Die Transformation der Gesamtorganisation erfordert eine fundamentale Veränderung in der Funktionsweise des sozialen Systems Organisation: Neben strategischen, strukturellen und prozessbezogenen Veränderungen sind Kultur- und Führungswandel nötig (Fatzer, 2004, S. 20–21).

Aufgrund von methodischen und theoretischen Defiziten erfährt die OE zuweilen erhebliche Kritik. Kritisch wird etwa der von der OE geforderte Ausgleich verschiedener Interessen betrachtet, der durch das ungleiche Machtverhältnis zwischen Betroffenen und Experten beziehungsweise Führungskräften beeinträchtigt wird. Weiterhin wird häufig die schwere Stellung der OE-Berater aufgezeigt, deren Neutralität und Bemühen um Interessenausgleich oft nicht mit ihrer finanziellen Abhängigkeit von den Auftraggebern kompatibel sind. (Kieser, 2006b, S. 159–163) Neben ihrer unzureichenden methodischen und theoretischen Absicherung wird auch kritisiert, dass die OE (noch) nicht ausreichend auf das neue Wandel- und Organisationsverständnis reagiert, welches veränderte wirtschaftliche und wissenschaftliche Entwicklungen in den 1990er Jahren mit sich brachten. Ein Paradigmenwechsel der OE, der sich auf die Notwendigkeit einer Veränderung der grundlegenden Logik organisatorischen Wandels bezieht, wird gefordert. Trebesch (2004) formuliert, dass sich die OE diesem Paradigmenwechsel stellen und als Prozessmanagement von Veränderungen – zunehmend unter der Bezeichnung „Change Management" – auch inhaltlich verändert werden muss, „wenn der Fundus der OE weiterhin genutzt werden soll" (S. 996).

Die Überlegungen Glasls (2008a, S. 90–133), der OE – im Sinne des geforderten Paradigmenwechsels – aus einer Prozessperspektive heraus konzipiert, werden nun referiert: Ebenso wie Trebesch (2004, S. 991) betrachtet Glasl (2008a) die Phasen-Modelle der OE als überholte, „wirklichkeitsfremde Simplifizierung" (S. 128) und argumentiert, dass *ein* Standardvorgehen, das die Unterschiede von Organisationen außer Acht lässt, mehr Probleme schafft, als es zu lösen vermag. Seiner Überzeugung nach handelt es sich bei OE um Prozessberatung und bei der Prozessberatung um eine „Sozialkunst", die erst im Zusammenspiel der sieben, in Abbildung 10 visualisierten Basisprozesse zum Ausdruck kommt.

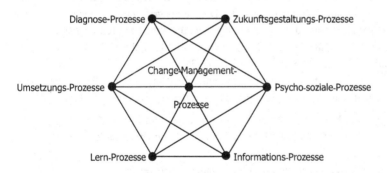

Abbildung 10   Basisprozesse der OE (Glasl, 2008a, S. 90)

Die Darstellung in Sternform und die Verbindungslinien symbolisieren die Vernetzung der einzelnen Prozesse. Glasl (ebd., S. 89–90) betont, dass zwischen den Basisprozessen weder eine zwingende zeitliche Abfolge besteht, noch eine stabile Gewichtung.

Auch sind sie nicht a priori als Phasen zu verstehen. Vielmehr können in unterschiedlichen Organisationen und in bestimmten Phasen mehrere Basisprozesse gleichzeitig dominant sein. Das Gestalten der OE-Basisprozesse wird somit zum kreativen und künstlerischen Akt; „es gleicht seinem Wesen nach der Aufführung eines Musikstücks mit sieben Instrumenten" (Glasl, 2008a, S. 125).

Die Suche nach Verknüpfungsmöglichkeiten der Gesundheitsförderung mit OE ist nicht neu. Schon Anfang der 1990er Jahre formulierte Sievers (1993, S. 40) die Befürchtung, dass Gesundheit zunehmend zu einem Zustand permanenten Wohlbefindens und ewiger Glückseligkeit verkommen könnte. Eine OE im Dienste der Gesundheitsförderung sieht der Autor darin begründet, dass sie in Organisationen einen doppelten Umdenkungsprozess bewirken kann:

> Nämlich zum einen der Vorstellung wieder Raum zu schaffen, daß die Arbeitsfreude letztlich ein Ergebnis des Leidens in der Arbeit und ohne es kaum denkbar ist ...; und zum anderen das Bewußtsein, dafür zu stärken, daß das Drama der Arbeit, das in unseren Organisationen immer wieder aufs Neue zur Aufführung gelangt, nicht von dem Drama unserer Kindheit zu trennen ist, dessen Leiden wir uns weithin zu verdrängen und zu vergessen gewöhnt haben. (Sievers, 1993, S. 40–41)

Mit seiner beinahe philosophisch anmutenden Betrachtungsweise von Gesundheitsförderung will der Autor ausdrücken, dass Leiden mit Arbeit untrennbar verknüpft ist, dass jedoch – auch wenn das Leiden nicht beseitigt werden kann – Einfluss darauf genommen werden kann, ob es die Menschen krank macht und die Leistungsfähigkeit der Organisationen verringert oder ob es einen *Sinn* hat. Die Frage nach dem Sinn ist eng mit der Organisationskultur verknüpft. „Der Sinnbegriff verweist nicht nur deutlich über die Arbeit hinaus auf das Leben, von dem die Arbeit ein Teil ist, sondern impliziert zugleich die Endlichkeit und Beschränktheit unseres Lebens, die durch den Tod unausweichlich bedingt ist" (Sievers, 2000, S. 38–39).

In Zusammenhang mit Gesundheit und Krankheit stehen schließlich die folgenden Entwicklungen, denen sich BGF zu stellen hat (Westermayer & Stein, 2006, S. 102):

- zunehmender Hierarchieabbau, hin zur „schlanken Organisation"
- optimierte Ablauforganisation durch Teamarbeit und computergestützte Produktion
- zunehmende Technologisierung aller Organisationsbereiche
- verändertes Belastungs- und Krankheitsspektrum in Organisationen
- veränderte Organisationskultur und somit veränderte Wertvorstellungen.

Um langfristig effektive Erfolge erzielen zu können, muss sich die BGF nach der Überzeugung Westermayers und Steins (ebd., S. 101) der OE bedienen. Die BGF findet im Rahmen ihrer Fragestellungen in der OE viele geeignete Anknüpfungspunkte. Das prozess-, erfahrungs- und lernorientierte Vorgehen der OE ermöglicht ihr etwa gezielte Maßnahmen im Zusammenhang mit neuen Belastungsrisiken zu setzen, die ohne die aktive Beteiligung der Betroffenen nicht bewältigt werden könnten. Auch kann sie auf diese Weise den psychosozialen Belastungen begegnen, die mit der Entwicklung von chronisch-degenerativen Krankheiten in Verbindung gebracht werden. Das Analyse- und Interventionsinstrumentarium des Arbeitsschutzes ist hingegen nicht dazu geeignet, moderne Belastungsstrukturen zu erfassen. Ziele, ethische Grundannahmen und die zugrundeliegenden „weichen" Faktoren und Veränderungsinstrumente sind in der OE und der BGF weitgehend identisch (Westermayer & Stein, 2006, S. 101) und geeignet, die betrieblichen Strukturen selbst zu verändern (Busch, 1996, S. 19).

Die konkrete Umsetzung der BGF als OE kann anhand der von Grossmann und Scala (2001, S. 81–85) eingeführten vier Schlüsselprozesse der OE erfolgen (s. Abbildung 11).

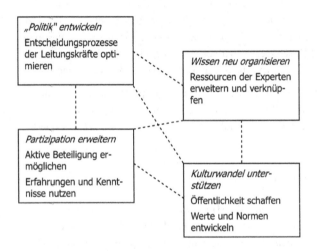

Abbildung 11   Schlüsselprozesse der OE (Grossmann & Scala, 2001, S. 83)

Es sind dies die folgenden Schlüsselprozesse (ebd., S. 81–85):

- *„Politik" entwickeln* im Kontext von BGF und Organisation meint, das Kriterium Gesundheit in die Handlungen und Entscheidungsprozesse der Führungskräfte eines sozialen Systems einzuführen.

- *Wissen neu organisieren* bedeutet, die Ressourcen der Experten zu erweitern, Erfahrungen und Kenntnisse auf neue Weise zu verknüpfen, neue Arbeitszusammenhänge zu kreieren und neue Expertisen einzuholen. Der Versuch, Kenntnisse durch neue Aufgaben in neuer Weise zu verknüpfen, ist eine anspruchsvolle Organisationsaufgabe, die eingespielte Arbeitsabläufe, Traditionen, Statusprobleme und Fachsprachen berücksichtigen muss.

- *Partizipation erweitern* meint, aktive Beteiligung zu ermöglichen und Erfahrungen und Kenntnisse der Betroffenen zu nutzen, da OE auf breite Partizipation angewiesen ist. Schließlich erfordern erfolgreiche Veränderungen die Akzeptanz und Motivation der Betroffenen. Der Erfolg eines Projekts – auch und gerade jener eines BGF-Projekts – hängt von zwei Faktoren ab: Zum einen von der inhaltlichen Qualität und zum anderen von der Akzeptanz der Betroffenen. Für den Erfolg von BGF gewährleistet die Beteiligung der Betroffenen die Verbindung von strukturellen Maßnahmen mit den persönlichen Entwicklungschancen für Gesundheit.

- *Kulturwandel unterstützen* bedeutet, durch neue Arbeits- und Kooperationserfahrungen (z.B. Vernetzung unterschiedlicher Berufsgruppen, unterschiedlicher Hierarchieebenen) neue Werte, Normen und Orientierungen zu entwickeln. Durch eine veränderte Herangehensweise an Entscheidungen – und parallel dazu unter Umständen auch durch die Projektinhalte – wird die Organisationskultur geprägt, die wesentlich schwieriger zu verändern ist, als individuelle Qualifikationen, technische Abläufe oder arbeitsorganisatorische Strukturen es sind.

Verknüpfungsmöglichkeiten zwischen BGF und dem Konzept der OE wurden aufgezeigt. Der weitere Nutzen dieses Kapitels liegt darin begründet, im Rahmen der explorativen Untersuchung die theoretische Grundlage der Variante *BGF als OE* zu bilden.

2.5.6 Betriebliches Gesundheitsmanagement (BGM)

Betriebliches Gesundheitsmanagement (BGM) bedeutet, dass „Gesundheitsaspekte in Personal- und Managemententscheidungen grundsätzlich einfließen und zu einer eigenständigen Größe im Zielsystem des Managements werden" (Güntert, 2004, S. 853). BGM kann somit als ein von der Unternehmensleitung ausgehender Ansatz einer modernen betrieblichen Gesundheitspolitik beschrieben werden, dessen Kernaufgabe die Integration des Arbeitsschutzes mit der BGF und weiteren Ansätzen des Personal- und Gesundheitsmanagements ist (SVR, 2005, S. 136). Ziel des BGM ist es, neuen betrieblichen Bedarfslagen Rechnung zu tragen, „den Gesundheitszustand einer Belegschaft zu verbessern, den Krankenstand zu reduzieren und damit die Produktivität ... zu erhöhen" (SVR, 2005, S. 166).

Aufgrund veränderter betrieblicher Bedarfslagen (z.B. Belastungsstrukturwandel, Wertewandel) wird Gesundheit heute zunehmend zum Managementthema. Gesundheit als Organisationsprinzip aufzunehmen, steht der Einschätzung Günterts (2004, S. 860) nach nicht im Widerspruch zu traditionellen Organisationszielen. Wird doch der Wert der Mitarbeiter – der wichtigsten Ressource im Leistungserstellungsprozess – heute höher eingeschätzt, als noch vor wenigen Jahren. Auch sind sich die Führungskräfte der Zusammenhänge zwischen dem Arbeitsverhalten der Mitarbeiter, ihrem Gesundheitszustand und den Arbeitsinhalten durchaus bewusst. Im Zusammenhang mit modernen Transformationsstrategien und Wissensmanagement, wurden die Mitarbeiter als tragender Teil von Entwicklungsprozessen zu einer wichtigen Ressource.

Den Versuch, die gesundheitsbezogenen Handlungsfelder und Ziele des BGM mit anderen betriebspolitischen Handlungsfeldern abzustimmen und gesundheitsbezogene Ziele neben anderen Zielen ins Managementsystem zu integrieren, unternahm Güntert (2004, S. 860). Er adaptierte das St. Galler Management-Modell (z.B. Rüegg-Stürm, 2005) für ein St. Galler *Gesundheits*-Management-Konzept (s. Tabelle 5).

Tabelle 5   St. Galler Gesundheits-Management-Konzept (Güntert, 2004, S. 860)

	Unternehmens-Verfassung	*Unternehmens-Politik*	*Unternehmens-Kultur*
Normatives Management	Arbeitsschutzbestimmungen	Gesundheit und Wohlbefinden verankert im Leitbild Gesundheit und Wohlbefinden verankert in Führungsgrundsätzen	Wohlbefinden Gesundheit „Fürsorgepflicht" für Mitarbeiter
	Organisations-Struktur	*Strategie-Entwicklung*	*Entscheidungs-Verhalten*
Strategisches Management	Ermöglichen von Projektarbeit mit Beteiligung der Professionals für das Gesundheitsmanagement	Konsequente Umsetzung der normativen Gesundheitsziele Gesundheitsverträglichkeitsprüfung der Strategien	Gesundheit als Entscheidungsbedingung wie Finanzen, Markt et cetera
	Ablauf-Organisation	*Umsetzung, Aufträge*	*Führungs-Verhalten*
Operatives Management	Gesundheitliche Gestaltung von Arbeitsabläufen Sinnstiftende Arbeitsabläufe	Evaluation des Gesundheitsmanagements	Berücksichtigung von Instrumenten und Maßnahmen des Gesundheitsmanagements
	Struktur	*Aktivitäten*	*Verhalten*

Wie in Tabelle 5 veranschaulicht, findet sich die Förderung der Mitarbeitergesundheit in diesem Konzept sowohl auf der normativen als auch auf der strategischen und der operativen Managementebene wieder. Der Mensch erhält somit hohen Stellenwert.

Im St. Galler *Gesundheits*-Management-Konzept ist die Förderung der Mitarbeitergesundheit ein integraler Bestandteil des Leitbildes und der Führungsgrundsätze. Die Selbstverpflichtung dazu beeinflusst die Organisationskultur und damit den Umgang mit Gesundheit und Wohlbefinden insgesamt. Die normative Vorgabe, Gesundheit und Wohlbefinden zu fördern, wird auf der strategischen und operativen Managementebene umgesetzt. Bei strategischen Entscheidungen werden Gesundheitsaspekte ebenso berücksichtigt, wie Finanz- und Marktaspekte. Die Organisationsstrukturen lassen Vernetzung zu. Auf der operativen Managementebene werden konkrete Arbeitsabläufe nicht nur entsprechend den Bestimmungen des Arbeitsschutzes, sondern auch unter Berücksichtigung der Sinngebung gestaltet. Die Führungskräfte aller Ebenen haben ein tatsächliches Interesse an Zielen und Maßnahmen des BGM entwickelt. Evaluationen finden statt. (Güntert, 2004, S. 860–861) Anhand des St. Galler *Gesundheits*-Management-Konzepts wird die ideale und vollständige Integration der BGF in das Managementsystem einer Organisation erklärt. Streng genommen darf erst auf dieser Integrationsebene von BGM gesprochen werden.

An das Modell der European Foundation for Quality Management (EFQM) (z.B. Rüegg-Stürm, 2005) angelehnt, wurde das Evaluationsmodell für BGF (BKK, 1999) entwickelt (s. Abbildung 12).

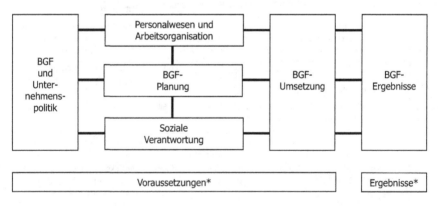

*Zu den Voraussetzungen zählen alle Verfahrensweisen und Strukturen, die eine gesundheitsfördernde Organisation benötigt. Diese führen zu entsprechenden Ergebnissen.

Abbildung 12   Evaluationsmodell für BGF (BKK, 1999, S. 4)

Dieses setzt sich aus sechs Qualitätskriterien zusammen, die gemeinsam dazu dienen sollen, den tatsächlichen Integrationsgrad der BGF in das Managementsystem einer Organisation zu evaluieren. Die Kriterien beschreiben einen Idealtyp gesundheitsfördernder Organisationen, der in der Praxis kaum anzutreffen sein dürfte, jedoch als Orientierung für die Gestaltung einer modernen betrieblichen Gesundheitspolitik dienen kann. Die Qualitätskriterien des Evaluationsmodells zeigen den Erfolg von BGF in den folgenden sechs Bereichen auf (BKK, 1999, S. 5–10):

- *BGF und Unternehmenspolitik:* Um BGF nachhaltig in die Unternehmenspolitik zu integrieren, muss sie als Führungsaufgabe wahrgenommen und in bestehende Managementsysteme integriert werden. Gelingt dies, begünstigt es den Erfolg der BGF.

- *Personalwesen und Arbeitsorganisation:* Gesundheitsgerechte Personalführung und Arbeitsorganisation berücksichtigen die Fähigkeiten der Mitarbeiter bei der Arbeitsgestaltung. Daneben trägt die Beteiligung der Mitarbeiter an Planungen und Entscheidungen wesentlich zum Erfolg der BGF bei.

- *Planung der BGF:* Für den Erfolg der BGF ist weiterhin ein klares Konzept als Basis für BGF-Aktivitäten förderlich. Dieses muss fortlaufend überprüft und adaptiert werden. Auch müssen die Mitarbeiter über die geplanten BGF-Aktivitäten stets informiert sein.

- *Soziale Verantwortung:* Die Übernahme von sozialer Verantwortung und von Verantwortung im Umgang mit natürlichen Ressourcen auf lokaler, regionaler, nationaler und supranationaler Ebene beeinflusst den Erfolg der BGF darüber hinaus maßgeblich.

- *Umsetzung der BGF:* Die Verknüpfung und die systematische Durchführung von Maßnahmen zur Unterstützung gesundheitsgerechten Verhaltens einerseits und Maßnahmen zur gesundheitsgerechten Arbeitsgestaltung andererseits tragen zum Erfolg der BGF bei.

- *Ergebnisse der BGF:* Kurz-, mittel- und langfristige Indikatoren, welche die Auswirkungen der BGF auf die Mitarbeiter- und Kundenzufriedenheit, den Krankenstand, die Unfallhäufigkeit und andere wirtschaftlich relevante Faktoren, etwa Fluktuation oder Produktivität erfassen, dienen schließlich dazu, den Erfolg der BGF zu messen.

Möglichkeiten der Integration der BGF in das Managementsystem einer Organisation, deren Ziel die dauerhafte Verankerung der BGF in Organisationen ist, wurden referiert. Nach Lenhardt und Rosenbrock (1998) ist BGM „von einer dauerhaften Verankerung der Gesundheitsförderlichkeit als – wie auch immer gewichtetes – Querschnittskriterium betrieblicher Entscheidungen [jedoch] weit entfernt" (S. 321), da die Aktivitäten in der Praxis zumeist punktuell und von anderen betrieblichen Themen-, Entscheidungsund Handlungsfeldern isoliert bleiben. Der weitere Nutzen dieses Kapitels liegt darin begründet, im Rahmen der explorativen Untersuchung die theoretische Grundlage der BGF-Variante *BGM* zu bilden.

2.5.7 Idealmodell der BGF

In seinem Buchbeitrag „Betriebliche Gesundheitsförderung als Systemeingriff" skiz-ziert Rosenbrock (2006) den idealen – also vollständigen und störungsfreien – BGF-Ablauf. Dieses *Idealmodell erfolgreicher BGF* setzt sich aus vierzehn Komponenten zusammen. Rosenbrock (2006) betont, dass der ideale Ablauf „unter Abstraktion von praxisüblichen Abweichungen vom Optimum" (S. 62) zu verstehen sei.

1. *Leitbild-Orientierung:* Die „gesundheitsfördernde Arbeitssituation" stellt das Leitbild der BGF dar. Arbeit wird als gesundheitsförderlich betrachtet, wenn sie technisch sicher und ergonomisch gestaltet sowie lernförderlich ist und persönli-che Entwicklungsmöglichkeiten zulässt. Weiterhin sind die Zusammenhänge dieser Arbeitssituation im Betriebsablauf transparent, adäquate Entscheidungs- und Gestaltungsspielräume sowie gegenseitige Unterstützung sind vorhanden. Sowohl Routine als auch Kreativität und Motorik werden gefordert. Die Arbeit läuft möglichst störungsfrei ab. Materielle und immaterielle Anreize sind vorher-sehbar und werden als gerecht empfunden. Regelmäßig werden gesundheitsrele-vante Daten erfasst und zur Optimierung der Arbeitssituation genutzt. (ebd., S. 62–63)

2. *Interventionskonzept – „Combined Approach":* Den herkömmlichen Arbeits- und Unfallschutz integrierend, über diesen jedoch hinausgehend, finden Verän-derungen auf sechs Ebenen statt: Arbeitsmittel und Arbeitsumgebung, Arbeits-zeit, Arbeitsorganisation, Sozialbeziehungen, individuelle Anpassung und unter-stützendes Umfeld. Dem Konzept der BGF folgend, finden diese Veränderungen explizit und partizipativ gestaltet statt. Partizipation wird dadurch zum Quer-schnittsaspekt sämtlicher Veränderungen. (ebd., S. 63–64)

3. *Interventionstyp – Systemische Intervention, partizipative OE:* Die durch die systemische Intervention angestoßenen Entwicklungen werden im Prozess von den Akteuren nach Interesse und Macht definiert, ausgehandelt, umgesetzt und erzielt. Sie können nicht vorhergesehen werden. Der Ansatz der partizipativen OE stellt den idealen Interventionstyp in der BGF dar, da durch diesen die Parti-zipation der Beschäftigten gewährleistet werden kann und somit Enabling und Empowerment erzielt werden können. (ebd., S. 64)

4. *Interventionsvoraussetzung 1 – Advocacy Coalition, Belief System:* Eine erfolg-reiche Intervention kommt meist nur dann zustande, wenn eine zunächst infor-melle Gruppe von Menschen folgende gemeinsame Überzeugungen teilt: Es gibt beeinflussbare Zusammenhänge zwischen Arbeitsplatz, Betriebsklima und Ar-beitsorganisation einerseits, Krankenstand und Arbeitszufriedenheit andererseits. Zwang und Sanktionen stellen nicht die geeigneten Instrumente dar, um den

Krankenstand zu senken. Organisationsmitglieder sind Persönlichkeiten und wollen als solche behandelt werden. Partizipation ist zur gesundheitsdienlichen Veränderung des Betriebs geeignet. (Rosenbrock, 2006, S. 64–65)

5. *Interventionsvoraussetzung 2 – Betriebsvereinbarung:* Am Beginn der Intervention steht eine förmliche Einigung zwischen den Stakeholders (Management, Mitarbeitervertretung, betrieblicher Arbeitsschutz, ggf. Akteure der betrieblichen Sozialpolitik, ggf. Krankenkasse) über das Leitbild, das Interventionskonzept, den Interventionstyp und Regelungen bzgl. des Steuerungskreises, der Verteilung von Aufgaben und Verantwortung, der Ressourcen und der Umsetzung betrieblicher Veränderungen. (ebd., S. 65)

6. *Interventionssteuerung – Steuerungskreis:* Der Steuerungskreis wird von den oben genannten Stakeholders gebildet. Dieser trifft sich regelmäßig bis zum förmlichen Abschluss der Intervention. Eine Voraussetzung stellt hierbei die Mitwirkung tatsächlicher Entscheidungsträger dar, die der BGF das nötige Gewicht verleihen. Zentrale Aufgabe des Steuerungskreises ist die Entwicklung von Richtlinien für die Beteiligten auf der Arbeitsebene. (ebd., S. 65)

7. *Interventionsfundierung – Gesundheitsbericht:* Der Steuerungskreis beschließt die Erstellung, den Aufbau und die Fortführung einer Gesundheitsberichterstattung. Diese basiert meist auf Sekundärdaten (z.b. Arbeitsunfähigkeitsdaten von Krankenkassen (bevorzugt Vergleichsdaten), Daten des arbeitsmedizinischen Dienstes, Gefährdungsbeurteilungen). (ebd., S. 65)

8. *Interventions-Auftakt – Kick-off-Meeting:* Sobald die Ergebnisse des ersten Gesundheitsberichts vorliegen, werden die Mitarbeiter im Rahmen einer Betriebsversammlung und auch in Form von anderen betrieblichen Kommunikationsmedien in das BGF-Projekt einbezogen. Sie werden über Leitbild, Interventionskonzept und Interventionstyp informiert und mit der gesundheitlichen Problemlage ihrer Organisation vertraut gemacht. Die Intervention kann durch Vorschläge der Mitarbeiter bzgl. der Schwerpunkte, Prioritäten und Reihenfolge verändert werden. (ebd., S. 66)

9. *Interventionsbeginn – Aktivierende Befragung:* Eine qualitative Befragung der gesamten Belegschaft bzgl. der belastenden und unterstützenden Faktoren der Arbeitssituation in Kombination mit Verbesserungsvorschlägen ergänzt den Gesundheitsbericht. Diese Befragung leitet einen Dialog zwischen Management und Mitarbeitern für die gesamte Intervention ein. Darüber hinaus können bei Forderungen und dem expliziten Einverständnis der Mitarbeiter ergänzend Arbeitsplatzbeobachtungen eingesetzt werden. (ebd., S. 66)

10. *Interventionsreihenfolge – Explizite Prioritätensetzung:* Die Prioritätensetzung der Intervention basiert auf dem Leitbild, den Ergebnissen des Gesundheitsberichts sowie ggf. auf Vorschlägen aus dem Kick-off Meeting. Als prioritär wer-

den meist besonders belastete Betriebsteile oder Zielgruppen eingestuft. Die Entscheidung liegt beim Steuerungskreis, der diese sämtlichen Organisationsmitgliedern kommuniziert. (Rosenbrock, 2006, S. 66–67)

11. *Zentrales Interventionsinstrument – Gesundheitszirkel:* Im Anschluss finden in den ausgewählten Betriebsteilen oder Zielgruppen Gesundheitszirkel statt, die das BGF-Projekt primär vorantreiben. Diese setzen sich aus etwa fünf bis acht Mitarbeitern sowie zum Teil aus Vertretern des Managements, des Betriebsrates und des professionellen Arbeitsschutzes zusammen und werden meist extern moderiert. Diskutiert werden Arbeitsbelastungen sowie -ressourcen, zu welchen im Anschluss Verbesserungsvorschläge erarbeitet werden. Der Autor betont hierbei, dass alle Teilnehmer als Experten gelten und nicht nur für sich selbst, sondern für alle Mitarbeiter des von ihnen vertretenen Bereichs sprechen. Dem Autor zufolge ist die Ergiebigkeit von Zirkeln im Hinblick auf das Einbringen von Vorschlägen zum Abbau von Belastungen sowie zur Stärkung von Ressourcen sehr groß und übertrifft das betriebliche Vorschlagswesen. Die Vorschläge beziehen sich für gewöhnlich auf sämtliche Aspekte einer gesundheitsförderlichen Arbeitssituation und betreffen meist alle Interventionsebenen. (ebd., S. 67–68)

12. *Interventionspraxis – Umsetzung der Ergebnisse der Gesundheitszirkel:* Die für alle Beteiligten verbindlichen Umsetzungsmodalitäten der Vorschläge aus den Gesundheitszirkeln stellen eine idealtypische Situation des Empowerments dar, da die zukünftige Gestaltung der Arbeitssituation ausschließlich von den Meinungen und Vorschlägen der Mitarbeiter abhängt. Im Optimalfall hat der Gesundheitszirkel die Vollmacht bis zu einer bestimmten Investitionssumme direkt und verbindlich zu entscheiden. Vorschläge, die darüber hinausgehende Investitionen oder Änderungen der betrieblichen Organisation bewirken, werden der Unternehmensführung unterbreitet. Diese ist verpflichtet, die Vorschläge entweder umzusetzen oder zu begründen, warum diese nicht oder anders als vom Zirkel beschlossen umgesetzt werden. (ebd., S. 68)

13. *Interventionsverstetigung:* Im Idealfall findet BGF in sämtlichen Betriebsteilen statt und beginnt nach Beendigung des letzten Teils in Form eines Regelkreises von neuem. Die Erfolge der BGF-Interventionen müssen regelmäßig dokumentiert werden. Neben einer gut organisierten innerbetrieblichen Kommunikation sind kontinuierliche Aktionen in Form von aktualisierten, für einzelne Bereiche spezifischen Gesundheitsberichten, Gesundheitszirkeln und die Umsetzung der von den Zirkeln erarbeiteten Vorschläge wichtig, um Teilnahme, Transparenz und Interesse während des gesamten Projekts aufrechtzuerhalten und die Kriterien gesundheitsförderlicher Arbeitssituationen bei den Stakeholders zu internalisieren. (ebd., S. 68–69)

14. Perspektive – Integration gesundheitlicher Kriterien in Entscheidungs- und Handlungsroutinen: Im wünschenswerten – in der Realität jedoch eher unwahrscheinlichen – Fall, dass die internalisierten Kriterien gesundheitsförderlicher Arbeitssituationen von den Stakeholders auch nach Projektende noch beachtet werden, entsteht eine Organisationskultur, bei der die Wahrnehmungen und Wünsche der Mitarbeiter routinemäßig eingeholt und berücksichtigt werden. Eine solche Kultur ebnet die Bahn für eine planvolle Einführung eines BGM oder eine Modernisierung des Arbeitsschutzes (Rosenbrock, 2006, S. 69)

Die hier beschriebene Ideal-Variante der BGF dürfte in der Praxis wohl kaum anzutreffen sein. Dennoch kann sie als Orientierung für die Gestaltung einer modernen betrieblichen Gesundheitspolitik dienen. Der Ablauf kann in der Organisationswirklichkeit aber nur scheinbar ideal sein, da er unterstellt, dass eine Art der Implementierung für alle Organisationstypen angemessen wäre. Dies entspricht aber nicht der Organisationsvielfalt.

In diesem Kapitel wurde der theoretische Hintergrund zu BGF erarbeitet. Im Ergebnis bildet es die Grundlage für die Ableitung verschiedener BGF-Varianten und gesundheitsbezogener Variablen, anhand derer später organisationstheoretische Ansätze verglichen werden sollen. Zunächst aber wird im folgenden Kapitel das Wesen der Organisationen zu ergründen versucht.

3 Das Wesen von Organisationen

Wir leben in einer Organisationsgesellschaft. Egal ob in Österreich, Russland, Japan oder den USA: Organisationen bestimmen einen Großteil unseres Tagesablaufs. Warum richten wir unser Leben nach klar abgegrenzten Bereichen von Arbeit und Freizeit aus? Warum halten wir uns fünf oder sechs Tage in der Woche an eine strenge Routine? Warum beugen wir uns der Autorität und verbringen einen großen Teil unseres Lebens an einer einzigen Stelle mit der Einhaltung eines festen Arbeitsablaufs? Für Außenstehende scheint dieses Leben aus einer Ansammlung merkwürdiger Rituale und Routineabläufe zu bestehen. Doch uns verwundern diese und ähnliche Verhaltensweisen nicht weiter – sie scheinen selbstverständlich zu sein. (Morgan, 2006, S. 157–158)

3.1 Organisationen – Definitionsversuche

Organisationswissenschaftler beantworten die Frage, was eine Organisation eigentlich ist, je nach ihrer zugrunde liegenden theoretischen Perspektive, ganz unterschiedlich (Kieser & Walgenbach, 2007, S. 1): Einmal sehen sie Organisationen als Mittel zur Steigerung der Effizienz, ein andermal als Instrument zur Herrschaftssicherung, als Apparat, der das Individuum einengt und in eine vorgefertigte Rolle zwängt, als Möglichkeit, um individuelle Freiheit zu gewinnen oder als System, dessen Code die Kommunikation von Entscheidungen ist. Im Folgenden werden mehrere Definitionen des Begriffs „Organisation" dargestellt, die der Verfasserin im Hinblick auf das Ziel der vorliegenden Arbeit sinnvoll erscheinen.

Scott (1986) gibt drei allgemeine Definitionen, die gemeinsam den Organisationsbegriff erklären sollen: Die *Organisation als rationales System*: „Eine Organisation ist eine an der Verfolgung relativ spezifischer Ziele orientierte Kollektivität mit einer relativ stark formalisierten Sozialstruktur." (S. 45) Die *Organisation als natürliches System*: „Eine Organisation ist eine Kollektivität, deren Mitglieder in ihrem Verhalten durch die formale Struktur oder die offiziellen Ziele kaum beeinflußt werden, jedoch ein gemeinsames Interesse am Fortbestehen des Systems haben und sich an informell strukturierten Kollektivaktivitäten zugunsten seiner Erhaltung beteiligen." (S. 47) Die *Organisation als offenes System*: „Eine Organisation ist eine Koalition wechselnder

Interessengruppen, die ihre Ziele in Verhandlungen entwickelt; die Struktur dieser Koalition, ihre Aktivitäten und deren Resultate sind stark geprägt durch Umweltfaktoren." (Scott, 1986, S. 47)

Kieser und Walgenbach (2007) definieren Organisationen als „soziale Gebilde, die dauerhaft ein Ziel verfolgen und eine formale Struktur aufweisen, mit deren Hilfe die Aktivitäten der Mitglieder auf das verfolgte Ziel ausgerichtet werden sollen." (S. 6)

Nach Luhmann (2006) sind Organisationen „offenbar ... nichtkalkulierbare, unberechenbare, historische Systeme, die jeweils von einer Gegenwart ausgehen, die sie selbst erzeugt haben. Offenbar sind es Systeme, die sich selbst und anderes beobachten können, ... Offenbar verdanken sie ihre Stabilität einem Netz loser Kopplungen." (S. 9)

In einem Lehrbuch (Jones & Bouncken, 2008) werden Organisationen definiert als „Vehikel und Systeme ..., die genutzt werden, um arbeitsteilige Aktivitäten zu koordinieren und um etwas zu erzeugen, das Menschen gerne haben wollen oder wertschätzen. Organisationen werden letztlich eingesetzt, um Ziele zu erfüllen" (S. 28). Weiterhin sind Organisationen hier „ein Instrument, damit Bedürfnisse von Menschen erfüllt werden" (S. 28).

Bevor nun eine Einführung in ausgewählte Organisationstheorien und -typologien gegeben wird, soll der Organisationsbegriff differenziert werden. Hierin stecken (mindestens) zwei Bedeutungen (Schreyögg & Werder, 2004, S. 967):

- Dem *institutionellen Organisationsbegriff* zufolge kann eine Organisation als ganzes System (z.B. Unternehmen, Kirche, Gewerkschaft, Schule, Behörde, Verein) verstanden werden.

- Dem *instrumentellen Organisationsbegriff* nach können Merkmale des Systems als Handlungen im Sinne des Organisierens angesehen werden.

Mit dem institutionellen Organisationsbegriff kann ein völlig anderer Blickwinkel auf Organisationen eingenommen werden als mit dem instrumentellen. Der Gegenstandsbereich der Organisationstheorie dehnt sich hiermit erheblich aus. (Schreyögg, 2008, S. 9–10)

3.2 Organisationstheorien

Die Organisationspraxis wird durch die Organisationstheorie reflektiert. Die Organisationstheorie dient dazu, den Zweck, das Entstehen, das Bestehen, den Wandel und die Funktionsweise von Organisationen (Scherer, 2006, S. 23) sowie Interaktionen mit der Organisationsumwelt zu erklären und zu verstehen (Jones & Bouncken, 2008, S. 40). Die Organisationstheorie ist ein rein gedankliches und je nach Ansatz sehr unterschiedlich auslegbares Gebilde (Walter-Busch, 1996, S. 57). Vom intuitiven Alltagswissen über Organisationen unterscheidet sie sich durch ein höheres Maß an Systematik und Nachvollziehbarkeit. Sie setzt sich aus unterschiedlichen Theorien, Schulen und Ansätzen zusammen. Von *der* Organisationstheorie zu sprechen ist aus diesem Grund eigentlich falsch, da es die „eine" Organisationstheorie nicht gibt. (Scherer, 2006, S. 20) Die Organisationstheorie – als Inbegriff der einzelnen organisationstheoretischen Ansätze – ist keine homogene Disziplin. Sie verfügt über kein allseits akzeptiertes Paradigma, das Forschung und praktische Gestaltung einheitlich leiten würde. Vielmehr konkurrieren unterschiedliche, teils widersprüchliche Perspektiven und Theoriengebäude um Erklärungs- und Gestaltungsrelevanz. (Schreyögg, 2004, S. 1069)

3.2.1 Organisationstheorien im Überblick

Die Organisationstheorie ist interdisziplinär ausgerichtet. Ihre Ansätze reichen von mathematisch geprägten Ansätzen der institutionenökonomischen Richtung über Analysen individueller Verhaltensweisen in Organisationen bis hin zu Theorien, die die Situationsabhängigkeit oder die Evolution von Organisationen thematisieren. Adressiert werden so unterschiedliche Phänomene wie Bürokratie und Hierarchie, Flexibilität und Selbstorganisation, Konflikte und Emotionen, Kulturabhängigkeit, der Lebenszyklus und die Fortentwicklung von Organisationsstrukturen. Organisationstheoretische Analysen setzen sowohl auf der Mikro- als auch auf der Meso- und Makroebene von Unternehmen und anderen Organisationen an, wobei verschiedenste Forschungsmethoden zum Einsatz kommen. (Schreyögg & Werder, 2004, S. 974)

Das nachfolgend erzählte indische Märchen vom Elefanten und den sechs blinden Männern soll zeigen, dass und warum die Betrachtung des Untersuchungsgegenstandes Organisation grundsätzlich problematisch ist:

> Sechs blinde Männer stoßen auf einen Elefanten. Der eine fasst den Stoßzahn und meint, die Form des Elefanten müsse die eines Speeres sein. Ein anderer ertastet den Elefanten von der Seite und behauptet, er gleiche eher einer Mauer. Der dritte fühlt ein Bein und verkündet, der Elefant habe große Ähnlichkeit mit einem Baum. Der vierte ergreift den Rüssel und ist der Ansicht, der Elefant gleiche einer Schlange. Der fünfte fasst an ein Ohr und vergleicht den Elefanten mit einem Fächer; und der sechste, welcher den Schwanz erwischt, widerspricht und meint, der Elefant sei eher so etwas wie ein dickes Seil. (Kieser, 1995; zitiert nach Vahs, 2005, S. 23)

Ähnlich wie den sechs blinden Männern im indischen Märchen ergeht es Organisationswissenschaftlern. Sie betrachten jeweils nur bestimmte Aspekte der Organisation. Der Theorienpluralismus ist in den Augen mancher Autoren auf das noch „unreife" Forschungsstadium der Organisationswissenschaft zurückzuführen. Andere finden ihn

hingegen notwendig, um dem nicht eindeutigen Charakter des Phänomens Organisation gerecht werden zu können – „Organizations are many things at once" (S. 22) findet
etwa Morgan (1986; zitiert nach Scherer, 2006). Aus seiner Perspektive soll der Theorienpluralismus gar nicht überwunden werden, damit kein wichtiger Aspekt übersehen
wird. Unterstützt wird diese Auffassung von Autoren, die sich auf die „Inkommensu-
rabilitätsthese" stützen, der zufolge es gar keine objektiven Kriterien gibt, mit denen
sich ein kritischer Vergleich zwischen radikal verschiedenen Perspektiven vornehmen
lässt. (ebd., S. 22)

Unter Rückgriff auf Sekundärliteratur werden nun in starker Anlehnung an den
Sammelband von Kieser und Ebers (2006) ausgewählte, derzeit in der Fachliteratur
diskutierte Organisationstheorien vorgestellt. Die Ansätze zeigen verschiedene Möglichkeiten auf, den Untersuchungsgegenstand *Organisation* zu betrachten. Sie verdeutlichen nicht zuletzt, wie unterschiedlich Personen je nach ihrem wissenschaftlichen
Standpunkt über Organisationen denken können.

3.2.2 Webers Bürokratiemodell

Den Ausgangspunkt für Webers (z.B. 1922) Analyse der Bürokratie bildeten die Ausweitung des öffentlichen Verwaltungsapparates und die Zunahme an Großunternehmen
im 19. Jahrhundert. Weber war insbesondere an den Fragen interessiert, was diese neu-
en Organisationsformen von früheren Herrschaftsformen unterscheidet (Sanders &
Kianty, 2006, S. 25) und wie in Organisationen Herrschaft ausgeübt wird (Vahs, 2005,
S. 24). Er beantwortete diese Fragen mit dem Konzept der Rationalisierung, das seinem Bürokratiemodell zugrunde liegt. „Rationalisierung nennt Weber jede Erweiterung des empirischen Wissens, der Prognosefähigkeit, der instrumentellen und organisatorischen Beherrschung empirischer Vorgänge" (Habermas, 1981; zitiert nach Sanders & Kianty, 2006, S. 30). Den Prozess der Rationalisierung, der durch die zunehmende Abkehr von traditionellen hin zu bewusst geplanten, zweckgerichteten Verhaltensweisen innerhalb der soeben entstandenen kapitalistischen Gesellschaft mit Geld-
orientierung einerseits und ausgeprägten Verwaltungsstrukturen andererseits geprägt
war, beschrieb Weber auf drei Ebenen (Kieser, 2006d, S. 66). Die Ebene religiöser
Weltbilder und die Ebene der praktischen Lebensführung werden hier ausgeklammert;
auch wenn sie wesentlich zum Verständnis des Weber'schen Bürokratiemodells beitragen. Das Kapitel bezieht sich im Folgenden auf die Ebene der Institutionen.

Auf der Ebene der Institutionen bezeichnet Rationalisierung die zunehmende Berechenbarkeit und Beherrschbarkeit der Probleme der Welt durch Wissenschaft, Technik
und Organisationen. Weber entwickelte Idealtypen der Herrschaft mit unterschiedli-

cher Rationalität und verfolgte damit das Ziel, die Eigenart von Kulturerscheinungen deutlich ins Bewusstsein zu rücken. (Kieser, 2006d, S. 71)

> Weber (1922) unterscheidet drei Typen legitimer Herrschaft:
>
> § 2. Es gibt drei *reine* [Hervorhebung v. Verf.] Typen legitimer Herrschaft. Ihre Legitimitätsgeltung kann nämlich primär sein:
>
> 1. *rationalen* [Hervorhebung v. Verf.] Charakters: auf dem Glauben an die Legalität gesatzter Ordnungen und des Anweisungsrechts der durch sie zur Ausübung der Herrschaft Berufenen ruhen (legale Herrschaft) – oder
>
> 2. *traditionalen* [Hervorhebung v. Verf.] Charakters: – auf dem Alltagsglauben an die Heiligkeit von jeher geltender Traditionen und die Legitimität der durch sie zur Autorität Berufenen ruhen (traditionale Herrschaft), – oder endlich
>
> 3. *charismatischen* [Hervorhebung v. Verf.] Charakters: auf der außeralltäglichen Hingabe an die Heiligkeit oder die Heldenkraft oder die Vorbildlichkeit einer Person und der durch sie offenbarten oder geschaffenen Ordnungen (charismatische Herrschaft). (S. 124)

Unter traditionaler Herrschaft gelten demnach überlieferte Regeln, anhand derer festgelegt wird, wer in einer bestimmten Situation die Führung innehat. Charismatischen Führern wird hingegen aufgrund von individuellen Persönlichkeitsmerkmalen und Vertrauen gehorcht. Rationalen Charakter besitzt als einzige der drei Herrschaftsformen die legale Herrschaft; sie gründet auf dem Glauben an die Geltung gesetzter Ordnungen. (Sanders & Kianty, 2006, S. 24)

> Weber (1922) definiert den reinsten Typus der legalen Herrschaft wie folgt:
>
> § 4. Der reinste Typus der legalen Herrschaft ist diejenige mittelst bureaukratischen Verwaltungsstabs [Hervorhebung v. Verf.]. ... welche
>
> 1. persönlich frei nur sachlichen [Hervorhebung v. Verf.] Amtspflichten gehorchen,
>
> 2. in fester Amtshierarchie [Hervorhebung v. Verf.],
>
> 3. mit festen Amtskompetenzen [Hervorhebung v. Verf.],
>
> 4. kraft Kontrakts, also (prinzipiell) auf Grund freier Auslese nach
>
> 5. Fachqualifikation [Hervorhebung v. Verf.], – im rationalsten Fall: durch Prüfung ermittelter, durch Diplom beglaubigter Fachqualifikation – angestellt [Hervorhebung v. Verf.] (nicht: gewählt) sind, –
>
> 6. entgolten sind mit festen Gehältern in Geld [Hervorhebung v. Verf.], meist mit Pensionsberechtigung, unter Umständen allerdings (besonders in Privatbetrieben) kündbar auch von seiten des Herrn, stets aber kündbar von seiten des Beamten; dies Gehalt ist abgestuft primär nach dem hierarchischen Rang, daneben nach der Verantwortlichkeit der Stellung, im übrigen nach dem Prinzip der ‚Standesgemäßheit' ...,
>
> 7. ihr Amt als einzigen oder Haupt-Beruf [Hervorhebung v. Verf.] behandeln,
>
> 8. eine Laufbahn: ‚Aufrücken' je nach Amtsalter oder Leistungen oder beiden, abhängig vom Urteil der Vorgesetzten, vor sich sehen,
>
> 9. in völliger ‚Trennung von den Verwaltungsmitteln' und ohne Appropriation der Amtsstelle arbeiten,
>
> 10. einer strengen einheitlichen Amtsdisziplin [Hervorhebung v. Verf.] und Kontrolle unterliegen. (S. 126-127)

Die Funktionsweise von Bürokratien weist typischerweise folgende Strukturmerkmale auf (Kieser, 2006d; Sanders & Kianty, 2006; Vahs, 2005):

Arbeitsteilung, feste Zuständigkeiten, Weisungsbefugnisse und Qualifikation, Amtshierarchie, Instanzenzug, Befehls- und Appelationsweg, Regelgebundenheit der Amtsführung, schriftliche Fixierung, Aktenmäßigkeit und schriftliche Kommunikation.

Die Bürokratie stellt für Weber eine sehr leistungsfähige Organisationsform und nicht etwa ein schwerfälliges, ineffizientes Gebilde dar (Vahs, 2005, S. 24). In seinen Augen ist sie feudalen, ehren-, nebenamtlichen oder kollegialen Formen der Verwaltung an Effizienz deutlich überlegen. Die Effizienz einer Bürokratie beruht zunächst auf ihrer Maschinenartigkeit, die durch die Konstruktion des Behördennetzes, der Aufgabenbereiche innerhalb einer Behörde, bis hinunter zu den einzelnen Stellen, Reibungsverluste minimiert und Arbeitsergebnisse von Verwaltungstätigkeiten berechnet. Einen weiteren Grund für die überlegene technische Effizienz stellt die in der Bürokratie verwirklichte Arbeitsteilung dar, die es ermöglicht, Arbeitsanforderung und Qualifikation der Beamten aufeinander abzustimmen und eine Kumulierung des Fachwissens bei Spezialisten herbeizuführen. Letztlich tragen auch die durch umfassende Disziplinierung auf formalen Gehorsam festgelegten Beamten zur Effizienz von Bürokratien bei. Zu den historischen Voraussetzungen der Bürokratie gehören die Entwicklung der Geldwirtschaft und die damit einhergehende Herausbildung eines festen Steuersystems, die Rationalisierung des Rechts und das Eigentum des Organisationsherrn oder des Staates an den Betriebsmitteln. (Kieser, 2006d, S. 74–76)

Der Rationalisierungsprozess hat aus den Institutionen „stahlharte Gehäuse" werden lassen, die ein Eigenleben führen, vom Mittel der Daseinsbewältigung zu selbstständigen Zwecken werden, den Bewegungsspielraum des Menschen einengen und seine Entscheidungsfreiheit und Selbstverantwortung infrage stellen. Weber beklagt, dass die Verfolgung des Prinzips der Rechenhaftigkeit die Entpersönlichung von kapitalistischen Arbeitsorganisationen und Bürokratien vorantreibt und damit ein selbstverantwortliches Handeln unmöglich macht. Außerdem weist er darauf hin, dass nicht nur die Mitglieder von Bürokratien, sondern auch die Bürger reglementiert werden. Die einzelnen Bürger, für welche die Bürokratie „unentrinnbar" ist, verlieren zwar ihre Abhängigkeit von den Herrschern, werden jedoch in eine neue Abhängigkeit von formalen Regeln der Bürokratie getrieben. So erweist sich die als Stärke der Bürokratie hervorgehobene Sachlichkeit und Berechenbarkeit der Verwaltung – aus Sicht eines Teils der Menschen – zugleich als ihre größte Schwäche. (ebd., S. 77)

Weber schlägt als Ausweg aus dem durch die Bürokratie heraufbeschworenen Dilemma vor, an die Spitze der bürokratischen Stäbe charismatische Führer und an die Spitze der Industriebetriebe selbstverantwortliche Unternehmer zu stellen. Auf Basis persönlicher Wertvorstellungen soll der eigenverantwortlich handelnde Führer gesellschaftlichen Entwicklungen die Richtung weisen. Hierdurch soll er zu verhindern versuchen, dass seine Organisation ein Eigenleben entwickelt. (Kieser, 2006d, S. 78–80)

Webers These von der Einengung individueller Handlungsspielräume und von der Verhinderung eines selbstverantwortlichen rationalen Handelns in den stahlharten Gehäusen rationaler Organisationen erlangte in den Sozialwissenschaften breite Zustimmung. Seine These korreliert auch mit unseren Alltagserfahrungen insofern, als dass wir mitunter schlechte Chancen haben, uns gegen Bürokratien durchzusetzen und dass von uns keine Entfaltung von Initiative gefordert wird. Nach dem Diktat der Rationalisierung essen wir genormte Speisen in genormten Restaurants, wohnen in genormten Häusern und zappen uns durch Fernsehprogramme mit standardisierten Spiele- und Talkshows. Es zeigt sich aber auch, dass Individualität und Kreativität mit der Entwicklung der Bürokratie zugenommen haben. So kommt es in Bürokratien durchaus zu Innovationen, deren Urheber keine charismatischen Persönlichkeiten, sondern gewöhnliche Mitarbeiter sind. Auch in Kunst und Wissenschaft und selbst in politischen Organisationen, die nach Weber ebenfalls einer zunehmenden Bürokratisierung unterliegen, hat die Individualisierung zugenommen. (ebd., S. 85–86)

Häufig wird kritisiert, dass die von Weber beschriebenen Errungenschaften der Bürokratie in weiten Bereichen nicht mit der Berücksichtigung von Mitarbeiterinteressen vereinbar seien. Weiterhin wurde Webers Bürokratiemodell unterstellt, dass es empfehle, Organisationen wie Routinemaschinen zu organisieren. Da dynamische Umweltbedingungen und anspruchsvollere Mitarbeiter flexiblere Organisationsmodelle erforderten, sei es heute überholt. (Walter-Busch, 1996, S. 94) Kritik am Bürokratiemodell resultiert häufig auch aus folgendem Missverständnis: Webers idealtypische Beschreibung der Bürokratie wird gelegentlich als Beschreibung der Wirklichkeit und nicht als ein Instrument, das Verstehen fördern soll interpretiert. Folglich wird festgestellt, dass reale Bürokratien dem Idealtyp nicht entsprechen. Obwohl diese Kritik auf einem Missverständnis beruht, erwies sie sich als äußerst fruchtbar, denn sie führte dazu, dass die idealtypische Beschreibung in Hypothesen transformiert wurde, die sich besser mit der Empirie konfrontieren lassen als der Idealtyp.

3.2.3 Taylors Scientific Management

Das Scientific Management (Wissenschaftliche Betriebsführung, Taylorismus) entstand ungefähr zur gleichen Zeit wie Webers Bürokratiemodell mit dem Unterschied, dass sich ersteres auf die Analyse und Gestaltung von Produktionsprozessen bezog und letzteres auf Verwaltungsprobleme und ihre Einbettung in gesamtgesellschaftliche Entwicklungen (Sanders & Kianty, 2006, S. 44).

Taylor (z.B. 1913), der Begründer des Scientific Managements, trieb den von Weber beschriebenen Prozess der Rationalisierung im Bereich der Arbeitsorganisation voran. Analog zu diesem schaffte er ein rational vorgegebenes, von den Akteuren relativ unabhängiges Organisationsbild im Sinne universeller Organisationsprinzipien. (Sanders & Kianty, 2006, S. 48)

> Taylors Menschenbild war pessimistisch (Merkle, 1980; zitiert nach Kieser, 2006c):
> (1) Der Mensch ist von Natur aus faul und nur auf sein Vergnügen bedacht. (2) Glück erreicht der Mensch nur durch Konsum. (3) Deshalb ist er zur Arbeit nur durch finanzielle Anreize zu motivieren. (4) Da (1) und (2) im Widerspruch stehen, muss der Mensch seine Natur durch Disziplin überwinden, um Glück zu erreichen. (5) Da der Mensch, zumindest der körperlich arbeitende Mensch, aufgrund von Einsicht dies nicht schafft, muss er rigiden Regeln unterworfen werden. (6) Ingenieure, die die „Wissenschaft" zur Erhöhung der Produktivität beherrschen, können diese Regeln am besten konstruieren. Auf diese treffen die Annahmen (1) bis (5) nicht zu und deshalb setzen sie ihr Wissen ein, um den Arbeitern zu Einkommen, Konsum und Glück zu verhelfen. (S. 121)

Den Ausgangspunkt seiner Arbeiten bildet also die Denkweise, dass Menschen von Natur aus faul und nur durch finanzielle Anreize motivierbar seien. Die Gründe für motivatorische Defizite der Arbeiter sieht er in deren grundsätzlich falscher Einstellung zur Massenproduktion und ihren Auswirkungen im Kontext des Konflikts zwischen Arbeitern und Kapital, in falschen Anreizstrukturen mittels Zeit- oder Stücklohnsystemen und in einer mangelhaften Arbeitsgestaltung und -organisation, basierend auf Faustregeln. Durch diese über Generationen von Handwerkern weitergegebenen Faustregel-Methoden existierten für jede Arbeit unterschiedliche Ausführungsmethoden und Werkzeuge. Diese waren Taylor ein Gräuel, da sie bislang nicht in Hinblick auf ihre Effizienz systematisch analysiert und bewertet wurden. Da nur eine der Methoden die beste sein konnte, musste diese gefunden, den Arbeitern vermittelt und im Arbeitsprozess angewandt werden. Außerdem musste spezifisches Expertenwissen herausgebildet werden, um die Abhängigkeit der Werksmeister und Vorarbeiter von ihren Arbeitern, die im Gegensatz zu diesen über das nötige Wissen verfügten, zu verringern. (Sanders & Kianty, 2006, S. 48–50)

Auf dieser Organisationsdiagnose bauen Taylors Organisationsprinzipien auf, die mithilfe des wissenschaftlichen Experiments gewonnen wurden und vordergründig eine Motivationssteigerung und damit Leistungssteigerung der Arbeiter bewirken sollten. Er trennte Hand- und Kopfarbeit, objektivierte die Arbeit durch experimentelle Zeit- und Bewegungsstudien und schuf aus den Ergebnissen objektive, individuelle und transparente Anreizsysteme, die sich sowohl auf die aktuelle Leistung (Pensum und Bonus) als auch auf längerfristige Jobperspektiven bezogen. Die Anreizsysteme waren in einen umfassenden organisatorischen Verwaltungsapparat, dem sogenannten

„Funktionsmeistersystem" eingebettet. Gezielte Auslese und Anpassung sollte den optimalen Einsatz der Organisationsmitglieder gewährleisten. Durch Produktivitätssteigerungen sollten sowohl für das Management als auch für die Arbeiter materielle Vorteile entstehen, um den damals bestehenden Konflikt zwischen Kapital und Arbeit zu entschärfen. (Sanders & Kianty, 2006, S. 46–57) Im Folgenden werden Taylors Organisationsprinzipien vorgestellt:

3.2.3.1 Trennung von Hand- und Kopfarbeit

Arbeiter verfügten in der Zeit des Übergangs zur Massenproduktion gegen Ende des 19. Jahrhunderts über ein reichhaltiges Erfahrungswissen. Sie planten Arbeitsabläufe, wählten Werkzeuge aus, richteten Maschinen ein und bedienten diese. Hierin sah Taylor eines der Grundübel der Arbeitsorganisation, denn er war überzeugt davon, dass dieses Wissen von den Arbeitern ausgenutzt würde um sich vor der Arbeit zu drücken. (Kieser, 2006c, S. 106)

> Hierfür gibt es Taylor (1913) zufolge drei Gründe:
> 1. Der Trugschluß, der von Urzeiten her fast allgemein unter den Arbeitern verbreitet ist, daß eine wesentliche Vergrößerung der Produktion jedes Mannes und jeder Maschine schließlich dazu führen muß, eine große Anzahl von Arbeitern brotlos zu machen.
> 2. Die mangelhaften Betriebs- und Verwaltungssysteme, die allgemein verbreitet sind und die jeden Arbeiter zum ‚Bummeln' zwingen, um seinen eigenen Vorteil zu wahren.
> 3. Die unökonomischen Faustregel…-Methoden, die sich noch in allen Gewerben finden, und bei deren Anwendung unsere Arbeiter einen großen Teil ihrer Kraft verschwenden. (S. 14-15)

Weder das Taglohn- noch das Stücklohnsystem schafft Taylor zufolge Abhilfe. Die Faustregel-Methode, die von den Arbeitern auf Basis ihrer Erfahrungen angewendet wird, bewertet er als unökonomisch; beruht sie doch in weiten Teilen allein auf Hausverstand. Die zentrale Aufgabe des Managements sieht er darin, die Masse an traditionellem Wissen systematisch zu sammeln. Wissenschaftliche Werte an die Stelle von Faustregeln zu setzen, versucht Taylor in Form von Zeit- und Bewegungsstudien zu verwirklichen. (Kieser, 2006c, S. 107–108) Mithilfe der hierdurch gewonnenen Daten kann so jede Tätigkeit in klar definierte Arbeitsschritte untergliedert werden (Sanders & Kianty, 2006, S. 52).

3.2.3.2 Pensum und Bonus

Verbunden mit dem Prinzip der Trennung von Hand- und Kopfarbeit sorgt der Überzeugung Taylors nach ein Bonus dafür, dass sich die Arbeiter bemühen, die vorgegebene Tagesleistung zu erreichen (Kieser, 2006c, S. 108).

Taylors (1913) Versuche zeigten:

> daß man unmöglich Arbeiter dazu bringen kann, längere Zeit hindurch angestrengter zu arbeiten als ihre Genossen, ohne ihnen dauernd einen wesentlich größeren Verdienst zuzusichern. Diese Versuche zeigten aber auch, daß sich eine Menge Arbeiter finden, die gerne ihr Arbeitstempo aufs höchste beschleunigen, wenn sie diese liberale Lohnerhöhung erhalten. Sie müssen jedoch vollständig sicher sein, daß dieser Mehrlohn ihnen auch dauernd bleibt. Es genügt also nicht, das tägliche Pensum für jeden Arbeiter festzusetzen. Er muß auch eine erhebliche Belohnung – eine Prämie – ausgezahlt erhalten, so oft er sein Pensum in der ihm zugemessenen Zeit erledigt. (S. 129-130)

Die Zeit- und Bewegungsstudien ermöglichten nun, ein zu erfüllendes Arbeitspensum festzulegen. Dessen Erreichen in der vorgegebenen Zeit wurde mit einem Bonus belohnt. (Sanders & Kianty, 2006, S. 55) Taylors (1920; zitiert nach Kieser, 2006c) Grundsatz lautete: „Hohe Löhne bei niedrigen Herstellkosten" (S. 110). Zwar sollten die Arbeiter gegen hohen Lohn angestrengt arbeiten, jedoch sollte nur die Leistung von ihnen verlangt werden, die sie „lange Jahre hindurch ohne Einbuße ihrer Gesundheit leisten können" (Taylor, 1920; zitiert nach Kieser, 2006c, S. 110). Taylor legt jedoch weder eine wissenschaftliche Definition von Gesundheit, noch Kriterien des Gesundheitsverschleißes oder Untersuchungsmethoden dazu vor. Folglich werden die Prämien Taylors zuweilen als „Überanstrengungsprämien" bezeichnet. (ebd., S. 125)

3.2.3.3 Auslese und Anpassung der Arbeiter

Mit der im Rahmen des sogenannten *Funktionsmeistersystems* detailliert ausgearbeiteten Arbeitsbeschreibung waren eine gezielte Personalauswahl und die Platzierung bereits Beschäftigter in einem für sie adäquaten Produktionsbereich möglich. Hierzu wurden einerseits Tests zur Arbeitsauslese eingesetzt um etwa besonders geschickte Arbeiter zu erkennen, andererseits vertraute Taylor auf den Selektionsmechanismus von Pensum und Bonus. Durch die rational geplante Vorgabe der Arbeitsschritte konnten gezielte Schulungen durchgeführt werden. (Sanders & Kianty, 2006, S. 54–55)

3.2.3.4 Aufhebung der Konflikte zwischen Management und Arbeitern

Durch die Herrschaft von Experten sollte es zu einer Versöhnung zwischen Management und Arbeitern, zur Aufhebung des Konflikts zwischen Arbeit und Kapital kommen. Mit der Verknüpfung von Lohnsteigerung und Produktivitätszuwachs nahm Taylor einen wesentlichen Gedanken der sozialen Marktwirtschaft vorweg; auch wenn sein Ideal mehr Optimismus enthält, als angebracht. (ebd., S. 56) In der Zeit aufkommender Massenproduktion war das Scientific Management aufgrund erheblicher Produktivitätssteigerungen zweifellos erfolgreich; jedoch von Anfang an auch sehr umstritten. Schon früh zeigten sich seine negativen Konsequenzen zu denen u.a. Dequalifizierung der Arbeiterschaft, Entfremdung von der Arbeit, Monotonie, Sinnentlehrung,

Arbeitshetze und Fremdbestimmung der Arbeiter durch Überwachung und Disziplinierung zählen. (Schreyögg, 2008, S. 38–39; Vahs, 2005, S. 28) Nach anfänglichen Irritationen bezüglich der vermeintlichen Machtübertragung an die Ingenieure wurde das Scientific Management für Unternehmer zunehmend interessant, da es ihre Herrschaft festigte. Die Attraktivität des Ansatzes liegt vermutlich darin, dass der Taylorismus den Unternehmern ermöglichte, die Kontrolle über ihre Arbeiter auszubauen. (Kieser, 2006c, S. 123)

Kritiker weisen darauf hin, dass sich der Taylorismus aufgrund von hohen Kosten für den Staat durch frühzeitig verbrauchte Arbeiter aus volkswirtschaftlicher Sicht als Fehlrationalisierung erweisen kann. Die von Taylor geforderte hochgradige Spezialisierung der Handarbeit steht darüber hinaus nicht in Einklang mit menschlichen Bedürfnissen. Jedoch muss der Taylorismus den Menschen als Einzweckmaschine betrachten, da er nur so in sein System passt. In diesem Ansatz wird der Mensch auf das Messbare reduziert. Der Komplexität, die sein Handeln ausmacht, wird der Taylorismus nicht gerecht.

Auch heute besteht ein starkes Bedürfnis nach umfassenden Organisationsprinzipien. Immer neue Managementleitfäden kommen auf den Markt. (ebd., S. 125–132) Das Gedankengut tayloristischer Ansätze findet sich heute etwa in Qualitätsmanagementnormen, im Benchmarking oder im Wissensmanagement wieder. (Laske, Meister-Scheytt & Küpers, 2006, S. 26)

3.2.4 Die Human Relations-Bewegung

In Webers Bürokratiemodell und Taylors Scientific Management werden Organisationen als formal konzipierte Gebilde betrachtet, in denen Menschen eine passive, relativ mechanistische Funktion innerhalb des Organisationsablaufs zugewiesen wird. Mit der Human Relations-Bewegung entstand eine Theorie, die „menschliche Beziehungen" in der Arbeit wissenschaftlich legitimierte. Die Bedeutung der Identität von Arbeitern wurde jedoch schon lange vor der Human Relations-Bewegung erkannt. (Sanders & Kianty, 2006, S. 59) Nach dem Ersten Weltkrieg registrierten Organisationsforscher einen starken Rückgang der Arbeitsfreude. Sie gaben dem Taylorismus dafür die Hauptschuld und traten für eine „Vermenschlichung der Arbeit" ein. Forderungen nach der Umstellung der Reihenfertigung auf Gruppenfabrikation oder der Einführung dezentraler, selbstständig arbeitender Werkstätten wurden laut. (ebd., S. 60) Arbeitsmonotonie, eine unattraktive Arbeitsumgebung, betriebshierarchischer Druck und eine ausgeprägte Misstrauenskultur waren nur einige der negativen Auswirkungen des Scientific Managements. Die europäische Betriebsgemeinschafts-Bewegung und die amerikanische Human Relations-Bewegung setzten zwischen 1930 und 1950 ihre personalpolitischen Instrumente an diesen Schwachstellen an. In den 1930er Jahren brachen die Hawthorne-Experimente endgültig mit dem tayloristischen Quasiparadigma. (Walter-Busch, 1996, S. 187)

Die Hawthorne-Experimente kennzeichnen die Anfänge der Human Relations-Bewegung, die zuerst in den USA, später auch in Europa auf die Ära der klassischen Ansätze der Organisationstheorie folgte (Sanders & Kianty, 2006, S. 70). In der Tradition des Taylorismus wurden in den Hawthorne-Werken der Western Electric Company insbesondere von Mayo, Roethlisberger und Dickson umfangreiche Untersuchungen (z.b. Mayo, 1933; Roethlisberger & Dickson, 1939) über den Einfluss verschiedener physikalischer Faktoren auf die Arbeitsproduktivität durchgeführt. Aufgrund inkonsistenter Ergebnisse und der gewonnenen Erkenntnisse über die Bedeutung sozialer Prozesse am Arbeitsplatz wurde die Fragestellung im Laufe der Zeit verändert. (Sanders & Kianty, 2006, S. 64) Organisationsforscher erkannten den Wert von Human Relations und machten sich vermehrt über die sozialen Bedürfnisse der Mitarbeiter Gedanken. Die Frage, wie denn Mitarbeiter anders als durch Lohnanreize motiviert werden könnten, drängte sich zu jener Zeit geradezu auf, da der Taylorismus über die Jahre nicht zu der erhofften dauerhaften Disziplinierung und Leistungssteigerung der Mitarbeiter führte. (Laske et al., 2006, S. 26)

Zu den Hawthorne-Experimenten zählen die Beleuchtungsstudien, die Experimente im Relay Assembly Testraum, das Interviewing-Programm und die Beobachtungsstudie im Bank Wiring Observation Room. Die innerbetrieblich wichtigste Konsequenz der Hawthorne-Experimente war das Personnel Counseling-Programm.

3.2.4.1 Die Beleuchtungsstudien (1924 – 1927)

Im Rahmen der Beleuchtungsstudien (illumination studies) sollte die Wirkung von Qualität und Quantität der Beleuchtung am Arbeitsplatz untersucht werden. Erhoffte Zusammenhänge zwischen der Beleuchtungsstärke und der Arbeitsleistung der Mitarbeiter blieben aus. Die Ergebnisse standen vielmehr im Gegensatz zu den Annahmen des Scientific Managements, wonach menschliches Arbeitsverhalten ausschließlich eine Funktion der physikalischen Arbeitsbedingungen ist. (Sanders & Kianty, 2006, S. 66) Die überraschenden Ergebnisse der Beleuchtungsstudien waren auf nicht kontrollierbare psychologische Störvariablen zurückzuführen. So arbeiteten die Probandinnen als das Licht bis auf Mondscheinstärke reduziert wurde immer noch eifriger als vor dem Experiment und äußerten dabei sogar Wohlbefinden. Überzeugt vom starken Einfluss psychischer Faktoren auf die Arbeitsleistung wurden in weiterer Folge kooperative, vertrauensbildende Methoden zur Verbesserung der Arbeitsbedingungen erprobt, die dem weitverbreiteten Misstrauen der Organisationsmitglieder gegenüber der Unternehmensleitung entgegenwirken sollten. (Kieser, 2006b, S. 142)

3.2.4.2 Die Experimente im Relay Assembly Testraum (1927 – 1932)

Unter Kontrolle psychologischer Störvariablen sollte im *Relay-Assembly-Group-Experiment, Phase I* untersucht werden, wie sich unterschiedlich über den Arbeitstag verteilte und unterschiedlich lange Pausen sowie kürzere Arbeitstage auf die Leistung von sechs Arbeiterinnen auswirken. Zu den vertrauensbildenden Maßnahmen, die notwendig waren, um die Störvariablen zu kontrollieren, gehörten u.a. ein kooperativer Führungsstil, die Absprache von Veränderungen der Versuchsbedingungen, eine Änderung des Verfahrens zur Berechnung des Wochenlohns, einfachere Aufgaben sowie Mittagessen auf Kosten der Hawthorne-Werke. (Kieser, 2006b, S. 143) Die Arbeitsleistung stieg im Relay Assembly Testraum relativ unabhängig von den vorgenommenen Änderungen der Arbeitsbedingungen kontinuierlich an. Auch die Stimmung und Arbeitszufriedenheit der Arbeiterinnen entwickelte sich positiv. Wie die Steigerung von Arbeitsleistung und Arbeitsfreude zu erklären war, bereitete jedoch Probleme, da nämlich sowohl die Aufgaben als auch die Pausen und die Arbeitszeit, das Entlohnungssystem und der Führungsstil gleichzeitig experimentell verändert wurden. Um auf diese Frage eine Antwort zu finden, wurden zwei weitere Experimente durchgeführt. (Walter-Busch, 1996, S. 173)

Im *Relay-Assembly-Group-Experiment, Phase II* wurde einer Gruppe von fünf Arbeiterinnen innerhalb der Relais-Montage dieselbe Entlohnung gewährt, wie der Testgruppe in Phase I. Die Forscher erhofften signifikante Änderungen im Output auf den Faktor Entlohnung zurückführen zu können. Der Output stieg zwar rasch an, jedoch löste dieses Experiment bei den übrigen Arbeiterinnen dieser Abteilung – die dasselbe Entlohnungssystem forderten – Unruhe aus, sodass es nach kurzer Zeit abgebrochen werden musste. Daraufhin sank der Output der fünf Arbeiterinnen unter ihr Ausgangsniveau vor dem Experiment. (Kieser, 2006b, S. 143-144)

Im dritten Experiment, der *Mica-Splitting-Group, Phase III* wurde die Testraum-Situation mit Ausnahme der Entlohnungsmethode an einer anderen Gruppe von Arbeiterinnen dupliziert. Die Outputsteigerungen von Phase I wurden mit denen von Phase III verglichen. Die Forscher kamen zum Schluss, dass die Outputsteigerungen in Phase I nicht ausschließlich auf Lohnanreize zurückzuführen waren und dass Lohnanreize nur in Verbindung mit „interpersonalen Beziehungen" voll wirksam wurden. (ebd., S. 144)

Mayo wurde 1928 zur wissenschaftlichen Begleitung der Experimente hinzugezogen. Er wandte auf diese seine Paradigmenwechselrhetorik an, welche die bekannte Legende um den sogenannten *Hawthorne-Effekt* ins Leben rief. Dieser beschreibt die Tatsache, dass unbeabsichtigt die experimentelle Situation, nicht die vermuteten Kausalvariablen, die Wirkung herbeigeführt hat und verweist auf den verfälschenden Einfluss unkontrollierter Randbedingungen (Schreyögg, 2008, S. 41–42). Mayo legte die spektakuläre Steigerung von Arbeitsfreude und Arbeitsleistung im Relay Assembly Testraum als unbeabsichtigten Nebeneffekt der Experimentiermethodik der Versuchsleiter aus. Danach bewirkte gerade die (angebliche) Absicht der Versuchsleiter, ihre Probandinnen psychotechnisch zu manipulieren, dass ihre Beziehungen zu den Arbeiterinnen auf Vertrauen basierten. (Walter-Busch, 1996, S. 173)

3.2.4.3 Das Interviewing-Program (1928 – 1932)

Nach den Experimenten im Relay Assembly Testraum waren die Organisationsforscher von der motivationssteigernden Wirkung eines mitarbeiterorientierten Führungsstils überzeugt. Während der ersten beiden Jahre befragten Hunderte von Interviewern im sogenannten Interviewing-Program mehr als 21.000 Mitarbeiter der Hawthorne-Werke über deren positive und negative Arbeitserfahrungen. Dann änderten Mayo und Roethlisberger die Gesprächsführungsmethodik. Anstatt Techniken geschickten Fragens zu erlernen, sollten die Interviewer nun zu methodisch geschulten Zuhörern ausgebildet werden. Im Rahmen der „nichtdirektiven" Gesprächsführung war es nun eher möglich, den eigentlichen Problemen der Mitarbeiter auf die Spur zu kommen. (ebd., S. 176) Die Ergebnisse der Interviews wurden Schulungen zu mitarbeiterorientiertem Führungsstil zugrunde gelegt (Kieser, 2006b, S. 144).

3.2.4.4 Die Beobachtungsstudie im Bank Wiring Observation Room (1931 – 1932)

Die Ergebnisse des Interviewing-Programs zeigten, dass Einflüsse der Arbeitsgruppe das Arbeitsverhalten einzelner Organisationsmitglieder prägen (ebd., S. 145). Ohne feldexperimentell einzugreifen, beobachteten die Forscher im Anschluss daran im Bank Wiring Observation Room das informale Sozialsystem einer Gruppe männlicher Arbeiter. Erste Untersuchungsberichte zeigten, wie eigensinnig und erfolgreich die Arbeiter ihre Normen gegenüber den weitgehend unwirksamen Lenkungsversuchen des Managements durchsetzten. (Walter-Busch, 1996, S. 176–177) Mit zunehmender Verbreitung des Human Relations-Gedankens gewöhnten sich Organisationsforscher wie Manager allmählich daran, dass zwischenmenschliche Beziehungen in Organisationen als soziale Systeme zu betrachten sind und dass selbst formell anordnungsbefugte Vorgesetzte informellen Sozialsystemen nicht zielführend mit Befehlen begegnen können. Aus einem ursprünglich negativen psychopathologisch-krankheitsorientierten Ansatz entstand so im Laufe der Zeit ein positiv gesundheitsorientierter. (ebd., S. 177)

3.2.4.5 Das Personnel Counseling-Program (1936-1956)

Vier Jahre später wurden die Interviewing-Aktivitäten in modifizierter Form als sogenanntes Personnel Counseling-Program wieder aufgenommen. Die Counselors nahmen den Führungskräften Zuhör- und Beratungsfunktionen ab und halfen die sozialsystemi-

schen Diagnosefähigkeiten des Managements zu verbessern. Die Personalberatungs-
praktiken waren jedoch nie nur willkommen, da die Menschen den Verdacht hegten,
dass sie dazu dienen könnten, unliebsame Arbeitnehmer- und Gewerkschaftspostulate
zu umgehen oder gar abzuwehren. (Walter-Busch, 1996, S. 177–180)

Die Hawthorne-Experimente waren insbesondere aufgrund von Divergenzen über
die wahre Bedeutung ihrer Untersuchungsbefunde immer umstritten. Dennoch wurde
im Anschluss die Beachtung „menschlicher Beziehungen" in US-amerikanischen Organisationen populär. Zur Motivationssteigerung der Organisationsmitglieder dienten
nun neben den klassischen Lohnanreizen auch nichtmonetäre Anreizsysteme
(z.B. Arbeitszufriedenheit). Die Human Relations-Bewegung löste die klassische „Ra-
tionalisierungsbewegung" jedoch nicht ab; sie erweiterte diese lediglich um Methoden.
Auch stellte sie die tayloristische Arbeitsgestaltung nicht in Frage; lediglich den Umgang mit den Mitarbeitern. (Kieser, 2006b, S. 145–146)

Kritiker der Hawthorne-Experimente argumentieren, dass die Forscher hochgradig
ideologisch befangen waren, Auftragsforschung betrieben und ihre Daten, wenn auch
unbewusst, verfälschten. Spätere Untersuchungen des Hawthorne-Datenmaterials zeigten etwa, dass die Arbeiterinnen nicht nur – wie in den Hawthorne-Experimenten postuliert – die lockere Atmosphäre, sondern durchaus auch die höhere Entlohnung
schätzten. Auch weisen Kritiker darauf hin, dass Human Relations dazu dienen können, Organisationsmitglieder unterschwellig zu manipulieren. (ebd., S. 146–150) Die
Hinwendung zu menschlichen Beziehungen führte dazu, dass die strukturellen Aspekte
der Organisation, die das zentrale Element der klassischen Ansätze darstellen, in der
Human Relations-Bewegung als gegeben und deshalb nicht weiter untersuchungsbe-
dürftig betrachtet wurden (Schreyögg, 2008, S. 44). Eine maßgebliche Weiterentwicklung der Human Relations-Bewegung stellt die OE dar (Kieser, 2006b, S. 133).

3.2.5 Die Human Resources-Bewegung

Den Ausgangspunkt der Human Resources-Bewegung bildet die Kritik an traditionel-
ler Organisationsgestaltung und ihrem Regelgehorsam. Traditionelle Strukturen scheinen im Widerspruch zu den Entfaltungsmöglichkeiten der Organisationsmitglieder zu
stehen. Der These der Human Resources-Bewegung zufolge, hindern traditionelle
Strukturen Menschen daran, Initiative zu ergreifen und Verantwortungsbewusstsein zu
entwickeln. Vielmehr fördern sie Abhängigkeit und unreflektierten Regelgehorsam.
Dies führt dazu, dass Humanressourcen verschwendet werden und Organisationen
nicht effizient und damit auch nicht effektiv sein können. (Schreyögg, 2008, S. 49)

Zu den Hauptvertretern der Human Resources-Bewegung zählen Argyris
(z.B. 1957), McGregor (z.B. 1970) und Likert (z.B. 1961). Ihr Ziel war es, neue Orga-

nisationsmodelle zu entwickeln, die den menschlichen Bedürfnissen entsprechen und darüber hinaus eine ökonomische Nutzung der Humanressourcen erlauben. Auf Basis motivationstheoretischer Überlegungen, die das Selbstverwirklichungsstreben des Menschen am Arbeitsplatz – und nicht nur, wie die Human Relations-Bewegung, soziale Bedürfnisse – beleuchten, entwickelten sie Führungsprinzipien und Strukturmodelle, anhand derer sie dieses Ziel erreichen wollen. (Schreyögg, 2008, S. 49)

Die Human Resources-Bewegung betont die Würde des Menschen und das Bedürfnis, seine Persönlichkeit zu schützen, die Entwicklung in Richtung Vollkommenheit, die Weitergabe organisationaler Gewinne an die Organisationsmitglieder und das Streben nach Konsens bei organisationalen Entscheidungen und Veränderungen (Sanders & Kianty, 2006, S. 78). Das Menschenbild ist jenes einer nach persönlicher Reife strebenden Person (Schreyögg, 2008, S. 49). Die drei maßgeblichen Theorien der Human-Resources-Bewegung werden nun vorgestellt.

3.2.5.1 Argyris: Der Konflikt zwischen Person und Organisation

Organisationen wurden zur Zeit der Human-Resources-Bewegung als soziale Gebilde betrachtet, die rational bestimmte Ziele verfolgen. Den Organisationsmitgliedern wurde unterstellt, dass sie sich innerhalb bestimmter Grenzen derselben Rationalität folgend verhalten, wie es ihnen der rationale Organisationsplan vorschreibt. Abweichende Verhaltensweisen wurden als unsystematische Störgrößen betrachtet und nicht weiter untersucht. Erst Argyris (z.B. 1957) beschäftigte sich mit diesen abweichenden Verhaltensweisen. Er versuchte betriebswirtschaftliche mit verhaltenswissenschaftlichen Organisationskonzepten in Beziehung zu bringen und entwarf ein Bild der menschlichen Persönlichkeit und des Verhaltens von Menschen in Organisationen. (Sanders & Kianty, 2006, S. 81–89)

Sein Forschungsinteresse galt der Frage, ob Verhaltensabweichungen tatsächlich unsystematisch sind oder ob umgekehrt systematische Inkompatibilitäten zwischen Organisationsstruktur und menschlichem Verhalten angenommen werden können. Er analysierte diese Frage anhand der Organisationsprinzipien Aufgabenspezialisierung, Befehlskette, Einheit der Leitung und Leitungsspanne. Er kam zum Schluss, dass die konkrete Anwendung dieser Organisationsprinzipien den Entfaltungsbedürfnissen von Organisationsmitgliedern im Weg steht. So behindert Aufgabenspezialisierung etwa die Persönlichkeitsentfaltung, da Selbstaktualisierungstendenzen der Person unterbunden werden und nur ein Teil der menschlichen Fähigkeiten gefordert wird. Im Folgenden untersuchte er die Frage, welche Anpassungsreaktionen die Organisationsmitglieder zeigen und inwieweit hierfür empirische Belege vorliegen. Er differenzierte die individuellen Anpassungsreaktionen Fluktuation und Absentismus, Karrierestreben und verschiedene Defensivmechanismen wie Rationalisierung, Projektion, Ambivalenz, Realitätsflucht, psychosomatische Erkrankungen, Desinteresse und Apathie, die aus der wahrgenommenen Diskrepanz zwischen eigenen Bedürfnissen und divergenten organisatorischen Anforderungen resultieren. (Sanders & Kianty, 2006, S. 89–95)

Der Logik formaler Organisationen folgend – wonach die Struktur als Priorität der Organisation gilt und sich menschliches Verhalten an diese Struktur anzupassen hat – müssen nach dem traditionellen Führungsverständnis die Menschen geändert werden, etwa durch direktive Führung und enge Kontrollmechanismen. Argyris wies jedoch darauf hin, dass diese Maßnahmen nicht dazu geeignet sind, das Leistungsverhalten der Organisationsmitglieder zu verbessern, da sie von der Perspektive der Führungskräfte ausgehen und somit den Organisationsmitgliedern aufoktroyiert werden und deren motivatorische Bedürfnisse vernachlässigen. Ansätze zur Verringerung der Inkongruenz zwischen formaler Organisation und individuellen Bedürfnissen müssen Argyris zufolge menschliche Bedürfnisse berücksichtigen, etwa durch Aufgabenerweiterung (job enlargement) und partizipative Führung. (ebd., S. 95–99)

3.2.5.2 McGregor: Theorie X und Theorie Y

Einen Wandel in der Bedürfnisstruktur der Organisationsmitglieder postulierte McGregor (z.B. 1970) in seinen Theorien X und Y:

Theorie X kennzeichnet die damals aktuelle Managementphilosophie (Sanders & Kianty, 2006, S. 100): Das traditionelle Führungsverständnis war McGregor zufolge von Vorurteilen gegenüber Durchschnittsmenschen (z.B. Arbeitsunlust, mangelnder Ehrgeiz, mangelnde Verantwortungsbereitschaft) gekennzeichnet. Diese Vorurteile prägten das Führungsverhalten in (amerikanischen) Organisationen und erzeugten tatsächlich das von ihnen unterstellte Verhalten. Jedoch waren aufgrund von materiellen Errungenschaften der vergangenen Jahrzehnte die physiologischen Bedürfnisse längst befriedigt und die Menschen strebten nach sozialer Anerkennung und Selbstständigkeit. Das aus der Theorie X abgeleitete autoritäre Lenkungs- und Kontrollsystem mit rein materiellen Anreizen und Bedrohungen war nicht geeignet, individuelle Bedürfnisse zu befriedigen und Entwicklungspotenziale zu ermöglichen. Nun galt es Organisationsstrukturen zu schaffen, die diesen Notwendigkeiten nachkamen. (ebd., S. 105)

McGregor forderte, das Bedürfnis nach Selbstverwirklichung in den Führungsprozess einzubeziehen, Organisationsmitgliedern Verantwortung zu übertragen, ihr Engagement zu fördern und ihre Potenziale zu nutzen. Die Berücksichtigung der veränderten Bedürfnisse der Organisationsmitglieder bringt er in seiner *Theorie Y* zum Ausdruck. Diese ist durch folgende Annahmen gekennzeichnet (ebd., S. 106): Arbeitsscheu ist nicht angeboren, vielmehr ist Verausgabung bei körperlichen und geistigen Arbeiten natürlich. Nicht nur aufgrund von Bedrohungen, sondern auch aufgrund von Selbstdisziplin und -kontrolle setzen sich Organisationsmitglieder für Organisationsziele ein, denen sie sich verpflichtet fühlen. Ihre Verpflichtung gegenüber diesen Zielen hängt von Belohnungen ab, wobei die Befriedigung des Entfaltungsbedürfnisses die stärkste Belohnung darstellt. Bei geeigneten Bedingungen sucht der Durchschnittsmensch Verantwortung. Er verfügt außerdem über Vorstellungskraft, Urteilsvermögen und Erfindungsgabe auf relativ hohem Niveau. Diese Fähigkeiten werden in Organisationen, die ins Schema der Theorie X fallen nur unzureichend genutzt. Die Theorie Y ist im Gegensatz zur Theorie X dynamisch auf Wachstum und Vervollkommnung ausgerichtet, wobei die Entwicklung des individuellen Potenzials der Organisationsmitglieder zugunsten der Organisation und nicht die angemessene Erledigung der übertragenen Aufgaben im Mittelpunkt steht.

McGregors Arbeiten blieben von den Führungskräften seiner Zeit weitgehend unbeachtet. Sie betrachteten ihre Mitarbeiter weiterhin nach einem traditionellen Führungsverständnis als relativ passive Empfänger von Anweisungen. (Sanders & Kianty, 2006, S. 99–100)

3.2.5.1 Likert: Die integrierte Führungsstruktur

Likert (z.B. 1961) entwickelte den Ansatz von McGregor weiter. Gleich wie dieser sieht er Effizienzsteigerungen durch die Änderung von Führungsprozessen realisierbar. Seine Überlegungen schließen allerdings – im Gegensatz zu den Arbeiten von McGregor – nicht nur Führungsverhalten, sondern auch Merkmale der Arbeitsgruppe und Organisation mit ein. Ziel dieser methodisch dem Scientific Management zuordenbaren und nach Organisationstypen differenzierbaren Untersuchungen war es, Managementprozesse und deren Auswirkungen auf das Leistungsergebnis bei erfolgreichen und weniger erfolgreichen Abteilungen zu vergleichen. Die Ergebnisse zeigen, dass nicht nur die Beziehung zwischen Mitarbeitern und Vorgesetzten, sondern auch das hiervon relativ unabhängige Gruppengeschehen beträchtlichen Einfluss auf die Gruppenleistung hat. McGregors Einbindung individueller Motive zur Selbstverwirklichung im Rahmen von Zielvereinbarungen zwischen Mitarbeitern und Vorgesetzten wird von Likert auf Arbeitsgruppen ausgedehnt. Erfolgreiches Management bedeutet für Likert, Arbeitsgruppen zu schaffen, die durch gemeinsame Zielbildung und gegenseitige Einflussnahme in einem offenen Vorgesetztenverhältnis von sich aus produktive Leistungen erbringen. (Sanders & Kianty, 2006, S. 108–114)

Aufgrund der Untersuchungsergebnisse zu erfolgreichen Führungskräften konzipierte Likert eine neue Führungstheorie: das Modell der übergreifenden Arbeitsgruppen. Anforderungen an erfolgreiche Führungskräfte überträgt er auf dieses umfassende Organisationskonzept, welches Abteilungen und hierarchische Ebenen nicht als unabhängig über- und nebeneinander agierende Instanzen, sondern als sich teilweise überlappende und ineinandergreifende Arbeitsgruppen versteht. Die Gruppenzentrierung soll interne Gruppendynamik fördern und gleichzeitig optimale Kommunikation und Kooperation zwischen verschiedenen Arbeitsgruppen herstellen. Aus den Untersuchungsergebnissen leitet Likert die Frage ab, warum sich partizipative Führungssysteme trotz der deutlichen Nachweisbarkeit ihrer Vorteile noch nicht in Unternehmen etabliert haben. Er beantwortet die Frage mit dem Hinweis darauf, *dass* in Unternehmen zwar typischerweise zahlreiche betriebswirtschaftliche Daten über Betriebsergebnisse vorliegen, *wie* diese zustande kommen, bleibt allerdings offen. In seinem Konzept des kurzen Rückkopplungszyklus schlägt er vor, neben den betriebswirtschaftlichen auch soziale Variablen zu erfassen, um ein besseres Betriebsergebnis erzielen zu können. (Sanders & Kianty, 2006, S. 114–119) Insbesondere die kontinuierlichen Befragungen der Organisationsmitglieder und Rückkopplungsgespräche im Rahmen seiner Untersuchungen zur integrierten Führungsstruktur machen Likert zu einem Pionier der OE (Schreyögg, 2008, S. 50).

Die Human Resources-Bewegung leistete wesentliche Beiträge zur Weiterentwicklung der Organisationslehre. Sie verfolgt ökonomische und humanitäre Ziele in gleichem Maße. Da sie die Umwelt von Organisationen aber weitgehend außer Acht lässt, bedarf es auch anderer Organisationstheorien, wie insbesondere der verhaltenswissenschaftlichen Entscheidungstheorie. Neben der OE gilt diese als wesentliche Weiterentwicklung der Human Resources-Bewegung. (Sanders & Kianty, 2006, S. 124–125)

3.2.6 Der situative Ansatz

Der situative Ansatz (Kontingenzansatz, Kontingenztheorie) wurzelt in mehreren Organisationstheorien und entstand in den 1960er und 70er Jahren, insbesondere aus einer Kritik an den klassischen Arbeiten von Weber (z.B. 1922) und Taylor (z.B. 1913). Er konzentriert sich auf Organisationsstrukturen, womit er an Weber und Taylor anknüpft. Im Gegensatz zu ihnen bezieht der situative Ansatz die Umwelt der Organisationen systematisch ein und bewirkt somit eine wesentliche konzeptionelle Neuerung. (Laske et al., 2006, S. 31) Zu den ersten situativen empirischen Analysen kam es aufgrund der Feststellung, dass Organisationsstrukturen keineswegs dem von Weber formulierten Idealtyp der Bürokratie entsprechen, sondern dass diese unterschiedlichste Ausprägungen aufweisen. Die Frage, ob unterschiedliche Ausprägungen der Organisationsstruktur auf verschiedene Situationen der Organisation zurückgeführt werden können, resultierte aus diesen Feststellungen. (Schreyögg, 2008, S. 50–51)

Die Grundidee des situativen Ansatzes ist, dass unterschiedliche situative Faktoren (z.B. Fertigungstechnologie, Organisationsgröße, Umwelt) unterschiedliche Organisationsstrukturen verlangen. Hiermit soll verdeutlicht werden, dass es die *eine* optimale Organisationsgestaltung nicht gibt, sondern dass je nach situativer Erfordernis unterschiedliche Organisationsformen erfolgreich sein können. (Schreyögg, 2008, S. 53–54) Die verschiedenen Versuche der Typisierung von Organisationen finden hier ihren Ausgangspunkt (s. Kapitel 3.3, 4.4). Durch den Einbezug situativer Faktoren kam es zu einem Paradigmenwechsel in der Organisationstheorie, da Organisationsforscher nun von der bislang geltenden Annahme allgemeingültiger Organisationsprinzipien abwichen. (Kieser, 2006a, S. 216-117)

Ziel des situativen Ansatzes ist es, Zusammenhänge zwischen der Situation, der Struktur, dem Verhalten der Organisationsmitglieder und der Effizienz der Organisation aufzuzeigen (Vahs, 2005, S. 41).

Es wird angenommen, dass (Kieser, 2006, S. 233):

- es nur jeweils *eine* Form für die Gestaltung von Organisationsstrukturen gibt,
- die Organisation situative Faktoren nicht verändern kann,
- für die Organisation eine bestimmte Art und ein gewisses Maß an ökonomischer Effizienz verbindlich ist und
- die formale Organisationsstruktur starken Einfluss auf die Effizienz einer Organisation hat,
- es jedoch keine universell effizienten Organisationsstrukturen gibt.

Auf situative Faktoren zurückführbare Unterschiede in Organisationsstrukturen können aufgrund der Ergebnisse mehrerer groß angelegter empirischer Untersuchungen (z.B. Blau & Schoenherr, 1971; Burns & Stalker, 1961; Lawrence & Lorsch, 1969; Woodward, 1958) erklärt werden. Es kann prognostiziert werden, wie sich Organisationsstrukturen ändern, wenn sich die Situation einer Organisation wandelt. Schließlich sind Gestaltungsempfehlungen hinsichtlich Strukturanpassungen an geänderte Situationen möglich. (Kieser, 2006a, S. 215–217)

Der situative Ansatz erfuhr starke Kritik, die sich primär auf seine sehr deterministische Sichtweise bezog und ihm zunehmend seine zentrale Stellung in der Organisationsforschung nahm. Neben der Methodik wurde vor allem bemängelt, dass der Informationsgehalt der empirisch gestützten Ergebnisse dieses Ansatzes, aufgrund seines Strebens nach Allgemeingültigkeit, gering ausfällt. So zählen zu den typischen Ergebnissen, dass die Entscheidungsdezentralisation umso höher ist, je größer die Organisation ist, dass der Einsatz formaler Planung umso höher ist, je größer die Produktdiversifikation ist oder dass die Entscheidungsdezentralisation einer Organisation umso höher ist, je stärker ihr Konkurrenzdruck ist. Diese allgemein gehaltenen Aussagen hemmen die Anwendungsmöglichkeiten des situativen Ansatzes in der Praxis erheblich. Kritiker sind überdies der Ansicht, dass situative Analysen einzelner Branchen wesentlich aussagekräftiger wären, da sowohl die Probleme als auch ihre Lösungen besser vergleichbar wären; derartige Analysen wurden bislang jedoch kaum durchgeführt. (ebd., S. 231–233)

Auch die grundlegenden Annahmen des situativen Ansatzes erfuhren Kritik. Wird doch u.a. gefordert, dass Organisationsstrukturen an die jeweilige Situation einer Organisation angepasst werden müssen, ohne zu untersuchen, wie diese Anpassung erfolgen sollte. Auch wird kein Konzept bereitgestellt, das die Anpassung der Organisationsstruktur an die Situation plausibel erklären könnte. Die Ausübung von Herrschaft wird verschleiert, da Organisationsstrukturen ausschließlich als funktionale Erfordernisse der Situation betrachtet werden. Die Struktur einer Organisation könnte jedoch zumindest teilweise auf die Absicht der Führungskräfte, ihre Herrschaft zu sichern – und weniger auf die Situation in der sich die Organisation befindet – zurückzuführen sein. Auch werden Organisationsstrukturen als objektive Gegebenheiten interpretiert, die das Handeln der Organisationsmitglieder bestimmen. Da sich deren Handeln aber in der Realität nicht an formalen Regeln orientiert, sondern das Ergebnis von Interaktionsprozessen ist, lassen sich auch Strukturen nicht objektiv erfassen. Letztlich, so argumentieren Kritiker, dürfen Organisationsstrukturen nicht von gesellschaftlichen Rahmenbedingungen losgelöst werden, da sie stark von kulturellen Entwicklungen geprägt sind. Regelmäßigkeiten in den Beziehungen zwischen Situation und Struktur sind von Kultur zu Kultur unterschiedlich. Sie dürfen deshalb nicht als allgemeingültige Zusammenhänge betrachtet werden. (Kieser, 2006a, S. 233–239)

Trotz aller Kritik gilt als herausragendes Verdienst dieser Organisationstheorie, Umweltbezüge als relevantes Problem der Organisationsgestaltung herausgearbeitet und etabliert zu haben. Auch ist der situative Ansatz zur Erklärung von Strukturunterschieden und zur systematischen Erarbeitung von Organisationsalternativen geeignet, da er erlaubt, relevante Einflussgrößen und deren Auswirkungen auf die Organisationsstruktur zu berücksichtigen. (Vahs, 2005, S. 44) Die Weiterentwicklungen des situativen Ansatzes halten an der Annahme fest, dass der Erfolg einer Organisation von der Passung zwischen ihrer Struktur und ihrer Situation abhängt. Neu ist die Einsicht, dass sich die Situation der Organisation verändern kann. Zu den bedeutenden Weiterentwicklungen zählt die Konzipierung von Strukturtypen durch Mintzberg (z.B. 1992). Er geht davon aus, dass Organisationsstrukturen einer „inneren Logik" unterworfen und die Gestaltungsmöglichkeiten der Führungskräfte somit beschränkt sind. Unter bestimmten situativen Bedingungen erweist sich ihm zufolge jeweils ein bestimmter Organisationstyp als effizient. (Kieser, 2006a, S. 239–245)

3.2.7 Die verhaltenswissenschaftliche Entscheidungstheorie

Aufgrund ökonomischer Probleme konnte das Scientific Management gegen Ende der 1930er Jahre nicht mehr auf Akzeptanz in der Öffentlichkeit hoffen. Zudem wurde es durch die empirischen Befunde der Human Relations-Bewegung stark geschwächt.

Auch die weitgehend auf soziale Prozesse bezogene Human Resources-Bewegung bot keine befriedigende ideologische Orientierung für die gesamte Organisation, da sie sich fast ausschließlich auf untere Hierarchieebenen bezog. Bei Führungskräften stieg jedoch der Bedarf nach einem umfassenden Organisationskonzept, um ihr Handeln zu legitimieren. Die Grundlage für ein solches Organisationskonzept – dasjenige der verhaltenswissenschaftlichen Entscheidungstheorie – legte Barnard (z.B. 1938). Simon, March und Cyert entwickelten seinen Ansatz u.a. im Rahmen ihrer Hauptwerke (z.B. Cyert & March, 1963; March & Simon, 1958; Simon, 1948) zu einer allgemeinen organisatorischen Verhaltenstheorie weiter. (Sanders & Kianty, 2006, S. 128)

Den Ansatzpunkt der verhaltenswissenschaftlichen Entscheidungstheorie stellen empirisch beobachtbare Entscheidungsprozesse dar (Entscheidungstheorie), deren menschliches Entscheidungsverhalten (verhaltenswissenschaftlich) untersucht werden soll. Ihr Erkenntnisinteresse betrifft die Frage, wie Organisationen ihren Bestand durch Anpassung an eine komplexe und veränderliche Umwelt sichern. Die Theorie baut auf den Annahmen auf, dass Menschen über begrenzte Informationsverarbeitungskapazität verfügen und dass ihre Bereitschaft, sich in Organisationen zu engagieren, begrenzt ist (Berger & Bernhard-Mehlich, 2006, S. 169–170):

- Ein Teil der Theorie bezieht sich auf Entscheidungen „in" Organisationen, deren Analyse um das *Konzept der begrenzten Rationalität* herum organisiert ist. Es geht um die Frage, wie rationale Organisationsentscheidungen – von Personen mit begrenzter Informationsverarbeitungskapazität, unter Unsicherheit und aufgrund von komplexen, veränderlichen Umwelten – überhaupt möglich sind.
- Der andere Teil der Theorie beschäftigt sich mit Entscheidungen, die denen „in" Organisationen vorausgesetzt sind und „außerhalb" oder an ihrer Grenze stattfinden. Hierbei geht es um die Frage, unter welchen Bedingungen Personen an Organisationen teilnehmen und dazu motiviert werden, Beiträge, die den Organisationsbestand sichern, zu erbringen. Die hierfür notwendige Analyse der „Teilnahme- und Beitragsentscheidungen" stellt das *Konzept des Gleichgewichts von Anreizen und Beiträgen* in den Mittelpunkt ihrer Überlegungen.

3.2.7.1 Barnards Organisationstheorie

Mit den fünf Strukturelementen Individuum, kooperatives System, formale Organisation, komplexe formale Organisation und informale Organisation sowie mit den sieben dynamischen Grundbegriffen freier Wille, Kooperation, Kommunikation, Autorität, Entscheidungsprozess, dynamisches Gleichgewicht und Verantwortung von Vorgesetzten beschäftigt sich Barnard (z.B. 1938) in seiner Organisationstheorie. (Walter-Busch, 1996, S. 193)

Individuum, kooperative Systeme und Organisationen

Der Mensch verfügt nach Barnard über beschränkte Entscheidungsfreiheit und ist zugleich frei und unfrei, abhängig und unabhängig, autonom und determiniert. Um bestimmte Ziele besser als alleine erreichen zu können, gründen Menschen zweckorientierte kooperative Systeme, zu deren Komponenten neben Personen und physischen sowie sozialen Systemen auch (formale) Organisationen zählen. Barnard definiert Organisation als ein „unpersönliches System koordinierter menschlicher Bestrebungen" (Barnard, 1938; zitiert nach Walter-Busch, 1996, S. 194). Ihm zufolge bestehen Organisationen nicht aus einzelnen Personen, sondern „ausschließlich aus koordinierten menschlichen Aktivitäten" (Barnard, 1938; zitiert nach Walter-Busch, 1996, S. 195), da Personen immer nur in ihrer Rolle als Organisationsmitglied an Organisationen beteiligt sind und nie als Ganzes. Da Organisationen aus koordinierten Aktivitäten bestehen, folgen sie anderen Regeln als einzelne Personen; sie müssen deshalb auch systemtheoretisch und nicht etwa aus einer individuellen Perspektive heraus betrachtet werden.

Personen verhalten sich Organisationen gegenüber kooperativ, weil sie sich davon einen Nutzen erwarten. Sie sind solange bereit, sich für Organisationszwecke einzusetzen, solange ihnen das dabei in Aussicht stehende Verhältnis von Anreizen und Beiträgen, verglichen mit anderswo erzielbaren Netto-Belohnungen adäquat erscheint. Das Barnard'sche Anreiz-Beitragsmodell über die Motivation von Organisationsmitgliedern zählt bis heute zum Kernbestand system- und entscheidungstheoretischer Erkenntnisse der Organisationswissenschaften. (ebd., S. 194–196)

Formale und informale Organisation

Barnard zufolge sind Organisationen effektiv (effective), wenn sie ihre Ziele erreichen und effizient (efficient), wenn sie ihren Organisationsmitgliedern genügend Kooperationsanreize bieten. Alle formalen Organisationen bestehen aus hierarchischen Netzwerken. Komplexe formale Organisationen (z.B. Staat, Kirche) funktionieren nur aufgrund von informalen Kontakten, Gewohnheiten, Bräuchen, Normen und Werten, die organisationale Kommunikations- und individuelle Orientierungsprozesse erleichtern. Vor allem die informellen Kommunikationsprozesse sind praktisch relevant, da sie Sozialbeziehungen festigen und Organisationsmitgliedern erleichtern, „Gefühle der persönlichen Integrität, der Selbstachtung und unabhängiger Wahlentscheidung" (Barnard, 1938; zitiert nach Walter-Busch, 1996, S. 197) zu entwickeln.

Kommunikation und Autorität

Formale und informale Kommunikationsprozesse sorgen für Dynamik in Organisationen. Diese gezielt zu lenken, zählt zu den Hauptaufgaben von Führungskräften. Kommunikation vermittelt zwischen dem Zweck einer formalen Organisation und den potentiellen Kooperationsmotiven der Personen. Autorität stellt in formalen Organisationen jenen Teil der Kommunikation dar, der Organisationsmitglieder innerhalb der sogenannten Indifferenzzone (zone of indifference) – in welcher sie Anordnungen akzeptieren, ohne diese in Frage zu stellen – zur Ausführung der Aufträge von Vorgesetzten veranlasst. Nur Führungskräfte, die sowohl über formale als auch über persönliche Autorität verfügen, können ihre Mitglieder zur Durchführung von Anweisungen motivieren, die außerhalb dieser Zone liegen. Ob Anweisungen jedoch überhaupt angenommen werden, liegt alleine bei den Befehlsempfängern, nicht etwa bei den Anordnungsbefugten. (Walter-Busch, 1996, S. 198)

Zielorientierung, Entscheidungsprozesse und Aufgaben des Managements

Kollektive Entscheidungsprozesse sind in formalen Organisationen immer auf deren zentralen Zweck ausgerichtet, der einer allgemeinen Zieldefinition entspricht. Eine wichtige Aufgabe von Führungskräften ist demzufolge, Organisationsmitglieder davon zu überzeugen, dass es sich lohnt, allgemeinen Zielorientierungen der Organisation zu folgen. Bedeutend sind in Organisationen aber nicht nur zielorientierte, sondern auch zielinterpretierende Handlungen, denen bestimmte Ziele erst nachträglich zugeschrieben werden. Aus diesem Grund ist Symbolisches Management, das überzeugende Zielorientierungen vermittelt, für das Überleben einer Organisation ausschlaggebend. Auch die Herstellung von dynamischen Gleichgewichtslagen, insbesondere über Anreiz- und Beitragssysteme, zählt zu den zentralen Aufgaben von Führungskräften, da das Überleben einer Organisation auch von diesen maßgeblich abhängt. Für Führungskräfte von formalen Organisationen ist ein oft intuitives Gefühl für komplexe Systemzusammenhänge unentbehrlich, da voreilige Eingriffe in sich selbstorganisierende Organisationsprozesse schädlich sein können. (ebd., S. 199–200)

3.2.7.2 Simons Theorie der Organisationsentscheidungen

Simon (z.B. 1948) knüpft an die Arbeiten Barnards (z.B. 1938) an. Wie dieser hebt er die Entscheidung als wesentlichen Prozess in Organisationen hervor (Sanders & Kianty, 2006, S. 167). Die neue streng verhaltenswissenschaftliche Entscheidungstheorie konnte Simon zufolge sowohl Routineprobleme von Organisationen als auch Nicht-Routineprobleme wissenschaftlich präzise lösen (Walter-Busch, 1996, S. 204–205). Entscheidungen in Organisationen stellen der verhaltenswissenschaftlichen Entscheidungstheorie zufolge ein von organisatorischen Bedingungen beeinflusstes oder begrenztes Entscheidungsverhalten von einzelnen Personen dar. Dieses lässt sich in die beiden Teilfragen, wie Personen Entscheidungen treffen und wie Organisationen das Entscheidungsverhalten von Personen beeinflussen, untergliedern. (Berger & Bernhard-Mehlich, 2006, S. 177)

Konzept der begrenzten Rationalität

Das Konzept der begrenzten Rationalität (bounded rationality) besagt, dass Entscheidungen in der Realität nicht dem Idealbild der objektiven Rationalität der neoklassischen Nationalökonomie und der Modelle der normativ-analytischen Entscheidungstheorie entsprechen (Berger & Bernhard-Mehlich, 2006, S. 177). Diese Tatsache liegt darin begründet, dass Entscheidungsträger immer nur unvollständiges Wissen über Entscheidungsalternativen sowie Schwierigkeiten bei der Bewertung von zukünftigen Ereignissen haben und niemals alle möglichen Entscheidungsalternativen in Betracht ziehen können (Laske et al., 2006, S. 29). Vielmehr begnügen sich Personen meist damit, die Suche nach einer befriedigenden Problemlösung mit dem Auffinden der ersten, die ihren Ansprüchen genügt, abzubrechen. Diese Möglichkeit erlaubt, vernünftige und intelligente Entscheidungen auch unter der Bedingung begrenzter Rationalität zu treffen. (Walter-Busch, 1996, S. 203)

Reduktion von Komplexität und Unsicherheit

Organisationen reduzieren Komplexität und Unsicherheit. Ein wesentlicher Teil der Theorie der Organisationsentscheidungen beschäftigt sich mit der Analyse der organisatorischen Mechanismen, die zu diesen führen und somit vereinfachte Organisationsentscheidungen ermöglichen. Hierzu zählen Simon zufolge Arbeitsteilung, standardisierte Verfahren und Programme, Herrschaft und Hierarchie sowie Kommunikation und Indoktrination. (Berger & Bernhard-Mehlich, 2006, S. 179)

Die verhaltenswissenschaftliche Entscheidungstheorie zeichnet ein komplexes Bild von Organisationen. Sie schränkt ihren Blick jedoch stark ein, indem sie anstatt die gesamte Umwelt einer Organisation zu betrachten, nur sehr allgemeine und abstrakte Merkmale der Umwelt herausgreift: Komplexität, Veränderlichkeit und die beschränkte Motivation der Teilnehmer. Mit dieser spezifischen Perspektive ist auch ein selektiver Blick auf den Gegenstand verbunden. Dies führt möglicherweise dazu, dass die Funktion formaler Strukturen zu positiv beurteilt wird und andere Aspekte (z.B. Bedürfnisse der Organisationsmitglieder) nur wenig Berücksichtigung finden. Manche Kritiker werfen der verhaltenswissenschaftlichen Entscheidungstheorie Ideologieproduktion und Affirmation vor. Andere würdigen die Theorie hingegen aufgrund ihrer Komplexität. (Walter-Busch, 1996, S. 205–214)

Viele der organisationstheoretischen Weiterentwicklungen basieren maßgeblich auf der verhaltenswissenschaftlichen Entscheidungstheorie. Die komplexe Sichtweise von Organisationen nahm Gedanken vorweg, die später – etwa in Luhmanns Systemtheorie über Organisationen – Bedeutung fanden. Zu den Weiterentwicklungen zählt auch das Konzept des Organisatorischen Lernens. (Berger & Bernhard-Mehlich, 2006, S. 208–209)

3.2.8 Die neue Institutionenökonomik

Die neue Institutionenökonomik (new institutional economics) entstand in den 1970er Jahren aus Beiträgen der Mikroökonomie zur Organisationstheorie. Im Mittelpunkt steht die Analyse ökonomischer Institutionen (z.b. Verfügungsrechte, Verträge, Hierarchien, Märkte). Ziel ist es, die Struktur, die Verhaltenswirkungen, die Effizienz und den Wandel von ökonomischen Institutionen zu erklären. Individuen stellen das Grundelement dieser Organisationstheorien dar. Es wird von der Annahme ausgegangen, dass Menschen ihren individuellen Nutzen maximieren wollen und hierfür opportunistisches Verhalten an den Tag legen, indem sie zumindest teilweise eine mögliche Schädigung anderer Akteure in Kauf nehmen. (Vahs, 2005, S. 39)

Das Erkenntnisinteresse der Institutionenanalyse richtet sich auf die Frage, welche (alternativen) Institutionen bei welchen Koordinationsproblemen des ökonomischen Austausches am relativ günstigsten und effizientesten sind und wie sich Koordinationsprobleme, Kosten und die Effizienz von Austauschbeziehungen auf die Gestaltung und den Wandel von Institutionen auswirken. Die neue Institutionenökonomik bedient sich hierzu eines relativ einfachen Erklärungsmusters, das aus den Komponenten Institution, Austausch, Kosten und Effizienz besteht (Ebers & Gotsch, 2006, S. 247–248): *Institutionen* regulieren den *Austausch* von Gütern, Leistungen und Verfügungsrechten und dieser Austausch verursacht *Kosten*, die die *Effizienz* beeinflussen.

Bisher liegt noch keine einheitliche institutionenökonomische Theorie der Organisation vor. Vielmehr existieren drei verschiedene Theorien, deren Gemeinsamkeit es ist, aufgrund von ökonomischen Überlegungen organisatorisch-institutionelle Gestaltungsmöglichkeiten auszuwählen. Hiermit ergänzen sie die sozialwissenschaftlich ausgerichteten Organisationstheorien, die Knappheit und Effizienz unterbewerten. Sie werden nun vorgestellt.

3.2.8.1 Theorie der Verfügungsrechte

Im Mittelpunkt der Theorie der Verfügungsrechte (property rights theory) steht die Institution des Verfügungsrechts, das die Befugnisse von Wirtschaftssubjekten an Gütern oder Ressourcen festlegt. Das Erkenntnisinteresse liegt sowohl in der Analyse der Auswirkungen unterschiedlicher Formen der Gestaltung und Verteilung von Verfügungsrechten auf das Verhalten ökonomischer Akteure und der Faktorallokation als auch in der Erklärung der Entstehung, der Verteilung und des Wandels von Verfügungsrechten. Die Theorie gründet auf den Annahmen, dass Individuen ihren Nutzen zu maximieren versuchen und dass durch die Spezifizierung, Übertragung und Durchsetzung von Verfügungsrechten Transaktionskosten entstehen. Vier Arten von Verfügungsrechten werden unterschieden: das Recht eine Ressource zu nutzen (*usus*), das

Recht die Erträge einzubehalten (*usus fructus*), das Recht ihre Form oder Substanz zu verändern (*abusus*) und das Recht die Ressource auf andere zu übertragen (*Übertragungsrecht*). (Ebers & Gotsch, 2006, S. 248–253)

Eine der Hauptaussagen der Theorie der Verfügungsrechte lautet, dass Akteure bei gegebenen institutionellen Bedingungen ihren Nettonutzen zu maximieren versuchen, indem sie optimale Formen der Ressourcennutzung wählen und Verfügungsrechtsstrukturen etablieren. Die Theorie findet u.a. Anwendung in der Analyse verschiedener Unternehmensverfassungen und in der Untersuchung von Auswirkungen unterschiedlicher Verfügungsrechtsstrukturen auf das Innovationsverhalten von Unternehmen, die Absatztheorie, die Gestaltung von Arbeitsverhältnissen und die Personalpolitik. (ebd., S. 253–256)

Ihre Beiträge zur Organisationstheorie liegen insbesondere in der Analyse der Verhaltenswirkungen unterschiedlicher Eigentumsformen und Unternehmensverfassungen sowie in plausiblen Begründungen für die Existenz von Unternehmen und die spezifische Gestaltung von Verfügungsrechtsstrukturen. Die Theorie hat jedoch schwerwiegende Konzeptualisierungs- und Operationalisierungsprobleme, die ihre Umsetzung stark behindern. Kritikern zufolge kann die Vielfalt und Differenziertheit von Verfügungsrechtsstrukturen anhand dieser Theorie theoretisch-konzeptionell und empirisch-operational nicht zufriedenstellend erfasst werden. Sie dient jedoch als abstraktes, allgemeines Analyseraster. Dies verdeutlichen auch die Weiterentwicklungen, Differenzierungen und Präzisierungen durch die beiden nachfolgend dargestellten Theorien. (ebd., S. 256–258)

3.2.8.2 Agenturtheorie

Im Mittelpunkt der Agenturtheorie (principal agent theory) steht die Institution des Vertrages und seine Rolle in Austauschbeziehungen zwischen Auftraggebern (principal) und Auftragnehmern (agent), etwa zwischen Arbeitgebern und Arbeitnehmern, Käufern und Verkäufern oder Eigentümern und Geschäftsführern. Der Principal überträgt zur Realisierung seiner Interessen auf Vertragsbasis bestimmte Aufgaben und Entscheidungskompetenzen dem Agent, der für seine Dienste eine Vergütung erhält. Der Vorteil liegt für den Principal darin, das Handlungsvermögen des Agent nutzen zu können. Der Nachteil liegt in der Tatsache, dass die Übertragung von Entscheidungskompetenzen den Agent in die Lage versetzt, eigene Ziele auch zu Lasten des Principals zu verfolgen. (ebd., S. 258–259)

Die Agenturtheorie untersucht die vertragliche Gestaltung der Auftragsbeziehung zwischen Principal und Agent. Sie analysiert typische Probleme von Auftragsbeziehungen und diskutiert Mechanismen (Anreiz-, Kontroll- und Informationssysteme), mit denen diesen Problemen begegnet werden kann. Die Theorie baut auf einem vertragstheoretischen Organisationskonzept auf, wonach eine Organisation und ihre Umweltbeziehungen als Netzwerk von Verträgen (nexus of contracts) angesehen werden, die den wirtschaftlichen Austausch regeln. Weiterhin baut sie auf einem Verhaltensmodell auf, das individuelle Nutzenmaximierung, Informationsasymmetrie, Interessenunterschiede und Risikoneigungen der Akteure berücksichtigt. Ihr liegt die Annahme zugrunde, dass bei optimalen Verträgen Agenturkosten (z.b. Vereinbarungs-, Steuerungs-, Kontroll-, Garantie-, Residualkosten) berücksichtigt werden müssen, die sich aufgrund einer Abweichung vom Idealzustand eines „vollkommenen Tausches" ergeben. (Ebers & Gotsch, 2006, S. 259–263)

Die Kernelemente der Agenturtheorie sind Agenturprobleme. Agenturprobleme entstehen für den Principal aufgrund von ungleicher Informationsverteilung und Interessensdivergenzen mit dem Agent, der eigene Ziele verfolgt. Je weniger Informationen der Principal über den Agent hat und je unterschiedlicher die Interessen der beiden Vertragspartner sind, desto eher muss mit einem suboptimalen Ergebnis der Auftragsbearbeitung gerechnet werden. Um den Agenturproblemen begegnen zu können, kann der Principal zur Disziplinierung des Agent verschiedene vertragliche Mechanismen einsetzen. Er kann etwa Anreize schaffen und den Agent an den Ergebnissen beteiligen. Er kann das Verhalten des Agent durch direktive Steuerung kontrollieren. Er kann auch das Informationssystem verbessern und dadurch sein Wissen über das Leistungsverhalten und die Handlungssituation des Agent steigern. Das Anwendungsfeld der Agenturtheorie im Rahmen der Organisationsanalyse ist breit. Neben agenturtheoretischen Untersuchungen zur Gestaltung der Vertrags- und Kontrollbeziehungen in Vertriebskanälen und der Analyse der Finanzierungspolitik der Kapitalgesellschaft stellt die Trennung von Eigentum und Kontrolle des Unternehmens einen der wichtigsten Anwendungsbereiche dieser Theorie dar. (ebd., S. 263–272)

Da die Agenturtheorie Organisationen als Netzwerke vertraglich geregelter Auftragsbeziehungen untersucht, kann sie die bedeutende Abhängigkeit der Leistungserstellung von effizient gestalteten Verträgen erfassen. Anhand dieser Theorie können Grundprobleme und Entscheidungskalküle der Vertragspartner dargestellt und Empfehlungen abgeben werden, wie das Verhalten der Auftragnehmer durch vertragliche Regelungen optimiert werden kann. Die Berücksichtigung unvollständiger und ungleich verteilter Informationen, opportunistischen Verhaltens und von Agenturkosten der Austauschbeziehungen sowie die relativ einfache und präzise Konzeption des agenturtheoretischen Grundmodells führten zur breiten Anwendung der Theorie in empirischen Studien. Kritiker weisen darauf hin, dass Operationalisierungsprobleme die Genauigkeit der Theorieaussagen und die Möglichkeit ihrer empirischen Überprüfung stark einschränken, was die Agenturtheorie daran hindert, exakte Empfehlungen an die Organisationspraxis zu formulieren. (ebd., S. 272–273)

3.2.8.3 Transaktionskostentheorie

Die Transaktionskostentheorie von Williamson (z.B. 1985) basiert auf der Frage, warum bestimmte Übertragungen von Verfügungsrechten an Gütern oder Leistungen (Transaktionen) in spezifischen institutionellen Arrangements mehr oder weniger effizient abgewickelt und organisiert werden. Institutionelle Arrangements charakterisieren die Theorie hinsichtlich der rechtlichen Vertragsform, die die Austauschbeziehung begründet und der Mechanismen, die die Transaktionspartner vereinbaren, um etwaigen Veränderungen der Austauschbeziehung adäquat begegnen zu können. Die Transaktionskostentheorie vergleicht die Kosten (Produktions- und Transaktionskosten) alternativer institutioneller Arrangements der Abwicklung und Organisation von Transaktionen. Ziel ist es, festzulegen, welche Arten von Transaktionen in welchen institutionellen Arrangements am relativ kostengünstigsten abgewickelt und organisiert werden können. (Ebers & Gotsch, 2006, S. 277)

Die Transaktionskostentheorie lässt sich auf verschiedenste Austauschbeziehungen anwenden, wobei die Entscheidung zwischen Selbst- und Fremderstellung einen ihrer Hauptanwendungsbereiche darstellt (ebd., S. 294–295). Die Theorie ist u.a. geeignet zu erklären, warum es vorteilhaft ist, bestimmte Arten von Transaktionen in spezifischen institutionellen Arrangements abzuwickeln und zu organisieren. Hierbei bezieht sie sich teilweise auf etablierte organisationstheoretische Konzepte, wie jenes der begrenzten Rationalität. Teilweise führt sie neue Erklärungen in die Organisationsforschung ein, wie etwa Art und Ausmaß transaktionsspezifischer Investitionen. Weiterhin ergänzt sie die Organisationsforschung um ökonomisch fundierte Erklärungen organisatorischer Gestaltungsformen. Ihre Thesen konnten in empirischen Untersuchungen überwiegend bestätigt werden. Die Theorie integriert Ergebnisse anderer organisationstheoretischer Ansätze sinnvoll. Dennoch bleibt sie Kritikern zufolge in weiten Bereichen unvollständig und verbesserungswürdig. Sie kann als logisch konsistent aufgebaute, mikroanalytisch fundierte Theorie hohen Allgemeinheitsgrades bezeichnet werden, die sich dadurch auszeichnet, dass sie auf der Basis einer geschlossenen theoretischen Konzeption mit wenigen Faktoren viele unterschiedliche Phänomene ihres Forschungsbereiches erklärt. (ebd., S. 296–305)

Sämtliche der vorgestellten institutionenökonomischen Organisationstheorien sind einfach und präzise konzipiert. Der Erklärungsgehalt ihrer Hypothesen ist relativ hoch. Prognosen und Gestaltungsempfehlungen sind möglich. Neben anderen Schwächen dieses Ansatzes ist anzumerken, dass insbesondere erhebliche Operationalisierungsprobleme die empirische Überprüfung behindern. Auch beschränken wenige und eng definierte Prämissen die Erklärungsmöglichkeiten organisatorischer Phänomene. Schließlich bleibt der Erkenntnisbeitrag dieses Ansatzes auf vertragstheoretisch interpretierbare Organisationsphänomene beschränkt. (ebd., S. 306–307)

3.2.9 Der populationsökologische Ansatz

Der populationsökologische Ansatz wurde in den 1970er Jahren von Hannan und Freeman (z.b. 1989) sowie von McKelvey und Aldrich (z.B. 1983) begründet. Es handelt sich um einen Versuch, eine radikale Alternative zum situativen Ansatz zu entwickeln. Der traditionellen Perspektive, wonach sich Organisationen veränderten Rahmenbedingungen rational, flexibel und zügig anpassen können, stellen sie eine neue gegenüber, die Organisationen als äußerst träge Systeme mit sehr engen Grenzen der Reaktionsfähigkeit und Flexibilität ansieht. Zur Begründung ihres Ansatzes schienen den Autoren evolutionsbiologische Modelle der Ökologie geeignet zu sein. (Walter-Busch, 1996, S. 234–235)

Zu den zentralen Elementen des populationsökologischen Ansatzes zählen die Wahl eines evolutionstheoretischen Konzepts, Populationen als Einheiten der Analyse, Mechanismen der Isolation, Mechanismen der Evolution und Klassifikationen von Organisationen. Diese werden nachfolgend beschrieben.

3.2.9.1 Wahl eines evolutionstheoretischen Konzepts

Die Anwendung evolutionstheoretischer Konzepte zur Erklärung des Wandels von Organisationen ergibt sich aus der Annahme, dass Organisationen nur eingeschränkt dazu fähig sind, sich zielgerichtet – rational – an Umweltänderungen anzupassen. Gründe hierfür liegen in folgenden Bereichen: Innerhalb der Organisation agieren Interessensgruppen, die verschiedene Ziele verfolgen und durch politische Manöver verhindern, dass Umweltanpassungen am Ziel der Gesamteffizienz ausgerichtet werden. Organisationsgestalter sind unvollkommen über Zweck-Mittel-Beziehungen informiert. Anpassungsbemühungen der Organisationsgestalter können aufgrund der Trägheit von Organisationen kaum mit der Geschwindigkeit von Umweltänderungen Schritt halten. (Kieser & Woywode, 2006, S. 311–312)

3.2.9.2 Populationen als Einheiten der Analyse

Die begrenzte Wandlungsfähigkeit einzelner Organisationen führt aus Sicht der Populationsökologen dazu, dass die Analyse des organisatorischen Wandels bei Populationen von Organisationen anzusetzen hat und nicht bei einzelnen Organisationen. Somit bedingt die Unfähigkeit zum Wandel einzelner Organisationen gewissermaßen Wandel auf Populationsebene. In ihrer Absicht, ein Analogon zur Spezies zu entwickeln, charakterisieren Hannan und Freeman Organisationen, die einer Population angehören durch eine gemeinsame Grundstruktur, einen gemeinsamen Bauplan oder ein gemeinsames Basismuster. Somit entsprechen Populationen eng definierten Branchen oder Wirtschaftszweigen. (ebd., S. 312)

3.2.9.3 Mechanismen der Isolation

Mechanismen der Isolation ergeben sich Hannan und Freeman zufolge aus der Trägheit ganzer Organisationen, während McKelvey und Aldrich sogenannte „Comps" als
Isolationsmechanismen identifizieren. Zu den Faktoren, die organisationale *Trägheit*
begünstigen, zählen Investitionen in Maschinen, Gebäude und die Ausbildung speziali-
sierten Personals, die Fokussierung des Informationssystems einer Organisation auf
bestehende Aktivitäten und entsprechende Umweltsegmente, der Widerstand einflussreicher Akteure gegen radikale strukturale Änderungen, das Wertesystem einer Organisation, Markteintritts- und Marktaustrittsbarrieren, die Umwelt, Organisationsstruktur
und eingesetzte Techniken sowie soziale Netzwerke. Die Trägheit von Organisationen
kann Hannan und Freeman zufolge lediglich durch Neugründungen im Zuge von Ab-
spaltungsprozessen überwunden werden. (Kieser & Woywode, 2006, S. 312–313)

Alternativ dazu konzipierten McKelvey und Aldrich einen evolutionstheoretischen
Ansatz des organisationalen Wandels, in dem nicht ganze Organisationen, sondern
deren Wissenselemente – abgekürzt mit dem Kunstwort Comps (von competences) –
das Basismaterial der Evolution bilden. Einzelne organisationale *Comps*
(z.B. Verfahrensrichtlinien, Patente, Stellenbeschreibungen, Führungsrichtlinien, Un-
ternehmensphilosophien) stellen ein Analogon zur genetischen Information dar. Die
Summe aller Comps bildet den sogenannten kollektiven „Compool" einer Organisation
– ihren Genotyp. Da sie nicht ganze Organisationen, sondern Comps als Basiselemente
betrachten, definieren McKelvey und Aldrich auch andere Isolationsmechanismen als
Hannan und Freeman: Comps aus einer Population (z.B. spezifisches Fachwissen)
werden in einer anderen Population meist nicht als sehr nützlich angesehen. Comps
sind oft kompliziert und schwer zu erlernen (so wirken etwa spezialisierte Ausbil-
dungsprogramme und -institutionen einer Übertragung des erworbenen Wissens auf
andere Populationen entgegen). Die Tendenz, sich dem Erlernen fremder Comps zu
widersetzen und neuem Wissen gegenüber misstrauisch zu sein, fördert den Autoren
zufolge zudem die Isolation von Populationen. (ebd., S. 313)

3.2.9.4 Mechanismen der Evolution

Variation, Selektion, Bewahrung und Reproduktion sind die vier Mechanismen der
Evolution. Evolutionäre Prozesse werden Hannan und Freeman zufolge durch Variationen ausgelöst, wobei Variationen von organisationalen Populationen vor allem bei
Neugründungen auftreten. Variationen innerhalb bestehender Populationen ergeben
sich zumeist durch das Bemühen Gründungswilliger, erfolgreiche Organisationsformen zu imitieren. Dies gelingt jedoch nur selten ganz genau und bringt so Variationen
mit sich. Die Entstehung neuer Organisationsformen wird durch verschiedene Faktoren
(z.B. technologischer Wandel, Entdeckung neuer Rohstoffe, ökonomische Schwan-

kungen, politische Umstürze) ausgelöst. Veränderungen bewirken das Aufkommen „ökologischer Gelegenheiten" in Form von frei verfügbaren Ressourcen, die sich neue Organisationsformen zunutze machen können. Variationen liefern die Grundlage für die Selektion, also den Prozess der Auslese durch die Umwelt. Die Umwelt einer Population ist definiert als die Gesamtheit aller Faktoren (z.b. generelle ökonomische Bedingungen, Konjunkturschwankungen, politische Verhältnisse, rechtliche Regelungen), die dieser Population Beschränkungen auferlegt. Organisationen, die es nicht schaffen, sich adäquat an ihre Umwelt anzupassen, unterliegen im Konkurrenzkampf. Populationsökologen sehen nicht nur in der ökonomischen Effizienz einer Organisation, sondern auch in ihrer gesellschaftlichen Akzeptanz einen bedeutenden Selektionsfaktor. (Kieser & Woywode, 2006, S. 313)

Hannan und Freeman berücksichtigen nur eine Art der Selektion: die Elimination ganzer Organisationen. Andere Populationsökologen halten das Konzept von Hannan und Freeman jedoch nicht der „Logik der Evolution" entsprechend. Ihrer Ansicht nach müsse im Konzept der biologischen Evolution auch der Reproduktionserfolg genetischer Merkmale Berücksichtigung finden. McKelvey und Aldrich konzipieren auf Basis der Comps ein organisationales Äquivalent zum Konzept von Hannan und Freeman. Ihr Konzept des relativen Reproduktionserfolgs erfolgreicher genetischer Merkmale erlaubt es zu erklären, warum sich die Comps erfolgreicher Unternehmen schneller verbreiten, als die der weniger erfolgreichen. So werden etwa die Mitarbeiter erfolgreicher Unternehmen häufiger abgeworben – und nehmen ihr Wissen in die neuen Unternehmen mit. Sie haben außerdem öfter die Möglichkeit, ihre spezifischen Problemlösungen auf Tagungen vorzustellen. Die Praktiken erfolgreicher Unternehmen werden schließlich häufiger kopiert und verbreitet. Die Diffusionsgeschwindigkeit effektiver Comps in einer Population ist davon abhängig, wie gut es gelingt, erfolgreiche Comps aufzuspüren, wie schwierig es ist, die Comps zu kopieren und wie gut sie in andere Unternehmen zu transferieren und zu implementieren sind. Bewahrung und Reproduktion erfolgen durch Konservierung der selektierten Varianten – Organisationsformen oder Comps – und ihre Weitergabe an neu zu gründende Organisationen. Im populationsökologischen Ansatz gibt es mindestens zwei Bewahrungsmechanismen: die gesellschaftliche Institutionalisierung des Wissens erfolgreicher Organisationsformen durch Glaubenssysteme und Werte und die Herausbildung bürokratischer Routinen (z.B. Verfahrensrichtlinien). (ebd., S. 314)

3.2.9.5 Klassifikationen von Organisationen

Klassifikationen stellen für McKelvey und Aldrich eine Voraussetzung der evolutionstheoretischen Betrachtung von Organisationen dar. Analog zur Entwicklungsgeschichte von Lebewesen lassen sich ihren Überlegungen zufolge auch für die Entwicklungsgeschichte von Organisationen Stammbäume bilden. So kann etwa die Verdrängung der Population der Handwerksbetriebe durch Fabriken und deren Verdrängung durch Großunternehmen dadurch erklärt werden, dass die jeweils neuen Organisationsformen mit den Umweltproblemen ihrer Zeit (z.b. Kapitalbeschaffung, Versorgung wachsender Märkte, Beschaffung von Arbeitskräften) jeweils besser fertig wurden. Der relative Vorteil bei der Problembewältigung erklärt die Verbreitung von neuen, auf Kosten von alten Organisationsformen. Andere Autoren sind der Auffassung, dass Klassifikationen dieser Art zwar eine wichtige Voraussetzung für die Generalisierung von Ergebnissen darstellen, dass Erkenntnisse, die in einer bestimmten Population gewonnen wurden, aber nur bedingt auf andere übertragbar sind. (Kieser & Woywode, 2006, S. 317–318)

Im Zusammenhang mit dem populationsökologischen Ansatz wurde eine Vielzahl empirischer Untersuchungen durchgeführt. Die meisten beschäftigen sich mit den Veränderungen von Populationen im Zeitverlauf, wobei die zentralen Untersuchungsschwerpunkte in der Untersuchung von Prozessen organisationalen Scheiterns, Gründungsprozessen und Prozessen organisationalen Wandels liegen. Zu den bedeutendsten Konzepten, auf denen die empirischen Arbeiten basieren, zählen Liability of Newness, Liability of Smallness, Theory of Founding Conditions, Fitness Set Theory, Density Dependence Theory und Organisationaler Wandel (ebd., S. 319–334).

Der populationsökologische Ansatz führt eine neue Betrachtungsebene in die Organisationsforschung ein – die Betrachtung organisationaler Populationen und nicht wie bisher einzelner. Sein Verdienst ist es, auf evolutionäre Aspekte im Wandel von Organisationen aufmerksam gemacht zu haben. Insbesondere im Zusammenhang mit organisationalem Wandel müssen Zufall, Kopierfehler, die Trägheit der Organisation und Selektion durch die Umwelt aufgrund der begrenzten Rationalität der Gestalter erklärt werden. Das Bemühen der Populationsökologen um empirische Überprüfbarkeit ihrer Theorien macht sie, im Gegensatz zu Forschern die sich auf konzeptionelle Entwürfe beschränken, angreifbar. (ebd., S. 337)

Die Kritik bezieht sich vor allem auf seine zentralen Annahmen. Kritisiert wird etwa, dass für viele Arten von Organisationen die kontinuierliche Variation und Selektion von Comps einen wesentlich bedeutenderen Beitrag zur Evolution leistet als die Gründung und Elimination von Organisationen – die zentralen Variations- und Selektionsmechanismen älterer populationsökologischer Theorien. So basieren Innovationen zumeist nicht auf Neugründungen, sondern auf der fortlaufenden Veränderung der Comps. Weiterhin wird kritisiert, dass der populationsökologische Ansatz nicht berücksichtigt, dass organisationale Evolutionsmechanismen – Mechanismen der Variation, internen Selektion und Bewahrung – selbst einer Evolution unterliegen. Darüber hinaus schafften es Populationsökologen Kritikern zufolge bis heute weder, Konsens über die Definition von Organisationspopulationen herzustellen noch Populationen empirisch zu bestimmen. Die fehlende operationale Definition von Populationen bringt mit sich, dass auch die Konstruktion organisationaler Stammbäume nicht möglich ist. Kritisiert wird auch, dass die zentralen Konzepte des populationsökologischen Ansatzes nicht durchgehend miteinander verbunden sind und dass ihre theoretische Fundierung nicht immer überzeugend ausfällt. Kritik erfährt auch die wenig präzise Definition und die mangelnde Operationalisierung zentraler Begriffe wie „Geburt" und „Tod" einer Organisation oder der Begriff „organisationale Trägheit". Der letzte Kritikpunkt – die Abwendung von individuellen Akteuren in Organisationen – ergibt sich zwangsläufig aus der theoretischen Konzeption des populationsökologischen Ansatzes. (Kieser & Woywode, 2006, S. 337–343):

Weiterentwicklungen ergeben sich aus der Abwendung von darwinistischen Interpretationen hin zu ökologischen Modellen, die organisationalen Wandel als Ergebnis eines sozialen – und nicht mehr biologischen – Evolutionsprozesses abbilden. Heute beschäftigt sich die Community Ecology Theory mit der Entstehung neuer und der (Co)evolution bestehender Populationen. (ebd., S. 334–336)

3.2.10 Weicks Organisationsprozessmodell

Weick (z.B. 1979) zählt zu den einflussreichsten Autoren der Organisationstheorie. Er wandte sich gegen das streng rationale Organisationsverständnis, das Ende der 1960er Jahre, geprägt durch den situativen Ansatz vorherrschte. Er richtete seinen Blick auf Mikroprozesse in Organisationen und entwarf ein prozesstheoretisches Modell sozialer Prozesse in Organisationen, das sich an der biologischen Evolution orientierte. (Sanders & Kianty, 2006, S. 242)

Weicks (1979) Provokationslust äußert sich in seinen zehn Ratschlägen für die Praxis:

1 Don't panic in the face of disorder.
2 You never do one thing all at once.
3 Chaotic action is preferable to orderly inaction.
4 The most important decisions are often the least apparent.
5 There is no solution.
6 Stamp out utility.
7 The map is the territory.
8 Rechart the organizational chart.
9 Visualize organizations as evolutionary sytems.
10 Complicate yourself! (S. 243)

Weick provoziert mit der Verkehrung der alltagstheoretisch vertrauten Vorstellung, dass Menschen zielorientiert handeln, in ihr Gegenteil. Seiner Überzeugung nach handeln Menschen zielinterpretierend. Die gängige These „zielorientiert handeln heißt, vorgängig zu wissen, was man tun will und tun kann" (Walter-Busch, 1996, S. 249) provoziert er mit der Gegenthese: „How can I know what I think until I see what I say?" (Weick, 1979, S. 133). Diese Frage stellt das zentrale Thema des Organisationsprozessmodells dar und wird im Rahmen dieses Kapitels hergeleitet.

Weick wendet sich gegen die Vorstellung der Rationalität organisatorischen Handelns. Rationalität unterstellt seiner Ansicht nach das Vorliegen von Zielen und die Auswahl geeigneter Mittel zur Zielerreichung. Aufgrund begrenzter Informationsverarbeitungskapazitäten der Akteure – analog zu Simons Konzept der begrenzten Rationalität – ist die Erwartung rationalen Handelns auf Organisationsebene jedoch nicht plausibel. Damit einhergehend sind auch „organisatorische Ziele" ein illusionäres Konstrukt. Ziele und rationales Handeln liegen nur auf Personen- und bestenfalls auf Gruppen-, nicht jedoch auf Organisationsebene vor. Handlungen werden von individuellen Akteuren und nicht von Organisationen vollzogen. Die Prozessperspektive des Handelns, die sich aus den dargestellten Überlegungen ergibt, nimmt eine zentrale Stellung in Weicks Modell ein. (Sanders & Kianty, 2006, S. 243–244)

Nachfolgend werden bedeutende Begriffe, die die Sequenzen eines Prozesses kennzeichnen, eingeführt. Im Anschluss daran werden die evolutionstheoretischen Bausteine des Modells dargestellt, bevor abschließend die Konfiguration des Modells vorgestellt und erklärt wird.

3.2.10.1 Sequenzen eines Prozesses

Die Begriffe Zyklus, Montageregeln und Mehrdeutigkeit des Inputs bilden die Sequenzen eines Prozesses (ebd., S. 244–249):

- *Zyklus*: Ein kommunikativer Zyklus besteht aus Akt, Interakt und doppeltem Interakt. *Akt*: Eine Person interpretiert ein neu eingetretenes Ereignis, etwa zurückgegangene Absatzzahlen, mit der Aussage: „Die Marktsituation verändert sich." *Interakt*: Eine andere Person stimmt der Interpretation dieses Ereignisses zu oder weist sie zurück. Eine Zurückweisung könnte etwa durch die Argumentation „Nicht eine veränderte Marktsituation, sondern saisonale Schwankungen führen zu den zurückgegangenen Absatzzahlen" erfolgen. *Doppelter Interakt*: Die erste Person behält ihre Interpretation entweder bei, gibt sie auf oder verändert sie. Mehrere aufeinander aufbauende Zyklen ergeben einen Prozess. Im Rahmen eines Prozesses können komplexe und sich kontinuierlich wandelnde Ereignisse verstehbar gemacht und individuelle Handlungsmöglichkeiten generiert werden.
- *Montageregeln:* Anhand von Montageregeln werden Zyklen zu Prozessen zusammengesetzt. Montageregeln stellen kognitive Schemata dar, die aus mehrdeutigem Rohmaterial der Wahrnehmung sinnvolle Gestalten konstruieren. Auf die verschiedenen Interpretationen der beiden Personen könnte in Bezug auf die

zurückgegangenen Absatzzahlen unterschiedlich reagiert werden: So könnte etwa eine dritte Person um ihre Meinung gefragt, Vergleiche mit Vorjahresdaten
angestellt oder die zurückgegangenen Absatzzahlen heruntergespielt werden.

- *Mehrdeutigkeit des Inputs:* Je mehrdeutiger das Rohmaterial, desto allgemeiner
  und unspezifischer sind die kognitiven Schemata und somit die Montageregeln.
  Je weniger mehrdeutig das Rohmaterial, desto eher passt ein kognitives Schema
  mit relativ vielen inhaltsreichen Montageregeln zu ihm. Ziel eines jeden Prozesses ist es, die anfänglich vorhandene Mehrdeutigkeit zu reduzieren. Dadurch
  werden die eigenen Verhaltensoptionen zwar geringer, gleichzeitig jedoch eindeutiger. Mithilfe der dargestellten Sequenzen eines Prozesses kann der Ereig-
  nisstrom in diskrete Einheiten zerteilt werden, die einzeln verarbeitet werden
  können und den Grad der Mehrdeutigkeit des Inputs reduzieren, wodurch organisationale Handlungsfähigkeit gewährleistet werden kann.

3.2.10.2 Evolutionstheoretische Bausteine des Modells

Analog zu den Populationsökologen überträgt Weick die evolutionsbiologische Trias
Variation – Selektion – Retention mit geringen Modifikationen auf Organisationen.
Das nachfolgend dargestellte Organisationsprozessmodell ergibt sich aus den folgen-
den vier evolutionstheoretischen Bausteinen (Sanders & Kianty, 2006, S. 249–252):

- *Ökologischer Wandel*: Weick betrachtet Organisationen als offene Systeme und
  nimmt an, dass die Umwelt bedeutenden Einfluss auf die Organisationsmitglieder hat. Unvorhergesehene Ereignisse in einer sich ständig verändernden Umwelt, die die Aufmerksamkeit der Organisationsmitglieder auf sich ziehen, bezeichnet er als ökologischen Wandel. Aus Gründen der Handlungsfähigkeit sind
  die Organisationsmitglieder bestrebt, die Mehrdeutigkeiten des Inputs aus der
  Umwelt zu reduzieren und seine Bedeutsamkeit oder Belanglosigkeit zu bestimmen.
- *Gestaltung*: Organisationsmitglieder reagieren auf ökologischen Wandel mit Gestaltung. Diese entspricht dem evolutionstheoretischen Begriff Variation, hebt
  jedoch die aktive Rolle der Organisationsmitglieder hervor. Wann immer ein un-
  vorhergesehenes Ereignis auftritt, reagieren Organisationsmitglieder darauf, indem sie Maßnahmen oder Kognitionen entwickeln, die potentiell dafür geeignet
  sind, sich der veränderten Situation anzupassen.
- *Selektion*: Im Selektionsprozess werden Gestaltungen auf ihre Bedeutung hin
  untersucht. Es wird bewertet, mit welchem Sinn sie versehen werden können.
  Vorhandene Interpretationsschemata werden hierzu auf ihre Brauchbarkeit hinsichtlich der Reduktion von Mehrdeutigkeit überprüft, geeignete Interpretationsschemata werden selektiert. Der Gestaltungsprozess filtert mögliche Informati-

onseinheiten aus der Umwelt. Diese kann die Organisation klären und ernst nehmen. Ob sie dies allerdings auch tatsächlich tut, entscheidet sich in diesem Prozess.

- *Retention*: Um selektierte Gestaltungen für zukünftige Gestaltungs- und Selektionsprozesse verfügbar zu machen, müssen sie bewahrt, anders gesagt gespeichert werden. Retention bezeichnet demgemäß die relativ direkte Speicherung der Produkte erfolgreicher Sinngebung. Diese benennt Weick mit dem Begriff der *gestalteten Umwelten*.

3.2.10.3 Konfiguration des Organisationsprozessmodells

Das zentrale Thema des Organisationsprozessmodells findet sich – wie eingangs erwähnt – in Weicks „Rezept für Sinngebungsakte": „Wie kann (ich wir sie) wissen, was (ich wir sie) (denken fühlen wollen) bevor (ich wir sie) (sehen hören) was (ich wir sie) (sprechen tun)" (Walter-Busch, 1996, S. 247).

Weick nimmt an, dass Organisationen immer und immer wieder mit sich selbst sprechen, um herauszufinden, was sie denken. Im Gestaltungsprozess gestalten Organisationsmitglieder mehrdeutiges Rohgerede (Gestaltung: „sprechen, tun"). Dieses wird im Selektionsprozess retrospektiv gesichtet und mit Sinn belegt (Selektion: „sehen [hören], was ich spreche [tue]"). Im Retentionsprozess wird der Sinn in Form von Wissen gespeichert (Retention: „wissen, was ich gesprochen [getan] habe"). Ziel jedes Prozesses ist es, Mehrdeutigkeit zu verringern und eine Vorstellung vom Geschehenen zu gewinnen. (ebd., S. 250)

Mit den Begriffen Gestaltung, Selektion und Retention passt Weick die evolutionsbiologische Trias Variation – Selektion – Retention den Bedingungen der Menschheit an. Gestaltung hängt eng mit ökologischem Wandel zusammen. Dieser ist positiv mit der gestalteten Mehrdeutigkeit korreliert. Er hebt damit die überragende Bedeutung von Sinngebungsprozessen in Organisationen hervor. Prozesse der Gestaltung reduzieren nicht, sie produzieren Mehrdeutigkeit. Sie stellen das Geschehen her, dem im Anschluss im Selektionsprozess Sinn gegeben wird. Hierdurch unterscheiden sie sich sowohl von der Selektions- als auch von der Retentionsfunktion, deren Aufgabe es ist, die wahrgenommenen Mehrdeutigkeiten mit Hilfe von Montageregeln zu reduzieren. (ebd., S. 246–248)

Weick selbst entwickelt sein Organisationsprozessmodell weiter, indem er der Frage nachgeht, welche speziellen Mechanismen der sozialen Integration individueller Wahrnehmungen identifiziert werden können. In Abhängigkeit davon, ob ein Erfahrungsstrom von außen in eine Gruppe oder Organisation einfließt oder im Zuge eigener Handlungen des sozialen Systems hervorgerufen wurde, unterscheidet er glaubens- und handlungsgeleitete Prozesse. (Sanders & Kianty, 2006, S. 257–260)

3.2.11 Luhmanns Systemtheorie über Organisationen

Systemtheoretiker behandeln jeden sozialen Kontakt als System, etwa Besprechungen in Unternehmen, den Unterricht in Schulen, Schulen als solche, Universitäten, andere Organisationen und auch die Gesellschaft (Aderhold & Jutzi, 2003, S. 125).

Die moderne Systemforschung geht davon aus, dass Systeme nicht von außen determiniert oder gesteuert werden können, da sie keineswegs entweder offen oder geschlossen sind, sondern beides zugleich: offen und geschlossen. Auf der Basis ihrer Elemente sind Systeme geschlossen. Ein Element verknüpft sich mit einem anderen. Erst der Prozess der Schließung erlaubt es dem System offen für seine Umwelt zu sein. Geschlossenheit ist also die Voraussetzung für Offenheit. (ebd., S. 127)

Im Unterschied zu anderen Theorien trennt die Systemtheorie zwischen psychischen und sozialen Systemen. Psychische Systeme bestehen aus Gedanken und Wahrnehmungen im Bewusstsein von Menschen. Soziale Systeme setzen sich im Gegensatz dazu aus Kommunikationen zusammen. Wenn sich also das Verhalten von mindestens zwei Personen aneinander orientiert und dies Folgen für den Fortgang der Ereignisse hat, entsteht ein soziales System. (ebd., S. 122)

Jede Organisation ist ein selbstreferentielles, autopoietisches soziales System, das durch folgende Merkmale gekennzeichnet ist (ebd., S. 124):

- *Operative Geschlossenheit:* Je System gibt es nur einen Operationstyp, etwa Bewusstsein als Element psychischer Systeme, Kommunikation als Element sozialer Systeme oder Entscheidung als Element des sozialen Systems Organisation. Je nach Systemtypik weisen dieselben Elemente unterschiedliche Variationen auf, etwa im Rahmen von Gesprächsbeiträgen in Besprechungen oder Entscheidungen in Organisationen.
- Das Merkmal *Selbstreferenz* geht aus der operativen Geschlossenheit hervor. Elemente schließen an vorhergehende an. Informationen und Strukturen können nur im System produziert werden.
- *Komplexität* bezeichnet die Gesamtheit der möglichen Ereignisse oder Zustände, die zwischen System und Umwelt vorkommen können. Sie entsteht, wenn nicht mehr alle Elemente miteinander verknüpft werden können. Die Beschränkung der Verknüpfungskapazität resultiert u.a. daraus, dass die Elemente selbst komplex sind. Da die Umwelt komplexer ist als das System, entsteht ein Komplexitätsgefälle. Die einzige Möglichkeit die Komplexität des Systems zu reduzieren besteht darin, systemintern genügend Komplexität aufzubauen.
- Das Merkmal *Strukturdeterminiertheit* bedeutet, dass ein System nur von dem Zustand aus agieren kann, in dem es sich gerade befindet, etwa von seiner aktuellen Struktur, seiner Geschichte oder seinen Erfahrungen aus.

- *Umweltangepasstheit*: Jedes System ist – schon aufgrund seiner Existenz – an seine Umwelt angepasst. Anpassung ist u.a. die Voraussetzung für die adäquate Nutzung der Komplexität anderer Systeme.

- *Diskontinuität*: Die Systemtheorie vermutet ständigen Zerfall (Diskontinuität), da die basale Einheit eines Systems die Zeitform eines Ereignisses hat. Jedes Ereignis muss einem Folgeereignis überlassen, was als nächstes kommt. In diesem Zusammenhang geht die Systemtheorie davon aus, dass soziale Handlungen und Akteure erst in der Kommunikation als Ereignis erzeugt werden.

Luhmann (z.B. 2006) interessieren vor allem zwei Fragen (Martens & Ortmann, 2006, S. 427). Zunächst fragt er nach der *Funktion*: Was ist die Funktion der Politik, der Wirtschaft, der Wissenschaft, der Liebe et cetera? Wie heißt das Problem, für das die Politik, die Wirtschaft et cetera – und insbesondere die Organisation – die Lösung darstellt? Für Luhmann gibt es ein Kardinalproblem: Die aus Komplexität und Kontingenz quellende Überfülle der Möglichkeiten. Er fragt also zweitens nach dem Beitrag der Politik, der Wirtschaft et cetera – und insbesondere der Organisation – zur *Reduktion von Kontingenz und Komplexität*. Luhmann (2006) zufolge ist die „Prämisse von Organisationen ... das Unbekanntsein der Zukunft. Der Erfolg von Organisationen liegt in der Behandlung dieser Ungewissheit: ihrer Steigerung, ihrer Spezifikation und der Reduktion ihrer Kosten" (S. 10).

Der *Kontingenzbegriff* bedeutet nach Luhmann Unterdeterminiertheit, was mit Dasso-und-auch-anders-möglich-Sein übersetzt werden könnte. Organisationale Entscheidungen sind kontingent. Sie hätten in einer gegebenen Situation so-und-auch-anders ausfallen können. So-und-auch-anders, aber nicht beliebig. Zu einer sozialen Angelegenheit wird Kontingenz, wenn mehr als ein System beteiligt ist. Luhmann spricht hier von doppelter Kontingenz. Diese erhöht Komplexität gegenüber der ohnehin Komplexität verursachenden Kontingenz um ein Vielfaches. Wenn nicht alle Elemente miteinander verknüpft werden können, kommt es zu mehreren Gestaltungs- und Verknüpfungsmöglichkeiten, aus denen eine ausgewählt werden muss. Da die verschiedenen Selektionsmöglichkeiten kontingent sind, sind wir mit einer Überfülle an Möglichkeiten konfrontiert. (Martens & Ortmann, 2006, S. 427–428)

Organisationen bestehen Luhmann zufolge aus der Kommunikation von Entscheidungen (ebd., S. 435). Nachfolgend wird das soziale System Organisation in Beziehung zur Struktur, zum Menschen und zur Gesellschaft gesetzt.

3.2.11.1 Struktur und Organisation

Organisationen müssen unter hoher Komplexität und Kontingenz und im Wissen, dass jede Entscheidung auch anders möglich wäre, mit beträchtlicher Genauigkeit und Geschwindigkeit ihre Operationen koordinieren. Das erfordert Struktur, die die unendliche Fülle der Möglichkeiten einschränkt. Einschränkungen stellen die Voraussetzung von leistungsfähiger Orientierungs- und Handlungsfähigkeit dar. Strukturen sind nicht statisch. Sie bestehen vielmehr aus wiederholten Kommunikationsbeziehungen und stabilisierten Erwartungen, die gehegt und immer wieder aktiviert werden müssen. In Form von allgemeinen Kommunikations- und Handlungsanleitungen – Luhmanns Entscheidungsprämissen (z.b. Entscheidungsprogramme, Kommunikationswege, Personaleinsatz, Organisationskultur) – versuchen Organisationen Komplexität zu reduzieren. Selbstbeschreibungen (z.b. der Name der Organisation, ihre Geschäftsfelder und Kernkompetenzen) koordinieren die Entscheidungsprämissen und beziehen sie auf eine kollektive Identität, die der Abgrenzung der Organisation von ihrer Umwelt dient. (Martens & Ortmann, 2006, S. 438–441)

3.2.11.2 Mensch und Organisation

Organisationen bestehen Luhmann zufolge aus der Kommunikation von Entscheidungen und nicht aus Personen. Organisationsmitglieder sind demzufolge der Umwelt der Organisation zuzuordnen. Luhmann erklärt die Interaktion psychischer und sozialer Systeme mithilfe des Konzepts der strukturellen Kopplung. *Strukturelle Kopplung* bedeutet, dass psychische und soziale Systeme – die füreinander Umwelt sind – einander wechselseitig ihre Selektivität auferlegen. Organisationen sind auf die selektiven Kompetenzen ihrer Mitglieder angewiesen, diese wiederum auf die vielfältigen aber selektiven Möglichkeiten ihrer Organisationen. Wie können Organisationen nun das Verhalten ihrer Mitglieder steuern? Organisationen sind Luhmann zufolge jene sozialen Systeme, denen es gelingt, relativ künstliche Verhaltenserwartungen relativ dauerhaft zu reproduzieren, indem sie Mitgliedschaft an Bedingungen knüpfen – in Unternehmen insbesondere an die „Autoritätsunterwerfung gegen Gehalt". Die Besonderheit liegt in der Formalisierung von Verhaltenserwartungen. Anerkennung und Befolgung bestimmter Verhaltenserwartungen werden in einer Organisation zur Bedingung der Mitgliedschaft gemacht. Entscheidungen über Mitgliedschaft oder Nichtmitgliedschaft ziehen die Grenze zur Umwelt. Sie beeinflussen etwa Ein- und Austritt der Mitglieder, deren Bindung an die Organisation und deren Verhalten. Sie machen Organisationen entscheidungsfähig, bereiten sie auf eine ungewisse Zukunft vor und spielen bei der Abgrenzung der Organisation und der Selektion ihrer Operationen und Strukturen eine bedeutende Rolle. (ebd., S. 445–448)

3.2.11.1 Gesellschaft und Organisation

Gesellschaft stellt die Gesamtheit aller füreinander erreichbaren Kommunikationen dar. Kommunikation zieht soziale Grenzen, die nicht mit territorialen Grenzen zusammenfallen. In der modernen Gesellschaft entwickelten sich abgegrenzte, funktional spezialisierte Teilsysteme (z.B. Wirtschaft, Politik, Recht, Wissenschaft, Religion). Jedes Teilsystem hat eine bestimmte Funktion und bearbeitet ein besonderes gesellschaftliches Problem: Die Wirtschaft bearbeitet etwa das Problem der Knappheit, die Wissenschaft jenes der Verlässlichkeit neuer Erkenntnisse. Organisationen stehen im Zentrum der verschiedenen Teilsysteme. (Martens & Ortmann, 2006, S. 448–452) Organisationen ermöglichen eine Kopplung zwischen den sonst operativ getrennten gesellschaftlichen Teilsystemen. Sie ermöglichen etwa Kommunikation zwischen Wirtschaft und Wissenschaft, Politik und Recht oder Religion und Familie. (Aderhold, 2003, S. 176–177)

Gesellschaftliche Probleme können mithilfe von Organisationen wirksamer und systematischer behandelt werden als ohne. Zum einen, da von den Organisationsmitgliedern sonst Unwahrscheinliches (z.B. ein langer anstrengender Arbeitstag, die konsequente Verfolgung bestimmter Ziele) erwartet und verlangt werden kann. Zum anderen, da Organisationen ihre Mitglieder von der Umwelt abgrenzen und sie so vor möglichen störenden Einflüssen oder den Folgen ihrer Fehler schützen (Martens & Ortmann, 2006, S. 451).

Kritik erfährt die Organisationstheorie Luhmanns insbesondere aufgrund ihrer Überbetonung der autopoietischen Geschlossenheit, die zu Verzerrungen führt. Auch die unzulängliche Analyse der Beziehung von Organisationen und gesellschaftlichen Teilsystemen scheint mit Luhmanns Überbetonung der autopoietischen Geschlossenheit zusammenzuhängen. Mit der Überbetonung der autopoietischen Geschlossenheit sozialer Systeme geht zwangsläufig eine mangelnde Aufmerksamkeit für Akteure und ihre Praxis einher. Die fehlende Aufmerksamkeit für Handlungen führt dazu, dass zentrale Themen anderer Theorien (z.B. Arbeit, Produktion, Ressourcen, Transaktionen) keinen rechten Platz finden. Die Überbetonung der autopoietischen Geschlossenheit führt auch dazu, dass Luhmann dem Phänomen der Steuerung sozialer Systeme nicht gebührend Rechnung trägt. Soziale Systeme können Luhmann zufolge von außen nur irritiert, nicht jedoch kontrolliert oder gesteuert werden. Lediglich Selbststeuerung ist möglich. Selbststeuerung ist jedoch nicht gleichzusetzen mit Steuerung durch Management, was diese Organisationstheorie für eine betriebswirtschaftliche Nutzung – insbesondere wenn damit eine Führungs- oder Managementlehre gemeint ist – sperrig macht. (ebd., S. 455–461)

Luhmanns Organisationstheorie erfuhr vielfältige Weiterentwicklungen, zu welchen insbesondere die umfangreichen organisationstheoretischen Arbeiten von Baecker (z.B. 1993; 1999) zählen. Weiterentwickelt wurde Luhmanns Theorie auch durch diverse Versuche, Probleme der Theorie in Bezug auf das Verhältnis von Organisation und Gesellschaft zu identifizieren und zu lösen und durch Bemühungen, die Theorie auf eine evolutionäre Führungslehre oder auf das strategische Management anzuwenden. (Martens & Ortmann, 2006, S. 454–455)

3.2.12 Institutionensoziologische Ansätze

Anhand des kulturell-gesellschaftlichen Rahmens, in den Organisationen eingebettet sind, erklären die Vertreter institutionensoziologischer Ansätze die Entstehung und Veränderung von Organisationen. Zu den Hauptvertretern dieser Ansätze zählen Meyer, Rowan, Zucker, DiMaggio und Powell (z.b. DiMaggio & Powell, 1991; Meyer & Rowan, 1977; Zucker, 1977). Die Institutionensoziologen beziehen sich vornehmlich auf die Arbeiten von Weber (z.b. 1922); sie hinterfragen insbesondere den situativen Ansatz. Ihrem Kernargument nach dient die formale Struktur dazu, der Organisation Legitimität zu verschaffen. (Walgenbach, 2006, S. 353) Sie betonen also nicht die Effizienz formaler Strukturen, die in den meisten Organisationstheorien im Vordergrund steht, sondern deren Legitimität. Ihren Annahmen zufolge ergeben sich die Elemente der formalen Struktur aus Manifestationen von Regeln und Erwartungen in der Organisationsumwelt, die einen verbindlichen Charakter entfalten. In modernen Gesellschaften bestehen Vorstellungen, Regeln und Annahmen darüber, wie effektive und effiziente Organisationen gestaltet sein sollen. Eine gängige Vorstellung ist etwa, dass moderne Organisationen EDV nutzen. Tut dies eine Organisation nicht, wirkt sie unmodern, nicht zeitgemäß, wenig rational. (Kieser & Walgenbach, 2007, S. 46–47) Hierbei wird deutlich, dass formale Strukturen oft keineswegs einen ökonomisch-funktionalen Zweck erfüllen, sondern vielmehr einen gesellschaftlich-legitimatorischen. In der üblichen Grundannahme, wonach formale Strukturen zu ökonomischer Effizienz und Rationalität beitragen sollen, sehen Institutionalisten einen Rationalitätsmythos, der kollektiv übernommen wird. (Wilkens, Lang & Winkler, 2003, S. 190)

Eine zentrale These dieser Ansätze lautet, dass Organisationen immer in ein bestimmtes gesellschaftliches Umfeld eingebunden sind, weshalb sie in ihren Handlungen den Erwartungen des jeweiligen Umfeldes entsprechen müssen, da sonst der Zugang zu Ressourcen erschwert und das Überleben der Organisation gefährdet wird. Ihre Strukturen und Praktiken lassen sich als rational anerkannte Handlungsmuster verstehen, da sie nicht nur effizient, sondern auch durch die Umwelt legitimiert sein müssen. Einer weiteren gängigen These zufolge beruhen die Schaffung und Weiterentwicklung formaler Strukturen und Praktiken sowie die zunehmende Ähnlichkeit „moderner" Organisationen auf zwei Faktoren: dem Vorherrschen von gesellschaftlich verfestigten Erwartungen und Regeln der Rationalität, die nicht mehr hinterfragt werden und der Zunahme der Komplexität sozialer Organisationen und ihres ökonomischen Austausches. (ebd., S. 191)

„Institution", „institutionelle Elemente" und „Institutionalisierung", die drei wesentlichen Begriffe der institutionensoziologischen Ansätze, werden nun eingeführt (Walgenbach, 2006, S. 198–200; 355–357):

- Den Ausgangspunkt bildet der Begriff der *Institution*. Eine Institution (z.B. die Ehe, der Handschlag, der Vertrag, der Urlaub) ist Ausdruck gesellschaftlicher, organisationaler oder gruppenspezifischer Werte. Institutionen obliegt die Funktion der Sinngebung, der Legitimation, Komplexitätsreduktion, Orientierung und der Zuweisung von Werten und Bedeutungen zu Handlungen.
- Den Kern von Institutionen bilden *institutionelle Elemente*. Es sind dies kulturell und historisch bedingte Regeln (z.B. Gesetze, Verhaltenscodes, Standards, Rollen, Kategorien, Klassifikationen). In Organisationen manifestieren sie sich etwa in Form von Managementsystemen, formalen Strukturen, Programmen, Verfahren oder organisationskulturellen Elementen wie Symbolen oder Riten.
- Der Begriff der *Institutionalisierung* bezeichnet einerseits einen Prozess, andererseits einen Zustand: Als *Prozess* bezieht sich Institutionalisierung auf den Vorgang, durch den sich soziale Beziehungen und Handlungen zu Selbstverständlichkeiten entwickeln, die nicht mehr hinterfragt werden. Als *Zustand* bezeichnet sie Situationen, in denen die in einer Gesellschaft bestehenden Vorstellungen bestimmen, welche Handlungen möglich sind und welche Bedeutung ihnen zukommt.

Zwei Hauptströmungen institutionensoziologischer Ansätze werden unterschieden: Die makro- und mesoinstitutionalistischen Ansätze und die mikroinstitutionalistischen Ansätze (Wilkens et al., 2003, S. 203–207). Einige der zentralen Elemente, die beiden Strömungen gemeinsam sind, lassen sich schon an dieser Stelle zusammenfassen (Walgenbach, 2006, S. 357):

- Die Ablehnung rational handelnder und autonom entscheidender Akteure.
- Ein Interesse an institutionalisierten Regeln, aus welchem sich ein Interesse an deren Eigenschaften und Wirkungsweisen ergibt.
- Kognitive und kulturelle Erklärungen der Elemente der Organisationsstruktur.

3.2.12.1 Makro- und mesoinstitutionalistische Ansätze

Makro- und mesoinstitutionalistische Ansätze beleuchten die Beziehungen zwischen der gesellschaftlichen Umwelt und der Organisation. Diese wurden erstmals von Meyer und Rowan (z.B. 1977) aufgezeigt. Deren Grundgedanke lautet, dass formale Organisationsstrukturen in modernen Gesellschaften nicht (mehr) als Ausdruck einer effizienten Aufgabenbewältigung gesehen werden. Vielmehr wird ihnen symbolische Wirkung zugeschrieben. Diese hilft der Organisation, sich in ihrer Umwelt zu legitimieren, indem sie die Rationalitätsvorstellungen der Organisationsumwelt widerspiegelt. Von diesem Grundgedanken lassen sich die folgenden Kernaussagen ableiten (Wilkens et al., 2003, S. 207–209): Formale Organisationsstrukturen unterliegen den Rationalitätsmythen moderner Gesellschaften und werden strukturgleich (isomorph) mit ihnen. Die Bedeutung formaler Organisationsstrukturen ist von ihrer Akzeptanz und gesellschaftlichen Bewertung abhängig und nicht von ihrem Leistungsbeitrag. Zwischen tatsächlichen betrieblichen Aktivitäten und formalen Organisationsstrukturen besteht nur eine lose Koppelung.

Die formale Organisationsstruktur stellt Vertretern dieser Organisationstheorien zufolge eine „Legitimationsfassade" dar, die mit einer Rationalitätsmythen erzeugenden, hoch institutionalisierten Organisationsumwelt zu tun hat. So dienen etwa Bilanzen, neue Technologien und Softwaresysteme als Legitimation moderner Organisationen gegenüber ihrer Umwelt, unabhängig von ihrer ökonomischen Effizienz. Rationalitätsmythen stellen unhinterfragte Annahmen darüber dar, wie vernünftigerweise gehandelt wird. Der Einfluss dieser Mythen auf Organisationen führt zu institutionalisierten formalen Organisationsstrukturen, die sich an den in der Umwelt herausgebildeten rationalistischen Mustern, kulturellen Einflüssen und Normen orientieren. Der Einfluss der Umwelt wird als so umfassend angenommen, dass die Organisation als Untereinheit der Umwelt, genauer gesagt die Umwelt als in der Organisation internalisiert erscheint und zur unhinterfragten sozialen Realität wird. Dies lässt Organisationen gegenüber Umwelteinflüssen passiv und rein adaptiv erscheinen. Die Wirkungskette makro- und mesoinstitutionalistischer Analyse reicht von den Ursprüngen gesellschaftlicher Rationalität über Dimensionen und den Einfluss der institutionellen Umwelt auf die Organisation hin zur institutionalisierten Organisationsstruktur. (Wilkens et al., 2003, S. 207–221)

3.2.12.2 Mikroinstitutionalistische Ansätze

In den makro- und mesoinstitutionalistischen Ansätzen finden sich rationalisierte Institutionen in der Organisationsumwelt und in der Weltsicht der Organisationsmitglieder gespiegelt. Im mikroinstitutionalistischen Ansatz wird die Organisation selbst als Institution betrachtet. Zucker (z.B. 1977), die wesentliche Beiträge zur institutionensoziologischen Organisationstheorie liefert, geht davon aus, dass Organisationen die Quellen institutionalisierter Strukturelemente und Managementpraktiken sind und dass sie zur bestimmenden Institution in modernen Gesellschaften wurden. (Walgenbach, 2006, S. 382) Institutionalisierte Elemente sind zwar sozial entstanden, werden aber als Teil der intersubjektiven Welt erfahren und deshalb nicht mehr hinterfragt. Gebrauchsfertige Erklärungen (ready-made accounts) rechtfertigen etwa die unhinterfragte Tatsache, dass Topmanager hohe Gehälter beziehen, da eine gebrauchsfertige Erklärung existiert, die besagt, dass Manager sehr wichtig für das Unternehmen sind, hohe Verantwortung und ein hohes Risiko tragen und folglich hohe Gehälter angemessen sind. (Wilkens et al., 2003, S. 224)

Die institutionensoziologischen Ansätze zählen zu den derzeit führenden Organisationstheorien. Das Verdienst der Institutionalisten ist es, mit ihrer Argumentationskette jahrzehntelang nicht mehr hinterfragte Selbstverständlichkeiten in Bezug auf Organisationsbegriff, Organisationswirklichkeit und Rationalitätsvorstellungen aufgebrochen und verdeutlicht zu haben, dass der Begriff der Rationalität in der Organisationsumwelt inhaltliche Füllung erfahren kann. Da den verschiedenen Ansätzen jedoch unterschiedliche Erklärungsinteressen zugrunde liegen und sie sich auch konzeptionell unterscheiden, kann nicht von einer geschlossenen Theorie gesprochen werden. Kritik erfahren die Ansätze in dreierlei Hinsicht (Walgenbach, 2006, S. 389–400): Zunächst wird die Ausblendung von Interessen, Akteuren, strategischen Handlungen und Macht in frühen Veröffentlichungen kritisiert. Auch wird beanstandet, dass institutioneller Wandel sowie (De-)Institutionalisierungsprozesse nicht innerhalb des Argumentationsgefüges dieser Theorie erklärt werden können. Schließlich wird angemerkt, dass die beobachtbare Heterogenität in und zwischen organisationalen Feldern unerklärt bleibt.

Weiterentwicklungen könnten im Versuch liegen, die verschiedenen institutionensoziologischen Ansätze in einem gemeinsamen Modell zu harmonisieren oder in der Verknüpfung mit anderen Organisationstheorien, etwa mit dem populationsökologischen Ansatz (Wilkens et al., 2003, S. 238–239).

3.3 Organisationstypologien

Wie auch immer konstruiert, stellen Typologien grobe Vereinfachungen und lediglich Hilfsmittel zur Annäherung an komplexe Sachverhalte dar: hier an Organisationen. Auch ist es Kritikern zufolge nur begrenzt zielführend, die ganze Organisationswelt auf wenige Typen zu reduzieren (Steinmann & Schreyögg, 2005, S. 722). Wenn jedoch das Ergebnis einer Organisationsdiagnostik darauf schließen ließe, dass eine Organisation eher einem gewissen Typ entspricht, könnten – wie im Fall der vorliegenden Arbeit angestrebt – wertvolle Hinweise darauf gewonnen werden, welche BGF-Variante(n) für welchen Organisationstyp gewählt werden sollten. Aus diesem Grund werden nun, anschließend an einen Überblick über Organisationstypologien, ausgewählte Typologien beschrieben.

3.3.1 Organisationstypologien im Überblick

"Eine Organisation ist wie *einige* [Hervorhebung v. Verf.] andere Organisationen" (S. 53) behauptet Wilson (1954; zitiert nach Scott, 1986) im Gegensatz zu den meisten Organisationsforschern, die Organisationen allgemein über Elemente, die alle Organisationen miteinander gemeinsam haben, definieren. Walter-Busch (1996, S. 14) schließt sich der Sichtweise Wilsons an und argumentiert, dass für Organisationen – genauso wie für Personen – Identitätsfragen danach, wie sie wurden, was sie jetzt sind und was sie eigentlich sein möchten, von großer Bedeutung sind. Im Gegensatz zu Begriffen, die die Persönlichkeit eines Menschen beschreiben, ist das Vokabular zur Beschreibung von Organisationen stark eingeschränkt. Dennoch ist es Organisationstheoretikern gelungen, Begriffe zu (er)finden, die hervorstechende Eigenarten einer Organisation beschreiben – deren Strukturen, Instrumente und Ressourcen, „Intelligenz" und vielleicht sogar deren „Seele". In diesem Zusammenhang entwickelten Organisationsforscher insbesondere im Laufe der 1960er Jahre eine Reihe von Typologien. Eine Auswahl dieser Typologien klassifiziert Scott (1986, S. 54–55) nach dem Organisationselement, das die Basis der jeweils getroffenen Unterscheidungen bildet. Der Gliederung dieses Autors (ebd., S. 55) folgend, gibt Tabelle 6 einen Überblick über eine Reihe von bekannten – und weniger bekannten – Typologien, die Wissenschaftler entwickelten, um Ordnung in die Vielfalt von Organisationen zu bringen.

Tabelle 6   Organisationstypologien im Überblick (Scott, 1986, S. 55)

Organisations-element	Organisationstypologie	Schlüsselvariable
Ziele	SIC-System	industrielle Sektoren (funktionale Kategorien)
	Parsons AGIL-Schema	gesellschaftliche Funktion
Sozialstruktur	Webers Herrschaftstypen	Ideologien zur Legitimierung der Machtstruktur
	Gouldners Normentypologie	Identität von Gruppen als Normenträger
	Marx' Bürokratientypologie	Anstellungskriterien in Bürokratien
	Duvergers Typologie der politischen Parteien	Parteistruktur
	Pughs empirische Strukturtypologie	wichtige strukturelle Faktoren
Technologie	Woodwards Kategorien industrieller Technologie	Komplexität
	Perrows Technologietypen	technische Unsicherheit
	Thompsons Technologietypen	Variabilität von Input und Output
Beteiligte	Lefton-Rosengrens Klienten-Dimensionen	Zeit-Raum-Beziehung der Klienten zur Organisation
	Etzionis Willfährigkeitskategorien	Engagement von Beteiligten auf der unteren Ebene
	Blau-Scotts „cui bono"	Selbstnutzen

	Mintzbergs „Fives"	Konfigurationen der Merkmale von Organisationen
	Markttypen	Grad der Marktkonzentration
Umwelt	Warrens Typologie der Organisationsfelder	Miteinbegriffen sein von Entscheidungsstrukturen
	McKelveys Evolutionsschema	dominantes Umwelt-/Technik-System

„Die Organisationsforschung quillt über von Typologien" (Scott, 1986, S. 56). Ein wesentlicher Grund für ihre Vielzahl ist, dass Organisationen komplex sind und unterschiedliche Merkmale aufweisen, die jeweils als Basis ihrer Unterscheidung voneinander dienen können. Wie in Tabelle gezeigt wird, konzentrieren sich einige Typologien auf die Ziele von Organisationen, andere auf ihre Sozialstruktur, wieder andere auf die verwendete Technologie, die Beteiligten oder die Umwelt. Im Folgenden werden drei Organisationstypologien beschrieben, auf die in der Literatur immer wieder verwiesen wird (Kieser & Ebers, 2006; Scott, 1986; Walter-Busch, 1996). Zum einen, um die Vielfalt von Organisationen sichtbar zu machen und zum anderen, um einige wichtige Dimensionen, die für die Erklärung dieser Varietät von Bedeutung sind, ins Blickfeld zu rücken. Auch eine weniger bekannte Typologie von Kotthoff und Reindl (1990) soll hier vorgestellt werden. In Bezug auf die jeweilige Sozialform, anhand derer sich die Typen unterscheiden, wurde bereits eine Einschätzung der Chancen und Risiken für BGF vorgenommen (Meggeneder, 2004, S. 81–83).

3.3.2 Etzionis Willfährigkeitskategorien

Etzioni (z.B. 1961) klassifiziert Organisationen nach der Art der sie charakterisierenden Willfährigkeitsbeziehungen (compliance relations), also der verschiedenen Formen von Sanktionen, die für Ein- und Unterordnung sorgen (Walter-Busch, 1996, S. 15).

Seine Typologie befasst sich mit folgenden Fragen (Scott, 1986, S. 72): Welche Art von *Macht* wird eingesetzt, um die Beteiligten zur Willfährigkeit zu veranlassen? Welche Art von *Engagement* zeigen die Mitglieder für ihre Organisation?

Wie in Tabelle 7 dargestellt, ergibt die Kreuzklassifikation dieser beiden Dimensionen neun logisch mögliche Varianten der Willfährigkeit. Von diesen kommen die Kombinationen 1, 5 und 9 wesentlich häufiger vor als die anderen (ebd., S. 73):

- Die *Zwangsorganisation* (Typ 1) resultiert aus der Verbindung von Macht als Zwang und negativem Engagement und ist insbesondere in Arbeitslagern, Konzentrationslagern, geschlossenen psychiatrischen Anstalten und Gefängnissen anzutreffen.

- *Utilitaristische Organisationen* (Typ 5) gehen aus der Kombination von Macht als Möglichkeit zur Belohnung in Verbindung mit kalkulierendem Engagement hervor. Etzioni ordnet diesem Typ Unternehmen, Verwaltungen, Interessensverbände, Gewerkschaften sowie Militärorganisationen in Friedenszeiten zu.

- Die *normative Organisation* (Typ 9) geht aus der Kombination von normativer Macht und moralischem Engagement hervor und kennzeichnet etwa religiöse Organisationen, ideologische politische Parteien, Krankenhäuser und Schulen.

Tabelle 7   Etzionis Organisationstypologie (Scott, 1986, S. 74)

Art des Engagements Art der Macht	entfremdet	Kalkulierend	Moralisch
Zwang	1 Zwangsorganisation	2	3
Belohnung	4	5 utilitaristische Organisation	6
Normen	7	8	9 normative Organisation

Eine Organisation kann zwar durch mehr als ein einziges Willfährigkeitsmuster bestimmt sein, in der Regel ist es jedoch möglich, die dominante Komponente der Willfährigkeitsstruktur auszumachen. Weiterhin gilt es bei Organisationsanalysen in erster Linie die Willfährigkeitsmodi der Mitglieder auf unteren Ebenen zu betrachten, da mit der Ranghöhe der Organisationsmitglieder in allen Organisationen die normative Unterordnung zunimmt. Auf der Basis des vorherrschenden Typs von Willfährigkeit können vielerlei Prognosen abgegeben werden. So wird etwa prognostiziert, dass die Unterordnung vom Charakter der gesetzten Ziele, dem Typ der organisationalen Elite, dem Modus der Personalrekrutierung, dem Kohäsionsgrad der Peer-Group und dem Charisma einer Person abhängt, das die Organisation insgesamt ausstrahlt. (Scott, 1986, S. 74–75)

Etzionis Organisationstypologie wurde in mehr als 60 empirischen Untersuchungen überprüft. Hall, Haas und Johnson (1967) kamen in ihrer bekannten Validierungsstudie, in der sie die hier beschriebene Typologie mit der nachfolgend beschriebenen Typologie von Blau und Scott verglichen jedoch zum Schluss, dass „the typologies have only a limited application in so far as total organizational analysis is concerned." (S. 137)

3.3.3 Blaus und Scotts „cui bono"

Eine weit verbreitete Typologie, auf der Basis von Beteiligten und Organisationszielen, stammt von Blau und Scott (z.B. 1962). Die Autoren klassifizieren Organisationen nach einem einzigen Kriterium: dem „cui bono" – wer hat etwas davon? Zur Klärung dieser Frage teilen sie die Hauptnutznießer der Organisation in vier Kategorien. Wie in Tabelle 8 dargestellt, werden je nach der Kategorie, die hauptsächlich profitiert, vier Organisationstypen unterschieden (Scott, 1986, S. 70–71):

Tabelle 8   Blau & Scotts Organisationstypologie (Scott, 1986, S. 71)

Hauptnutznießer	Organisationstyp	Beispiele
breite Masse der Mitglieder	Zweckverbände (mutual-benefit associations)	politische Parteien, Gewerkschaften, Vereine, Clubs, Berufsorganisationen
Unternehmer und Leiter	Geschäftsunternehmen (business concerns)	Industriefirmen, Groß- und Einzelhandelsgeschäfte, Dienstleistungsbetriebe
„unmittelbar betroffene Öffentlichkeit"	Dienstleistungsorganisationen (service organizations)	Sozialberatungsstellen, Krankenhäuser, Schulen, psychiatrische Kliniken
„allgemeine Öffentlichkeit"	Gemeinwohl-Organisationen (commonweal organizations)	staatliche Behörden, Militär, Polizei, Feuerwehr, Forschungseinrichtungen,

Blau und Scott (ebd., S. 72) nehmen an, dass jeden der vier Typen spezifische Struktur- und Kulturprobleme kennzeichnen:

- Ein Kernproblem von *Zweckverbänden* liegt den Autoren zufolge darin, dass der Anspruch ihrer Mitglieder auf demokratische Mitbestimmung regelmäßig durch Alleinherrschaftstendenzen der Organisationsspitze unterlaufen wird.
- Das zentrale Problem von *Geschäftsunternehmen* ist hingegen die Notwendigkeit, ihre Effizienz unter kompetitiven Umweltbedingungen zu maximieren.
- *Dienstleistungsorganisationen* haben mit Konflikten zwischen professionell erbrachten Dienstleistungen und Kontrollprozeduren der Verwaltung zu kämpfen.
- Kontrolle von außen durch die „allgemeine Öffentlichkeit" in Form von demokratischen Mechanismen stellt schließlich für *Gemeinwohl-Organisationen* ein bedeutendes Problem dar.

Im Resümee behauptet Scott (1986), dass „die Signifikanz des cui bono-Kriteriums durch die tiefgreifenden Veränderungen und Konflikte, die sich einstellen, wenn eine Klasse von Beteiligten eine andere als Primärnutznießer verdrängt, klar bestätigt wird." (S. 72)

3.3.4 Mintzbergs Strukturtypen

In seiner Strukturtypologie geht Mintzberg (z.B. 1992) von der Annahme aus, dass sich die einzelnen Merkmale von Organisationen zu einheitlichen Gruppen oder „Konfigurationen" zusammenfügen. Er beschreibt Organisationen anhand von fünf Teilen: dem *betrieblichen Kern*, der *strategischen Spitze*, der *Mittellinie*, der *Technostruktur* und dem *Hilfsstab*. Ausgehend von diesen fünf Teilen entwickelt er eine originelle Organisationstypologie, mit der sich Organisationsprobleme sehr gut identifizieren lassen. Sie besteht aus den folgenden Konfigurationen (Kasper et al., 2002, S. 64–75):

- *Einfachstruktur*: Der wichtigste Organisationsteil der Einfachstruktur ist die strategische Spitze. Einfachstrukturen sind insbesondere durch große Flexibilität, hohe Motivation, flache Hierarchien, persönliche Weisung und minimale Formalisierung gekennzeichnet. Einfache Produktionstechnologien, eine einfache und dynamische Umwelt und eine geringe Betriebsgröße begünstigen diesen Typ. Technostruktur und Hilfsstab sind kaum ausgeprägt, die Mittellinie ist – wenn überhaupt vorhanden – meist lediglich funktional differenziert. Wachstum kann die Einfachstruktur in existentielle Krisen bringen. Diese können durch die Einführung von Koordinationsmechanismen – die typischerweise von der Technostruktur erbracht werden – bewältigt werden. (ebd., S. 66)

- *Maschinenbürokratie*: Der dominante Organisationsteil dieses Typs ist die Technostruktur. Charakteristisch sind hochspezialisierte Routineaufgaben, Regeln, Vorschriften und formalisierte Kommunikation, große Einheiten auf der betrieblichen Ebene, Gruppierung von Aufgaben auf funktionaler Basis, relativ zentralisierte Entscheidungsbefugnisse und eine stark ausgebaute administrative Struktur mit einer scharfen Trennung zwischen Linie und Stab. Die hierfür notwendigen Verfahrensvorschriften und Kompetenzverteilungen werden von der Technostruktur entwickelt. Die Koordination erfolgt mithilfe von Standardisierung, hierarchischer Planung und Kontrolle. Die Stärke der Maschinenbürokratie liegt in ihrer Zuverlässigkeit und Stabilität und bedingt gleichzeitig ihre größte Schwäche: Inflexibilität. (ebd., S. 66–68)

- *Profiorganisation*: Der dominante Organisationsteil ist der betriebliche Kern, bestehend aus Experten. Das Wertesystem professioneller Organisationen ist von fachlicher Kompetenz geprägt. Im Vordergrund steht die Aufgabe. Die Aufgabenorientierung schlägt sich auch im vorherrschenden Führungsverständnis nieder, das direktive Führung nur in Bezug auf die professionelle Arbeit, nicht jedoch in Bezug auf Managemententscheidungen erlaubt. Typisch sind eine möglichst genaue Kategorisierung von Aufgaben in Fachbereiche und die Orientierung an fachlicher Qualifikation. Administrative Funktionen werden als Dienstleistung für die Experten betrachtet. Eine einheitliche Organisationsstrategie zu definieren, ist in professionellen Organisationen aufgrund des Autonomiestrebens der Spezialisten schwierig. Profiorganisationen sind vor allem unter komplizierten Umweltbedingungen erfolgreich. Ihre Stärke liegt in ihrer Fähigkeit zu technologischer Innovation. Dynamischen Umweltbedingungen kann sie jedoch nur schwierig begegnen. (Kasper et al., 2002, S. 69–71)

- *Spartenstruktur*: Der wichtigste Teil der Spartenstruktur ist die Mittellinie. Die Aufgabe der strategischen Spitze liegt vor allem in der strategischen Ausrichtung der Sparten auf Produktgruppen oder Märkte, Abgrenzung der Geschäftsfelder und Ausstattung der Sparten mit finanziellen Ressourcen. Innerhalb dieser Rahmenbedingungen sind die Sparten autonom. Charakteristisch ist ein delegativer Führungsstil, da die Sparten ausschließlich über Ergebnisverantwortung gesteuert werden. Weiterhin sind gut ausgebaute Managementinformationssysteme kennzeichnend. Oft werden den Sparten von der strategischen Spitze zentrale Hilfsdienste zur Seite gestellt. Die Dezentralisierung innerhalb der Spartenstruktur setzt sich nicht bis zum betrieblichen Kern fort. Vielmehr entwickeln sich die einzelnen Sparten häufig zu Maschinenbürokratien. Einfache und stabile Umweltbedingungen sind demzufolge auch für Spartenstrukturen förderlich. Zusätzlich ist eine große Produkt- und Marktdiversität günstig. (ebd., S. 72–73)

- *Adhocratie*: Hier ist der dominante Organisationsteil der Hilfsstab. Eine plausible Begründung hierfür fehlt jedoch. Die Hauptmerkmale und zentralen Werte dieser Strukturform sind Spontaneität, Flexibilität und Innovation. Es gibt keine festgelegte, formale Machtverteilung. Die Macht ist ungleichmäßig über die gesamte Organisation auf Experten verteilt. Auch die Kompetenzverteilung ist inexakt und fließend. Gearbeitet wird in kleinen, marktnahen Projektgruppen mit zumeist informeller Kommunikation. Adhocratien entstehen in hochkomplexen Umwelten, in denen viele relevante Segmente dynamisch zusammenwirken. So gut die Adhocratie für Innovationen geeignet ist, so schlecht können gewöhnliche Organisationsprobleme gelöst werden. (ebd., S. 74–75)

3.3.5 Kotthoffs und Reindls Typologie kleiner Betriebe

Kotthoff und Reindl (1990) unterscheiden in ihrer organisationssoziologischen Organisationstypologie sieben Typen kleiner Betriebe aufgrund ihrer jeweiligen Sozialform:

- *Pragmatische Produktionsgemeinschaften* – „Jeder gibt sein Bestes. Der Chef geht mit gutem Beispiel voran." (ebd., S. 82): Der Betrieb ist das Lebenswerk der Führungsperson und entspricht ihrem ökonomischen Lebensstil, welcher durch Engagement und Fleiß geprägt ist. In diesen vorwiegend sehr kleinen Betrieben werden innovative Produktionsmethoden und -technologien angewendet. Die Mitarbeiter und die Führungsperson arbeiten sehr eng und weitgehend hierarchiefrei zusammen. Der Führungsstil ist pragmatisch, die Arbeitsorganisation unkonventionell, jedoch effektiv gestaltet. Da der Inhaber gleichzeitig die Führungsperson ist, bleiben Macht- und Statuskämpfe aus.

- *Imperien und Patriarchate* – „Der Chef will, daß alle nach seiner Pfeife tanzen. Ein Unmensch ist er nicht." (Kotthoff & Reindl, 1990, S. 133): Die dominante Führungsperson bildet den Mittelpunkt dieses Typs. Der Betrieb ist durch eine starke Hierarchisierung geprägt. Die Führungsperson zeigt einen ausgeprägten Herrschaftsanspruch, welcher sich insbesondere in permanenter sozialer Kontrolle der Mitarbeiter äußert, auf deren Subjektivität und Lebenswelt die Führungsperson uneingeschränkt zugreifen will. Obwohl diese betriebliche Sozialform aus Sicht der Arbeits- und Industriesoziologie als rückständig abgewertet wird, sind solche Betriebe wirtschaftlich oft sehr erfolgreich.

- *Wilde Ehen* – „Sie küßten und sie schlugen sich." (ebd., S. 168): Der Führungsperson steht in diesem Organisationstyp ein ebenso einflussreicher Betriebsratsvorsitzender gegenüber, der einen starken Rückhalt in der Belegschaft genießt. Beide buhlen um die Gunst der Mitarbeiter und tragen Konflikte öffentlich aus, was von der Belegschaft mit Interesse verfolgt wird, ohne dabei jedoch Partei zu ergreifen. Einmal setzt sich diese, einmal jene Seite durch. Manchmal – jedoch eher selten – kommt es zu Kompromissen. Bei Krisen oder Angriffen von Dritten bilden die beiden sonst Konkurrierenden eine Einheit.

- *Integrative Bürgergesellschaften* – „Der Chef ist distanziert, aber nicht ichbezogen. Er liebt die Sachlichkeit und vor allem hat er Manieren." (ebd., S. 187): Die Persönlichkeit der Führungsperson – welche Manager im eigenen Betrieb ist – tritt bei diesem Typ hinter die Sache zurück. Die Führungsperson hat ihre Rolle systematisch erlernt, Unternehmertum ist Beruf und nicht Berufung. Die Führungsperson hält Distanz, zeigt aber zugleich wohlwollendes Interesse und Aufmerksamkeit für soziale Bedürfnisse der Mitarbeiter. Gemeinsam mit dem Betriebsrat versteht sie sich als „Diener" einer Sache, die durch Verhandlungen und Kompromisse bewältigt werden soll.

- *Waisenhäuser. Oder das verlorene Paradies* – „Wir kriegten oben kein Gehör mehr, wurde alles untergraben." (ebd., S. 227): Die Führungsperson ist Erbe der zweiten oder dritten Generation, sieht sich als Geschäftsführung und ist von der Leistungserstellung stark distanziert. Aus diesem Grund fehlt ihr auch das Verständnis für die Potentiale der Mitarbeiter, was diese als Entwertung ihrer Fertigkeiten erfahren und sich demzufolge als Menschen nicht beachtet fühlen. Die fehlenden Rückkoppelungsprozesse führen zu Gleichgültigkeit und Missachtung der Produktionserfordernisse bei den Mitarbeitern. Der Betrieb zerfällt in zwei getrennte Welten: Leistungserstellung und Administration.

- *Marktgesellschaften* – „Die Unternehmer wollen ihr Geld verdienen und wir wollen unser Geld verdienen. Das ist ein hartes Geschäft. Wir haben zu kämpfen und die haben zu kämpfen." (Kotthoff & Reindl, 1990, S. 262): Bei diesem Typ handelt es sich um eine seltene betriebliche Sozialform, die vorkapitalistischen Manufakturen ähnelt, in denen die Handwerker auf eigene Rechnung arbeiteten und lediglich die Arbeitsstätte, der Ankauf der Arbeitsmaterialien und der Verkauf der Waren für alle gemeinsam organisiert wurde. Selbstausbeutung in Form von Akkordarbeit, die allerdings von den Betroffenen nicht als solche erlebt wird, ist kennzeichnend für diesen Organisationstyp.

- *Seelenlose Arbeitshäuser* – „Er ist nur auf's Geld, auf's Kapital hin." (ebd., S. 286): Die Menschen verschwinden hier hinter ihren Funktionen und Rollen. Der kleine Betrieb wird wie ein Großunternehmen geleitet. Die Mitarbeiter werden als bloßes Zubehör des Leistungserstellungsprozesses angesehen und interessieren nicht als Personen. Nur der leicht manipulierbare Arbeiter, der ohne Engagement, ohne innere Beteiligung und soziale Ansprüche seine vorgeschriebene Arbeit verrichtet, kann sich in diesem Organisationstyp, der sich aus Maschinen, Organisationsregeln und Produktionsfaktoren zusammensetzt, halten.

In diesem Kapitel wurden zunächst Definitionsversuche des Organisationsbegriffs unternommen. Im Anschluss daran wurden bedeutende Organisationstheorien und -typologien beschrieben, mit dem Ziel, diese in den Kapiteln 5 und 6 mit BGF zu verknüpfen.

Das folgende Kapitel ist der Organisationskultur gewidmet. Manche Wissenschaftler betrachten den Kulturansatz als einen der typischen „Trends", die die Unternehmensführung in bestimmten Zyklen durchziehen, andere sehen in ihm „einen Paradigmenwechsel, einen revolutionären Wandel im Denksystem der konventionellen Unternehmensführung" (Hopfenbeck, 2002, S. 775). Es wird angenommen, dass der Kulturansatz in besonderer Weise dazu geeignet sein dürfte, die (Nicht-)Verbreitung von BGF zu erklären, da es einen bedeutenden Unterschied macht, ob das Thema Gesundheit einen organisationalen Wert darstellt oder nicht.

4 Gesundheit als organisationaler Wert

Das Organisationskulturkonzept kann als moderner Ansatz der Organisationstheorie verstanden werden (Degener, 2003; Hopfenbeck, 2002; Lang, Winkler & Weik, 2005; Smircich, 1983). Trotz der bereits in der Human Relations-Bewegung gewonnenen Erkenntnis, dass Gruppen spezifische Werte und Normen entwickeln, blieb der Gedanke, dass auch ganze Organisationen eigene verhaltensbestimmende Wertvorstellungen hervorbringen können, lange Zeit unberücksichtigt. Die Erweiterung organisationstheoretischer Konzepte um kulturelle Aspekte beruht auf der Einsicht, dass es nicht ausreicht, lediglich die beobachtbare Realität in Organisationen zu betrachten, sondern dass auch die dahinterliegenden Werte und Normen berücksichtigt werden müssen, wenn Organisationen realistisch erfasst werden sollen. (Hopfenbeck, 2002, S. 775)

4.1 Organisationskultur – Definitionsversuche

Der Kulturbegriff entstammt der Anthropologie und bezeichnet dort die historisch gewachsenen und komplexen Orientierungsmuster und Symbole einer Volksgruppe. Die Organisations- und Managementforschung überträgt den Begriff auf Organisationen, mit der Idee, dass jede Organisation eine spezifische Kultur entwickelt, indem sie eigene, unverwechselbare Orientierungsmuster und Symbole schafft, die das Verhalten ihrer Mitglieder sowohl nach innen als auch nach außen nachhaltig prägen (Steinmann & Schreyögg, 2005, S. 623). Weder in der Anthropologie noch im organisationalen Kontext existiert eine einheitliche Definition des Kulturbegriffs. Hier soll eine Auswahl an Definitionen angeführt werden:

Einer gängigen, jedoch relativ abstrakten Definition von Schein (2006) zufolge stellt Kultur „die Summe aller gemeinsamen, selbstverständlichen Annahmen, die eine Gruppe in ihrer Geschichte erlernt hat" (S. 44) dar.

Sackmann (2009) definiert Organisationskultur als die „von einer Gruppe gehaltenen grundlegenden Überzeugungen, die deren Wahrnehmung, Denken, Fühlen und Handeln maßgeblich beeinflussen und die insgesamt typisch für die Gruppe sind" (S. 16).

Badura (2008) zufolge vermittelt Kultur „ihren Mitgliedern via Sozialisation und Lernen Grundwerte, Wissen und Fertigkeiten sowie konkrete Regeln zur Problemlösung und Gefühlsregulierung. Gemeinsame Überzeugungen, Werte und Regeln binden Menschen aneinander. Unterschiede in den Überzeugungen, Werten und Regeln bilden Quellen von Konflikten und Feindschaften." (S. 32)

Bevor das Organisationskulturkonzept vorgestellt wird, wird nun der Sozialkapitalansatz beschrieben. Die beiden Forschungslinien Organisationskultur und Sozialkapital weisen Badura (2008, S. 32) zufolge viele Gemeinsamkeiten auf; insbesondere erhebliche Überschneidungen in den verfolgten Fragestellungen und bearbeiteten Gegenständen. Badura, Greiner, Rixgens, Ueberle und Behr (2008) wenden den Sozialkapitalansatz auf den Bereich der „präventiven betrieblichen Gesundheitspolitik" an. Die Organisationskultur stellt eine der drei Kernkomponenten des Sozialkapitalansatzes dar.

4.2   Exkurs: Der Sozialkapitalansatz

Der Sozialkapitalansatz fügt den Konzepten Boden-, Sach- und Humankapital eine auf das Menschensystem bezogene Sichtweise hinzu (Badura, 2008, S. 17). Während Immobilien, Maschinen oder Computer materielle Unternehmenswerte darstellen, deren Identifizierung, Abschätzung und Beeinflussung heute kaum noch Fragen offen lässt, repräsentieren Bildung, Qualifikation, Wissen und spezielle Fähigkeiten – also Humankapital – und Vernetzung der Organisationsmitglieder, gemeinsame Überzeugungen, Werte und Regeln, Vertrauen und Unternehmensbindung – also Sozialkapital – immaterielle Unternehmenswerte, deren Identifizierung, Abschätzung und Beeinflussung auch heute noch viele Fragen offen lässt (Badura et al., 2008, S. 18).

Gemeinsam ist den beiden immateriellen Unternehmenswerten Human- und Sozialkapital, dass sie ohne physische Substanz und nicht monetär sind. Aktuell wird das Humankapital intensiv diskutiert (z.B. Dürr, 2007; Keeley, 2007). Auch Gesundheit wird als Teil des Humankapitals betrachtet, spielt jedoch in der organisationswissenschaftlichen Diskussion eine untergeordnete Rolle. Das Sozialkapital einer Organisation ist neben finanziellen Anreizen die wichtigste treibende Kraft zur Mobilisierung des Humankapitals. Eigene Wachstums- und Entwicklungsmöglichkeiten, intrinsische Motivation, vertrauensvolle Teamarbeit, gute Beziehungen zu direkten Vorgesetzten, emotionale Bindungen an Kollegen, Aufgaben, Organisation, Produkte und Dienstleistungen zeugen von hohem organisationalen Sozialkapital und fördern Kreativität, Leidenschaft und Loyalität. (Badura et al., 2008, S. 19–20)

Im Sinne des Kapitalbegriffs ist Sozialkapital „eine Ressource, deren Einsatz ertragreich ist" (Fuchs, 2009, S. 24). Im ökonomischen Sinn sind die Kosten der Herstellung und Aufrechterhaltung sozialer Bindungen dem Ertrag der sozialen Beziehungen gegenüberzustellen. Sozialkapital ist demnach „der ökonomische Wert, den aktive Beziehungen für die einzelnen Akteure stiften" (Fuchs, 2009, S. 24).

Die vielzitierte Definition eines bedeutenden Vertreters des Sozialkapitalansatzes und eine Definition, die die Relevanz des Sozialkapitals für Gesundheit und Arbeitsleistung hervorhebt, werden nun angeführt:

> Social capital is defined by its function. It is not a single entity, but a variety of different entities, with two elements in common: they all consist of some aspect of social structures, and they facilitate certain actions of actors ... within the structure. Like other forms of capital, social capital is productive, making possible the achievement of certain ends that in its absence would not be possible. ... Unlike other forms of capital, social capital inheres in the structure of relations between actors and among actors. It is not lodged either in the actors themselves or in physical implements of production. (Coleman, 1988, S. 98)

> Sozialkapital ist unsichtbar und nicht monetär, für die Funktionsfähigkeit einer Organisation gleichwohl unverzichtbar. Sozialkapital fördert Gesundheit und Arbeitsleistung. Organisationen, die reich sind an Sozialkapital, sind mitarbeiterorientiert, erfolgreich und deshalb attraktiv als Arbeitgeber. Organisationen, die arm sind an Sozialkapital, bleiben weit unter ihren Möglichkeiten und neigen zum gesundheitlichen Verschleiß ihrer Mitglieder. (Badura, 2008, S. 19)

Nach den Kernannahmen des Sozialkapitalansatzes beeinflusst das psychische Befinden eines Menschen sein Beziehungs- und Arbeitsverhalten sowie seine Lebensqualität und -dauer erheblich. Für das psychische Befinden ist das Sozialkapital neben Bildung und Kontrollspielraum von großer Bedeutung. (ebd., S. 21)

> Aus den beiden Kernannahmen leitet Badura (2008) die folgende These ab:
> Kooperatives und zur Verfolgung gemeinsamer Ziele koordiniertes Handeln erfordert mehr als fachliche Kompetenz, Wissen und hoch entwickelte Technik. Es erfordert Vernetzung der Organisationsmitglieder untereinander, mit ihren Kunden und Lieferanten. Es erfordert einen Vorrat an gemeinsam akzeptierten Überzeugungen, Werten und Regeln und als wichtigste Konsequenz, Vertrauen unter den Mitarbeitern und starke Unternehmensbindung – mit anderen Worten: Sozialkapital. (S. 17–18)

Mit dem sogenannten Organisationsmodell soll die These begründet werden, dass Gesundheit Arbeit fördert. (Badura et al., 2008, S. 31) Die folgenden drei Komponenten organisationalen Sozialkapitals werden unterschieden.

4.2.1 Netzwerkkapital

Soziale Netzwerke und ihre Einflüsse auf das Befinden der Menschen werden in den Gesundheitswissenschaften seit mehreren Jahrzehnten erforscht (Badura, 2008, S. 23). Das Netzwerkkapital beschreibt im organisationalen Kontext das Betriebsklima. Es hat zwei positive Effekte: Zunächst hilft es, die Produktivität zu steigern, indem es Prozesse ermöglicht, verbessert und beschleunigt. Auch wirkt es salutogen. Private wie berufliche soziale Beziehungen, die als vertrauensvoll und unterstützend erlebt werden, wirken positiv auf die Lebensqualität, das Gesundheitsverhalten und die Lebensdauer eines Menschen ein. Entscheidend ist hierbei die Qualität der sozialen Beziehungen, die das Ausmaß des Zusammenhalts der jeweiligen Gruppenmitglieder, die Güte der Kommunikation unter ihnen und das Ausmaß der gegenseitigen Hilfeleistung abbildet. (Badura et al., 2008, S. 33) Zentrale Indikatoren für die Güte des Netzwerkkapitals einer Organisation werden in Tabelle 9 angeführt.

Tabelle 9   Komponenten organisationalen Sozialkapitals (Badura et al., 2008, S. 33)

Sozialkapital von Organisationen		
Netzwerkkapital	*Führungskapital*	*Überzeugungs- und Wertekapital*
Zusammenhalt im Team	Mitarbeiterorientierung	Gemeinsame Normen und Werte
Kommunikation	Kommunikation	Gelebte Kultur
Sozialer „Fit"	Fairness und Gerechtigkeit	Konfliktkultur
Soziale Unterstützung	Vertrauen	Zusammenhalt im Betrieb
Vertrauen	Akzeptanz der Vorgesetzten	Gerechtigkeit
	Soziale Kontrolle	Wertschätzung
	Machtorientierung	Vertrauen

Aber nicht jedes soziale Netzwerk ist moralisch vertretbar und dient der Mitarbeitergesundheit und dem Unternehmenserfolg. Soziale Netzwerke können Menschen auch ausbeuten, krank machen und Organisationen schaden. Wie mit anderen Unternehmenswerten kann mit Sozialkapital Missbrauch betrieben werden. Geheimgesellschaften, kriminelle Vereinigungen oder Terrornetzwerke sind gut vernetzt, ihre gemeinsamen Überzeugungen und Ziele sind jedoch moralisch nicht vertretbar. (ebd., S. 135)

4.2.2 Führungskapital

In der Führungskomponente organisationalen Sozialkapitals steht der direkte Vorgesetzte im Zentrum der Betrachtung. Führung beeinflusst die Mitarbeitergesundheit zum einen durch ihren Einfluss auf Ziele, Strukturen und Prozesse und zum anderen durch das Entscheidungs- und Kommunikationsverhalten der Führungskräfte. (ebd., S. 34) Die Förderung von Sozialkapital stellt Badura (2008, S. 37) zufolge eine zentrale Aufgabe der Führungskräfte dar. Gesundheitsorientierte Führung ist ein zentrales Ziel auf dem Weg in Richtung einer „gesunden Organisation" (s. Tabelle 9).

Der zunehmenden Verbreitung des Sozialkapitalansatzes liegt ein Strukturwandel der Wirtschaft in Richtung Selbstorganisation und informeller Kooperation zugrunde. Für Führungskräfte ist mit diesem Strukturwandel ein Wandel in ihrem Selbstverständnis, den geforderten Qualifikationen und Aufgaben verbunden. Die Notwendigkeit zur Mitarbeiterorientierung steigt. Vertikale Beziehungen zwischen Führungskräften und Mitarbeitern, die durch Unterstützung und Anerkennung geprägt sind, gewinnen an Bedeutung. Zwischenmenschliche Fähigkeiten und Leistungen werden wichtiger. Selbstkontrolle und Empathie gelten als die beiden wesentlichen Voraussetzungen für salutogene Führung. Auch für die Mitarbeiter ergeben sich durch die Notwendigkeit verstärkter horizontaler Koordination neue Anforderungen und Qualifikationserfordernisse. Informelle Selbstregulierung im Team setzt etwa ein hohes Maß an gemeinsam akzeptierten und/oder internalisierten Überzeugungen, Werten und Zielen sowie ein hohes Maß an Vertrauen voraus. (Badura, 2008, S. 35–36) Zentrale Indikatoren für die Güte des Führungskapitals werden in Tabelle 9 angeführt.

Soziale Konflikte kommen auf allen Hierarchieebenen vor; zwischen formal Gleichgestellten, aber auch zwischen Führungskräften und Mitarbeitern. Der Einfluss der Hierarchie einerseits und des Sozialkapitals andererseits variiert unabhängig voneinander. In Organisationen oder Abteilungen mit hohem Sozialkapital und flacher Hierarchie sollten nach den Annahmen Baduras (ebd., S. 36) nur wenige Organisationspathologien (z.B. Mobbing, Burnout, innere Kündigung) beobachtbar sein und es sollten positive Auswirkungen auf Gesundheit und Arbeitsleistung überwiegen, während in Organisationen oder Abteilungen mit niedrigem Sozialkapital und steiler Hierarchie dementsprechend das Gegenteil der Fall sein müsste.

4.2.3 Überzeugungs- und Wertekapital

Neben dem Netzwerk- und dem Führungskapital stellt das Überzeugungs- und Wertekapital die dritte Komponente organisationalen Sozialkapitals dar. Die Organisationskultur, um die es in dieser Sozialkapitalkomponente geht, prägt das Führungsverhalten und die Mitarbeiter. Umgekehrt wird sie von diesen geprägt. Sie beeinflusst Entscheidungen und Prozesse, den Grad der Mitarbeiterorientierung und auch den Stellenwert der Mitarbeitergesundheit in Organisationen. (ebd., S. 31) Gemeinsame Werte, Überzeugungen und Regeln bilden das Kernstück der Organisationskultur. Sie erleichtern es, die Arbeit als sinnhaft, verstehbar und beeinflussbar zu erleben. Sie fördern Vertrauen und erleichtern die Zusammenarbeit, binden Menschen aneinander und an die Organisation. Auch machen sie das Verhalten einzelner Organisationsmitglieder sowie jenes der gesamten Organisation besser vorhersehbar, indem sie den Aufwand an Koordination und Kontrolle durch die Verpflichtung auf gemeinsame Ziele und verbindliche Verhaltensstandards reduzieren. (Badura et al., 2008, S. 36) In Kombination mit der internen sozialen Vernetzung der Organisationsmitglieder sind sie „das wichtigste ‚Binde- und Schmiermittel' jeder Organisation, das Stress vermeiden hilft und gegenseitige Unterstützung und Teamgeist fördert" (Badura, 2008, S. 31).

Die Höhe des Sozialkapitals einer Organisation wirkt sich maßgeblich darauf aus, wie mit Problemen umgegangen wird. Die Konfliktkultur ist ein wichtiger Indikator für eine mitarbeiterorientierte Organisationskultur. Neben der Konfliktkultur stellen die in Tabelle 9 angeführten Punkte zentrale Indikatoren für die Güte des Überzeugungs- und Wertekapitals einer Organisation dar.

Trotz steigender Beliebtheit erfährt der Sozialkapitalansatz auch massive Kritik (ebd., S. 18–19): Immer wieder wird auf seine mangelhafte definitorische Klarheit und Messbarkeit hingewiesen. Auch wird der Kapitalbegriff im Zusammenhang mit sozialen Netzwerken kritisiert, da soziale Netzwerke Kritikern zufolge zwar positive ökonomische Auswirkungen haben, jedoch aus nichtökonomischen Motiven entstehen und gepflegt werden und somit das Prädikat „Kapital" nicht verdienen. Oft wird die – im Vergleich zu Geld oder Sachkapital – mangelhafte Instrumentalisierbarkeit sozialer Beziehungen und Interaktionen hervorgehoben. Schließlich sehen Kritiker im Sozialkapitalansatz „ein Trojanisches Pferd des Neoliberalismus zum Zweck der ‚Kolonisierung' gesellschaftlicher Problemstellungen durch ökonomisches Denken" (Badura, 2008, S. 19).

4.3 Das Organisationskulturkonzept

Die Beziehung zwischen Kultur und Management rückte in den 1980er Jahren immer deutlicher ins Bewusstsein von Organisationstheoretikern und Managern. Insbesondere aus folgenden Gründen (Hopfenbeck, 2002, S. 774):

- Organisationsforscher waren auf der Suche nach den Erfolgsfaktoren für den Aufstieg Japans zur führenden Industrienation.
- Diskussionen über einen Wertewandel und damit einhergehende Sinn- und Orientierungsdefizite kamen auf.
- An der prinzipiellen Plan- und Kontrollierbarkeit von Organisationsprozessen, der totalen System- und Komplexitätsbeherrschung und der Überbetonung rationaler Führungstechniken und -instrumente kamen Zweifel auf.

Durch die drei legendären Erfolgsfaktorstudien von Ouchi (z.B. 1981), Peters und Waterman (z.B. 1982) und Deal und Kennedy (z.B. 2000) erfuhr der Organisationskulturansatz erhebliche Beachtung. Seine Wurzeln liegen in verschiedenen sozialwissenschaftlichen Disziplinen. Die Kernüberlegungen des Organisationskulturansatzes sind in der Human Relations-Bewegung, der Theorie Y und der OE angelegt (Lang et al., 2005, S. 225).

4.3.1 Konzeptualisierungen von Organisationskultur

Da selbst in der Anthropologie bis heute keine einheitliche Definition von Kultur vorliegt, ist es wenig verwunderlich, dass die Vielfalt an Kulturkonzepten auch bei der Übertragung auf den Management- und Organisationsbereich bestehen blieb. Smircich (1983, S. 342) identifizierte folgende fünf Themen in der Organisations- und Managementforschung, die sich auf verschiedene anthropologische Kulturkonzepte beziehen: Comparative Management, Corporate Culture, Organizational Cognition, Organizational Symbolism und Unconscious Processes and Organization.

Die verschiedenen Ansätze ergeben sich aufgrund der vielfältigen Möglichkeiten, „Kultur" und „Organisation" zu fassen. Sämtliche Ansätze – und insbesondere deren Integration – zeigen jedoch, dass die Organisationskultur für die Organisationsforschung fruchtbar ist.

Zum besseren Verständnis der Vielfalt an Kulturkonzepten werden nun drei Konzeptualisierungen vorgestellt.[1]

4.3.1.1 Perspektiven von Kultur

Die erste Konzeptualisierung unterscheidet drei Perspektiven von Kultur (Sackmann, 2007, S. 23–24):

- Im Rahmen der *funktionalistisch/rational-mechanischen Perspektive* stellt die Kultur eine organisationale Variable dar, die durch das Management gezielt manipulierbar ist.
- Der *interpretativen Perspektive* liegt eine Metapher zum Verständnis des Lebens in Organisationen zugrunde. Organisationale Wirklichkeit wird dieser Perspektive nach gesellschaftlich und symbolisch konstruiert.
- Die *pluralistische Perspektive* begreift Kultur als dynamisches Konstrukt. Organisationale Wirklichkeit wird sozial konstruiert, Organisationen erschaffen Kultur und insbesondere kulturelle Artefakte.

4.3.1.2 Beschaffenheit von Kultur

Die zweite Konzeptualisierung behandelt die Beschaffenheit von Kultur und zeigt die Art und Weise auf, in der sich Wissenschaftler ihr nähern. Die eben beschriebenen Perspektiven beeinflussen deren Einstellungen über die Beschaffenheit von Kultur. (ebd., S. 22–23):

---

[1] Andere Systematisierungsversuche – wie etwa jener von Schmidt (2008, S. 27–39) – sind für die Fragestellung dieser Arbeit weniger dienlich. Wird das Organisationskulturkonstrukt doch oft so weit untergliedert, dass Verknüpfungsbestrebungen mit BGF nicht sinnvoll und in weiten Bereichen auch nicht praktikabel wären.

- Zu Beginn der Organisationskulturforschung wurden Organisationen als Träger einer einzigen, einzigartigen und einheitlichen Kultur betrachtet. Fokussiert wurde die Führungspersönlichkeit. Kultur wurde als „Klebstoff" betrachtet, der die ganze Organisation durchdringt und zusammenhält.
- Organisationsforscher bemerkten jedoch sehr bald, dass die Organisationskultur weniger homogen ist, als bislang angenommen. Subkulturen (z.b. Abteilungen, Berufsgruppen) rückten ins Interesse der Forscher.
- Später wurde erkannt, dass Organisationskulturen komplexer sind, als bislang angenommen. Organisationskultur kann diesem Ansatz nach gleichzeitig hinsichtlich gewisser Aspekte einheitlich und dennoch in Subkulturen differenziert beziehungsweise fragmentiert sein.

4.3.1.3 Ebenen von Kultur

Die dritte Konzeptualisierung beruht auf den Kulturebenen von Schein (2006, S. 31–36): der Ebene der Artefakte, der Ebene der öffentlich propagierten Werte und der Ebene der grundlegenden unausgesprochenen Annahmen.

Unter den Organisationskulturforschern besteht größtenteils Konsens darüber, dass Kultur aus unterschiedlichen Ebenen besteht und sich aus mehreren Bestandteilen zusammensetzt. Begreifen doch die meisten Forscher Organisationskultur als komplexes Ganzes. In ihre Kulturdefinitionen beziehen sie zumeist also mehrere Elemente ein; wenn auch nicht dieselben. Keine Einigkeit besteht beispielsweise darüber, welches die relevantesten Bestandteile von Organisationskultur sind und demzufolge auch nicht darüber, welche Komponenten eigentlich erfasst werden sollten. (Sackmann, 2007, S. 25–26)

So halten manche Organisationskulturforscher Werte für den zentralen Bestandteil einer Kultur. Andere betrachten die grundlegenden unausgesprochenen Annahmen, soziale Konstruktionen der organisationalen Wirklichkeit gemeinsam gehaltener Überzeugungen und dergleichen als den zentralen Bestandteil. Wieder andere halten die symbolischen Bedeutungen von Artefakten für die zentralsten Komponenten der Organisationskultur. (ebd., S. 27)

4.3.2 Ansätze der Organisationskultur

In den verschiedenen Ansätzen der Organisationskultur finden sich die unterschiedlichen Konzeptualisierungen notwendigerweise wieder. Einige Autoren gehen davon aus, dass eine Organisation eine Kultur hat („Hat-Kulturansatz"). Andere sehen die Organisation insgesamt als Kultur an („Ist-Kulturansatz"). Steinmann und Schreyögg (2005, S. 623–624) unterscheiden in diesem Zusammenhang zwei Schulen:

- Der *funktionalistische Ansatz* fragt nach dem Systembeitrag der Organisations-kultur. Er geht davon aus, dass Systeme eine Kultur entwickeln, um bestimmte Probleme zu lösen. Die Organisationskultur wird in diesem Ansatz nach ihrem potentiellen und faktischen Funktionsbeitrag zum Systemerhalt analysiert.

- Der *symbolische Ansatz* begreift Organisationskulturen hingegen als Weltbilder, als Konstruktionen, um die Welt verstehen zu können. Organisationskulturen werden als selbst geschaffene Sinngemeinschaften verstanden, die dabei helfen, Orientierung zu gewinnen. Dieser Ansatz begreift die Kultur als Fundament or-ganisatorischen Handelns und ist somit weitergreifender als der funktionalisti-sche Ansatz.

Unabhängig von den Unterschieden der beiden Ansätze lassen sich einige Kernelemen-te zusammenfassen, die heute allgemein mit dem Begriff der Organisationskultur ver-bunden werden (Steinmann & Schreyögg, 2005, S. 624–625):

- Organisationskultur ist ein implizites Phänomen. Sie hat keine physische Exis-tenz, die sich direkt beobachten ließe.
- Organisationskultur wird gelebt. Ihre Orientierungsmuster sind selbstverständli-che Annahmen, die dem täglichen Handeln zugrunde liegen.
- Organisationskultur ist ein kollektives Phänomen. Sie bezieht sich auf gemein-same Orientierungen, Werte et cetera und vereinheitlicht organisationales Han-deln bis zu einem gewissen Grad.
- Organisationskultur hat immer eine Entwicklungsgeschichte. Sie ist das Ergeb-nis eines Lernprozesses im Umgang mit Problemen aus der Umwelt und der in-ternen Koordination.
- Organisationskultur repräsentiert die „konzeptionelle Welt" der Organisations-mitglieder, indem sie in einer komplexen Welt Sinn und Orientierung stiftet.
- Organisationskultur wird selten bewusst gelernt. Vielmehr wird sie in einem So-zialisationsprozess vermittelt.

Die bedeutendsten theoretischen Ansätze und Positionen innerhalb der Organisations-kulturdiskussion werden nun vorgestellt. Der wohl berühmteste Kulturansatz ist jener von Schein (z.B. 2006), welcher ausführlicher beschrieben wird, bevor im Anschluss daran weitere Betrachtungsmöglichkeiten der Organisationskultur skizziert werden.

4.3.2.1 Organisationskultur als System von Basisannahmen

Kultur besteht Schein (2006) zufolge aus „...den gemeinsamen unausgesprochenen Annahmen, die eine Gruppe von Menschen bei der Bewältigung externer Aufgaben und beim Umgang mit internen Beziehungen erlernt hat" (S. 173). Seiner Überzeu-gung nach setzt sich die Kultur einer Organisation aus mehreren Ebenen zusammen –

aus sichtbaren, aber auch aus unausgesprochenen und unsichtbaren. Sie manifestiert sich zwar in offenem Verhalten, Ritualen, Artefakten, Atmosphäre und propagierten Werten, ihre Wurzeln liegen jedoch in den grundlegenden unausgesprochenen Annahmen. Um die Kultur einer Organisation verstehen zu können, ist es nötig, in einem Interpretationsprozess – ausgehend von den Oberflächenphänomenen – sukzessive den kulturellen Kern zu erschließen. (Steinmann & Schreyögg, 2005, S. 625) Das Ebenenmodell wird nun vorgestellt (Schein, 2006, S. 32–36):

- Auf der *Ebene der Artefakte* ist Kultur sichtbar. Sie zeigt sich in Form von Organisationsstrukturen und -prozessen und umfasst physische Manifestationen (z.B. Design, Logo, Gebäude, Kleidung, materielle Objekte), Verhaltensweisen (z.B. Kommunikationsmuster, Zeremonien, Rituale, Traditionen, Bräuche, Belohnung, Bestrafung) und sprachliche Manifestationen (z.B. Geschichten, Witze, Firmenjargon, Spitznamen, Mythen, Helden, Metaphern). Die sichtbaren Elemente der Organisationsstruktur können zwar beobachtet werden, warum Organisationsstrukturen und -prozesse jedoch so aufgebaut sind, wie sie sind, kann nicht erklärt werden. Dies führt zur nächsten Ebene.

- Die *Ebene der öffentlich propagierten Werte* umfasst Strategien, Ziele und Philosophien mit hohem Eigenwert für die Organisationsmitglieder (z.B. Autonomie, Mitbestimmung, Stabilität) sowie ungeschriebene Regeln über „richtiges" und „falsches" Verhalten in der Organisation. Doch das offene Verhalten wird von einer tieferen Denk- und Wahrnehmungsebene, den grundlegenden unausgesprochenen Annahmen, gesteuert. Diese können sich mit den öffentlich propagierten Werten decken, müssen es aber nicht.

- Die *Ebene der grundlegenden unausgesprochenen Annahmen* stellt die Quelle der Organisationskultur dar. Diese muss historisch erschlossen werden, da sich die grundlegenden unausgesprochenen Werte, Überzeugungen und Annahmen auf Grundbereiche der sozialen Existenz beziehen, die in jeder Kultur und jeder historischen Entwicklungsperiode einer Organisation zu lösen sind. Hierzu zählen etwa Grundannahmen über die Umwelt, Vorstellungen über Wahrheit und Zeit, Grundannahmen über die Natur des Menschen, über die Natur des menschlichen Handelns und über zwischenmenschliche Beziehungen. Diese Annahmen werden von den Unternehmensgründern und bedeutenden Unternehmensleitern geprägt. Die Grundannahmen bilden ein miteinander verbundenes, jedoch nicht zwingend konsistentes System, das die beiden höheren Ebenen der Organisationskultur durchdringt und prägt.

Neben Annahmen, die die internen Funktionen einer Organisation betreffen, beinhaltet die Organisationskultur auch solche über das Selbstbild der Organisation im Verhältnis zu ihren verschiedenen Umfeldern (ebd., S. 45–68):

- *Überleben im äußeren Umfeld:* Um überleben und wachsen zu können, muss jede Organisation im Rahmen ihrer Mission, Strategie und Ziele, ihrer Struktur, Systeme und Prozesse sowie durch Systeme zur Aufdeckung und Korrektur von Fehlern tragfähige Annahmen darüber entwickeln, was getan werden soll und wie es getan werden soll.

- *Integration des menschlichen Faktors:* Mit den bereits vorgestellten Annahmen, die das Überleben im äußeren Umfeld beeinflussen, interagieren die folgenden kulturellen Annahmen: gemeinsame Sprache und Konzepte, Gruppengrenzen und Identität, Charakter von Autorität und Beziehungen, Zuweisung von Belohnungen und Status.

- *Zugrunde liegende tiefere Annahmen:* Der Umgang von Organisationen mit Fragen des äußeren Überlebens und der inneren Integration basiert auf tieferen Annahmen über das Wesen der Realität, der Zeit, des Raums, der Wahrheit, des Menschen und der menschlichen Beziehungen, die ebenfalls entschlüsselt werden müssen, wenn die Kultur wirklich verstanden werden soll.

4.3.2.2 Organisationskultur als Archetyp

Ähnlich dem Ansatz von Schein (z.B. 2006) werden im Konzept der Organisationskultur als Archetyp die Tiefenstrukturen sowie die grundlegenden und universellen menschlichen Bedürfnisse und Themen Leben und Tod, Umgang mit Zeit, Über- und Unterordnung oder der Sinn des Daseins betont, die dem Ansatz zufolge das Wesen der Kultur ausmachen. Psychoanalytisch analysiert werden vorzugsweise Führungskräfte und entsprechende Archetypen der Führung wie Mutter, Vater, Held, Heilsbringer oder König. Diese prägen nämlich jeweils unterschiedliche Kulturmuster, etwa matriarchalische oder patriarchalische. Neben der psychoanalytischen Konstituierung der Archetypen zeigten vor allem strukturalistische Überlegungen und die Kombination mit Webers Bürokratiemodell ähnliche Ergebnisse wie Schein. In den untersuchten bürokratischen Organisationen wurde ein kohärentes Muster betrachtet, das sich in Einstellungen, Verhaltensweisen, Strukturen und anderen Artefakten äußert, integrierend wirkt, ein hohes Maß an Stabilität aufweist und sich nur langsam wandelt. (Lang et al., 2005, S. 218–219)

4.3.2.3 Organisationskultur als System von Kognitionen

Im Gegensatz zu den beiden vorangegangenen Ansätzen setzt der kognitive Ansatz von Sackmann (z.B. 1991) vor allem bewusste Aspekte wie Wahrnehmung und Wissen in den Mittelpunkt des Kulturkonzeptes. Sackmann beschreibt Kultur als Wechselbeziehung einer strukturellen Komponente – den Kognitionen – und einer Entwicklungskomponente – dem Wissen. (Lang et al., 2005, S. 219) Die strukturelle Seite der Kultur definiert sie als „sets of commonly held cognitions that are *held with some emotional investment* [Hervorhebung v. Verf.] and integrated into a logical system or cognitive map that contains cognitions about *descriptions, operations, prescriptions,* and *causes* [Hervorhebung v. Verf.]. They are *habitually used* [Hervorhebung v. Verf.] and influence perception, thinking, feeling, and acting." (Sackmann, 1991, S. 34) Diese Komponente existiert zu jeder Zeit und ist unabhängig vom jeweiligen Inhalt. Sie muss jedoch um eine Entwicklungskomponente ergänzt werden. „This *developmental* [Hervorhebung v. Verf.] perspective addresses the formation, change, and perpetuation of cultural cognitions over time in the form of cultural knowledge" (Sackmann, 1991, S. 34). Kognitionsmuster sind relativ stabil und sammeln sich in verschiedenen Formen kulturellen Wissens an: in Wörterbuchwissen, Wissen, das die täglichen Handlungen anleitet, in Regelwissen und axiomatischem Wissen. Kulturelle Landkarten bilden die Basis für gegenseitiges Verstehen, Kommunikation und Koordination in sozialen Systemen. Kulturelle Gruppierungen in Organisationen produzieren und reproduzieren die verschiedenen Arten von kulturellem Wissen. (Lang et al., 2005, S. 219–221)

4.3.2.4 Organisationskultur als differenziertes, fragmentiertes, segmentiertes System

Die klassische Einheitsvorstellung der Organisationskultur und insbesondere ihre Annahmen von organisationsweitem Konsens und konsistenten Kulturelementen sowie die Anpassung an Umweltdruck und die starke Führungszentrierung des klassischen Organisationskulturkonzepts werden von Autoren, die die Organisationskultur als differenziertes, fragmentiertes, segmentiertes System betrachten, kritisiert. Sie verwerfen das klassische Konzept jedoch nicht gänzlich, stellen aber alternative Betrachtungsmöglichkeiten der Organisationskultur vor. Alvesson (z.B. 1993) geht etwa von Great Cultures (National- oder Berufskulturen, die in einer Organisation aufeinander treffen), Local Cultures (unterschiedliche Subkulturen, die in einer Organisation aufeinander treffen) und weiteren, zum Teil widersprüchlichen, kulturellen Konfigurationen aus. Martin (z.B. 1992) geht hingegen von Differenzierung und Fragmentierung aus. Differenzierung betont die Wichtigkeit von Subkulturen. Sie zeigt auf, dass kultureller Wandel vor allem auf dieser Ebene und nicht auf jener der Einheitskultur vollzogen wird. Fragmentierung geht von komplexen Beziehungen zwischen kulturellen Elementen aus und stellt die Möglichkeit, in modernen Organisationen überhaupt Konsens erzielen zu können, generell infrage. (Lang et al., 2005, S. 222–224)

Die Ansätze der Organisationskultur erfahren zuweilen erhebliche Kritik. Kritikern zufolge können die verschiedenen Ansätze als neue Form zur Selbstdisziplinierung der Mitarbeiter, genauer gesagt zur sozialen Kontrolle in Organisationen betrachtet werden; sie dienen somit als Kontrollinstrument. Beanstandet werden auch die folgenden Punkte (ebd., S. 224–226):

- Die normative Steuerung und Kontrolle der Arbeit, die alle anderen Werte eliminiert, ist das einzig Neue am Kulturkonzept.

- Verstärkung der Organisationskultur bedeutet die Unterordnung der Werte der Organisationsmitglieder unter jene der Organisation.

- Das Kulturkonzept legitimiert die Kontrolle und Steuerung des Denkens und Fühlens der Organisationsmitglieder durch das Management.

- Das Konzept steuert gezielt sinnstiftende Prozesse.

- Das Kulturkonzept bewirkt die Ausdehnung der „Zweckrationalität" organisationaler Beziehungen auf den emotionalen Bereich; nicht ihre Überwindung.

- Kommunikationsschwierigkeiten, Skeptizismus und Zynismus der Organisationsmitglieder, Distanzierung von den auszuübenden Rollen und ähnliche Phänomene stellen mögliche Folgen der Anwendung dieses Konzepts dar.

- Das Konzept unterläuft schließlich sämtliche Bemühungen, Institutionen und Praktiken, die auf eine Emanzipation der Mitarbeiter gerichtet sind.

Auch werden die Übergänge von kultureller Tiefe hin zum oberflächlichen Ritual, von organisationaler Identität zu simulierter Realität und vom Management der Bedeutungen zur Verführung der Mitarbeiter kritisiert. Rituale, Geschichten oder Metaphern werden von Kritikern als abgekoppelt und isoliert von den kollektiven Bedeutungen, die die Organisationsmitglieder geschaffen haben, betrachtet. So interpretieren etwa verschiedene Teilnehmer dieselbe Besprechung völlig unterschiedlich, ohne dass es festgelegte Interpretationsmuster gibt. Geteilte Annahmen werden zum Ritual, das im Laufe der Zeit durch ästhetisierende und ständige Wiederholung Inhalte ersetzt. In postindustriellen Gesellschaften wird Kritikern zufolge zudem die Identitätsannahme klassischer Kulturkonzepte fragwürdig. Vielmehr werden aktuelle, „modische" Muster und Artefakte (z.B. Exzellenz, Effektivität, Qualität, Flexibilität, Internationalisierung) einfach kopiert. Der dadurch entstehende Identitätsverlust führt zum Versuch, das Verlorene durch Rituale zu simulieren und den Mitgliedern hierdurch wenigstens das Gefühl der Einzigartigkeit ihrer Organisation zu vermitteln. (Lang et al., 2005, S. 226–227)

4.3.3 Dimensionen und Wirkungen der Organisationskultur

Im Rahmen einer übergreifenden Analyse von 16 empirischen Arbeiten zum Zusammenhang von Organisationskultur und Unternehmenserfolg entwickelten Baetge, Schewe, Schulz und Solmecke (2007) ein Instrument, mit welchem der Kern der Organisationskultur, unabhängig von Organisationstypen und -branchen, gemessen werden kann. Trotz der Heterogenität der untersuchten Studien – insbesondere in Bezug auf die Definition des Organisationskulturbegriffs und der verwendeten Organisationskultur-Dimensionen – konnten die Autoren im Rahmen eines umfassenden Literatur-Reviews einen „harten" Kern von Organisationskultur-Dimensionen identifizieren. Folgende Kulturaspekte scheinen diesen „harten" Kern zu bilden (Lang et al., 2005, S. 206–207):

- *Identifikationsaspekte:* Aspekte, die dazu geeignet erscheinen, ein „Wir-Gefühl" zu erzeugen (z.b. Mission, Normen).

- *Integrationsaspekte:* Aspekte, die darauf abzielen, soziale Beziehungen zwischen den Mitarbeitern zu stärken (z.b. Teamarbeit, Mitarbeiterorientierung).

- *Koordinationsaspekte:* Aspekte, die darauf abzielen, arbeitsteilige Prozesse effizient zu steuern (z.b. Planorientierung, Optimierungsstreben).

- *Motivations- und Zufriedenheitsaspekte:* Aspekte, die darauf abzielen, die Befindlichkeit der Mitarbeiter zu beeinflussen (z.b. Mitarbeiterbeteiligung, Fairness).

- *Innovationsaspekte:* Aspekte, die darauf abzielen, die Fähigkeiten mit dem Umgang von Neuerungen zu stärken (z.b. Anpassungsfähigkeit an veränderte Organisationsbedingungen, Innovation).

- *Kundenzufriedenheitsaspekte:* Aspekte, die darauf abzielen, den Auftritt der Organisation oder der Mitarbeiter nach außen hin zu stärken (z.b. Mitarbeiterverhalten, Marktorientierung).

Diese sechs Aspekte sind Bestandteil jeder Organisationskultur. Zu berücksichtigten ist, dass dieser Kultur-Kern nur einen Teil der Kultur einer Organisation darstellt. Eine hohe Ausprägung der Dimensionen des Kultur-Kerns hat einen positiven Einfluss auf den Unternehmenserfolg. So ist etwa die Identifikation der Mitarbeiter mit ihrem Unternehmen für jedes Unternehmen – unabhängig von Branche oder Größe – wünschenswert. Die Integration neuer Mitarbeiter sowie eine koordinierte Aufgabenverteilung ermöglichen reibungslosere Leistungsprozesse. Motivierte und zufriedene Mitarbeiter steigern die Outputmenge und -qualität. Sie sorgen somit für wirtschaftlichen Erfolg. Innovationen sichern die langfristige Existenz jedes Unternehmens und Kundenzufriedenheit bewirkt Kundenbindung und stellt somit letztlich eine Voraussetzung für künftige Einnahmen dar. (Baetge et al., 2007, S. 210–211) Wie die Untersuchung zeigt, wurde der Zusammenhang von Organisationskultur und Unternehmenserfolg in den vergangenen Jahren vor allem in den USA erforscht.

Eine der wenigen Untersuchungen aus dem deutschen Sprachraum, die nicht in diese studienübergreifende Analyse eingeschlossen wurde, wird nun vorgestellt: Hauser, Schubert und Aicher (2007) unternahmen auf der Grundlage einer disproportional nach Größe und Branche geschichteten Zufallsstichprobe in 314 deutschen Unternehmen jeweils eine umfassende Mitarbeiter- und Managementbefragung. In der Studie wird gezeigt, dass eine mitarbeiterorientierte Organisationskultur, die Arbeitsqualität und das damit eng verbundene Engagement der Mitarbeiter ein wesentliches Potenzial für den Erfolg und die Wettbewerbsfähigkeit deutscher Unternehmen aller Größen und Branchen darstellt. Es wird aber auch gezeigt, dass dieses Potenzial, obwohl das grundsätzliche Bewusstsein für die Bedeutung von Arbeitsqualität und Engagement in den meisten Unternehmen vorhanden ist, bislang nicht adäquat genutzt wird – eine Situation, welche die Autoren angesichts des steigenden Innovations-, Wettbewerbs- und Kostendrucks als kritisch betrachten. Gemäß den Studienergebnissen gehen von bestimmten Ausprägungen der Organisationskultur bedeutsame Effekte auf den Unternehmenserfolg aus. (Hauser, 2009, S. 192)

Die in diesem Zusammenhang untersuchten Kulturdimensionen waren Mitarbeiter-, Kunden-, Qualitäts- und Leistungsorientierung, die Stärke der Organisationskultur und Anpassungsfähigkeit. Aus Mitarbeitersicht werden die untersuchten deutschen Unternehmen hinsichtlich ihrer kulturellen Orientierung am deutlichsten durch die Merkmale Kunden- und Leistungsorientierung geprägt. Am kritischsten beurteilen die Mitarbeiter die von ihnen erlebte Fürsorge des Unternehmens sowie insbesondere ihre Partizipationsmöglichkeiten in jeglicher Hinsicht. Im Hinblick auf den finanziellen Unternehmenserfolg zeigt die Studie, dass verschiedene Aspekte der Organisationskultur gemeinsam bis zu 31 Prozent des Erfolgs erklären können und somit einen bedeutenden Einfluss auf diesen haben. Hinsichtlich Krankenstand und Fluktuation werden – wenn auch geringe (5 Prozent) – Zusammenhänge mit Aspekten der Organisationskultur gezeigt. Besonderen Einfluss auf niedrige Krankenstands- und Fluktuationsraten haben der Untersuchung zufolge Kulturaspekte wie fairer Umgang der Mitarbeiter miteinander und ehrliches und ethisches Verhalten der Führungskräfte. (Hauser et al., 2007, S. 24–30)

Organisationskultur bewirkt Sackmann (2004, S. 27–30) zufolge Komplexitätsreduktion, koordiniertes Handeln, Identifikation und Kontinuität. Die Wirkungen von Organisationskultur lassen sich nach Steinmann und Schreyögg (2005, S. 638) besonders gut an sogenannten starken Kulturen illustrieren: Starke Kulturen vermitteln, im Gegensatz zu schwachen, prägnante Orientierungsmuster und werden von vielen Organisationsmitgliedern geteilt, deren Überzeugungen und Verhaltensmuster nicht nur oberflächlich erworben wurden, sondern tief verankert sind. Die Stärke der Kultur einer Organisation spiegelt die Stärke und Klarheit ihres Gründers, die Menge und Intensität der Erfahrungen der Organisationsmitglieder und den Unternehmenserfolg wider (Schein, 2006, S. 174).

Starke Kulturen galten früher als ideal, da sie als Schlüsselfaktor für unternehmerische Spitzenleistungen angesehen wurden. Heute wissen wir, dass sie keineswegs nur positive, sondern zum Teil auch erhebliche negative Wirkungen haben können (Steinmann & Schreyögg, 2005, S. 728–731).

Zu den bedeutendsten positiven Wirkungen starker Kulturen zählen aus Organisations-
perspektive (Steinmann & Schreyögg, 2005, S. 728–729):

- *Handlungsorientierung durch Komplexitätsreduktion:* Starke Organisationskulturen vermitteln dem einzelnen Organisationsmitglied ein klares, verständliches
  und überschaubares Weltbild. Durch Komplexitätsreduktion erbringen sie eine
  weitreichende Orientierungsleistung und schaffen eine klare Basis für das tägliche Handeln. Diese Handlungsorientierungsfunktion ist vor allem in solchen Situationen bedeutsam, in denen formale Regelungen zu kurz greifen würden oder
  gar nicht greifen können.

- *Effiziente Kommunikation:* Durch die einheitlichen Orientierungsmuster der Organisationsmitglieder in Organisationen mit starken Organisationskulturen gestalten sich Abstimmungsprozesse wesentlich einfacher und direkter als dies typischerweise bei formaler Kommunikation der Fall ist.

- *Rasche Entscheidungsfindung:* In starken Kulturen lassen sich auch relativ einfach tragfähige Kompromisse in Entscheidungsprozessen finden, da die Organisationsmitglieder eine einheitliche Sprache sprechen, einem konsistenten Präfe-
  renzsystem folgen und die zentralen Werte der Organisation akzeptieren.

- *Motivation und Teamgeist:* Die Organisationsmitglieder sind aufgrund der orien-
  tierungsstiftenden Kraft der kulturellen Muster und der gemeinsamen Verpflichtung auf die Vision der Organisation zumeist intrinsisch motiviert und zeigen das
  auch nach außen.

Zu den bedeutendsten negativen Wirkungen starker Kulturen zählen aus Organisati-
onsperspektive (ebd., S. 730–731):

- *Tendenz zur Abschließung:* Starke Kulturen mit festen Traditionen und Ritualen
  laufen Gefahr, zu geschlossenen Systemen zu werden. Kritik oder Warnsignale,
  die widersprüchlich zur bestehenden Kultur sind, drohen verdrängt oder überhört
  zu werden.

- *Innovationsbarrieren:* Starke Organisationskulturen sind schwachen solange
  überlegen, solange Ideen umgesetzt werden, die mit der bisherigen Geschäftspo-
  litik im Einklang stehen. Sobald jedoch ein grundsätzlicher Wandel herbeigeführt werden soll, werden stabile und stark verfestigte Kultursysteme zum Problem, da die Sicherheit, die starke Kulturen bieten, in Gefahr gerät; Angst und
  Abwehr sind die Folgen.

- *Fixierung auf traditionelle Erfolgsmuster:* Starke Kulturen schaffen eine enge
  emotionale Bindung an gewachsene Vorgangsweisen und Denkmuster. Neue
  Ideen stoßen somit auf eine argumentativ nur schwer fassbare Bindung an her-
  kömmliche Prozeduren und Vorstellungen.

- *Kollektive Vermeidungshaltung:* Die Umsetzung neuer Ideen setzt Offenheit, Kritikfähigkeit und Unbefangenheit voraus. Aufgrund ihrer emotionalen Bindungen verfügen starke Organisationskulturen jedoch nicht über diese Voraussetzungen. Vielmehr laufen sie Gefahr, sich dem Prozess der Selbstreflexion in einer Art kollektiver Vermeidungshaltung zu versagen und kritische Argumentation auf subtile Weise für illegitim zu erklären.

- *Mangel an Flexibilität:* Die negativen Effekte starker Organisationskulturen bewirken in Summe Starrheit und mangelnde Anpassungsfähigkeit. Starke Kulturen werden aus diesem Grund auch als „unsichtbare Barrieren" für organisationalen Wandel – wie etwa BGF – bezeichnet.

4.3.4 Organisationskultur und Mitarbeitergesundheit

Die Bedeutung der Organisationskultur für den Erfolg von Organisationen ist Gegenstand aktueller Untersuchungen unterschiedlicher Disziplinen (z.B. Baetge et al., 2007; Degener, 2004; Hauser et al., 2007). Auch die Gesundheitswissenschaften greifen die Organisationskulturdiskussion auf (z.B. Badura, Münch & Ritter, 2001; Badura & Hehlmann, 2003; Bertelsmann Stiftung & Hans-Böckler-Stiftung, 2004). Sie beschäftigen sich insbesondere mit der Frage, welche Faktoren BGF-Projekte hemmen oder fördern.

Badura et al. (2001, S. 17) führen vier Motive an, die es nahelegen, Gesundheitsförderung in die Organisationskultur zu integrieren. Die Autoren geben an, dass Gesundheitsförderung durch die Integration in die Organisationskultur zu einem zentralen Anliegen für alle Organisationsmitglieder wird und somit als Instrument moderner kooperativer Unternehmensführung verstanden werden kann. Schließlich findet sich in der Luxemburger Deklaration (ENWHP, 2007) ein expliziter Verweis auf die Bedeutung der Organisationskultur für die Mitarbeitergesundheit. Demnach soll eine Organisationskultur, in welcher Mitarbeiterpartizipation verankert ist, die Organisationsmitglieder zur Übernahme von Verantwortung anregen und hiermit deren Gesundheit fördern. Allerdings muss festgehalten werden, dass all diese Aussagen lediglich Spekulationen darstellen, da es bislang an empirischen Arbeiten zu diesen Punkten fehlt. Zudem wird hier nicht differenziert zwischen der Bedeutung der Organisationskultur für die Verstetigung von BGF-Maßnahmen und der Bedeutung der Organisationskultur für die BGF-Eignung. Es ist folglich nicht geklärt, ob die Kultur bestimmter Organisationen die Einführung von BGF-Projekten unterstützt oder gar behindert.

Die eben beschriebenen negativen Wirkungen starker Kulturen lassen darauf schließen, dass diese Kulturen BGF gegenüber wenig aufgeschlossen und sogar tendenziell hinderlich sein dürften. Neue Organisationsanforderungen erfordern, gewohnte Muster aufzugeben. Hierdurch gerät die Sicherheit, die starke Kulturen bieten, in Gefahr. Angst und Abwehr sind die Folgen. „Häufig wird bei solchen Veränderungsprozessen die potentielle Bremswirkung der unsichtbaren Kraft ‚Unternehmenskultur' nicht erkannt" (Schreyögg, 1996, S. 33). Jedoch können die positiven Wirkungen starker Kulturen per se als gesundheitsförderlich betrachtet werden. Starke Kulturen scheinen Veränderungen gegenüber zwar wenig aufgeschlossen, allerdings schon alleine aufgrund ihrer positiven Wirkungen für die Mitarbeitergesundheit förderlich zu sein. (Goldgruber, 2008, S. 200–201)

Hohe Anforderungen an eigenständiges Denken, Planen und Entscheiden, verbunden mit Möglichkeiten der Kommunikation und Kooperation, großen Tätigkeitsspielräumen und vollständigen Aufgaben werden in der Arbeitspsychologie als wesentliche Merkmale gesundheitsgerechter Arbeitsgestaltung betrachtet (Ulich & Wülser, 2009, S. 77–78).

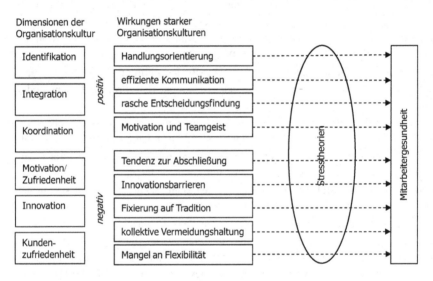

Abbildung 13   Organisationskultur und Mitarbeitergesundheit (Goldgruber, 2008, S. 201)

Aus Abbildung 13 geht hervor, dass verschiedene Dimensionen der Organisationskultur Effekte auf die Wirkungen der Organisationskultur haben und dass diese wiederum die Gesundheit der Organisationsmitglieder beeinflussen; positiv wie negativ.

Der Zusammenhang zwischen den Dimensionen und Wirkungen der Organisationskultur und der Gesundheit der Mitarbeiter kann anhand von Stresstheorien erklärt werden. Diese sind dazu geeignet, die Art dieses Zusammenhangs zu beschreiben. Wirken starke Kulturen etwa positiv auf die Gesundheit der Organisationsmitglieder, weil sie wesentliche Merkmale gesundheitsgerechter Arbeitsgestaltung aufweisen, hohe Entscheidungsspielräume ermöglichen und geringe psychische Belastungen verursachen? Zu berücksichtigen gilt, dass die Organisationskultur maßgeblichen Einfluss darauf hat, ob gesundheitsbezogene Interventionen salutogen oder pathogen wirken, ob etwa eine Erweiterung des Handlungs- und Entscheidungsspielraums gesundheitsförderlich wirkt oder zusätzlich belastet, ob Stressmanagementangebote angenommen oder als Zumutung empfunden werden oder ob ergonomische Veränderungen positiv oder negativ auf die Gesundheit der Organisationsmitglieder wirken. (Goldgruber, 2008, S. 201-202, S. 214)

Der spezifische Zusammenhang zwischen Arbeitsbelastungen und Gesundheit wird u.a. im Demand/Control-Modell (z.B. Karasek, 1979; Karasek & Theorell, 1990) und im Modell beruflicher Gratifikationskrisen (z.B. Siegrist, 1996) untersucht. Ulich und Wülser (2009, S. 89–90) listen eine Vielzahl empirischer Forschungsergebnisse auf, die belegen, dass Gratifikationskrisen für kardiovaskuläre Risiken, einschließlich koronarer Herzkrankheit, prädiktiv sind und in Zusammenhang mit Risiken für psychiatrische Störungen, Depressionen, Alkoholabhängigkeit und muskuloskelettalen Beschwerden stehen.

Aus den Untersuchungen zum Modell beruflicher Gratifikationskrisen lässt sich zusammenfassend ableiten, dass das Verhalten der Führungskräfte für die Mitarbeitergesundheit von entscheidender Bedeutung sein kann (ebd., S. 273). Da ihr Verhalten maßgeblich die Organisationskultur prägt und gleichzeitig von dieser geprägt wird, lassen sich auch hier deutliche Zusammenhänge zeigen.

An dieser Stelle soll exemplarisch eine amerikanische Forschungsarbeit von Peterson und Wilson (2002) vorgestellt werden, die die Rolle der Organisationskultur im Zusammenhang mit Stress am Arbeitsplatz anhand des Culture-Work-Health Models erklären. Im Modell wird angenommen, dass Organisationskultur eine wichtige Komponente von arbeitsbedingtem Stress ist und dass ihre Analyse wirksame Stressinterventionen ermöglicht. Im Gegensatz zu Autoren, die individuelle Stressfaktoren untersuchen, vertreten Peterson und Wilson einen mehrstufigen Ansatz, der neben den individuellen auch kulturelle Faktoren, die arbeitsbedingten Stress bewirken, einschließt.

Zu den zentralen Annahmen des Culture-Work-Health Models zählen die folgenden (ebd., S. 17–23):

- *Organizational Culture:* Dem Culture-Work-Health Model zufolge beeinflusst die Kultur – in Anlehnung an Schein (2006, S. 60–68) – die Wahrnehmung der Organisationsmitglieder, indem sie Annahmen über die Natur des Menschen (verantwortungsbewusst, motiviert und leistungsfähig vs. faul und Arbeit meidend), menschliche Beziehungen (hierarchisches Denken, top-down Entscheidungen vs. Gruppenarbeit, Partizipation) und über Raum und Zeit (offene vs. geschlossene Bürotüren, Überstunden als hohe Einsatzbereitschaft vs. Ineffizienz) festlegt. Sie beeinflusst auch, welche Situationen von den Organisationsmitgliedern als stressend erlebt werden und welche nicht.

- *Management Systems, Structures and Behaviors:* Unterschiedliche kulturelle Annahmen erfordern unterschiedliche Organisationsstrukturen und Verhaltensweisen der Organisationsmitglieder. Diese manifestieren sich im Managementsystem einer Organisation und damit im vorherrschenden Führungsstil, der Mitarbeiterpartizipation fördert oder hemmt.

- *Organizational Health and Employee Health:* Die Organisationskultur hat über das Managementsystem tiefgreifenden Einfluss auf die Gesundheit – nicht nur auf jene der Mitarbeiter, sondern auch auf jene der ganzen Organisation. Peterson und Wilson (2002, S. 22) nehmen an, dass die Mitarbeitergesundheit Auswirkungen auf die Gesundheit der Organisation hat und dass umgekehrt der Gesundheitszustand der Organisation auf ihre Mitglieder ausstrahlt. Die Organisationskultur beeinflusst letztlich beide.

- *Quality of Work Life:* Letztlich beeinflussen sich auch die Organisationskultur, das Managementsystem und die Qualität des Arbeitslebens. Anhaltender Stress einzelner Organisationsmitglieder geht mit niedrigerer Arbeitszufriedenheit einher, was wiederum der Gesundheit der gesamten Organisation schadet und sich in erhöhten Fehlzeiten, vermehrter Fluktuation und gehäuften Krankenständen manifestiert.

Mithilfe dieses Modells können Probleme im Zusammenhang mit der Gesundheit der Organisation *und* der Organisationsmitglieder identifiziert werden. Wandel auf Ebene der Strukturen *und* auf Ebene des individuellen Verhaltens ist möglich. (ebd., S. 23)

Wie die Arbeiten von Badura und Hehlmann (2003), der Bertelsmann Stiftung und der Hans-Böckler-Stiftung (2004) und von Peterson und Wilson (2002) zeigen, wird neuerdings immer häufiger darauf hingewiesen, dass der Umgang mit der Gesundheit von Organisationen und ihren Mitgliedern eine Frage der Organisationskultur sei.

Miles (1975) beschäftigte sich als einer der ersten mit der Gesundheit ganzer Organisationen. Er definiert die *gesunde Organisation* wie folgt: "A healthy organization ... not only survives in its environment, but continues to cope adequately over the long haul, and continuously develops and extends its surviving and coping abilities. ... Continued survival, adequate coping, and growth are taking place." (S. 231)

Anhand der folgenden Dimensionen erklärt er organisationale Gesundheit (ebd., S. 232–235):

- *Angemessene Kommunikation* (communication adequacy): Sowohl horizontale als auch vertikale und externe Kommunikation verläuft in gesunden Organisationen relativ transparent.

- *Zielfokus* (goal focus): In gesunden Organisationen kennen und akzeptieren alle Organisationsmitglieder die organisationalen Ziele.

- *Optimaler Machtausgleich* (optimal power equalization): Einfluss ist in gesunden Organisationen relativ gerecht verteilt.

- *Ressourcennutzung* (resource utilization): Ressourcen werden in gesunden Organisationen effektiv eingesetzt; insbesondere auf die Passung zwischen Rollenanforderungen und Dispositionen der Organisationsmitglieder wird geachtet.

- *Kohäsionskraft* (cohesiveness): Die Mitglieder gesunder Organisationen identifizieren sich mit ihrer Organisation und verfügen über ein Wir-Gefühl.

- *Moral* (morale): Gesunde Organisationen sind durch zufriedene Mitarbeiter gekennzeichnet, da sie bei diesen Gefühle des Wohlbefindens auslösen.

- *Innovativität* (innovativeness): Gesunde Organisationen fokussieren immer wieder neue Ziele, wenden neue Verfahren an, bringen neue Produkte und Dienstleistungen auf den Markt und diversifizieren sich somit.

- *Autonomie* (autonomy): Gesunde Organisationen streben ein hohes Maß an Unabhängigkeit von ihrer Umwelt an.

- *Adaption* (adaption): Gesunden Organisationen gelingt es, ihre Ressourcen veränderten Umweltanforderungen effektiv anzupassen.

- *Angemessene Problembewältigung* (problem-solving adequacy): Gesunde Organisationen ziehen sich nicht vor Problemen zurück, sondern versuchen diese aktiv und der jeweiligen Situation angemessen zu bewältigen.

Miles (1975, S. 247) betont, dass Organisationen nicht erst dann für OE-Projekte – wie etwa BGF – reif sind, wenn sie über einen „optimalen Gesundheitszustand" verfügen, sondern dass organisationale Gesundheit gerade durch geplanten Wandel gefördert werden kann; allerdings ausschließlich unter der Bedingung, dass der aktuelle Zustand der Organisation im Change-Prozess berücksichtigt wird.

Die von Badura und Hehlmann (2003, S. 54) identifizierten Merkmale gesunder und ungesunder Organisationen werden in Tabelle 10 zusammenfassend gegenübergestellt. Sie sind letztlich Ausdruck einer positiven oder negativen Organisationskultur.

Ulich und Wülser (2009, S. 269–273) weisen einschränkend darauf hin, dass die Komponenten der gesunden Organisation nur teilweise empirisch belegt sind. Als empirisch belegt gelten Partizipationsmöglichkeiten und soziale Unterstützung. Für diese wurden deutliche Zusammenhänge zu Krankenständen und Fehlzeiten sowie zu muskuloskelettalen Erkrankungen nachgewiesen. Von besonderer Bedeutung ist die Wertschätzung durch Vorgesetzte. Hier zeigt das Modell der Gratifikationskrisen eindeutige Zusammenhänge zur Entstehung von Herz-Kreislauf-Erkrankungen. Nach Hauser et al. (2007) haben Kulturaspekte, wie fairer Umgang und ehrliches und ethisches Verhalten besonderen Einfluss auf niedrige Krankenstands- und Fluktuationsraten.

Tabelle 10 Gesunde und ungesunde Organisationen (Badura & Hehlmann, 2003, S. 54)

Merkmale	gesunde Organisationen	ungesunde Organisationen
Ausmaß sozialer Ungleichheit (Bildung, Status, Einkommen)	moderat	Hoch
Vorrat an gemeinsamen Überzeugungen, Werten, Regeln (Kultur)	groß	Gering
Identifikation der Mitglieder mit übergeordneten Zielen und Regeln (Wir-Gefühl, Commitment)	stark ausgeprägt	gering ausgeprägt
Vertrauen in die Führung	hoch	Gering
Ausmaß persönlicher Beteiligung an systemischer Willensbildung, Entscheidungsfindung (Partizipation)	hoch	Gering
Vertrauen und Zusammenhalt unter Mitgliedern	hoch	Gering
Umfang sozialer Kontakte jenseits primärer Beziehungen	hoch	Gering
Stabilität, Funktionsfähigkeit primärer Beziehungen (z.B. Familie, Arbeitsgruppe)	hoch	Gering
soziale Kompetenz	stark ausgeprägt und verbreitet	gering ausgeprägt und verbreitet
sinnstiftende Betätigung (z.B. Arbeit, Freizeit)	stark verbreitet	weniger stark verbreitet

Soll die Gesundheit der Organisationsmitglieder mittel- und langfristig positiv beeinflusst werden, müssen Interventionen der Gesundheitsförderung über das Angebot verhaltensbezogener Maßnahmen hinausgehen und in der Organisation selbst verankert werden. Es ist also notwendig, die Organisationskultur in ein neues Gesundheitsförderungsverständnis zu integrieren. Dies stellt allerdings keine völlig neue Erkenntnis dar. Schon vor mehr als zehn Jahren wurde zum Beispiel von Busch (1996, S. 15) auf diesen Umstand hingewiesen.

Badura et al. (2001, S. 15) geben an, dass BGF zum einen nicht „top-down" verordnet werden darf. Vielmehr muss sie vorgelebt werden. Sämtliche Interventionen müssen „bottom-up" erarbeitet werden. Hierbei schafft eine vertrauensvolle Organisationskultur die Voraussetzung für nachhaltige Gesundheitsförderung. Gesundheitsförderung kann umgekehrt auch dazu eingesetzt werden, von einer Kultur des Misstrauens zu einer Kultur des Vertrauens, der Offenheit und Kooperation zu gelangen.

Zu bedenken gilt jedoch, dass sämtliche Interventionen – so auch jene der Gesundheitsförderung – Systemeingriffe sind und demgemäß, bewusst oder unbewusst, immer einen Wandel der vorherrschenden Organisationskultur bewirken. Diese Tatsache wirft die Frage auf, ob Kulturwandel geplant und aktiv herbeigeführt werden kann oder nicht. Zu dieser Frage teilen sich die Expertenmeinungen. Im Wesentlichen werden drei Standpunkte unterschieden (Steinmann & Schreyögg, 2005, S. 643):

- *„Kulturingenieure"* vertreten eine instrumentalistische Sichtweise und meinen, Kulturen ähnlich wie andere Führungsinstrumente gezielt einsetzen und planmäßig verändern zu können.

- Demgegenüber betrachten *„Kulturalisten"* oder *„Puristen"* die Organisationskultur als organisch gewachsene Lebenswelt, die sich jeglichem gezielten Herstellungsprozess entzieht. Organisationskulturen „managen" zu wollen, ist ihrer Ansicht nach nicht nur naiv, sondern auch gefährlich, da diese Möglichkeit zur gezielten Manipulation missbraucht werden könnte.

- Eine dritte Gruppe von Experten, zu denen u.a. Schein (2006) zählt, akzeptiert die Idee eines geplanten Wandels. Unter dem Stichwort *„Kurskorrektur"* werden zunächst verkrustete Muster durch den Verweis auf deren problematische Wirkungen deutlich gemacht, darauf folgend wird für neue Werte plädiert.

Da Organisationskulturen ihrem Charakter nach komplex sind, ist es nicht möglich, eine vollständig neue Kultur zu konstruieren und Schritt für Schritt zu implementieren. Diese mechanistische Vorstellung verkennt den Charakter kultureller Beziehungen. (Schreyögg, 1996, S. 34) Neue Denk- und Arbeitsweisen können zwar angeregt und überwacht werden, sie werden aber von den Organisationsmitgliedern erst dann initialisiert – und somit zum Teil der neuen Kultur – wenn sie über längere Zeit tatsächlich besser funktionieren als die herkömmlichen. Solange eine Organisation erfolgreich ist, ist ihre Kultur „richtig". Ist eine Organisation nicht mehr erfolgreich, hat dies zur Folge, dass Elemente der Kultur verändert werden müssen. Ändern sich die externen und internen Bedingungen einer Organisation, so ändert sich auch die Funktionalität oder Richtigkeit ihrer kulturellen Annahmen. (Schein, 2006, S. 174) Betrachtet als organisationale Innovation kann Gesundheitsförderung jedoch Anstöße für eine solche *Kurskorrektur* im Rahmen eines geplanten Wandels geben (Busch, 1996, S. 16). Den Ausführungen von Westermayer und Stein (2006, S. 119–124) folgend, ist das Ziel sämtlicher gesundheitsförderlicher Interventionen in Organisationen die Etablierung salutogener Bedingungen mit einer kohärenten Organisationskultur. Wird hierdurch doch langfristige und nachhaltige Gesundheitsförderung ermöglicht. Vor dem Hintergrund des salutogenetischen Modells (z.B. Antonovsky, 1979; 1997) ist die Etablierung gesundheitsförderlicher Organisationsbedingungen die logische Konsequenz. Voraussetzung hierfür ist ein verändertes Anforderungsprofil für Führungskräfte, mit dem Ziel, bei den Mitarbeitern ein Gefühl des Vertrauens in pragmatischer, kognitiver und emotionaler Hinsicht zu entwickeln. (Westermayer & Stein, 2006, S. 120–121) Eine potentiell salutogene Organisation gründet auf dem Management von Informationen (Verstehbarkeit), dem Management von Techniken und technischen Mitteln (Handhabbarkeit) und dem Management von Zielen und Werten (Sinnhaftigkeit) – der Kultur. Darüber hinaus basiert es auf der Möglichkeit zu lernen und dem Führungsstil. Die Schüsselqualifikation zur Entwicklung salutogener Organisationsbedingungen liegt demnach im Bereich einer Führung, die Prozesse des Informationstransfers, der Technikanwendung und der Kulturentwicklung so steuert, dass Mitarbeiter in diesen Prozessen lernen und sich entwickeln können. Führung wird, so betrachtet, zu einem Abstimmungsprozess zwischen den normativen Organisationszielen und den individuellen Zielen der Organisationsmitglieder. Sie stellt das Bindeglied zwischen den notwendigen Bedingungen einer kohärenten Organisationskultur und den hinreichenden individuellen Bedingungen des Erlebens von Kohärenz dar.

Das Kohärenzgefühl scheint Westermayer und Stein (2006, S. 122) zufolge dazu geeignet zu sein, die ökonomischen mit den ethisch-humanen Anforderungen, die an eine Organisation gerichtet sind, zu integrieren und letztlich die oft oberflächlich verwendete Phrase „gesunde Mitarbeiter in gesunden Unternehmen" (ENWHP, 2007) wahr werden zu lassen.

Die Organisationskultur hat Einfluss auf die Gesundheit der Organisationsmitglieder. Darüber hinaus hat sie Einfluss auf die Gesundheit der gesamten Organisation. Insbesondere die Wahrnehmungen, Einstellungen und Verhaltensweisen der Führungskräfte – die sich in deren Managementstil manifestieren – entscheiden darüber, ob eine Organisation im Sinne von Badura und Hehlmann (2003, S. 54) gesund oder ungesund ist. Gesunde Organisationsmitglieder und gesunde Organisationen bedingen sich gegenseitig. So ist es ebenso unwahrscheinlich, dass in einer gesunden Organisation ein ausschließlich ungesundes, genauer gesagt krankes Mitarbeiterkollektiv tätig ist, wie umgekehrt, dass in einer ungesunden Organisation lauter gesunde Menschen arbeiten. Die Organisationskultur beeinflusst letztlich sowohl die Gesundheit der ganzen Organisation als auch die Gesundheit eines jeden einzelnen Organisationsmitglieds. (Goldgruber, 2008, S. 212–213)

In diesem Zusammenhang ist verständlich, dass mit der Integration der Organisationskultur in ein neues Gesundheitsförderungsverständnis die Durchführung und Evaluation gesundheitsförderlicher Interventionen schwieriger – weil komplexer – wird. Gesundheitsförderung wird mittlerweile als komplexe soziale Intervention (Elkeles, 2006; Grossmann, 1993; McQueen, 2001; Trojan, 2006) verstanden und geht über relativ standardisierbare Verhaltensänderungskonzepte weit hinaus. Dies verdeutlicht, dass langfristige und nachhaltige BGF wohl mehr sein muss, als ein „schnelles Projekt zur Gewissensberuhigung" (Goldgruber, 2008, S. 214).

Wie die Ausführungen in diesem Kapitel zeigen, können anhand des Organisationskulturkonzepts vielfältige Bezüge zur Mitarbeitergesundheit – und somit zu BGF – hergestellt werden. Es ist jedoch plausibel, anzunehmen, dass sich Organisationen hinsichtlich der in ihnen vorherrschenden Kultur unterscheiden. Würden die in Baduras und Hehlmanns (2003, S. 54) theoretischem Konstrukt gesunder Organisationen aufgelisteten Merkmale in ihrer *Ideal*ausprägung auf real existierende Organisationen angewandt, wäre wohl kaum eine Organisation als gesund einzustufen. Mehr oder weniger gesunde und mehr oder weniger kranke Organisationen ließen sich jedoch möglicherweise ausfindig machen.

Auch der ideale BGF-Ablauf nach Rosenbrock (2006, S. 62–69) kann in der Organisationswirklichkeit nur scheinbar ideal sein. Wird doch angenommen, dass eine Variante der BGF für alle Organisationstypen gleichermaßen angemessen wäre. Dies entspricht jedoch nicht der Organisationsvielfalt. Vielmehr kann davon ausgegangen werden, dass verschiedene Organisationen Bedarf an unterschiedlichen BGF-Varianten haben. Um das komplexe Gebilde der Organisationskultur differenzierter betrachten zu können und die Verschiedenartigkeit der Organisationen hinsichtlich der in ihnen vorherrschenden kulturellen Bedingungen besser verstehen zu können, werden nachfolgend die Versuche verschiedener Autoren vorgestellt, Organisationskultur zu typisieren.

4.4 Organisationskulturtypologien

Bedeutende Typologien, in denen die gelebten Normen und Werte in Organisationen analysiert werden, werden nun referiert. Ziel ist es, eine Typologie ausfindig zu machen, mit deren Hilfe Organisationen anhand ihrer Kultur sinnvoll typisiert und in Folge hinsichtlich ihrer Eignung für unterschiedliche BGF-Varianten untersucht werden können. Das grundsätzliche Problem der Typenbildung wurde in Kapitel 3.3 aufgezeigt.

4.4.1 Kulturtypologien im Überblick

Im Unterschied zu den bereits vorgestellten Organisationstypologien, in denen Organisationen anhand der Elemente *Ziele, Sozialstruktur, Technologie, Beteiligte* und *Umwelt* differenziert werden, steht nun das Organisationselement *Kultur* im Mittelpunkt der Betrachtung. In der Literatur (Hopfenbeck, 2002; Steinmann & Schreyögg, 2005; Weissmann, 2004) werden insbesondere die in Tabelle 11 aufgelisteten Kulturtypologien genannt.

Einige der zentralen, derzeit in der Fachliteratur diskutierten Kulturtypologien werden nun vorgestellt. Neben der sehr populären Typologie von Deal und Kennedy (2000) sind dies die ebenfalls populäre Typologie von Handy und Harrison (Handy, 2000) und das eher weniger bekannte, gleichwohl interessante empirische Kultur-Modell von Weissmann (2004).

Tabelle 11   Kulturtypologien im Überblick (Weissmann, 2004, S. 38-58)

Organisations-element	*Organisationstypologie*	*Dimension(en)*
	Ansoffs strategische Kulturtypen	Zeitliche Orientierung Technologische Orientierung
	„Competing Values Framework" nach Quinn et al.	Kontrollorientierung Fokus der Organisation
	Deal-Kennedys branchenspezifische Kulturtypen	Feedbackgeschwindigkeit Risikograd
Kultur	Douglas' Group-Grid-Schema	Gruppendruck Gemeinsame Klassifikationen
	Handy-Harrisons Kulturtypen	Organisationsorientierungen, Symbole Griechische Mythologie
	Kets de Vries-Millers psychoanalytische Kulturtypologie	Neurotische Verhaltensmuster von Führungskräften
	Weissmanns empirisches Kultur-Modell	Grad der Strukturierung Grad der Vergemeinschaftung

4.4.2 Deals und Kennedys Kulturtypologie

Die populärste Kulturtypologie ist wohl jene von Deal und Kennedy (2000). Vermutlich, „weil sie in besonders anschaulicher Weise an den Alltagserfahrungen von Organisationsmitgliedern anknüpft" (Steinmann & Schreyögg, 2005, S. 721). Die Typologie basiert auf zwei Dimensionen, aus deren Kombination die nachfolgend beschriebenen Kulturtypen resultieren. (Deal & Kennedy, 2000, S. 107):

- *Risikograd* (degree of risk): Wie hoch oder niedrig ist das Risiko, das mit den organisationalen Aktivitäten verbunden ist?
- *Feedbackgeschwindigkeit* (feedback speed): Wie schnell oder langsam ist die Geschwindigkeit, mit der die Organisation und ihre Mitglieder Rückmeldung erhalten, ob die gewählten Strategien und getroffenen Entscheidungen erfolgreich waren?

4.4.2.1 Alles-oder-Nichts-Kultur

Die *Alles-oder-Nichts-Kultur* (tough-guy, macho culture) ist eine Welt von Individualisten, die hohe Risiken eingehen und schnell Feedback darüber erhalten, ob ihre Tätigkeiten richtig oder falsch sind. Erfolg und Misserfolg liegen in diesem Kulturtyp nahe beieinander. *Alles-oder-Nichts-Kulturen* sind in Unternehmen anzutreffen, in denen Geschwindigkeit zählt. Neben hohen Risiken und äußerst schnellem Feedback ist die *Alles-oder-Nichts-Kultur* auch durch rasche finanzielle Honorierungen geprägt. (ebd., S. 108–110)

Die Notwendigkeit, Entscheidungen schnell zu treffen und das Risiko zu akzeptieren, dass sich diese rasch als falsch erweisen können, erfordert eine robuste Grundhaltung, insbesondere im internen Wettbewerb. Aufstrebende Talente müssen aggressiv argumentieren, egal ob sie richtig oder falsch liegen, sonst haben sie keine Chance zu bestehen. Durch Rituale, wie gemeinsames Problemlösen und Werte, die die Übernahme von Risiko lohnenswert und das Streben nach Sicherheit zur Sünde machen, wird dieser Kulturtyp geprägt. Was einmal funktioniert hat, muss nicht zwangsläufig auch ein zweites Mal klappen. Aus diesem Grund entwickeln die Organisationsmitglieder auch Rituale, die sie vor den Launen ihrer Umwelt schützen sollen. Prüfungsurkunden an den Wänden von Arztpraxen dienen nur dem Schein. Sie stellen Schutzmaßnahmen gegenüber Mitarbeitern, Klienten und oft auch gegenüber der Person selbst dar und helfen ihr dabei, tatsächlich zu glauben, dass sie die Dinge schaffen kann, die von ihr verlangt werden. (Deal & Kennedy, 2000, S. 111–112)

Am besten überleben jene Personen in *Alles-oder-Nichts-Kulturen*, die gerne Risiken eingehen. Teamgeist ist in diesem Kulturtyp nicht gefragt, denn die Organisationen setzen sich aus Individualisten zusammen. Schnelle Karrieren sind nicht ungewöhnlich, ebenso wenig schnelles tiefes Fallen. Nach dem Motto "find a mountain and climb it" ist das Ziel jedes Einzelnen, zum Star zu werden. Das gelingt oft sprichwörtlich „über Nacht" oder aber auch nicht. (ebd., S. 110–113)

4.4.2.2 Brot-und-Spiele-Kultur

In der *Brot-und-Spiele-Kultur* (work hard/play hard culture) steht die Außenorientierung im Vordergrund. Feedback und Honorierungen erfolgen schnell, das Risiko ist gering. Diese Kultur findet sich in der Welt des Verkaufs wieder. In *Brot-und-Spiele-Kulturen* ist Aktivität alles. Erfolg beruht auf Beharrlichkeit: Erledige noch ein Telefonat. Triff dich noch einmal mit dieser Kundin. Die Werte beziehen sich auf Kunden und deren Bedarfe, wie der Slogan „find a need and fill it" verdeutlicht. Kundenorientierung, Kundenservice und Qualität dominieren diesen Organisationstyp. Der Ruf der Organisation wird durch einen einzelnen Verkaufsakt weder hergestellt noch kaputt gemacht. Auch fortlaufende Qualitätskontrollen und Abgleiche halten das Risiko gering. (ebd., S. 113–114)

Als Helden werden exzellente Verkäufer und eloquente Charmeure gefeiert. Anders als die *Alles-oder-Nichts*-Helden messen die *Brot-und-Spiele*-Helden den Wert ihrer Arbeit an der Menge; nicht an ihrem Einsatz. Wert wird in diesem Kulturtyp insbesondere auf freundliches und ansprechendes Auftreten gelegt. Intern wird unkomplizierte Zusammenarbeit im Team sehr geschätzt. Am wichtigsten ist, immer aktiv zu sein, da in einer dynamischen Umwelt Stillstand Schaden anrichtet. Wer sich unauffällig verhält, steht im Verdacht nichts zu leisten. Alles was dazu beiträgt, die Motivation der

Menschen hochzuhalten, wird unternommen. Feste, Auszeichnungen und Preise gehören zu den Ritualen dieses Kulturtyps. Auch die Firmensprache spielt eine bedeutende
Rolle. Sie ist knapp und voller Kürzel. Die Geschichten drehen sich hauptsächlich um
schwierige Klienten. (Deal & Kennedy, 2000, S. 114–115)

Zu den größten Nachteilen dieses Organisationstyps zählt die Diskrepanz zwischen
erforderlicher Quantität und gewünschter Qualität. Nachteilig ist auch, dass *Brot-und-
Spiele-Kulturen* zu kurzfristigen Problemlösungen neigen. Die Kurzzeitperspektive
haben sie mit den *Alles-oder-Nichts-Kulturen* gemeinsam. (ebd., S. 115–116)

4.4.2.3 Analytische-Projekt-Kultur

In der *analytischen Projekt-Kultur* (bet-your-company culture) gilt es allzeit die richtige Entscheidung zu treffen. Feedback und Honorierungen erfolgen äußerst langsam,
das Risiko ist hoch. Investitionen in Millionenhöhe, in Projekte, deren Erfolg oder
Misserfolg erst Jahre später oder niemals sichtbar wird, kennzeichnen diesen Kulturtyp. Die Umwelt wird als Bedrohung erlebt. Analysen, langfristige Prognosen und Vertrauen in die wissenschaftlich-technische Rationalität kennzeichnen analytische Projekt-Kulturen. Die Organisationsmitglieder riskieren mit ihren Entscheidungen die Zukunft der gesamten Organisation. (ebd., S. 116–117)

Das Ritual der analytischen Projekt-Kultur ist die Sitzung. Hier herrscht eine strenge Sitz- und Redeordnung, die Entscheidungsfindung erfolgt top-down. Einmal getroffene Entscheidungen werden nicht mehr revidiert. Die Kleidung ist korrekt und
unauffällig, Sprache und Umgangsformen sind sehr höflich Die Werte dieses Kulturtyps sind auf die Zukunft ausgerichtet. Genauso wie *Alles-oder-Nichts*-Typen sind
Analytische-Projekt-Typen selbstgesteuert und strapazierfähig. Im Gegensatz zu diesen
verfügen sie jedoch über Durchhaltevermögen, das sie mit langfristiger Ungewissheit
und wenig oder keinem Feedback umgehen lässt. Auch respektieren sie Autorität und
technische Kompetenz. Als Helden werden diejenigen Organisationsmitglieder betrachtet, die mit Zähigkeit große Ideen verfolgen. (ebd., S. 117)

Die Menschen verbleiben über Jahrzehnte in derselben Organisation. Junge Mitarbeiter erledigen oft über Jahre unbedeutende Arbeiten mit großer Gewissenhaftigkeit.
Die gesetzte reife Persönlichkeit, die schrittweise Karriere gemacht hat und nun als
Mentorin für junge Mitarbeiter dient, stellt das Ideal dar. Analytische Projekt-Kulturen
können sich ihrer Umwelt sehr gut anpassen. (ebd., S. 118–119)

4.4.2.4 Prozess-Kultur

Wie schon der Name verdeutlicht, konzentriert sich in der *Prozess-Kultur* (process culture) alles auf den Prozess. Das Gesamtziel spielt eine untergeordnete Rolle. Feedback
und Honorierungen erfolgen nur langsam, das Risiko ist niedrig. Wie in der *Brot-und-*

Spiele-Kultur sind die finanziellen Risiken niedrig. Im Unterschied zu den Mitarbeitern dieser Kulturen erhalten die Mitarbeiter hier jedoch beinahe kein Feedback. Dies bewirkt, dass ein stärkerer Fokus darauf gelegt wird, *wie* eine Arbeit durchgeführt wird, als darauf *was* erledigt wird. Die Mitarbeiter neigen – salopp ausgedrückt – dazu, eine sogenannte Cover-your-Ass-Mentalität zu entwickeln. Jahre später können abgelegte Akten zur Rechtfertigung herangezogen werden. (Deal & Kennedy, 2000, S. 119–120)

Den zentralen Wert stellt perfekter und diskreter Arbeitsvollzug dar. Kennzeichnend sind eine strenge hierarchische Ordnung, penible Dokumentationspflicht und Beförderungen. Die vorherrschenden Orientierungsmuster sind Misstrauen und Absicherung – natürliche Antworten auf das fehlende Feedback. Als Helden werden jene Personen gefeiert, die selbst unter äußerst widrigen Umständen noch fehlerfrei arbeiten. Menschen, die in *Prozess-Kulturen* überleben wollen, müssen vorgegebene Arbeitsschritte ausführen, ohne deren Sinnhaftigkeit zu hinterfragen. Da *Prozess-Kulturen* durch politische Launen leicht verwundbar sind, wird es zur Heldentat, politische „Stürme" zu überleben. Geschichten zentrieren sich um jene Personen, die dies geschafft haben. (ebd., S. 120–122)

Titel und Formalitäten haben in der straff strukturierten Hierarchie von *Prozess-Kulturen* hohe Bedeutung. Die Sprache ist korrekt, Emotionen werden als Störung empfunden. *Prozess-Kulturen* bringen Ordnung in planbare Arbeit. Sie bilden einen Gegensatz zu den anderen drei Kulturtypen und ermöglichen diese in vielen Fällen erst. (ebd., S. 123)

4.4.3 Handys und Harrisons Kulturtypen

Handy und Harrison (Handy, 2000) beschreiben in ihrem bekannten Modell vier Organisationsorientierungen, die sich im Grad an Formalisierung, Planung, Regelgeleitetheit und Kontrolle unterscheiden. Sie gehen von der Annahme aus, dass es keine richtige oder gute und keine falsche oder schlechte Kultur gibt, sondern je nach Situation und Umständen nur eine adäquate oder weniger adäquate (Weissmann, 2004, S. 38).

4.4.3.1 Rollenkultur

Die *Machtkultur* (club culture) wird als Spinnennetz symbolisiert. Je näher sich die Kreise am Zentrum befinden, desto mehr Einfluss haben die Organisationsmitglieder. Je entfernter vom Zentrum, desto geringer deren Macht. Das Verhältnis zur Führungskraft ist bedeutender als formale Titel oder Stellenbeschreibungen. In Anlehnung an die griechische Mythologie wird dieser Kulturtyp im Göttervater Zeus personifiziert, der die patriarchalische Tradition verkörpert. Gefürchtet, respektiert und dennoch geliebt, regiert er vom Olymp aus je nach Bedarf mit Blitz und Donner oder Goldregen.

In der *Machtkultur* spielen Empathie, Intuition, Charisma, Vertrauen, Selektion, informelle Beziehungen und Netzwerke eine wichtige Rolle. Durch Empathie gewinnt die *Machtkultur* an Geschwindigkeit. (Handy, 2000, S. 20–21)

Für das Treffen schneller Entscheidungen ist die *Machtkultur* optimal geeignet. Immer dann, wenn Geschwindigkeit wichtiger ist als Detail und die Kosten für Verspätung höher sind als jene für Fehler, sind Machtkulturen effizient; dass Quantität und Qualität jedoch nicht immer zu vereinbaren sind, versteht sich von selbst. Zuweilen wird der *Machtkultur* Nepotismus vorgeworfen. In Machtkulturen arbeiten gleichgesinnte, einfühlsame Menschen, denen persönlicher Kontakt wichtiger ist als formale Bindungen. (ebd., S. 21–22)

Sofern eine Person einmal in den „Klub" der Mitglieder einer *Machtkultur* aufgenommen ist, ist die Arbeit für sie sehr angenehm. In diesen Kulturen werden einzelne Mitarbeiter geschätzt, auch werden ihnen nur wenige Einschränkungen auferlegt und ihre Anstrengungen werden honoriert. In der heute vorherrschenden Leistungsgesellschaft erscheinen Machtkulturen unzeitgemäß zu sein. Wegen ihres marginalen Einsatzes von Managementtechniken und ihren Privilegierungstendenzen werden sie häufig kritisiert. (ebd., S. 22–23)

4.4.3.2 Rollenkultur

Die *Rollenkultur* (role culture) ist durch Legalität und Legitimität gekennzeichnet. Hierarchie und Status werden betont. Exakte Stellenbeschreibungen, strenge Kompetenzabgrenzungen und Kommunikationsregeln sollen die Arbeit steuern. Ein hohes Maß an Vorhersehbarkeit, Stabilität, Pflichtbewusstsein, Konformität, Korrektheit in den Prozeduren aber auch Bürokratie, Schwerfälligkeit und Rigidität charakterisieren diesen Kulturtyp. Der griechische Gott Apollo verkörpert als Wächter über Recht und Ordnung die Rollenkultur. Hier werden Rollen und die zu verrichtende Arbeit fokussiert; nicht Menschen. Als Symbol dient der griechische Tempel, der seine Stärke und Schönheit maßgeblich seinen Säulen verdankt. In der Organisation entsprechen Funktionen und Divisionen den Säulen, das Dach des Tempels entspricht dem Topmanagement. Die Säulen werden durch Spanndraht zusammengehalten, welchem in Organisationen Richtlinien und Verfahrensanweisungen gleichkommen. Eine typische Karriere beginnt in einer der Säulen und endet in derselben, mit dem Ziel, möglichst weit nach oben zu kommen. Mitarbeiter gelten als Humanressourcen, die mit Werkzeugen wie Assessment Center oder Schulungen geplant, trainiert und entwickelt werden können. Titel und Firmenautos haben hohen Stellenwert. (ebd., S. 23–24)

Der Apollo-Stil ist durch Stabilität und Vorhersehbarkeit gekennzeichnet. Er ist exzellent für wiederkehrende Aufgaben in einer gleichbleibenden Umwelt geeignet. In der *Rollenkultur* werden Individuen als beliebig austauschbarer Teil einer Maschinerie betrachtet und fixierten Rollen angepasst. Die Apollo-Kultur kann als sicher bezeichnet werden, da ihre Zukunft weitgehend vorhersehbar ist. Auf Wandel reagieren Organisationen dieses Typs zunächst mit Ignoranz, um sich später noch intensiver auf bisherige Arbeitsmethoden zu stützen. (Handy, 2000, S. 24–25)

4.4.3.3 Aufgabenkultur

Die *Aufgabenkultur* (task culture) ist in projekt- und teamorientierten Organisationen anzutreffen. Strukturen, Funktionen und Aktivitäten der Organisation werden einem übergeordneten Ziel angepasst. Einfluss erfolgt über Kompetenz. Athena, die Göttin des Krieges und der Weisheit, personifiziert die *Aufgabenkultur*, in welcher ausschließlich Expertise als Basis von Macht und Einfluss anerkannt wird. Geschätzt werden Werte wie Talent, Kreativität, jugendliche Energie, Mobilität, Enthusiasmus und Commitment. Die Organisationsmitglieder bezeichnen sich selbst als Leistungsgesellschaft. Die *Aufgabenkultur* wird als Matrix symbolisiert, da Ressourcen für die Aufgabenbewältigung und Problemlösung von horizontalen und vertikalen Teilen der Organisation herangezogen werden. Macht liegt in den Zwischenräumen des Netzwerks. In der *Aufgabenkultur* wird Management als kontinuierliche und erfolgreiche Problemlösung betrachtet. Die Arbeit wird an den Ergebnissen und gelösten Problemen beurteilt. Die Organisation stellt ein Netzwerk lose gekoppelter unabhängiger Kommandoeinheiten dar, die innerhalb der Gesamtstrategie der Organisation spezifische Verantwortlichkeiten innehaben. (ebd., S. 27–28)

Für Experten bietet dieser Kulturtyp ein angenehmes Arbeitsumfeld. Respekt und Unterstützung sind in der Tendenz gegeben. *Aufgabenkultur*en sind ausgezeichnet zur Problemlösung geeignet. Sobald die *Aufgabenkultur* jedoch zur Lösung repetitiver Probleme eingesetzt wird, kommt es unweigerlich zu Schwierigkeiten. Routinetätigkeiten sind aus diesem Grund für *Aufgabenkultur*en ungeeignet. (ebd., S. 28–30)

4.4.3.4 Personenkultur

Die *Personenkultur* (existential culture) findet sich im Gegensatz zu den zuvor beschriebenen Kulturen in individuenzentrierten Organisationen. Im Mittelpunkt steht die Bedürfnisbefriedigung der Organisationsmitglieder. Dionysos, der griechische Gott des Weines und Gesanges personifiziert diesen Kulturtyp, da nur er unter den Göttern eine existenzielle, nicht-deterministische Ideologie vertritt. Professionisten schließen sich bevorzugt zu Gruppen zusammen, um Ressourcen (z.B. Büroräumlichkeiten, Maschinen) gemeinsam zu nutzen. Als Symbol dient das Protoplasma. Es entsteht das Bild eines Clusters individueller Stars, die lose gekoppelt in einem Kreis zusammengefasst sind. Das Ausscheiden von ein oder zwei dieser Stars würde den Kreis kaum verändern, da die Stars nicht voneinander abhängig sind. (ebd., S. 31–32)

In *Personenkulturen* stellen Individualität, persönliche Freiheit und Selbstbestimmung zentrale Werte dar. Talent und individuelle Fähigkeiten sind gefragt. Hier können die Professionisten ihre Identität und Ungebundenheit bewahren. Dennoch profitieren sie als Teil der Organisation von der Unterstützung ihrer Kollegen und den Rahmenbedingungen. In *Personenkulturen* wird wenig Kontrolle ausgeübt. Den Organisationsmitgliedern kommt großer Handlungsspielraum zu. Arbeitsplatzsicherheit, verhandelbare Gehälter, abgegrenzte Einflussbereiche und Unabhängigkeitsgarantien stellen einige ihrer zentralen Annehmlichkeiten dar. Von den Mitarbeitern wird Führung gewöhnlich abgelehnt. Management wird als Routinetätigkeit und lästige Pflicht empfunden; demgemäß genießen Manager kein besonders hohes Ansehen. Führung kann ausschließlich im Konsens mit den Professionisten erfolgen. (Handy, 2000, S. 31–34)

4.4.4 Weissmanns empirisches Kultur-Modell

Weissmann (2004) integriert in seinem Kultur-Modell zwölf Kulturtypologien aus der Organisationskultur- und interkulturellen Forschung, u.a. die Typologien von Deal und Kennedy (2000) und Handy und Harrison (Handy, 2000). Er vergleicht sie nicht nur auf theoretischem, sondern auch auf empirischem Weg entlang zweier Dimensionen, die den Grad der Strukturierung (Hierarchie vs. Netzwerk) und den Grad der Vergemeinschaftung (Ratio vs. Pathos) aufzeigen. (Weissmann, 2004, S. 72-76, S. 126):

- Die Dimension *Hierarchie vs. Netzwerk* tritt in ihren Subdimensionen Macht, Kontrolle, Rolle, Hierarchie, und im Extremfall Isolation und Determinismus vs. Aufgabe, Projekt, Leistung, Humanismus und Freiraum zutage. Charakteristisch für Organisationen, die sich um den Pol *Hierarchie* anordnen, sind Macht, Autorität und Loyalität. Das Management strebt nach Kontrolle. Die Organisation ist von Ungleichheit geprägt. Die Mitarbeiter tun nur das, was in ihren Stellenbeschreibungen steht. Aufgaben und Abläufe sind strukturiert und standardisiert. Bürokratie und Vorschriften sind bedeutender als Arbeitseffizienz. Die Organisationsmitglieder haben das Gefühl, der Organisation ausgeliefert zu sein. Kennzeichnend für Organisationen, die sich um den Pol *Netzwerk* anordnen, sind etwa die folgenden Denkschemata: In der Organisation haben diejenigen das Sagen, die über das höchste Wissen verfügen und diejenigen das höchste Ansehen, die die besten Leistungen erbringen. Im Dienste der Aufgabe können sich die Organisationsmitglieder bis zu einem gewissen Grad über Anordnungen hinwegsetzen. Solidarität ist das oberste Prinzip. Eigenverantwortung und -initiative werden gefördert. Diese Dimension besitzt die höchste Erklärungskraft, um die unterschiedlichen Organisationskulturen trennscharf zu charakterisieren, da sie Bestandteil der überwiegenden Mehrheit der analysierten Modelle ist.

- Die Dimension *Pathos* vs. *Ratio* tritt in ihren Subdimensionen Zeit, Geschwindigkeit, Kontext, Raum, Distanz und Externalität auf. Charakteristisch für Organisationen, die sich um den Pol *Pathos* anordnen, sind etwa die folgenden Kennzeichen: In der Organisation herrscht eine Offene-Türen-Politik. Erfolg ist an Kenntnisse über persönliche Angelegenheiten der anderen Organisationsmitglieder gekoppelt. Die Vergangenheit der Organisation ist bedeutsamer als ihre Zukunft. Pläne werden fortwährend geändert. Der organisationsinterne Informationsfluss erfolgt ungehindert. Die Organisation orientiert sich stark an Kundenbedürfnissen. Kennzeichnend für Organisationen, die sich um den Pol *Ratio* anordnen, sind etwa folgende Verhaltensmuster: Das Management würde sich am liebsten einschließen, um Kontakt zu den Mitarbeitern zu unterbinden. Diskussionen werden sachlich und nicht emotional ausgetragen. Besprechungen werden lange im Voraus geplant. Informationen werden so knapp wie möglich gehalten. Die Organisation ist stark nach innen gerichtet.

Auf Basis der verglichenen Typologien identifiziert Weissmann (2004, S. 118–121) vier Kulturtypen. Die Typen *Bürokratie* und *Patriarchat* ordnen sich um den Pol Hierarchie an und sind mehr oder weniger durch Macht, Kontrolle, Rolle, Isolation und Determinismus gekennzeichnet. Die Typen *Taskforce* und *Community* ordnen sich um den Pol Netzwerk an. Sie können durch die Subdimensionen Aufgabe, Projekt, Leistung, Humanismus und Freiraum charakterisiert werden. Darüber hinaus weisen der *Bürokratie*-Typ und der *Taskforce*-Typ eher kognitive Züge auf, während die Typen *Patriarchat* und *Community* eher affektiv ausgerichtet sind. Entlang des Kontinuums Ratio vs. Pathos unterscheiden sich die Kulturtypen hinsichtlich der Dimensionen Zeit, Geschwindigkeit, Kontext, Raum, Distanz und Externalität. (ebd., S. 72-76, S. 126)

4.4.4.1 Kulturtyp Patriarchat

Der Kulturtyp *Patriarchat* (family model) weist zwar hierarchische Muster auf, er hebt sich von der *Bürokratie* jedoch durch ein höheres Maß an Emotionalität ab. Dieser Typ entspricht Handys und Harrisons *Machtkultur*. *Patriarchate* sind durch Symbole der Macht (z.B. Zeremonien, dunkle Firmenwagen, moderne Kunstwerke, Designelemente) gekennzeichnet. Vergangenheitsorientierung (Erstrebenswert ist, möglichst viel über die Geschichte der Organisation zu wissen, um erfolgreich zu sein.), hohe Professionalität nach außen (z.B. aktuelle Homepage, laufende Presseaussendungen, Firmenzeitung, Kundenmagazin) und nach innen (z.B. Mitarbeiterschulungen), Planung, Leitbildorientierung, eine Vision von der Zukunft, Individualismus (z.B. Erfolg, Selbstbewusstsein, Kompetenz, Ehrgeiz), hohe Kundenorientierung und Hierarchismus (z.B. Stabilität, Ordnung) charakterisieren die *Patriarchat*-Kultur überdies. (ebd., S. 118–119)

4.4.4.2 Kulturtyp Bürokratie

Der Kulturtyp *Bürokratie* (role model) ist durch Hierarchie und eine kognitive Aus-richtung gekennzeichnet. Er findet sich in der Literatur u.a. in Handys und Harrisons *Rollenkultur* wieder. Der *Bürokratie*-Typ ist den anderen drei Typen am unähnlichsten. Er stellt den Gegenpol zum *Community*-Typ dar. Er wird durch Hierarchie, Status, Au-torität, Macht und Männlichkeit gekennzeichnet. Seine kognitive Ausrichtung zeigt sich vor allem in ausgeprägter Rationalität, in Werten wie Sicherheit und Zuverlässig-keit. Emotionalität ist verpönt. Geringe Aufgeschlossenheit gegenüber Veränderung und wenig Herzlichkeit gegenüber Mitmenschen herrschen vor. Information dient dem Zweck der Machterhaltung. Organisationen dieses Kulturtyps sind von Unsicherheit durchdrungen. Die Mitarbeiter sehen sich dem System hilflos ausgeliefert und glau-ben, dass das eigene Schicksal unverschuldet und unabänderlich sei. „Alt-erworbene Rechte" sollen dem System Unnahbarkeit nehmen. Bürokratische Organisationen sind eher vergangenheitsorientiert. Kurzfristige Erfolge stehen im Vordergrund. Eigenver-antwortung und -initiative werden kaum gefördert. Die Mitarbeiter sehen am wenigs-ten Sinn und Selbstverwirklichung in ihrer Arbeit. Die Bezahlung erfolgt nach Alter und Betriebszugehörigkeit; Leistung ist kein Kriterium für Bezahlung. Mitarbeiter werden nicht als wertvolle Humanressourcen betrachtet. (Weissmann, 2004, S. 120–121)

4.4.4.1 Kulturtyp Taskforce

Im Kulturtyp *Taskforce* (Expertentum) steht die Aufgabe im Vordergrund. Es überwie-gen rationale Überlegungen. Dieser Typ benötigt jedoch weniger Regeln als die Typen *Patriarchat* und *Bürokratie*, da sich die Projektorganisation selbst organisieren kann. Der Begriff *Taskforce* bezeichnet eine „Spezialeinheit" und soll darauf hinweisen, dass in dieser Kultur diejenigen das Sagen haben, die über die größte Expertenmacht verfü-gen. Dieser Typ findet sich in Handys und Harrisons *Aufgabenkultur* wieder. Individu-alismus dominiert und wird ausgedrückt in Form von Leistung, Intelligenz, Effizienz, Dynamik, Kraft oder Jugendlichkeit. Kooperation, Hilfsbereitschaft, Liberalität, Tole-ranz und Individualität sind ebenfalls bedeutsam. In der Organisation werden informel-le Umgangsformen gepflegt, Selbstorganisation (z.B. Toleranz, Offenheit), langfristige Kundenbeziehungen, gleiche Spielregeln für alle Organisationsmitglieder und Entloh-nung nach Leistung stellen wesentliche Regeln dar. (ebd., 2004, S. 119–120)

4.4.4.2 Kulturtyp Community

Der Kulturtyp *Community* (Gemeinschaft) bezeichnet eine Gruppe von Personen, die sich als Wertegemeinschaft versteht und in welcher ein hohes Maß an Selbstorganisa-tion besteht. In diesem Typ wird auf die emotionalen Bedürfnisse der Organisationsmitglieder besonderer Wert gelegt; deutlich mehr Wert etwa, als in der *Taskforce*. Der *Community*-Typ entspricht Handys und Harrisons *Personenkultur*. Egalitäre Werte wie Freundlichkeit, Vertrauen, Natürlichkeit, Gerechtigkeit, Menschlichkeit, Offenheit, Harmonie, Gleichheit, Wärme, Freude oder Solidarität dominieren. Auch individualistische (z.B. Optimismus, Aufgeschlossenheit) und hierarchistische Werte (z.B. Kontinuität, Pflicht) haben große Bedeutung. In der Organisation wird ein informeller Umgang gepflegt. Die Mitarbeiter sprechen sich etwa mit Vornamen an oder tragen informelle Kleidung. Hohe Kundenorientierung, Humor und Ausgelassenheit kennzeichnen diesen Typ ebenso. (Weissmann, 2004, S. 120)

In diesem Kapitel wurden Kulturtypologien vorgestellt, mit dem Ziel, diese für die nun folgende Hypothesenentwicklung zu nutzen. Wenn auch die Typenbezeichnungen illustriert erscheinen mögen, so zeigen sich in ihrer jeweiligen Beschreibung plausible Differenzierungen, die heute primär mit dem Begriff der Organisationskultur umschrieben werden. Dahinter verbergen sich allgemeine Werthaltungen des überwiegenden Anteils der Mitarbeiter, die häufig durch Führungspersonen geprägt werden.

Hier endet der Literaturteil dieses Buches. Im Rahmen einer explorativen Untersuchung sollen in den folgenden Kapiteln Hypothesen über den Zusammenhang zwischen Organisationstypen und BGF entwickelt und diskutiert werden.

5 Verknüpfung von Organisationstheorien mit BGF

In einer explorativen Untersuchung wird nun nach Verknüpfungsmöglichkeiten von Organisationstheorien mit BGF gesucht. Geklärt werden soll, ob es organisationstheoretische Unterschiede zwischen Organisationstypen gibt, die unterschiedliche BGF-Varianten erfordern. Wenn dem so ist, werden vorläufige Hypothesen über den Zusammenhang zwischen BGF und unterschiedlichen Organisationstypen entwickelt.

5.1 Methodik der theoriebasierten Exploration

Aus dem gesundheitswissenschaftlichen Teil des Buches (s. Kapitel 2) werden nun verschiedene BGF-Varianten und gesundheitsbezogene Variablen abgeleitet, anhand derer die im sozialwissenschaftlichen Teil des Buches beschriebenen Theorien und Typologien (s. Kapitel 3 und 4) verglichen werden. Das hiermit verbundene, nun zu betretende wissenschaftliche Neuland macht eine gezielte Hypothesensuche erforderlich (Bortz & Döring, 2006, S. 50). Deshalb soll zur Analyse der Verknüpfung der verschiedenen organisationstheoretischen Ansätze mit BGF eine Untersuchungsart gewählt werden, die durch relativ geringe Normierung, großen Spielraum für Phantasie und Einfallsreichtum der Autorin und wenig verbindliche Richtlinien für die Untersuchungsplanung gekennzeichnet ist. Das nun anschließende Kapitel widmet sich der Auswahl der geeigneten Untersuchungsart.

5.1.1 Untersuchungsarten im Vergleich

Empirische Untersuchungen beruhen auf Erfahrungen und wollen allgemeingültige Erkenntnisse gewinnen. Ihre Hypothesen sind aus diesem Grund allgemein formuliert. Neben der Hypothesenprüfung stellt die Hypothesenerkundung eine Hauptaufgabe der empirischen Forschung dar. Während die Hypothese bei ersterem Ansatz Ausgangspunkt einer empirischen Untersuchung ist (deduktive Vorgehensweise), ist sie bei letzterem das Resultat (induktive Vorgehensweise). Ob eine Untersuchung zur Erkundung oder zur Überprüfung von Hypothesen durchgeführt wird, ist abhängig vom Wissensstand im Problemfeld und vom Ziel der Arbeit (ebd., S. 49–53):

- *Explorative Untersuchungen* haben zum Ziel, in einem relativ unerforschten Untersuchungsbereich neue Hypothesen zu generieren oder theoretische Voraussetzungen zu schaffen, um erste Hypothesen formulieren zu können.

- *Explanative Untersuchungen* werden durchgeführt, wenn sich aufgrund des Standes der Theorieentwicklung oder aufgrund einschlägiger Untersuchungen begründete Hypothesen formulieren lassen.

BGF kann als etabliertes Instrument zur Reduktion von Arbeitsbelastungen und zur Stärkung von Gesundheitsressourcen angesehen werden. Die zentralen Elemente für die Etablierung von Gesundheitsförderungsinterventionen in Organisationen sind heute weitestgehend bekannt (Rosenbrock, 2006; Ulich & Wülser, 2009). Es fehlt jedoch eine organisationstheoretische und -kulturelle Fokussierung zur Erklärung der fördernden und hemmenden Bedingungen der BGF. Im Ergebnis lässt sich feststellen, dass der Stand der Forschung die Ableitung und Überprüfung gut begründeter Hypothesen über den Zusammenhang zwischen BGF und unterschiedlichen Typen von Organisationen *nicht* zulässt. Eine gezielte Hypothesensuche ist erforderlich. Die Exploration stellt daher aufgrund des Wissensstandes im Problemfeld und vor dem Ziel der vorliegenden Arbeit die Untersuchungsart der Wahl dar.

5.1.2 Theoriebasierte Exploration als Methode der Wahl

„Mit Exploration ist das mehr oder weniger systematische Sammeln von Informationen über einen Untersuchungsgegenstand gemeint, das die Formulierung von Hypothesen und Theorien vorbereitet." (Bortz & Döring, 2006, S. 354) Zu explorieren bedeutet „Sachverhalte zu erkunden, zu erforschen oder ausfindig zu machen. Damit ist die Exploration zunächst zu kennzeichnen als eine grundlegende Form der Auseinandersetzung des Menschen mit sich und seiner Umwelt." (Bortz & Döring, 2006, S. 352–353).

Der unsystematische Charakter des Erkundens und Suchens lässt exploratives und heuristisches Vorgehen zuweilen unwissenschaftlich erscheinen. Mitunter wird argumentiert, dass das Ziel, neue Hypothesen zu entwickeln, letztlich mit jeder Untersuchung verbunden sei und Exploration eher eine Geisteshaltung als eine Untersuchungsart darstelle. Tatsächlich ist die Exploration ein unverzichtbarer Teil des wissenschaftlichen Erkenntnisprozesses, ohne den die Bildung und Prüfung von Hypothesen nicht möglich wäre. (ebd., S. 353) Systematisches Vorgehen erhöht die Wahrscheinlichkeit, empirisch brauchbare Hypothesen und Theorien zu entwickeln. Indem der Explorationsprozess dokumentiert, reflektiert und bewertet wird, kann er in den Bereich der Wissenschaftlichkeit verlagert werden, der durch methodisch angeleitetes und kritisierbares Vorgehen charakterisiert ist. (ebd., S. 354)

Systematische Ansätze in Form von Explorationstechniken erleichtern die Exploration eines Forschungsthemas und stellen Heuristiken bereit, wie neue Hypothesen entwickelt werden können.

Vier Explorationsstrategien werden nun kurz vorgestellt. Ziel ist es, die geeigneten Varianten für diese Arbeit auszuwählen (Bortz & Döring, 2006, S. 357–380):

- *Theoriebasierte Exploration:* Im Zuge einer systematischen Durchsicht und Analyse vorhandener wissenschaftlicher und alltäglicher Theorien werden neue Hypothesen abgeleitet. Hierbei werden durch Neufassungen, Umformulierungen und Ergänzungen vorhandener Theorien und Ideen Innovationen geschaffen.

- *Methodenbasierte Exploration:* Im Rahmen der methodenbasierten Exploration können Verflechtungen von Methoden und Erkenntnissen durch Vergleich und Variation der Methoden transparent gemacht werden. Außerdem dienen Methoden und „Werkzeuge" dazu, Denkanstöße zu vermitteln, welche die Theoriebildung durch analoge Anwendung ihrer Funktionsprinzipien und durch die Analyse bestehender Metaphern anregen.

- *Empirisch-quantitative Exploration:* Durch besondere Darstellung und Aufbereitung quantitativer Daten können im Rahmen der empirisch-quantitativen Exploration bislang unberücksichtigte oder unentdeckte Muster und Regelläufigkeiten in Messwerten sichtbar gemacht werden.

- *Empirisch-qualitative Exploration:* Durch besondere Darstellung und Aufbereitung qualitativer Daten können im Rahmen der empirisch-qualitativen Exploration bislang vernachlässigte Phänomene, Wirkungszusammenhänge oder Verläufe erkennbar gemacht werden.

Methode der Wahl für die explorative Untersuchung ist die theoriebasierte Exploration. In die theoretische Grundlage hierfür wurde in den Kapiteln 2, 3 und 4 eingeführt. Im Zuge einer systematischen Durchsicht, Analyse und Verknüpfung vorhandener gesundheits- und sozialwissenschaftlicher Theorien sollen nun neue Hypothesen entwickelt werden.

5.1.3 Untersuchungsdesign

Um den Explorationsprozess transparent zu machen, wird nun das Untersuchungsdesign der theoriebasierten Exploration vorgestellt.

Es wird ein vierstufiger Ansatz – von der Suche nach BGF-Varianten und gesundheitsbezogenen Variablen bis hin zur Untersuchung organisationstheoretischer und organisationskultureller Bedingungen für BGF –gewählt. Ziel ist es, aufgrund von sorgfältiger Literaturanalyse und Verknüpfung gesundheits- und sozialwissenschaftlicher Theorien die angestrebten Hypothesen zu entwickeln.

Der Ablauf der theoriebasierten Exploration gliedert sich in die folgenden Phasen:

- Vorbereitung zur Exploration
- Theoriebasierte Exploration I:
  Ableitung von BGF-Varianten aus der Literatur
- Theoriebasierte Exploration II:
  Ableitung gesundheitsbezogener Variablen aus der Literatur
- Theoriebasierte Exploration III:
  Untersuchung organisationstheoretischer Bedingungen für BGF
- Theoriebasierte Exploration IV:
  Untersuchung organisationskultureller Bedingungen für BGF
- Hypothesenbildung

5.1.4 Untersuchungsprozess

Obwohl die Hypothesenbildung elementarer Bestandteil wissenschaftlichen Arbeitens ist, bleibt sie weitgehend den Gewohnheiten der einzelnen Forscher überlassen (Bortz & Döring, 2006, S. 357). In der Literatur wird lediglich darauf hingewiesen, dass das Theoriematerial im Rahmen der Theorieanalyse zusammengefasst und bewertet, verglichen und integriert sowie formalisiert und ggf. modelliert werden soll (ebd., S. 360–364). Die wenigen Informationen zur Methodik der Exploration befolgend, wurde der Explorationsprozess der vorliegenden Arbeit wie folgt konzipiert:

Zusammenfassung und Bewertung

Die wesentlichen Theorien und Typologien wurden identifiziert und beschrieben. Um diese miteinander vergleichen zu können, werden die einzelnen Theorien und Typologien zu insgesamt sechs *Theoriegruppen* verdichtet: Es sind dies die *klassischen, sozialen, situativen, modernen, systemisch-evolutionären* und *kulturellen Ansätze.*

Im Anschluss daran werden die für die Fragestellung der Arbeit ertragreichsten Ansätze einer detaillierten Untersuchung unterzogen. Ziel ist es, Implikationen für BGF abzuleiten. Es wird gezeigt, dass die kulturellen Ansätze die ertragreichsten sind, da anhand dieser die praktikabelsten Bezüge zu BGF hergestellt werden können. Im Speziellen werden vier *Kulturtypen* dazu eingesetzt, die (Nicht-)Verbreitung von BGF, genauer gesagt ihre Eignung für verschiedene BGF-Varianten zu erklären: Es sind dies die Kulturtypen *Patriarchat, Bürokratie, Taskforce* und *Community.*

Der Untersuchungsgegenstand *Organisation* wird damit untergliedert in Theoriegruppen und Kulturtypen. Diese werden bezüglich ausgewählter, für die Fragestellung dieser Arbeit relevanter Merkmale beschrieben. Basierend auf Kapitel 2 wurden die folgenden Merkmale zusammengestellt:

- Merkmal Y: *BGF-Varianten*
- Merkmal A: *Rahmenbedingungen für BGF*
- Merkmal B: *Menschenbild*
- Merkmal C: *Gesundheitsbegriff*
- Merkmal D: *Arbeitsorganisation und -bedingungen*
- Merkmal E: *Führungsverständnis*

Vergleich und Integration

Der Untersuchungsgegenstand und die Merkmale, anhand derer die Theoriegruppen und Kulturtypen verglichen werden sollen, werden im folgenden Schritt in Variablen überführt, um Merkmalsunterschiede herausarbeiten und beschreiben zu können. Folgende Variablentypen wurden festgelegt (Bortz & Döring, 2006, S. 3):

- Die *Theoriegruppe* [W] und der *Kulturtyp* [X] stellen in dieser Arbeit die *unabhängigen Variablen* dar.
- Die *BGF-Variante* [Y] stellt die *abhängige Variable* dar; Veränderungen dieser Variable sollen mit dem Einfluss der unabhängigen Variablen [W] und [X] erklärt werden.
- Die fünf aus der Literatur abgeleiteten gesundheitsbezogenen Variablen *Rahmenbedingungen für BGF* [A], *Menschenbild* [B], *Gesundheitsbegriff* [C], *Arbeitsorganisation und -bedingungen* [D] und *Führungsverständnis* [E] stellen *Moderatorvariablen* dar; diese verändern den Einfluss der unabhängigen Variablen [W] und [X] auf die abhängige Variable [Y].

Die Theoriegruppen und Kulturtypen werden anhand der Variablen danach verglichen, welche Rahmenbedingungen sie für BGF bieten, welches Menschenbild und welcher Gesundheitsbegriff zugrunde gelegt wird, wie die Arbeitsorganisation und -bedingungen beschaffen sind und welches Führungsverständnis in ihnen vorherrscht.

Formalisierung und Modellbildung

Eine Möglichkeit, neue Hypothesen zu formulieren besteht Bortz und Döring (ebd., S. 363) zufolge in Bemühungen, den „harten" Kern einer Theorie herauszuarbeiten und zu formalisieren. Auf der Basis diesbezüglicher Bemühungen sollen Hypothesen über die für die jeweiligen Theoriegruppen und/oder Kulturtypen geeigneten BGF-Varianten abgeleitet werden. Ergebnis der theoriebasierten Exploration soll ein „Modell" sein, das dazu geeignet ist, die Organisationsvielfalt abzubilden und Organisationstypen hinsichtlich ihrer Eignung für verschiedene BGF-Varianten zu differenzieren. Im Anschluss an die theoriebasierte Exploration sollen die vorläufigen Hypothesen von einer Expertengruppe diskutiert werden (s. Kapitel 6).

5.2 Ableitung von BGF-Varianten aus der Literatur

„Gesundheitsförderung stellt den Versuch dar, Gesundheit in Organisationen zu einem Thema zu machen, die zu anderen Zwecken geschaffen wurden und für andere Ziele strukturiert sind." (Grossmann & Scala, 2001, S. 34) BGF trifft im sozialen System Organisation also immer auf ein komplexes, schwer erkennbares Netz von sozialen Strukturen, in denen die Ressourcen bereits verteilt und gebunden sind. Diese Ausführungen verdeutlichen, dass es BGF gelingen muss, Anknüpfungsmöglichkeiten zu organisationalen Problembereichen (z.B. hohe Krankenstandsraten, hohe Fluktuationsraten, Motivationsprobleme der Organisationsmitglieder, niedrige Arbeitszufriedenheit, Qualitäts-, Produktivitäts-, Flexibilitätsdefizite, mangelnde Innovationsfähigkeit) aufzuspüren, um das Interesse der Organisationen für Gesundheitsbelange zu wecken. (ebd., S. 29)

Es kann davon ausgegangen werden, dass sich verschiedene Organisationen hinsichtlich ihrer Problembereiche ähnlicher sind als andere. Weiterhin kann angenommen werden, dass ähnliche Organisationstypen ähnliche gesundheitsbezogene Merkmale (z.B. ähnliche Rahmenbedingungen für BGF, Menschenbilder, Gesundheitsbegriffe, Arbeitsorganisation und -bedingungen, Führungsverständnisse) aufweisen und hinsichtlich dieser gemeinsam analysiert werden können. Welche Organisationstypen für welche BGF-Varianten geeignet sind, soll herausgefunden werden.

Im Anschluss wird BGF nun in verschiedene Varianten unterteilt. Hierbei wird bewusst eine etwas gröbere Einteilung zugrunde gelegt, um nicht nur verhaltens- und verhältnisbezogene Interventionen zu unterscheiden, gleichzeitig aber auch im weiteren Verlauf der Exploration BGF nicht übermäßig zu spezifizieren. Die folgenden vier BGF-Varianten und eine BGF-Nicht-Variante werden unterschieden:

- Verhaltensbezogene BGF
- Verhältnisbezogene BGF
- BGF als OE
- BGM
- Keine BGF

Die BGF-Varianten sind mit dem State of the Art der arbeitspsychologischen und BGF-Literatur (z.B. Badura & Hehlmann, 2003; Meifert & Kesting, 2004; Ulich & Wülser, 2009; Ulich, 2005) kompatibel. Allerdings entspricht nicht jede der Varianten dem Ideal der Luxemburger Deklaration (ENWHP, 2007), in welcher Partizipation, Integration, Projektmanagement und Ganzheitlichkeit als die vier Voraussetzungen für den Erfolg von BGF angesehen werden. Abstriche vom Ideal sind unumgänglich, da in diesem Buch die Annahme vertreten wird, dass unterschiedliche Organisationstypen verschiedene Mischungsverhältnisse von BGF-Maßnahmen benötigen.

In Anlehnung an Grossmann und Scala (2001, S. 29) werden die vier BGF-Varianten als vier miteinander in Verbindung stehende Knoten eines Netzes betrachtet. Eine Veränderung an einem Knoten betrifft alle anderen Teile. So hat etwa die Steigerung des Gesundheitsbewusstseins der Organisationsmitglieder Auswirkungen auf deren Arbeitsbedingungen. Veränderte Arbeitsbedingungen beeinflussen die Arbeitsorganisation und die Führungsstruktur. Natürlich wäre es zunächst einmal erstrebenswert, dem Ideal der Luxemburger Deklaration (ENWHP, 2007) zu entsprechen und somit möglichst komplexe BGF-Varianten zu wählen. Da aber aus verschiedenen Gründen nicht alle Organisationen für komplexe BGF-Varianten geeignet sind, wird hier die Annahme vertreten, dass es sinnvoll ist, die BGF-Variante den organisationalen Voraussetzungen verschiedener Organisationstypen anzupassen und im Anlassfall besser weniger komplexe Varianten zu wählen als keine oder mit komplexen Varianten zu scheitern; im Bewusstsein, dass systemisch betrachtet, ohnehin jede BGF-Variante einen Knoten im Netz darstellt und mehr oder weniger subtile Auswirkungen auf die anderen Knoten hat.

Im Anschluss werden die vier BGF-Varianten mit zunehmendem Komplexitätsanstieg von geringer- zu höherwertigen Varianten beschrieben und voneinander abgegrenzt. Außerdem wird eine BGF-Nicht-Variante angeführt. Schließlich soll die Möglichkeit gegeben sein, für bestimmte Organisationstypen aufgrund ihrer spezifischen Besonderheiten keinerlei BGF-Varianten empfehlen zu können.

5.2.1 Verhaltensbezogene BGF

Verhaltensbezogene BGF bezeichnet gesundheitsbezogene Aktionen, deren Fokus auf dem individuellen Gesundheitsverhalten der Organisationsmitglieder liegt. Ziel dieser BGF-Variante ist die Verbesserung der Gesundheit und Leistungsfähigkeit einzelner Personen. Die mithilfe verhaltensbezogener Interventionen zu erzielenden Effekte sind zumeist kurz- bis mittelfristig. (Ulich, 2005, S. 529) Beispiele für Interventionen stellen Bewegungsprogramme, Rückenschulen, Stressmanagementtrainings, Ernährungsberatungen und Anti-Raucherschulungen dar. Im Review von Goldgruber und Ahrens (2009, S. 93) zeigen 68,6 Prozent der verhaltensbezogenen Interventionen Effekte; für 25,7 Prozent dieser Interventionen liegt starke Evidenz vor.

Es wird angenommen, dass verhaltensbezogene BGF in unterschiedlichen Organisationstypen relativ einfach umzusetzen ist. Die Verantwortung für Gesundheit verbleibt bei den einzelnen Organisationsmitgliedern. Auch sind die Anforderungen an die Organisationen im Vergleich zu den andern BGF-Varianten niedrig. So wird etwa nicht aktiv in die Organisationsgestaltung eingegriffen und organisationaler Wandel erfolgt – wenn überhaupt – nur subtil über den Umweg über die Organisationsmitglieder. Wenn, wie in diesem Buch, davon ausgegangen wird, dass unterschiedliche Organisationstypen verschiedene Mischungsverhältnisse von gesundheitsbezogenen Maßnahmen erfordern, wäre verhaltensbezogene BGF als Einstieg in das Thema Gesundheit geeignet. Passend wäre diese Variante auch für diejenigen Organisationstypen, die kein besonderes Interesse für Gesundheitsbelange aufbringen und/oder komplexeren Interventionsformen gegenüber abgeneigt sind. Diese Variante wäre also für solche Organisationstypen adäquat, in denen BGF Schwierigkeiten hat anzuknüpfen und sich zu den vorherrschenden Organisationszielen in Beziehung zu setzen.

5.2.2 Verhältnisbezogene BGF

Im Gegensatz zu verhaltensbezogener BGF wird verhältnisbezogene BGF nicht auf Individuen, sondern auf Arbeitssysteme und Personengruppen bezogen. Sie soll nicht nur individuelles, sondern auch organisationales Verhalten beeinflussen. Verhältnisbezogene BGF bezeichnet gesundheitsbezogene Aktionen, deren Fokus auf dem Arbeitsplatz, der Arbeitsorganisation und den Arbeitsbedingungen liegt. Sie hat zum Ziel, neben Gesundheit und Leistungsfähigkeit ein positives Selbstwertgefühl, Kompetenz, Kohärenzerleben, Selbstwirksamkeit, internale Kontrolle und Motivation zu fördern. Die mithilfe verhältnisbezogener BGF zu erzielenden Effekte sind im Regelfall mittel- bis langfristig. Beispiele für Interventionen stellen Arbeitszeitgestaltung, Gruppenarbeit, vollständige Aufgaben, gesunde Ernährungsangebote in Kantinen und Betriebs-Fitnessstudios dar. (Ulich, 2005, S. 529) Im Review von Goldgruber und Ahrens (2009, S. 93) weisen 68,6 Prozent der verhältnisbezogenen Maßnahmen Effekte auf. Die Wirksamkeit verhältnisbezogener BGF ist demgemäß ebenso hoch wie jene verhaltensbezogener BGF. Unterschiede zwischen verhaltens- und verhältnisbezogenen Interventionen bestehen jedoch im erreichten Evidenzgrad. So weisen, im Gegensatz zu 25,7 Prozent der verhaltensbezogenen, nur für 5,7 Prozent der verhältnisbezogenen Interventionen starke Evidenz auf.

Aus den Ausführungen geht hervor, dass die Komplexität verhältnisbezogener im Vergleich zu verhaltensbezogenen Interventionen ungleich höher ist. Es werden nicht mehr nur einzelne Personen adressiert. Die Sensibilität für gesundheitliche Belange von Organisationen, in denen verhältnisbezogene BGF realisiert werden soll, muss ungleich höher sein als jene von Organisationen, in denen allein verhaltensbezogene Maßnahmen realisiert werden sollen. Angenommen wird, dass verhältnisbezogene BGF in unterschiedlichen Organisationstypen deutlich schwieriger umzusetzen ist als verhaltensbezogene BGF. Die Anforderungen an die Organisationen sind deutlich höher; insbesondere muss die Bereitschaft zu struktureller Veränderung gegeben sein. Verhältnisbezogene BGF dürfte aus eben diesem Grund nur für jene Organisationstypen geeignet sein, die Eingriffe in ihre gewohnten, organisationalen Abläufe und damit deren Veränderung zulassen.

5.2.3 BGF als OE

Mehr noch als verhältnisbezogene BGF bewirkt *BGF als OE* organisationalen Wandel. Der wesentliche Unterschied der beiden Varianten liegt im *Lernen* begründet. OE bedeutet immer Lernen im doppelten Sinn: Lernen von Personen *und* Lernen von Organisationen, nicht entweder Lernen von Personen oder Lernen von Organisationen. (Sievers, 2000, S. 42) *BGF als OE* bezeichnet organisationale gesundheitsbezogene Aktionen, deren Fokus auf der Kultur, der Führung und dem sozialen Klima liegt. Genauso wie verhältnisbezogene BGF hat sie zum Ziel, neben Gesundheit und Leistungsfähigkeit ein positives Selbstwertgefühl, Kompetenz, Kohärenzerleben, Selbstwirksamkeit, internale Kontrolle und Motivation zu fördern. Neben individuellem Verhalten soll sie vor allem auch organisationales und soziales Verhalten beeinflussen. *BGF als OE* bezeichnet einen doppelten Prozess – die Verbesserung der Gesundheit und Leistungsfähigkeit durch die Entwicklung von Personen *und* die Veränderung von Strukturen durch die Entwicklung von Organisationen.

> Grossmann und Scala (2001) behaupten aus einer systemtheoretischen Perspektive, dass: Gedanken, Ideen und Visionen von Personen solange keinen Eingang in die soziale Realität finden, als sie nicht in eine Kommunikationsweise transformiert werden, die dem jeweiligen System angemessen ist. Sie müssen in den Regel- und Entscheidungskontext integriert werden. Was sich alleine im Kopf einer Führungskraft oder im informellen Gespräch abspielt, besitzt im Systemkontext keine Realität. (S. 32)

Die Schlüsselprozesse der OE sind die Entwicklung der Unternehmenspolitik, die Neuorganisation vorhandenen Wissens, Mitarbeiterpartizipation und die Unterstützung geplanten Kulturwandels (ebd., S. 81–85). Die mithilfe von *BGF als OE* zu erzielenden Effekte sind im Regelfall langfristig. Im Vordergrund stehen Scharinger (2005, S. 19) zufolge nachhaltige Entwicklungsprozesse durch kombinierte Veränderung der Unternehmensstrategie und der Organisationskultur, Mitarbeiterpartizipation und -qualifizierung, Förderung konstruktiver Konfliktfähigkeit und Bewusstmachen der Verantwortung der Führungskräfte für Veränderung und Entwicklung. Beispiele für Interventionen stellen der Aufbau einer Vertrauenskultur, Führungskräfteschulungen, Teamentwicklung oder Mitarbeiterpartizipation im Rahmen von Gesundheitszirkeln dar. Nur in zwei der 17 von Goldgruber und Ahrens (2009, S. 91–92) verglichenen systematischen Reviews und Metaanalysen wurden BGF-Interventionen untersucht, die in den Bereich der OE fallen; die Evidenzlage bezüglich dieser Maßnahmen muss als tendenziell gering bezeichnet werden, für keine der OE-Interventionen liegt starke Evidenz vor.

Organisationaler Wandel verändert Organisationsstrukturen und -kulturen (Jones & Bouncken, 2008, S. 42). Der Komplexitätsgrad der *BGF als OE* ist gegenüber verhältnisbezogenen, strukturellen Veränderungen deutlich erhöht. Dies ist sehr eindrucksvoll an den Ausführungen Pelikans (2007, S. 80) abzulesen, der zu bedenken gibt, dass neue Kulturen nicht ohne weiteres von wenigen Personen entschieden werden können, sondern dass diese vielmehr von allen Beteiligten internalisiert werden müssen, was einen langwierigen Prozess darstellen kann. Folglich kann angenommen werden, dass nur wenige Organisationstypen für organisationalen Wandel in Form von *BGF als OE* bereit sind. Dieses prozess-, erfahrungs- und lernorientierte Vorgehen (Westermayer & Stein, 2006, S. 101) stellt hohe Ansprüche an Organisationen, zu deren wichtigsten wohl die Offenheit der Führungskräfte zählt, Mitarbeitern mit allen Konsequenzen echte und somit ehrliche Beteiligung an Entscheidungsfindung zu gewähren und ihr Führungsverständnis kritisch zu hinterfragen und zu entwickeln.

5.2.4 BGM

Da die Wahrscheinlichkeit für eine effiziente Umsetzung gesundheitsbezogener Interventionen in Organisationen Ulich und Wülser (2009, S. 11–12) zufolge besonders hoch ist, wenn gleichzeitig die Produktivität unterstützt wird, ist die Integration des Gesundheits- und Arbeitsschutzes in ein BGM ihrer Auffassung nach eine absolute Notwendigkeit. Den beiden Autoren folgend, wird in dieser Arbeit die Position vertreten, dass Gesundheitsförderung und Arbeitsschutz gemeinsame Bestandteile eines BGM darstellen. In Abgrenzung zu den eben beschriebenen Varianten *verhaltensbezogene BGF, verhältnisbezogene BGF* und *BGF als OE* hat dies folgende Konsequenzen (Ulich, 2005, S. 528): Die beiden konträren Perspektiven der Gesundheitsförderung und des Arbeitsschutzes werden im BGM integriert. Der Mensch wird somit nicht nur, wie typischerweise in der BGF, als autonom handelndes Subjekt (salutogenetisches Grundverständnis), sondern gleichermaßen als schutzbedürftiges Wesen (pathogenetisches Grundverständnis) angesehen. Die Aufgaben und Ziele des BGM liegen im verhaltensbezogenen Bereich demnach nicht nur im Erkennen und Nutzen von Handlungs- und Gestaltungsspielräumen (Wahrnehmen von Chancen), sondern ebenso im Erkennen und adäquaten Handeln in gefährlichen Situationen (Wahrnehmen von Gefahren). Im verhältnisbezogenen Bereich liegen sie zum einen im Schaffen oder Erhalten gesundheitsförderlicher Arbeitsbedingungen und Kompetenzen (Entwicklungsperspektive, Ressourcenorientierung), zum anderen im Vermeiden oder Beseitigen gesundheitsgefährdender Arbeitsbedingungen und Belastungen (Schutzperspektive, Belastungsorientierung). Die mithilfe von *BGM* zu erzielenden Effekte sind im Regelfall langfristig. Im Vordergrund steht eine ganzheitliche Konzeption im Sinne der Luxemburger Deklaration, in welcher postuliert wird, dass BGF „alle gemeinsamen Maßnahmen von Arbeitgebern, Arbeitnehmern und Gesellschaft zur Verbesserung von Gesundheit und Wohlbefinden am Arbeitsplatz [umfasst]. Dies kann durch eine Verknüpfung folgender Ansätze erreicht werden: Verbesserung der Arbeitsorganisation und der

Arbeitsbedingungen, Förderung einer aktiven Mitarbeiterbeteiligung, Stärkung persönlicher Kompetenzen" (ENWHP, 2007). In keinem der 17 von Goldgruber und Ahrens (2009, S. 85–92) verglichenen Reviews kam die BGF-Variante BGM vor; sofern die hier vorgenommene Abgrenzung zugrunde gelegt wird.

Grossmann uns Scala (2001, S. 21) geben zu bedenken, dass BGF – die nicht das Kerngeschäft der allermeisten Organisationen ausmacht – erst wahrgenommen wird, wenn sie zum integrierten Bestandteil interner Entscheidungsprozesse wird und Ressourcen bereitgestellt werden, da sich Organisationen erst dann mit neuen Themen beschäftigen können, wenn ihre Strukturen darauf eingestellt sind. Im Falle der BGF erfordert das insbesondere ihre Verankerung im Managementsystem, also in Satzungen und Budgets. Diese Ausführungen verdeutlichen, dass BGM die komplexeste der hier unterschiedenen BGF-Varianten darstellt. Aufgrund seines hohen Anspruches an Organisationen wird davon ausgegangen, dass es nur für diejenigen Organisationstypen geeignet ist, die echtes Interesse an Gesundheitsbelangen aufweisen und die Möglichkeiten, die durch die nachhaltige Implementierung eines BGM erwachsen, erkennen.

5.2.5 Keine BGF

Zwar wird in dieser Arbeit davon ausgegangen, dass unterschiedliche Organisationstypen lediglich verschiedene Mischungsverhältnisse von BGF-Maßnahmen erfordern, dennoch soll die Option gegeben sein, für bestimmte Organisationstypen, etwa solche, die ohnedies eine hohe gesundheitsförderliche Organisationsstruktur und -kultur aufweisen, auch keinerlei BGF-Variante empfehlen zu können.

5.3 Ableitung gesundheitsbezogener Variablen aus der Literatur

Aus den theoretischen Grundlagen zu Gesundheit am Arbeitsplatz (s. Kapitel 2), insbesondere aus Standardwerken der BGF (z.B. Badura & Hehlmann, 2003; Rosenbrock, 2006; Ulich & Wülser, 2009), werden nun fünf gesundheitsbezogene Variablen abgeleitet, anhand derer später die organisationstheoretischen (Kapitel 5.4) und organisationskulturellen Bedingungen für BGF (Kapitel 5.5) analysiert werden sollen.

5.3.1 Rahmenbedingungen für BGF

Damit BGF im Kontext der verschiedenen Theoriegruppen greifbarer wird, wurden aus den zentralen Elementen der BGF Indikatoren zur Operationalisierung der Variable *Rahmenbedingungen für BGF* herausgearbeitet. Da unterschiedliche Organisationstheorien und -typologien verschiedenste Ziele verfolgen, nach verschiedenen Prinzipien,

Normen und Regeln funktionieren und in unterschiedlicher Weise mit ihrer Umwelt interagieren, werden übergeordnete, allgemein normgebende Charakteristiken der einzelnen Theoriegruppen analysiert, die Einfluss auf BGF haben. Die Variable *Rahmenbedingungen für BGF* bildet somit die Basis für ein tieferes Verständnis der Theorien und Typologien hinsichtlich der weiteren vier gesundheitsbezogenen Variablen. Anhand von sieben Indikatoren sollen die Rahmenbedingungen für BGF in den einzelnen Theoriegruppen analysiert werden (s. Tabelle 12).

Tabelle 12   Rahmenbedingungen für BGF (Goldgruber, 2010, S. 297)

Moderatorvariable A	Indikatoren
	Priorität der BGF
	Ressourcen für BGF
	Instrumente und Gremien der BGF
Rahmenbedingungen für BGF	Partizipation
	Empowerment
	BGF in Projektform
	BGF als Daueraktivität

Welche Rahmenbedingungen haben Einfluss auf BGF im Kontext der verschiedenen organisationstheoretischen und -typologischen Ansätze? Folgende Indikatoren werden analysiert:

- *Priorität der BGF*: Kommt der BGF in diesem Ansatz tendenziell formell („im Organigramm") und informell („in der Organisationskultur") die für ihre Bewältigung erforderliche Priorität zu? (Rosenbrock, 2006a, S. 7)
- *Ressourcen für BGF*: Kann in diesem Ansatz tendenziell mit der Unterstützung der BGF durch die Führungskräfte in Form von finanziellen und personellen Ressourcen gerechnet werden oder nicht? (ebd., S. 7)
- *Instrumente und Gremien der BGF*: Ist die Etablierung von zentralen Instrumenten und Gremien der BGF (Lenkungsgremium, Gesundheitsbericht, Gesundheitszirkel, Umsetzung der Verbesserungsvorschläge, Prozess- und Ergebnisevaluation) in diesem Ansatz tendenziell einfach oder schwierig zu realisieren? (Ulich & Wülser, 2009, S. 120)
- *Partizipation*: Ist das Ausmaß an Partizipation durch persönliche Beteiligung der Mitarbeiter an organisationalen Entscheidungen in diesem Ansatz tendenziell hoch oder gering? (Badura & Hehlmann, 2003, S. 43)

- *Empowerment*: Ist Empowerment in diesem Ansatz in Form von Einfluss der Mitarbeiter auf die Gestaltung der tatsächlichen betrieblichen Gegebenheiten tendenziell stark oder gering ausgeprägt? (Rosenbrock, 2006a, S. 4)
- *BGF in Projektform*: Ist die Einführung von BGF in Projektform in diesem Ansatz tendenziell einfach oder schwierig realisierbar? (ebd., S. 5)
- *BGF als Daueraktivität*: Ist die Etablierung von BGF als Daueraktivität in diesem Ansatz tendenziell einfach oder schwierig realisierbar? (ebd., S. 5)

Hinsichtlich dieser sieben Indikatoren unterscheiden sich die Theoriegruppen, was – mehr oder weniger – interessante Schlüsse für BGF zulässt. Förderlich wäre etwa ein hohes Ausmaß an Partizipation durch persönliche Beteiligung der Mitarbeiter an organisationalen Entscheidungen, welches mit autokratischem Führungsverständnis und Geringschätzung der Mitarbeiter wahrscheinlich eher schlecht vereinbar wäre.

5.3.2 Menschenbild

Nicht nur einzelne Menschen, sondern auch Gruppen und Gemeinschaften bis hin zu Organisationen entwickeln Annahmen und Überzeugungen darüber, was der Mensch von Natur aus ist, wie er mit seiner sozialen und materiellen Umwelt interagiert und welche Werte und Ziele er verfolgt. Menschenbilder sind traditionell und kulturell geprägt und geben Aufschluss über Wertorientierungen und soziale Einstellungen von Personen. (Fahrenberg, 2007, S. 2)

Im Rahmen der Analyse der vorherrschenden Menschenbilder einzelner Theoriegruppen geht es nicht um die Klärung von richtig oder falsch, positiv oder negativ, sondern darum, welche Vorstellungen Vertreter unterschiedlicher Theorieansätze verfolgen und welche Implikationen daraus für BGF abzuleiten sind. Liegt der Theoriegruppe eher das Bild eines rationalen, ökonomischen Menschen, jenes eines sozialen Menschen, jenes eines nach Selbstentfaltung strebenden Menschen oder jenes eines komplexen Menschen zugrunde (Schein, 1974, S. 69)? Wird das Bild einer kühl kalkulierenden, opportunistischen Person oder jenes eines moralischen Menschen verfolgt? (Blickle, 2004, S. 840–841) Anhand von sieben Indikatoren soll die Variable *Menschenbild* operationalisiert werden (s. Tabelle 13).

Welches Menschenbild wird den verschiedenen Theoriegruppen zugrunde gelegt? Die Variable *Menschenbild* soll Aufschluss darüber geben, welche grundlegenden Annahmen über den Menschen in den einzelnen Theoriegruppen vorherrschen. Folgende Indikatoren werden analysiert:

- *Wert der Mitarbeiter*: Werden die Mitarbeiter in diesem Ansatz von den Führungskräften tendenziell als wertvoll oder nicht wertvoll betrachtet? (Ulich, 2005, S. 45)

- *Bedürfnisse der Mitarbeiter*: Sind die Bedürfnisse der Mitarbeiter in diesem Ansatz tendenziell von hoher oder niedriger Bedeutung? (Ulich, 2005, S. 45–46)
- *Zufriedenheit der Mitarbeiter*: Ist die Zufriedenheit der Mitarbeiter in diesem Ansatz tendenziell hoch oder gering? (ebd., S. 109)
- *Identifikation der Mitarbeiter*: Ist die Identifikation der Mitarbeiter in diesem Ansatz mit übergeordneten Zielen und Regeln ihres sozialen Systems („Wir-Gefühl", „Commitment") tendenziell stark oder gering ausgeprägt? (Badura & Hehlmann, 2003, S. 42)
- *Gegenseitiges Vertrauen der Mitarbeiter*: Sind gegenseitiges Vertrauen und Zusammenhalt unter den Mitarbeitern in diesem Ansatz tendenziell stark oder gering ausgeprägt? (ebd., S. 43)
- *Sozialbeziehungen*: Sind hochwertige Sozialbeziehungen in Form von sozialer Unterstützung, Respekt und einem unterstützenden Umfeld im Umgang mit Gesundheit und Krankheit in diesem Ansatz tendenziell gegeben oder nicht gegeben? (Rosenbrock, 2006a, S. 5)
- *Gemeinsame Überzeugungen, Werte und Regeln*: Ist der Vorrat an gemeinsamen Überzeugungen, Werten und Regeln in diesem Ansatz tendenziell stark oder gering ausgeprägt? (Badura & Hehlmann, 2003, S. 41)

Tabelle 13   Menschenbild (Goldgruber, 2010, S. 299)

Moderatorvariable B	Indikatoren
	Wert der Mitarbeiter
	Bedürfnisse der Mitarbeiter
	Zufriedenheit der Mitarbeiter
	Identifikation der Mitarbeiter
Menschenbild	Gegenseitiges Vertrauen der Mitarbeiter
	Sozialbeziehungen
	Gemeinsame Überzeugungen, Werte und Regeln

Angenommen wird, dass Menschenbilder Aufschlüsse über die BGF-Eignung von Organisationen zulassen. Wenn in Organisationen etwa Menschenbilder vorherrschen, in denen davon ausgegangen wird, dass Mitarbeiter primär faul oder abhängig sind, ist dies mit gesundheitsförderlichen Arbeitsbedingungen wohl nicht in Einklang zu bringen.

5.3.3   Gesundheitsbegriff

Die Gesundheit der Organisationsmitglieder steht im Mittelpunkt jeglicher BGF-Intervention (Ulich & Wülser, 2009, S. 25). Somit ist es wichtig zu analysieren, welche Vorstellungen von Gesundheit und Krankheit in den Theoriegruppen vorherrschen und was unter dem Begriff „Gesundheit" verstanden wird. Anhand der Variable *Gesundheitsbegriff* soll das den verschiedenen Theoriegruppen zugrunde liegende Gesundheitsverständnis analysiert werden. Ausgehend von der WHO-Definition (1948; zitiert nach WHO 1998), in welcher betont wurde, dass Gesundheit etwas anderes ist, als das Fehlen von Krankheit oder Behinderung, nämlich ein „Zustand des umfassenden körperlichen, geistigen und sozialen Wohlbefindens" (S. 1) kann im Kontext der Analyse organisationstheoretischer und -typologischer sowie organisationskultureller und -typologischer Ansätze der Gesundheitsbegriff mit der Arbeits- oder Leistungsfähigkeit von Arbeitnehmern verknüpft werden. Gesundheitsförderliche Organisationen fördern somit die Gesundheit und das Wohlbefinden der Mitarbeiter und gehen über die schlichte Aufgaben- und Funktionserfüllung hinaus. Anhand von drei Indikatoren soll die Variable *Gesundheitsbegriff* operationalisiert werden (s. Tabelle 14).

Tabelle 14   Gesundheitsbegriff (Goldgruber, 2010, S. 301)

Moderatorvariable C	Indikatoren
Gesundheitsbegriff	Gesundheitsverständnis
	Verantwortung für Gesundheit
	Gesundheit als betriebliches Thema

Welcher Gesundheitsbegriff wird den verschiedenen Theoriegruppen zugrunde gelegt? Folgende Indikatoren werden analysiert:

- *Gesundheitsverständnis*: Herrscht in diesem Ansatz tendenziell ein positives oder negatives Gesundheitsverständnis vor? (Greiner, 1998, S. 41–43)
- *Verantwortung für Gesundheit*: Obliegt die Verantwortung für Gesundheit in diesem Ansatz tendenziell den Mitarbeitern oder der Unternehmensführung? (Badura et al., 2008, S. 1)
- *Gesundheit als betriebliches Thema*: Kann Gesundheit im Rahmen der in diesem Ansatz vorherrschenden betrieblichen Werte, Normen und Verhaltensweisen tendenziell gut oder schlecht als betriebliches Thema verankert werden? (Ulich & Wülser, 2009, S. 117)

Anzunehmen ist, dass die mithilfe dieser Variable gewonnenen Informationen nicht besonders ergiebig ausfallen werden, da nicht damit zu rechnen ist, dass die Themen Gesundheit und insbesondere Mitarbeitergesundheit von Organisationsforschern umfassend thematisiert wurden.

5.3.4 Arbeitsorganisation und -bedingungen

Arbeitsorganisation beschäftigt sich mit der Frage, wie Aufgaben, komplexe Tätigkeiten und Handlungen zwischen Organisationsmitgliedern aufgeteilt und koordiniert werden und welche Auswirkungen dies auf deren Arbeitsbedingungen hat (Ridder, 2004, S. 29). Dass die Arbeitsgestaltung bedeutenden Einfluss auf die Gesundheit hat, ist arbeitspsychologisch belegt (z.b. Ulich, 2005; Ulich & Wülser, 2009). Die wesentlichen Merkmale persönlichkeits- und gesundheitsförderlicher Aufgabengestaltung sind nach Ulich (2005, S. 202) Vollständigkeit, Anforderungsvielfalt, Möglichkeiten der sozialen Interaktion, Autonomie, Lern- und Entwicklungsmöglichkeiten, Zeitelastizität und stressfreie Regulierbarkeit sowie Sinnhaftigkeit. Sie bewirken Aufgabenorientierung und vermögen Anforderungen zu erhöhen und parallel dazu Belastungen zu senken. Nach diesen Merkmalen gestaltete Aufgaben sind Ulich und Wülser (2009, S. 237) zufolge nicht nur dazu geeignet, die Gesundheit der Organisationsmitglieder, sondern auch deren Motivation, fachliche Qualifikation, soziale Kompetenz, Selbstwirksamkeit und Flexibilität zu fördern. Anhand der Variable *Arbeitsorganisation und -bedingungen* und neun Indikatoren (s. Tabelle 15) sollen die Theoriegruppen hinsichtlich der oben angeführten Merkmale persönlichkeits- und gesundheitsförderlicher Aufgabengestaltung analysiert werden.

Tabelle 15 Arbeitsorganisation und -bedingungen (Goldgruber, 2010, S. 302)

Moderatorvariable D	Indikatoren
	Aufgaben
	Anforderungen
	Belastungen
	Tätigkeitsspielräume
Arbeitsorganisation und -bedingungen	Gruppenarbeit
	Information und Kommunikation
	Lernen und Entwicklung
	Sinnstiftende Betätigung
	Arbeitszeit

Wie ist die Arbeit in den verschiedenen Theoriegruppen organisiert? Welche Arbeitsbedingungen herrschen vor und in welchem Zusammenhang stehen diese mit der Mitarbeitergesundheit? Folgende Indikatoren werden analysiert:

- *Aufgaben*: Sind die Aufgaben in diesem Ansatz tendenziell vollständig, also durch planende, ausführende und kontrollierende Elemente abwechslungsreich gestaltet und mit der Möglichkeit versehen, Ergebnisse der eigenen Tätigkeit auf Übereinstimmung mit gestellten Anforderungen zu prüfen oder nicht? (Ulich & Wülser, 2009, S. 170)

- *Anforderungen*: Sind die psychischen Anforderungen an eigenständiges Denken, Planen und Entscheiden sowie an Kooperation in diesem Ansatz tendenziell hoch oder niedrig? (ebd., S. 20)

- *Belastungen*: Sind die psychischen Belastungen durch Zusatzaufwand, monotone Bedingungen, Zeitdruck und insbesondere durch Regulationshindernisse wie Erschwerungen oder Unterbrechungen in diesem Ansatz tendenziell hoch oder niedrig? (ebd., S. 54)

- *Tätigkeitsspielraum*: Sind die Tätigkeitsspielräume der Mitarbeiter hinsichtlich Entscheidungs-, Kontroll- und Gestaltungsmöglichkeiten in diesem Ansatz tendenziell groß oder gering? (ebd., S. 245–246)

- *Gruppenarbeit*: Ist ganzheitliche Gruppenarbeit mit komplexen Aufgaben, hoher Autonomie und Job Enrichment in diesem Ansatz tendenziell einfach oder schwierig realisierbar? (ebd., S. 260–263)

- *Information und Kommunikation*: Ist in diesem Ansatz eine Kultur der Information, verbunden mit Kommunikationsmöglichkeiten, tendenziell stark oder schwach ausgeprägt? (Udris, 2006, S. 11)

- *Lernen und Entwicklung*: Sind persönliche Lern- und Entwicklungsmöglichkeiten der Organisationsmitglieder durch problemhaltige Aufgaben, zu deren Bewältigung vorhandene Qualifikationen eingesetzt und erweitert oder neue Qualifikationen angeeignet werden müssen, in diesem Ansatz tendenziell gegeben oder nicht gegeben? (Ulich & Wülser, 2009, S. 237)

- *Sinnstiftende Betätigung*: Wird die Arbeit von den Beschäftigten in diesem Ansatz tendenziell als sinnstiftende Betätigung oder sinnlos erlebt? (Badura & Hehlmann, 2003, S. 54)

- *Arbeitszeit*: Ist die Arbeitszeit durch zeitliche Spielräume in Form von Zeitpuffern und Zeitelastizität bei der Festlegung von Vorgabezeiten in diesem Ansatz tendenziell flexibel oder nicht flexibel einteilbar? (Ulich & Wülser, 2009, S. 237)

Die Zusammenhänge zwischen Arbeitsbedingungen und Gesundheitszuständen sind seit Jahren evident (Semmer & Mohr, 2001, S. 152–154; Ulich & Wülser, 2009,

S. 236–237). Dass auch die Organisation der Arbeit selbst Einflüsse auf die Gesundheit der Mitarbeiter hat, konnte in verschiedenen Untersuchungen, etwa zu den Effekten der Gruppenarbeit (Ulich & Wülser, 2009, S. 248–263) nachgewiesen werden.

5.3.5 Führungsverständnis

Unterschiedliche Menschenbilder und Vorannahmen, Erkenntnisinteressen und nicht selten auch Ideologien prägen das Führungsverständnis von Leitungspersonen (Weibler, 2004, S. 295). Allgemein bezieht sich Führung auf die Steuerung des Verhaltens von Organisationsmitgliedern und bedeutet „andere durch eigenes, sozial akzeptiertes Verhalten so zu beeinflussen, dass dies bei den Beeinflussten mittelbar oder unmittelbar ein intendiertes Verhalten bewirkt" (Weibler, 2004, S. 296). Die Motivation der Mitarbeiter ist eine der wichtigsten Führungsaufgaben, wobei Mitarbeiter gemeinhin dazu beeinflusst werden sollen, möglichst optimale Leistungen zu erbringen. Humanzielen, die üblicherweise in der Steigerung der Arbeitszufriedenheit ausgemacht werden, kommt im Bereich der BGF besondere Bedeutung zu. Historisch betrachtet, ist in Organisationen jedoch das Bild des allein durch ökonomische Anreize zur Arbeit motivierten Organisationsmitglieds dominant (Nerdinger, 2004, S. 907–912). Zur Steigerung der Leistungsbereitschaft der Mitarbeiter und somit zur Förderung ihrer Motivation dienen monetäre und nicht monetäre Anreizsysteme (Frey & Benz, 2004, S. 27). Die Förderung aktiver Mitarbeiterbeteiligung an Entscheidungen stellt ein zentrales Anliegen der Luxemburger Deklaration (ENWHP, 2007) dar. Anhand von acht Indikatoren soll das Führungsverständnis in den Theoriegruppen analysiert werden, um Implikationen für BGF in unterschiedlichen Organisationstypen ableiten zu können (s. Tabelle 16).

Tabelle 16   Führungsverständnis (Goldgruber, 2010, S. 305)

Moderatorvariable E	Indikatoren
Führungsverständnis	Führungsstil
	Entscheidungsfindung
	Zielerreichung
	Transparenz
	Vertrauen in die Führung
	Gratifikationen
	Anreize
	Feedback

Welches Führungsverständnis wird den verschiedenen Theoriegruppen zugrunde gelegt? Folgende Indikatoren werden analysiert:

- *Führungsstil*: Ist der Führungsstil in diesem Ansatz tendenziell mitarbeiter- oder karriereorientiert? (Badura et al., 2008, S. 133)
- *Entscheidungsfindung:* Werden Entscheidungen in diesem Ansatz tendenziell von den Betroffenen (partizipativ) oder von den Führungskräften (autoritär) getroffen? (Ulich & Wülser, 2009, S. 131)
- *Zielerreichung:* Werden Ziele in diesem Ansatz tendenziell durch Vertrauen, gemeinsame Überzeugungen und Werte und Beteiligung oder durch Anordnung und marktförmige Vertragsbeziehungen erreicht? (Badura et al., 2008, S. 3)
- *Transparenz:* Sind die Organisationsstrukturen und -prozesse und insbesondere die Entscheidungsfindungsprozesse in diesem Ansatz tendenziell transparent oder nicht? (Udris, 2006, S. 11)
- *Vertrauen in die Führung*: Ist das Vertrauen der Mitarbeitenden in die Führung in diesem Ansatz tendenziell stark oder gering ausgeprägt? (Badura & Hehlmann, 2003, S. 42)
- *Gratifikationen:* Besteht in diesem Ansatz tendenziell ein Gleichgewicht zwischen Verausgabung (Anforderungen, Verpflichtungen) und Belohnung (Lohn, Gehalt, Wertschätzung, Aufstiegsmöglichkeiten, Arbeitsplatzsicherheit) oder nicht? (Ulich & Wülser, 2009, S. 87)
- *Anreize:* Werden den Mitarbeitern in diesem Ansatz tendenziell adäquate monetäre (Lohn, Gehalt) und nicht monetäre Anreize (Wertschätzung, Aufstiegsmöglichkeiten, Arbeitsplatzsicherheit) geboten oder nicht? (ebd., S. 87)
- *Feedback:* Herrscht in diesem Ansatz tendenziell eine Kultur des Feedbacks vor oder nicht? (Udris, 2006, S. 11)

Dass generell demokratische, partizipative und beziehungsorientierte Führungsstile den autoritären, direktiven und aufgabenorientierten erfolgsbezogen überlegen sind, lässt sich Boerner (2004, S. 320) zufolge nicht halten. Angenommen wird jedoch, dass ein mitarbeiterorientierter, also durch Wertschätzung und Achtung, Offenheit, Zugänglichkeit et cetera Führungsstil gesundheitsfördernd wirkt.

5.4 Untersuchung organisationstheoretischer Bedingungen für BGF

In diesem Abschnitt sollen Verknüpfungsmöglichkeiten der BGF mit gängigen Organisationstheorien und -typologien analysiert werden. Ziel ist es, anhand der organisationstheoretischen Bedingungen Hypothesen über adäquate BGF-Varianten für unterschiedliche Organisationstypen abzuleiten.

Aufgrund der Ähnlichkeit verschiedener Organisationstheorien – zum Teil handelt es sich um Weiterentwicklungen älterer Theorieansätze, zum Teil um thematisch kompatible Konzepte – werden im Folgenden einzelne Ansätze zu Theoriegruppen verdichtet. Die Gruppierung wird in Tabelle 17 veranschaulicht.

Tabelle 17   Ansätze der Organisationstheorie (Goldgruber, 2010, S. 307)

Klassische Ansätze	Webers Bürokratiemodell Taylors Scientific Management
Soziale Ansätze	Human Relations-Bewegung Human Resources-Bewegung
Situative Ansätze	Situativer Ansatz Organisationstypologien
Moderne Ansätze	Verhaltenswissenschaftliche Entscheidungs- theorie Neue Institutionenökonomik
Systemisch- evolutionäre Ansätze	Populationsökologischer Ansatz Weicks Organisationsprozessmodell Luhmanns Systemtheorie über Organisatio- nen

In den nun folgenden Kapiteln lassen sich die Anknüpfungsmöglichkeiten für BGF gut nachvollziehen. BGF findet in den unterschiedlichen Theoriegruppen verschiedene – aber wenige – Anknüpfungspunkte. Dies ist insoweit nachvollziehbar, als die Gesundheit der Mitarbeiter lange Zeit eine nur untergeordnete Rolle spielte.

5.4.1 Verknüpfung klassischer Ansätze mit BGF

Webers Bürokratiemodell und Taylors Scientific Management werden – wie in der Organisationsliteratur üblich (Schreyögg, 2008, S. 29) und aufgrund ihrer thematischen Nähe – zu den klassischen Ansätzen der Organisationstheorie zusammengefasst. Trotz der Tatsache, dass diese beiden Organisationstheorien schon zu Beginn des 20. Jahrhunderts entwickelt wurden, finden sich in vielen modernen Organisationen sowohl bürokratische als auch tayloristische Prinzipien, was diese Theoriegruppe für die explorative Untersuchung interessant macht. Das Gedankengut tayloristischer Ansätze findet sich heute etwa im Benchmarking, in Qualitätsmanagementnormen oder im Wissensmanagement. In Konzepten also, anhand derer das Wissen der Organisationsmitglieder in subtiler Form in formale Regeln überführt und somit der Organisation zur Verfügung gestellt werden soll. (Laske et al., 2006, S. 26) Die Exploration zeigt folgendes Bild:

Rahmenbedingungen für BGF

Organisationen stellen den klassischen Ansätzen nach geschlossene Systeme dar. Allgemeingültige Organisationsprinzipien bestimmen den Alltag von Organisationen, die den klassischen Organisationstheorien folgen. Sie dienen ihrer Strukturierung und Automatisierung. Es kann davon ausgegangen werden, dass BGF hier weder formell noch informell die für ihre Bewältigung erforderliche Priorität zukommt, da Rationalisierung und Effizienz angestrebt werden; Prinzipien, die mit langfristiger Ressourcenaufwendung für die Mitarbeitergesundheit nicht in Einklang zu bringen sein dürften. Im Vordergrund steht eine möglichst hohe Produktivitätssteigerung. Investitionen, die mit dieser nicht in direktem Zusammenhang stehen, dürften nicht getätigt werden, weshalb hier nicht mit Unterstützung der BGF durch Ressourcen, gleich welcher Art, gerechnet werden kann. Auch die Etablierung zentraler Instrumente und Gremien der BGF (z.B. Lenkungsgremium, Gesundheitszirkel, Gesundheitsbericht) dürfte in den klassischen Ansätzen schwierig zu realisieren sein, da angenommen werden kann, dass Mitarbeiterpartizipation und Empowerment von Führungskräften, die klassischen Ansätzen folgen, nicht geduldet wird. Vielmehr sollen die Mitarbeiter durch Disziplinierung, Regelgehorsam und andere Merkmale klassischer Ansätze, wie Arbeitsteilung, Trennung von Hand- und Kopfarbeit oder monetären Anreizsystemen von eigenständigem Denken entbunden werden. Die Rahmenbedingungen für BGF deuten in Organisationen, die nach klassischen Organisationsprinzipien funktionieren, darauf hin, dass BGF weder in Projektform noch als Daueraktivität zu realisieren sein dürfte.

Menschenbild

Der Theoriegruppe liegt das Bild eines rationalen, ökonomischen Menschen zugrunde, welcher allein durch ökonomische Antriebe motivierbar ist, als passiv Handelnder von der Organisation manipuliert, motiviert und kontrolliert werden muss und irrationale Gefühle sowie unberechenbare Eigenschaften hat, die von der Organisation neutralisiert und kontrolliert werden müssen (Schein, 1974, S. 69). Das Menschenbild klassischer Ansätze ist pessimistisch. Organisationen werden als formal konzipierte Gebilde betrachtet, in denen Menschen eine passive, relativ mechanistische Funktion innerhalb des Organisationsablaufs zugewiesen wird. Die Organisationen fordern von ihren Mitgliedern Disziplin, Regelgehorsam sowie Unterordnung und schränken ihre Entscheidungsfreiheit und Selbstverantwortung stark ein. Individuelle Handlungsspielräume werden untergraben, Wertorientierungen und Entfaltungspotenziale gehemmt, Abhängigkeit wird hingegen gefördert. (Sanders & Kianty, 2006, S. 59) Die Mitarbeiter stellen in den klassischen Ansätzen beliebig austauschbare Teile der Maschine „Organisation" dar. Es kann davon ausgegangen werden, dass sie nicht als besonders wertvoll betrachtet und ihre Bedürfnisse von nicht allzu hoher Bedeutung sein werden. Auch dürfte die Mitarbeiterzufriedenheit eher gering sein, wobei nicht ausgeschlossen werden kann, dass Arbeitsteilung, die Trennung von Hand- und Kopfarbeit oder ähnliche Merkmale klassischer Organisationsgestaltung sämtlichen Mitarbeitern per se widersprechen. Die geringe Wertschätzung durch die Führungskräfte und das Wissen, dass jede beliebige Person jede willkürliche Arbeit nach kurzer Zeit beherrscht, dürfte zu geringer Identifikation mit übergeordneten Zielen und Regeln und geringem Vertrauen, Zusammenhalt und oberflächlichen Sozialbeziehungen führen. Auch ihr Vorrat an gemeinsamen Überzeugungen, Werten und Regeln dürfte eher gering sein. Das Menschenbild klassischer Ansätze kann mit dem Motto „Organisationen beschäftigen Arbeitskräfte" zusammengefasst werden.

Gesundheitsbegriff

Das Gesundheitsverständnis der klassischen Ansätze ist negativ krankheitsorientiert und dichotom. Gesundheit wird mithilfe der Begriffe Belastungsresistenz, Schmerz- und Beschwerdefreiheit oder Abwesenheit von Symptomen erklärt. Wichtig sind in den klassischen Organisationstheorien die Gewährleistung der Arbeitsfähigkeit und die Vermeidung funktioneller Beeinträchtigung durch die Arbeit. So sollten nach Taylors Scientific Management die Arbeiter zwar gegen hohen Lohn angestrengt arbeiten, es sollte jedoch nur die Leistung von ihnen verlangt werden, die sie „lange Jahre hindurch ohne Einbuße ihrer Gesundheit leisten können" (Taylor, 1920; zitiert nach Kieser, 2006c, S. 110). Aus der Theorienanalyse lässt sich die Vermutung ableiten, dass in den klassischen Organisationstheorien nur körperliche, nicht geistige oder soziale Elemente Gesundheit erklären. Gesundheit kann demnach im Rahmen der in den klassischen Ansätzen vorherrschenden betrieblichen Werte, Normen und Verhaltensweisen nur schlecht als betriebliches Thema verankert werden. Im Umgang mit Gesundheit und Krankheit dürften nach klassischen Ansätzen geprägte Organisationen keine große Stütze für die Mitarbeiter darstellen, da es sich aus ihrer Perspektive heraus nicht lohnen dürfte, beliebig austauschbare Mitarbeiter zu unterstützen. Die Verantwortung für Gesundheit obliegt demnach gänzlich den Mitarbeitern. Zur Verdeutlichung der gesundheitsbezogenen Sichtweise klassischer Ansätze wird die Gesundheitsdefinition von Parsons (1968; zitiert nach Faltermaier, 2005) herangezogen; ihm zufolge stellt Gesundheit einen „Zustand der optimalen Leistungsfähigkeit eines Individuums für die Erfüllung der Aufgaben und Rollen, für die es sozialisiert wurde" (S. 34) dar.

Arbeitsorganisation und -bedingungen

Klassische Ansätze beschäftigen sich mit der Systematisierung und Durchsetzung effizienter Arbeitsorganisation und -überwachung; vielfach angeregt durch die Entwicklung industrieller Massenfertigungssysteme in Großbetrieben, in deren Rahmen handwerkliche Tätigkeiten hochgradig spezialisiert wurden. Weitestgehende Arbeitsteilung („Funktionsmeistersystem") und penibel kalkulierte Arbeitsabläufe waren und sind in klassisch geprägten Organisationen nach wie vor die Regel. Diese stehen oft nicht in Einklang mit menschlichen Bedürfnissen. Dequalifizierung, Entfremdung von der Arbeit, Monotonie, wenig sinnstiftende Aufgaben, geringe zeitliche Spielräume und Fremdbestimmung der Mitarbeiter durch Überwachung und Disziplinierung sind nur einige der Probleme, die diese Entwicklung mit sich bringt (Vahs, 2005, S. 28). Klassische Ansätze betrachten Menschen als Maschinen und reduzieren diese auf das Messbare, wodurch sie der Komplexität, die ihr Handeln ausmacht, nicht gerecht werden. Der Faktor Mensch findet in Organisationen, die klassischen Organisationstheorien folgen, jedoch durchaus Berücksichtigung. Arbeitsbelastungen sollen optimiert werden, wobei die Belastungsoptimierung neben Instrumenten der Leistungssteigerung auch Kriterien menschengerechter Arbeitsgestaltung beinhaltet. Dennoch sind die Aufgaben in den klassischen Ansätzen nicht vollständig, die psychischen Anforderungen an eigenständiges Denken, Planen und Entscheiden sowie an Kooperation sehr gering und die psychischen Belastungen hoch. Die in den klassischen Ansätzen offensichtlich sowohl zyklisch als auch hierarchisch zu wenig vollständigen Tätigkeiten, hoher Zusatzaufwand und eine unattraktive Arbeitsumgebung wirken eindeutig gesundheitsschädlich. Situationskontrolle und soziale Unterstützung sind durch die bürokratischen Strukturen (insbesondere strikte Arbeitsteilung) beinahe gänzlich unterbunden. Ganzheitliche Gruppenarbeit widerspricht klassischen Organisationstheorien ebenso wie eine seriöse Informations- und Kommunikationskultur. Aufgabenspezialisierung behindert die Persönlichkeitsentfaltung, da Selbstaktualisierungstendenzen der Person unterbunden werden und nur ein Teil der menschlichen Fähigkeiten eingesetzt werden kann, wodurch persönliche Lern- und Entwicklungsmöglichkeiten der Mitarbeiter in den klassischen Organisationstheorien stark eingeschränkt sind.

Führungsverständnis

Die Führungskräfte von Organisationen, die klassischen Ansätzen zuzuordnen sind, betrachten ihre Mitarbeiter als relativ passive Empfänger von Anweisungen. Ihr Führungsverhalten ist geprägt durch Misstrauen und Kontrollzwang; aufwendige Planungs- und Kontrollinstrumentarien sind für klassische Organisationstheorien charakteristisch. Zurückzuführen ist dies auf Taylor (z.B. 1913), der einfachen Arbeitern nicht zutraute, umfassende Arbeitstätigkeiten ehrlich durchzuführen. Sein „Funktionsmeistersystem" brachte eine horizontale Spezialisierung der Leitungsaufgaben mit sich und verletzte das Prinzip der Einheit der Auftragserteilung (Kieser, 2006c, S. 109). Ein derartiges Führungsverständnis, das relativ ungelernte, billige Arbeitskräfte für die Handarbeit vorsieht, während die Kopfarbeit von mittleren Managern erledigt wird,

engt den Bewegungsspielraum der Menschen stark ein und unterbindet ihre Entscheidungsfreiheit und Selbstverantwortung. Durch das konsequent und bewusst verfolgte
„Non-Empowerment" entsteht ein Abhängigkeitsverhältnis der Organisationsmitglieder gegenüber der Organisation. Ziele sollten in den klassischen Ansätzen durch Anordnung erreicht werden. Die Organisationsstrukturen und -prozesse und insbesondere
die Entscheidungsfindungsprozesse können für die klassischen Ansätze als intranspa-
rent angenommen werden; es genügt, wenn die Führungskräfte, nicht jedoch die Mitarbeiter hierüber Bescheid wissen. Aufgrund mangelnder Informations- und Kommunikationskultur und intransparenter Organisationsstrukturen und -prozesse wird das
Vertrauen der Mitarbeiter in die Unternehmensleitung in den klassischen Ansätzen als
sehr gering eingeschätzt, Walter-Busch (1996, S. 187) und Kieser (2006c, S. 142)
sprechen in diesem Zusammenhang sogar von einer ausgeprägten Misstrauenskultur.
Verausgabungsbereitschaft wird hier ausschließlich monetär abgegolten (Pensum und
Bonus). Hinsichtlich monetärer Anreize kann demnach von einem Gleichgewicht zwischen Verausgabung und Belohnung ausgegangen werden. Prämien sollen dafür sorgen, dass sich die Mitarbeiter bemühen, die von ihnen verlangte Leistung zu erbringen
oder zu übertreffen und die ihnen übertragenen Aufgaben angemessen zu erledigen.
Das Nicht-Erreichen gesetzter Ziele oder vereinbarter Arbeitsleistungen wird zuweilen
durch Bestrafung sanktioniert, woraus betriebshierarchischer Druck resultiert. Nichtmonetäre Anreize fehlen in den klassischen Ansätzen hingegen gänzlich. Schließlich
kann angenommen werden, dass Feedback genauso wenig in die Kultur klassisch geprägter Organisationen passt, wie Information und Kommunikation, transparente
Strukturen und Prozesse oder Partizipation und Empowerment.

BGF-Varianten

In Organisationen, die mehr oder weniger klassischen Organisationstheorien folgen,
sind – wenn überhaupt – lediglich Interventionen in das Gesundheitsverhalten der Organisationsmitglieder möglich; und zwar zur Reduktion des Risikos von Schädigungen
durch automatisierte Arbeitsbedingungen. Verhaltensbezogene BGF zur Erhaltung der
körperlichen Leistungsfähigkeit und der Belastungsresistenz der Arbeitskräfte würde
überdies zur Gewährleistung von Effizienz und Produktivität beitragen; Prinzipien,
denen in den klassischen Ansätzen hohe Bedeutung zukommt.

Die Arbeitsbedingungen selbst zu verändern widerspricht dem Selbstverständnis
klassischer Ansätze, da die Organisationsstruktur als gegebenes, unveränderliches
Rahmengefüge betrachtet wird und sich die Menschen der Maschine „Organisation"
anzupassen haben; nicht umgekehrt. Auch Partizipation widerspricht dem Verständnis
klassischer Ansätze grundlegend, da Fremdbestimmung durch Überwachung und Kontrolle aufrechterhalten werden soll und in diesen starren Strukturen lediglich einfach

auszuführende, monotone Tätigkeiten von Stelleninhabern besetzt werden sollen. Reflektierte Persönlichkeiten, die selbstständig Veränderungsprozesse initiieren wollen, haben in klassisch geprägten Organisationen keinen Platz. Auch die Anwendung von Projektmanagement-Tools und insbesondere die Integration der BGF ins Managementsystem der Organisation sind hier nahezu aussichtslos, da – übertrieben ausgedrückt – das einzige Interesse der Führungskräfte rationalisierten und effizienten Arbeitsabläufen gilt.

Kritiker könnten der hier dargelegten Argumentation entgegenhalten, dass Organisationen, die mehr oder weniger klassischen Organisationstheorien folgen, BGF als Mittel zum Zweck auffassen, also zur Steigerung ihrer Produktivität. Es darf jedoch davon ausgegangen werden, dass sie sich nicht selbst infrage stellen, um etwa die Bedeutung der Arbeitsabläufe hinsichtlich ihrer Gesundheitsbelastungen zu reflektieren. Ein erster realistischer Schritt, die Mitarbeitergesundheit klassisch geprägter Organisationen zu verbessern wäre, die monotonen Tätigkeiten zu analysieren und mittels verhaltensbezogener Maßnahmen erträglicher zu machen. Wesentlichere und effektivere Ansatzpunkte wären die Reduktion psychischer Belastungen und die Erhöhung psychischer Anforderungen, etwa durch die Entwicklung vollständigerer Tätigkeiten oder die Erhöhung der Tätigkeitsspielräume der Organisationsmitglieder. Dies widerspricht jedoch dem Selbstverständnis klassischer Organisationstheorien und muss aus diesem Grund als nicht umsetzbar angenommen werden.

5.4.2 Verknüpfung sozialer Ansätze mit BGF

Die Human Relations-Bewegung und die Human Resources-Bewegung werden im Rahmen der explorativen Untersuchung zu den sozialen Ansätzen der Organisationstheorie zusammengefasst, da hier Menschen, ihr Sozialverhalten und ihre Arbeitsbedingungen fokussiert werden. Dass die Verknüpfung sozialer Ansätze mit BGF besonders ergiebig ausfallen wird, liegt nahe; zumal die für BGF bedeutende OE hier ihre Wurzeln hat. Die Exploration zeigt folgendes Bild:

Rahmenbedingungen für BGF

Organisationen werden in den sozialen Ansätzen der Organisationstheorie genauso wie in den klassischen als geschlossene Systeme betrachtet, die die Umwelt weitgehend außer Acht lassen und deshalb als eng und einseitig angesehen werden müssen. Im Gegensatz zu den klassischen Ansätzen stehen nicht mehr nur die formalen Organisationsstrukturen im Mittelpunkt. Informale „soziale Beziehungen" in der Arbeit, menschliche Bedürfnisse und die Identität von Mitarbeitern, insbesondere auch auf unteren Hierarchieebenen, gewinnen an Bedeutung. (Sanders & Kianty, 2006, S. 78) Es kann angenommen werden, dass der BGF in diesen Ansätzen sowohl formell als auch informell hohe Priorität zukommt. Auch kann mit Ressourcenzuwendung für BGF gerechnet werden, da diese mit dem Ziel sozialer Ansätze, Organisationsmodelle zu entwickeln, die den menschlichen Bedürfnissen besser entsprechen und darüber hinaus eine ökonomische Nutzung der Humanressourcen erlauben (Schreyögg, 2008, S. 49), kompatibel ist. Die Etablierung zentraler Instrumente und Gremien der BGF wird als eher einfach realisierbar erachtet, da das hierfür nötige Verständnis in den sozialen Ansätzen gegeben ist. Die beiden Konzepte Partizipation und Empowerment finden sich in McGregors (z.b. 1970) Theorie Y wieder. In dieser wird gefordert, Mitarbeitern Verantwortung zu übertragen, ihr Engagement zu fördern und ihre Potenziale zu nutzen. Die Rahmenbedingungen für BGF deuten in Organisationen, die nach sozialen Organisationsprinzipien funktionieren darauf hin, dass BGF hier sowohl in Projektform als auch als Daueraktivität zu realisieren ist.

Menschenbild

Der Theoriegruppe liegt zum einen das Bild eines sozialen Menschen, der durch soziale (Anerkennungs-)Bedürfnisse motiviert wird, sein Identitätsgefühl durch Beziehungen mit anderen erhält, in den sozialen Beziehungen den Sinn der Arbeit sucht und sich aufgrund seines Strebens nach Akzeptanz und Wertschätzung den Normen seiner Arbeitsgruppe anpasst, zugrunde (Schein, 1974, S. 73). Zum anderen basieren die sozialen Ansätze auf dem Bild eines nach Selbstverwirklichung strebenden Menschen, der verschiedenen, hierarchisch geordneten Bedürfnissen unterliegt, nach Autonomie, Unabhängigkeit und psychologischem Wachstum strebt, sich selbst motiviert und kontrolliert und bestrebt ist, seine eigenen Ziele mit jenen der Organisation zu verbinden (ebd., S. 79–80). Hieraus leitet sich die Annahme ab, dass Mitarbeiter von den Führungskräften als wertvoll betrachtet werden. In der Human Relations-Bewegung stehen die sozialen Bedürfnisse der Organisationsmitglieder im Vordergrund, in der Human Resources-Bewegung wird darüber hinaus das Selbstverwirklichungsstreben des Menschen am Arbeitsplatz berücksichtigt. Aspekte wie Würde, das Bedürfnis eines Menschen, seine Persönlichkeit zu schützen und seine Entwicklung in Richtung Vollkommenheit kennzeichnen darüber hinaus das Menschenbild (Sanders & Kianty, 2006, S. 78). Menschen werden als Persönlichkeiten betrachtet, die einander Vertrauen entgegenbringen und gerne Initiative ergreifen. Anders als in den klassischen Ansätzen werden ihnen hier Verantwortungs- und Verausgabungsbereitschaft, Vorstellungskraft, Erfindungsgabe, Urteilsvermögen, Selbstdisziplin und -kontrolle zugebilligt (ebd., S. 106). All diese mitarbeiterfreundlichen und gesundheitsförderlichen Merkmale sozialer Ansätze lassen auf tendenziell hohe Mitarbeiterzufriedenheit schließen. Auch können die Identifikation der Mitarbeiter mit übergeordneten Zielen und Regeln ihrer Organisation und ihr Vorrat an gemeinsamen Überzeugungen, Werten und Regeln als stark ausgeprägt angenommen werden. Hochwertige Sozialbeziehungen in Form von sozialer Unterstützung, Respekt und einem unterstützenden Umfeld beim Umgang mit Gesundheit und Krankheit sind in Organisationen, die sozialen Ansätzen zuzuordnen sind, gegeben. Im Gegensatz zu Organisationen, die nach dem Bürokratiemodell oder dem Scientific Management funktionieren und lediglich „Arbeitskräfte beschäftigen", die es nur solange zu fördern wert ist, solange sie ihre Arbeitskraft produktiv zur Verfügung stellen, bestehen Organisationen den sozialen Ansätzen zufolge aus Menschen, deren berufliches wie privates Leben und deren Beziehungen bedeutsam sind.

Gesundheitsbegriff

Sowohl die Human Resources-Bewegung als auch die Human Relations-Bewegung stellen positive gesundheitsorientierte Ansätze dar. Sie zeichnen ein positives Menschenbild, ein ebenso positives Gesundheitsverständnis liegt ihnen zugrunde. Folglich kann auf einen kontinuierlichen Gesundheitsbegriff geschlossen werden, der verschiedene Arten von Gesundheit zulässt. Der Mensch wird als Ganzheit angesehen. Es kann angenommen werden, dass Gesundheit nicht nur einen Zustand körperlichen, sondern auch einen Zustand psychischen und sozialen Wohlbefindens darstellt. Die Definition von Kickbusch (1986; zitiert nach Udris et al., 1992), welche Gesundheit „als eine Ressource für das tägliche Leben, nicht als Ziel des Lebens [betrachtet]; es ist ein positives Konzept, das soziale und persönliche Ressourcen betont, ebenso wie physische Fähigkeiten" (S. 11), beschreibt das Gesundheitsverständnis sozialer Ansätze sehr gut. Auch kann angenommen werden, dass Gesundheit in den sozialen Ansätzen als wertvolle Ressource für das tägliche Leben und als Potenzial dafür betrachtet wird, selbstständig Ziele zu setzen und zu verfolgen. Da in den sozialen Ansätzen der Mensch als Ganzheit betrachtet wird und sein berufliches wie privates Leben bedeutsam ist, kann davon ausgegangen werden, dass hier ein Teil der Verantwortung für Gesundheit von der Organisation übernommen wird und die Eigenverantwortung der Mitarbeiter deutlich niedriger ausfällt als in anderen Ansätzen der Organisationstheorie. Auch kann davon ausgegangen werden, dass Gesundheit im Rahmen der in den sozialen Ansätzen vorherrschenden betrieblichen Werte, Normen und Verhaltensweisen tendenziell gut als betriebliches Thema verankert werden kann.

Arbeitsorganisation und -bedingungen

In der Human Relations-Bewegung wird die Arbeitsgestaltung der klassischen Ansätze (z.B. Arbeitsteilung, streng kalkulierte Arbeitsabläufe) nicht grundsätzlich in Frage gestellt, jedoch wird aufgrund von Erkenntnissen über die Bedeutung sozialer Prozesse am Arbeitsplatz der Umgang mit den Mitarbeitern grundlegend verändert. Soziale Unterstützung, die Förderung von Entfaltungsmöglichkeiten und die Tatsache, dass Gruppen spezifische Werte und Normen entwickeln, sollen hier beispielhaft für den – im Vergleich zu klassischen Ansätzen grundlegend veränderten – Umgang mit den Mitarbeitern genannt werden. Aufgabenerweiterung (job enlargement), die dazu eingesetzt wird, die formalen Organisationsstrukturen und die individuellen Bedürfnisse der Organisationsmitglieder besser aufeinander abzustimmen, stellt ein wesentliches Verdienst sozialer Ansätze dar. Hierdurch werden – im Gegensatz zu den Arbeitsbedingungen in bürokratischen und tayloristischen Organisationen – sowohl zyklisch als auch hierarchisch vollständige Tätigkeiten ermöglicht, die gesundheitsförderlich sind. Neben ausführenden werden vielen Mitarbeitern vorbereitende, organisierende und kontrollierende Aufgaben übertragen, bei denen neben automatisiert psychischen Prozessen auch Wahrnehmungs-, Vorstellungs- und Denkprozesse erforderlich sind. Psychische Anforderungen, insbesondere Entscheidungs- und Kooperationsanforderungen, wirken Modellen zu Arbeitsbedingungen und Gesundheit zufolge gesundheitsförderlich und sind in Organisationen, die sozialen Ansätzen zuzuordnen sind, gegeben. Psychische Belastungen (z.B. Routinetätigkeiten, Zeitdruck) werden hier weitgehend vermieden. Lediglich Zusatzaufwand durch Unterbrechungen, informatorische oder manuell/motorische Erschwerungen ist denkbar. Auch die Tätigkeitsspielräume der Mitarbeiter hinsichtlich Entscheidungs-, Kontroll- und Gestaltungsmöglichkeiten sind in den sozialen Ansätzen groß. Gruppenarbeitskonzepte und Arbeit in dezentralen selbstständigen Teams rücken in den Vordergrund und lösen die klassische Reihenfertigung nach und nach ab. Der Gruppenzentrierung liegt die Annahme zugrunde, dass sie das Arbeitsverhalten positiv beeinflusst, indem etwa die interne Gruppendynamik gefördert, die Kommunikation innerhalb der Teams erhöht und Kooperation zwischen verschiedenen Arbeitsgruppen begünstigt wird. Gruppenzentrierung und Aufgabenerweiterung fördern selbstständige Zielsetzungen, Planungen und die Auswahl geeigneter Mittel zur Zielerreichung, laufendes Feedback sowie die daraus resultierende Möglichkeit zur Kurskorrektur. Persönliche Lern- und Entwicklungsmöglichkeiten der Organisationsmitglieder sind in den sozialen Ansätzen ebenfalls gegeben. Auch kann davon ausgegangen werden, dass hier die Möglichkeit besteht, die Arbeitszeit flexibel einzuteilen, dass die Arbeit von den Beschäftigten als sinnstiftende Betätigung erlebt wird und dass eine mit Kommunikationsmöglichkeiten verbundene Informationskultur möglich ist.

Führungsverständnis

Im Vordergrund des Führungsverständnisses sozialer Ansätze steht die Entwicklung des individuellen Potenzials der Organisationsmitglieder zugunsten der Organisation. Mitarbeiterorientierte, partizipative und kooperative Führungssysteme beinhalten gesundheitsförderliche, vertrauensbildende Maßnahmen (z.B. Absprachen, klare Aufgaben, gemeinsame Zielbildung, Konsensfindung, Beachtung menschlicher Bedürfnisse, gratis Essensangebote) und sind dazu geeignet, Arbeitsfreude und -leistung sowie die Motivation der Organisationsmitglieder und die Effizienz der gesamten Organisation zu steigern; wie etwa in den Hawthorne-Experimenten (z.b. Mayo, 1933; Roethlisberger & Dickson, 1939) oder in Likerts (z.b. 1961) Arbeiten zur integrierten Führungsstruktur gezeigt wurde. Organisationale Entscheidungen werden in den sozialen Ansätzen eher partizipativ getroffen. Den Führungskräften obliegt nach dem Prinzip „Management durch Integration und Selbstkontrolle" – analog zum Konzept Management by Objectives – die Aufgabe, Bedingungen zu schaffen, unter denen die Organisationsmitglieder ihre Ziele am besten erreichen können. In Organisationen, die sozialen Ansätzen zuzuordnen sind, werden oft kollektive Zielvereinbarungen zwischen Führungskräften und Arbeitsgruppen eingesetzt, damit diese von sich aus produktive Leistungen erbringen. Hieraus kann geschlossen werden, dass die Organisationsstrukturen und -prozesse in Organisationen, die nach sozialen Ansätzen funktionieren, tendenziell transparent sind. Dem Verständnis sozialer Ansätze – und insbesondere McGregors (z.b. 1970) Theorie Y – zufolge, obliegt den Führungskräften die Aufgabe, das Selbstverwirklichungsstreben und Engagement der Mitarbeiter zu fördern, ihre Entwicklungspotenziale zu nutzen und ihnen Verantwortung zu übertragen. Sofern sie dieser Aufgabe nachkommen, kann davon ausgegangen werden, dass das Vertrauen der Mitarbeiter in sie stark ausgeprägt ist. Dem Modell beruflicher Gratifikationskrisen (z.B. Siegrist, 1996) folgend sind in Organisationen, die den sozialen Ansätzen zuzuordnen sind, kaum Gratifikationskrisen zu erwarten, da die Verausgabung der Mitarbeiter und die dafür erhaltenen Belohnungen zumeist im Gleichgewicht stehen dürften. Nicht nur die Befriedigung physiologischer Bedürfnisse, sondern auch die Befriedigung sozialer Bedürfnisse wird hier als notwendig erachtet, wobei angenommen wird, dass die Befriedigung des Entfaltungsbedürfnisses die stärkste Belohnung darstellt (Sanders & Kianty, 2006, S. 99–100). Schließlich kann angenommen werden, dass die Feedbackkultur in den sozialen Ansätzen aufgrund Gruppenzentrierung und Aufgabenerweiterung stark ausgeprägt ist.

BGF-Varianten

In Organisationen, die idealtypisch sozialen Organisationstheorien zuzuordnen sind stehen die Menschen im Mittelpunkt. Sozialen Beziehungen, menschlichen Bedürfnissen, der Identität der Organisationsmitglieder, ihrem Streben nach Selbstverwirklichung und persönlicher Reife sowie ihrer Würde kommt in den sozialen Ansätzen hoher Stellenwert zu. Dies gilt nicht nur für Führungskräfte, sondern auch und gerade für Mitarbeiter unterer Hierarchieebenen. Weiterhin wird die Organisationsstruktur nicht mehr, wie in den klassischen Ansätzen, als unveränderlich betrachtet. Vollständige Tätigkeiten, Gruppenzentrierung und Aufgabenerweiterung kennzeichnen Organisationen, die den sozialen Organisationstheorien folgen. Soziale Unterstützung, die Förderung von Entfaltungsmöglichkeiten, Selbstständigkeit und Eigeninitiative werden ermöglicht. Es sind kaum Gratifikationskrisen zu erwarten, da den Mitarbeitern neben angemessenem Entgelt Wertschätzung und Anerkennung entgegengebracht werden. Organisationale Gewinne werden an die Mitarbeiter weitergegeben, Entscheidungen im Konsens getroffen. All diese Merkmale stellen nahezu perfekte Anknüpfungspunkte für BGF dar, insbesondere für verhältnisbezogene Interventionen und für BGF als OE. Interventionen in das Gesundheitsverhalten der Organisationsmitglieder in Form von verhaltensbezogener BGF und die Kombination der eben angeführten BGF-Varianten mit der Integration des Gesundheitsgedankens in das strategische Management einer Organisation sind hier ebenfalls möglich, wenn auch weniger naheliegend.

Kritiker könnten der hier dargelegten Argumentation entgegenhalten, dass Organisationen, die mehr oder weniger sozialen Organisationstheorien folgen keinerlei BGF-Interventionen benötigen, da sie an sich gesundheitsförderlich sind. Es darf jedoch davon ausgegangen werden, dass selbst per se gesundheitsförderliche Organisationen ihr Gesundheitsförderungspotential weiter steigern können. Das Ziel sozialer Ansätze – Organisationsmodelle zu entwickeln, die den menschlichen Bedürfnissen besser entsprechen und eine ökonomische Nutzung der Humanressourcen erlauben – bietet für die langfristige Etablierung der BGF als Daueraktivität eine optimale Basis. Da Organisationen den sozialen, genauso wie den klassischen Organisationstheorien nach geschlossene Systeme darstellen und aus diesem Grund gegenüber ihrer Umwelt als wenig aufgeschlossen betrachtet werden müssen, könnte sich der Zutritt zu diesen für externe BGF-Berater allerdings als schwierig erweisen.

5.4.3 Verknüpfung situativer Ansätze mit BGF

Zu den situativen Ansätzen zählen all jene Theorien, die sich mit der Situationsabhängigkeit von Organisationen (z.B. Organisationsgröße, Branche, Umwelt) beschäftigen. Hier finden auch die verschiedenen Versuche der Organisationstypisierung ihren Ausgangspunkt. Den situativen Ansätzen zufolge gibt es die eine optimale Organisationsgestaltung nicht. Vielmehr können je nach situativer Erfordernis unterschiedliche Organisationsformen erfolgreich sein (Schreyögg, 2008, S. 53–54). Dass die Verknüpfung situativer Ansätze mit BGF nicht besonders ergiebig ausfallen kann, liegt nahe, da es von der jeweiligen Situation abhängt, in welcher Form Organisationen gestaltet werden sollen, um erfolgreich sein zu können. Für die situativen Ansätze insgesamt sind demnach keine Aussagen zum vorherrschenden Menschenbild, zum Gesundheitsbegriff et cetera zu erwarten und somit auch keine Annahmen über die Rahmenbedingungen für BGF oder geeignete Interventionsvarianten möglich.

Gleichwohl sind die situativen Ansätze für die Verknüpfung mit BGF interessant. Praktisch relevante Anknüpfungsmöglichkeiten bestehen zu einzelnen Organisationstypen, wie Mintzbergs (z.B.1992) Strukturtypen, da hier nach situativen Faktoren differenzierbare Typen voneinander abgegrenzt werden, die hinsichtlich BGF besser analysierbar sind als einzelne Organisationen. Die Exploration zeigt folgendes Bild:

Rahmenbedingungen für BGF

Die situativen Ansätze konzentrieren sich auf Organisationsstrukturen. Die wesentliche Neuerung gegenüber den klassischen und sozialen Ansätzen ist der Umweltbezug. (Laske et al., 2006, S. 31) Anstelle von allgemeingültigen Organisationsprinzipien spielen hier situative Faktoren eine wichtige Rolle. Zusammenhänge zwischen der Situation, der Struktur, dem Verhalten der Organisationsmitglieder und der Effizienz einer Organisation werden thematisiert. (Vahs, 2005, S. 41) Ob BGF in den situativen Ansätzen insgesamt die für ihre Bewältigung erforderliche Priorität zukommt oder nicht, kann gleich wenig beantwortet werden, wie die Frage, ob hier mit Ressourcenzuwendung gerechnet werden kann, ob die Etablierung zentraler Instrumente und Gremien der BGF einfach oder schwierig zu realisieren ist, ob das Ausmaß an Mitarbeiterpartizipation hoch oder niedrig ist oder ob Empowerment stark oder gering ausgeprägt ist. Auch ob BGF in Projektform oder als Daueraktivität eine Chance hat, kann für die situativen Ansätze pauschal nicht eingeschätzt werden.

Menschenbild

Organisationsstrukturen werden in den situativen Ansätzen als objektive Gegebenheiten betrachtet, die das Handeln und Verhalten der Organisationsmitglieder bestimmen. Deren Handeln orientiert sich in der Realität jedoch nicht an formalen Regeln. Vielmehr ist es das Ergebnis von Interaktionsprozessen. (Kieser, 2006a, S. 237–238) Das Menschenbild kann für die situativen Ansätze insgesamt nicht erfasst werden. Ob die Mitarbeiter von den Führungskräften als wertvoll betrachtet werden, bleibt offen. Auch ob ihre Bedürfnisse von hoher oder niedriger Bedeutung sind, ihre Zufriedenheit hoch oder niedrig ist, sie sich mit übergeordneten Zielen und Regeln ihrer Organisation identifizieren, gegenseitiges Vertrauen und Zusammenhalt stark oder schwach ausgeprägt sind, die Sozialbeziehungen hoch- oder geringwertig sind und ob ihr Vorrat an gemeinsamen Überzeugungen, Werten und Regeln stark oder schwach ausgeprägt ist, kann für die situativen Ansätze pauschal nicht beantwortet werden.

Gesundheitsbegriff

Auch der Gesundheitsbegriff kann für die situativen Ansätze insgesamt nicht erfasst werden. Aus dem analysierten Theoriematerial sind keine Aussagen darüber abzuleiten, ob in den situativen Ansätzen ein positives oder negatives Gesundheitsverständnis vorherrscht. Ob die Verantwortung für Gesundheit den Mitarbeitern obliegt oder von der Organisation übernommen wird, kann nicht beantwortet werden. Auch ob Gesundheit im Rahmen der hier vorherrschenden betrieblichen Werte, Normen und Verhaltensweisen tendenziell gut oder schlecht als betriebliches Thema verankert werden kann, bleibt offen.

Arbeitsorganisation und -bedingungen

Über die Arbeitsorganisation und die Arbeitsbedingungen lassen sich für die situativen Ansätze pauschal keine Annahmen treffen. Ob die psychischen Anforderungen und Belastungen hoch oder niedrig, die Tätigkeitsspielräume groß oder klein sind, ganzheitliche Gruppenarbeit einfach oder schwierig realisierbar ist und ob eine mit Kommunikationsmöglichkeiten verbundene Informationskultur stark oder schwach ausgeprägt ist, hängt den situativen Ansätzen zufolge von der jeweiligen Situation ab. Auch ob die Aufgaben tendenziell vollständig sind, persönliche Lern- und Entwicklungsmöglichkeiten gegeben sind, die Arbeit als sinnstiftend erlebt wird, die Arbeitszeit flexibel eingeteilt werden kann oder ob dem nicht so ist, bleibt offen.

Führungsverständnis

Die Gestaltungsmöglichkeiten der Führungskräfte sind Mintzberg (z.B. 1992) zufolge beschränkt, da Organisationsstrukturen einer „inneren Logik" unterworfen sind (Kieser, 2006a, S. 240). Auch die Indikatoren zum Führungsverständnis können für die situativen Ansätze insgesamt nicht erfasst werden. Ob Entscheidungen von den Betroffenen oder von den Führungskräften getroffen werden und ob Ziele durch Vertrauen und Beteiligung oder durch Anordnung und marktförmige Vertragsbeziehungen erreicht werden, bleibt offen. Auch bleibt ungeklärt, ob das Führungsverhalten mitarbeiterorientiert ist, die Organisationsstrukturen und -prozesse transparent sind, das Vertrauen der Mitarbeiter in die Führung stark ausgeprägt ist, ein Gleichgewicht zwischen Verausgabung und Belohnung besteht, adäquate Anreize geboten werden, eine Feedbackkultur etabliert ist oder ob dem nicht so ist.

BGF-Varianten

Die situativen Ansätze verdeutlichen, dass es nicht die eine optimale Form der Organisationsgestaltung gibt, sondern dass je nach situativer Erfordernis unterschiedliche Organisationsformen erfolgreich sein können (Schreyögg, 2008, S. 53–54). Diese Sichtweise widerspiegelt auch die vielfältigen Versuche der Typisierung von Organisationen. Aus den situativen Ansätzen können nur wenige bis keine konkreten Schlüsse für BGF abgeleitet werden. Weder ob Interventionen in das Gesundheitsverhalten der Organisationsmitglieder realisierbar sind, noch ob Interventionen in deren Arbeitsbedingungen, in die Organisation selbst, ins Managementsystem oder ob keinerlei BGF-Interventionen angebracht sind, kann hieraus abgeleitet werden.

Jedoch lässt sich anhand der situativen Ansätze die eingangs dargelegte Annahme unterstützen, wonach sich Organisationen hinsichtlich verschiedener Faktoren unterscheiden. Ein Teil der Forschungsfrage kann somit beantwortet werden: Es gibt Unterschiede zwischen verschiedenen Typen von Organisationen, die unterschiedliche Interventionsformen der BGF erfordern. Welche Interventionsformen der BGF sich jedoch für welche Typen von Organisationen eignen und ob die Unterschiede zwischen verschiedenen Organisationstypen eher organisationstheoretischer oder eher - kultureller Natur sind, bleibt an dieser Stelle offen.

5.4.4 Verknüpfung moderner Ansätze mit BGF

Die verhaltenswissenschaftliche Entscheidungstheorie und die neue Institutionenökonomik werden in der vorliegenden Arbeit den modernen Ansätzen der Organisationstheorie zugeordnet. Individuen stellen die Grundelemente moderner Ansätze dar. Sie werden als begrenzt rational, sich opportunistisch verhaltend und risikoneutral charakterisiert (Ebers & Gotsch, 2006, S. 279). Diese Sichtweise wird später von den systemisch-evolutionären Ansätzen übernommen. Die Exploration zeigt folgendes Bild:

Rahmenbedingungen für BGF

In den modernen Ansätzen werden Organisationen als offene Systeme verstanden, die in gewisser Weise gegenüber ihrer Umwelt geschlossen sind. Auch zeichnen die modernen Ansätze ein komplexes Bild von Organisationen. (Berger & Bernhard-Mehlich, 2006, S. 209) Aus der Exploration geht nicht hervor, ob BGF eher hohe oder niedrige Priorität zukommt. Es kann jedoch angenommen werden, dass ihre Bedeutung eher gering sein dürfte, da hier für BGF wesentliche Themen (z.B. Arbeitsorganisation und -bedingungen, Führung) nicht relevant erscheinen. Aus denselben Gründen kann auf der Basis des gesichteten Theoriematerials auch nicht beantwortet werden, ob mit der Unterstützung der BGF durch die Führungskräfte gerechnet werden kann oder nicht und ob zentrale Instrumente und Gremien der BGF einfach oder schwierig zu etablieren sind. Da Entscheidungsprozessen eine zentrale Rolle zukommt, kann angenommen werden, dass die Mitarbeiter in den modernen Ansätzen an der Entscheidungsfindung eher partizipieren dürfen und dass sie somit auch eher Einfluss auf die Gestaltung der betrieblichen Gegebenheiten haben – was für BGF günstig wäre. Schließlich kann auf Basis der modernen Ansätze nicht geklärt werden, ob die Etablierungsmöglichkeiten der BGF in Projektform oder als Daueraktivität günstig sind oder nicht.

Menschenbild

Der Theoriegruppe liegt das Bild einer kühl kalkulierenden, opportunistischen Person (agent) zugrunde, die durch Tücke und Täuschung ihren Informationsvorsprung vor der Führungskraft (principal) für sich nutzt und ihre Leistung zurückhält (Blickle, 2004, S. 840). In den modernen Ansätzen wird zunächst von begrenzt rationalen Akteuren ausgegangen, deren Wissen, Informationsverarbeitungskapazitäten und Moral eingeschränkt sind. Es wird angenommen, dass Entscheidungsträger immer nur über unvollständiges Wissen hinsichtlich Entscheidungsalternativen verfügen. Auch haben sie Schwierigkeiten bei der Bewertung zukünftiger Ereignisse und können niemals alle möglichen Entscheidungsalternativen in Betracht ziehen. Vielmehr wird davon ausgegangen, dass sich Personen meist damit begnügen, die Suche nach einer befriedigenden Problemlösung mit dem Auffinden der ersten, die ihren Ansprüchen genügt, abzubrechen. Diese Möglichkeit erlaubt es, vernünftige und intelligente Entscheidungen auch unter begrenzter Rationalität zu treffen. (Walter-Busch, 1996, S. 203)

Aufgrund der zentralen Bedeutung rationaler Handlungen und Entscheidungen finden in den modernen Ansätzen der Organisationstheorie wesentliche Aspekte, etwa die Bedürfnisse der Organisationsmitglieder, nur wenig Berücksichtigung. Somit kann davon ausgegangen werden, dass die Mitarbeiter hier als nicht besonders wertvoll betrachtet werden. Offen bleibt, ob ihre Zufriedenheit in Organisationen, die modernen Ansätzen folgen, tendenziell hoch oder niedrig ist und ob die Identifikation der Mitarbeiter mit ihrer Organisation und ihr Vorrat an gemeinsamen Überzeugungen, Werten und Regeln stark oder schwach ausgeprägt ist.

Da Menschen ihren individuellen Nutzen den modernen Ansätzen zufolge bei gegebenen organisationalen Bedingungen zu maximieren versuchen und hierfür opportunistisches Verhalten an den Tag legen (indem sie zumindest teilweise eine mögliche Schädigung anderer Akteure in Kauf nehmen) und da ihnen in den modernen Ansätzen unterstellt wird, ihre Interessen und Ziele teils mit, teils gegen andere Gruppen durchsetzen zu wollen (Vahs, 2005, S. 39), wird vermutet, dass gegenseitiges Vertrauen und Zusammenhalt unter den Mitarbeitern sowie Sozialbeziehungen eher gering ausgeprägt sind. Allerdings wird in diesen Ansätzen auch davon ausgegangen, dass Menschen zweckorientierte kooperative Systeme gründen, um bestimmte Ziele besser als alleine erreichen zu können (Walter-Busch, 1996, S. 194), was die Vermutung wieder infrage stellt.

Modernen Ansätzen zufolge bestehen Organisationen jedenfalls nicht aus einzelnen Personen, sondern aus koordinierten Aktivitäten, da Personen immer nur in ihrer Rolle als Organisationsmitglied an Organisationen beteiligt sind und nie als Ganzes. Schließlich wird ihre Bereitschaft, sich in Organisationen zu engagieren, als begrenzt angenommen. (Berger & Bernhard-Mehlich, 2006, S. 169–170)

Gesundheitsbegriff

Da Organisationen dem Verständnis moderner Ansätze nach aus menschlichen Aktivitäten und nicht aus Personen bestehen, ist es naheliegend anzunehmen, dass die Menschen als Ganzes in diesen Ansätzen nur wenig interessieren. Im Mittelpunkt des Interesses der Führungskräfte steht hier die Erfüllung der Aufgaben und Rollen, die einem Individuum durch die Organisation zugeteilt wurden; darüber hinaus wird angenommen, dass kein Interesse an den Befindlichkeiten der Rollenträger besteht. (Walter-Busch, 1996, S. 195) Wenn nicht die Menschen selbst, sondern nur ihre Rollen bedeutsam sind, ist es nicht weiter verwunderlich, dass in modernen Ansätzen an keiner Stelle eine Auseinandersetzung mit dem Gesundheitsbegriff erfolgt. Ob hier ein positives oder negatives Gesundheitsverständnis vorherrscht, bleibt ebenso offen, wie die Frage, ob die Verantwortung für Gesundheit den Mitarbeitern obliegt oder zumindest teilweise von der Organisation übernommen wird. Da Organisationen aus menschlichen Aktivitäten bestehen, kann angenommen werden, dass ihnen besondere Beachtung zuteilwird. Wichtig ist, dass die während der Arbeitszeit von den Organisationsmitgliedern verlangten Aktivitäten ohne Beeinträchtigung ausgeführt werden können; was Leistungsfähigkeit voraussetzt. Gesundheit als funktionale Leistungsfähigkeit dürfte das Gesundheitsverständnis dieser Ansätze beschreiben; Gesundheit als „Zustand der optimalen Leistungsfähigkeit eines Individuums für die Erfüllung der Aufgaben und Rollen, für die es sozialisiert wurde" (Parsons, 1968; zitiert nach Faltermaier, 2005, S. 34) den Gesundheitsbegriff moderner Ansätze treffen. Es kann angenommen werden, dass Gesundheit im Rahmen der hier vorherrschenden betrieblichen Werte, Normen und Verhaltensweisen eher schlecht als betriebliches Thema verankert werden kann.

Arbeitsorganisation und -bedingungen

Arbeitsorganisation und -bedingungen werden in den modernen Ansätzen kaum thematisiert. Ob die Aufgaben tendenziell vollständig, die psychischen Anforderungen hoch und die Belastungen niedrig sind, die Tätigkeitsspielräume groß sind, ganzheitliche Gruppenarbeit mit komplexen Aufgaben, hoher Autonomie und Job Enrichment einfach zu realisieren ist, eine mit Kommunikationsmöglichkeiten verbundene Informationskultur stark ausgeprägt ist, persönliche Lern- und Entwicklungsmöglichkeiten gegeben sind, die Arbeit von den Beschäftigten als sinnstiftend erlebt wird und ob die Arbeitszeit flexibel eingeteilt werden kann oder ob dem nicht so ist, bleibt offen. Angeführt werden kann an dieser Stelle jedoch, dass sich moderne Ansätze mit der Analyse der organisatorischen Mechanismen beschäftigen, die dazu führen, Komplexität und Unsicherheit zu reduzieren und somit vereinfachte Organisationsentscheidungen zu ermöglichen. Hierzu zählen Arbeitsteilung, standardisierte Verfahren und Programme, Herrschaft und Hierarchie sowie Kommunikation und Indoktrination. (Berger & Bernhard-Mehlich, 2006, S. 179) Gesundheitliche Fragestellungen werden nicht aufgeworfen. Lediglich in der Agenturtheorie wird darauf hingewiesen, dass opportunistisches Verhalten zwar für gewöhnlich nur den Mitarbeitern unterstellt wird, dass sich jedoch möglicherweise auch die Führungskräfte opportunistisch verhalten könnten, indem sie etwa nicht über gesundheitsgefährdende Arbeitsbedingungen aufklären. Da die Bereitschaft der Organisationsmitglieder, sich in Organisationen zu engagieren, begrenzt ist, kann jedoch angenommen werden, dass auch schlechte Arbeitsbedingungen nur in begrenztem Ausmaß geduldet werden.

Führungsverständnis

Das Führungsverständnis kann als eher mitarbeiterorientiert bezeichnet werden, da in den modernen Ansätzen die Auffassung vertreten wird, dass ausschließlich Führungskräfte, die sowohl über formale als auch über persönliche Autorität verfügen ihre Mitglieder zur Durchführung von Anweisungen motivieren können, die außerhalb der Indifferenzzone – in welcher sie Anordnungen akzeptieren, ohne diese in Frage zu stellen – liegen (Walter-Busch, 1996, S. 198). In der Tendenz kann hier von Partizipationsrechten der Mitarbeiter, an den Entscheidungsprozessen ausgegangen werden. Auch kann angenommen werden, dass die Organisationsstrukturen und -prozesse eher transparent sind, da das menschliche Entscheidungsverhalten, insbesondere die informelle Kommunikation, modernen Ansätzen zufolge Sozialbeziehungen festigt und persönliche Integrität, Selbstachtung und unabhängige Wahlentscheidungen begünstigt. Über die Art der Zielerreichung lassen sich aus den Theorien keine nützlichen Informationen ableiten, außer dass eine wichtige Aufgabe von Führungskräften darin besteht, Organisationsmitglieder davon zu überzeugen, dass es sich lohnt, allgemeinen Zielorientierungen der Organisation zu folgen. Ob das Vertrauen der Mitarbeiter in die Führung stark oder schwach ausgeprägt ist, bleibt ebenso offen wie die Art der hier vorherrschenden Feedbackkultur. Anreiz- und Beitragssysteme zu schaffen, die dynamische Gleichgewichtslagen herstellen, zählt nach den modernen Ansätzen zu den bedeutenden Führungsaufgaben; hängt doch das Überleben einer Organisation maßgeblich davon ab (ebd., S. 200). Es kann also angenommen werden, dass hier tendenziell ein Gleichgewicht zwischen Verausgabung und Belohnung angestrebt wird und dass den Mitarbeitern adäquate Anreize geboten werden.

BGF-Varianten

Für BGF und das Ziel der Luxemburger Deklaration, „gesunde Mitarbeiter in gesunden Unternehmen" (ENWHP, 2007) zu beschäftigen, bieten die modernen Ansätze der Organisationstheorie keine ergiebigen Anknüpfungsmöglichkeiten. Wie anhand der Moderatorvariablen gezeigt wurde, gelingt es nicht zufriedenstellend Bezüge zur Mitarbeitergesundheit und insbesondere zur Arbeitsorganisation und zu den Arbeitsbedingungen herzustellen. Offensichtlich waren diese Themen für die Verfasser der hier analysierten Theorien nicht relevant genug, um thematisiert zu werden. Zwar werden Organisationen als offene Systeme betrachtet, die einen Austausch mit ihrer Umwelt zulassen; was grundsätzlich eine gute Basis für Neuerungen, wie die projektorientierte Einführung von BGF, darstellt. Ressourcenstärkung und Belastungsoptimierung können dem analysierten Theoriematerial zufolge jedoch, wenn überhaupt, nur auf Basis normierter gesundheitsförderlicher Interventionen für Rollenträger angenommen werden; nicht für Menschen als Ganzes. Verhältnisbezogene Maßnahmen dürften in Organisationen, die modernen Ansätzen folgen, bessere Akzeptanz finden als verhaltensbezogene, da es in den Organisationen eher darum gehen dürfte, die Arbeitsbedingungen für austauschbare Rollenträger zu optimieren, als gesundheitliche Verhaltensweisen von Individuen zu fördern. Schließlich sollen in den modernen Ansätzen menschliche Aktivitäten koordiniert werden. Das Befinden von Personen oder die Gesundheit der Menschen, die diese Rollen ausfüllen und die Aufgaben erledigen, interessiert dabei wenig. Ob Organisationen, die modernen Ansätzen folgen jedoch reif für BGF sind, kann anhand des analysierten Theoriematerials nicht eingeschätzt werden.

5.4.5 Verknüpfung systemisch-evolutionärer Ansätze mit BGF

Den systemisch-evolutionären Ansätzen werden der populationsökologische Ansatz, Weicks Organisationsprozessmodell und Luhmanns Systemtheorie über Organisationen zugeordnet. Gemeinsam ist diesen Organisationstheorien, dass sie Organisationen als zugleich offene und geschlossene, soziale Systeme begreifen, evolutionstheoretische Ansätze zur Erklärung von Organisationen heranziehen, sich vom streng rationalen Organisationsverständnis situativer Ansätze distanzieren, am Gedankengut moderner Ansätze anknüpfen und auf die Organisation als Ganzes fokussieren, dabei jedoch – was einen entscheidenden Nachteil für die Verknüpfung mit BGF bedeutet – den Organisationsmitgliedern nur wenig Aufmerksamkeit widmen. Die Exploration zeigt folgendes Bild:

Rahmenbedingungen für BGF

Organisationen werden in den systemisch-evolutionären Ansätzen als zugleich offene und geschlossene, soziale Systeme betrachtet. Soziale Systeme bestehen, im Gegensatz zu psychischen, nicht aus Menschen oder Handlungen, sondern aus der Kommunikation von Entscheidungen (Martens & Ortmann, 2006, S. 430–432). Zur Erklärung der Entwicklung von Organisationen bedienen sich evolutionstheoretische Ansätze insbesondere der Trias Variation – Selektion – Retention (Kieser & Woywode, 2006, S. 309–311). Organisationen werden als träge betrachtet, mit engen Grenzen der Reaktionsfähigkeit und Flexibilität, die nur eingeschränkt fähig sind, sich zielgerichtet an Umweltänderungen anzupassen. Dies dürfte jegliche Eingriffe von außen – also auch und gerade BGF-Interventionen – erheblich erschweren. Die Einführung von BGF in Projektform als auch ihre langfristige Etablierung müssen in Organisationen, die systemisch-evolutionären Ansätzen folgen, mithin als schwierig zu realisieren angenommen werden, da „Gedanken, Ideen und Visionen von Personen solange keinen Eingang in die soziale Realität finden, als sie nicht in eine Kommunikationsweise transformiert werden, die dem jeweiligen System angemessen ist" (Grossmann & Scala, 2001, S. 32). Auf dieser Basis kann weiterhin davon ausgegangen werden, dass BGF hier weder formell noch informell die für ihre Bewältigung erforderliche Priorität zukommt, da Organisationsmitgliedern in den systemisch-evolutionären Ansätzen wenig und deren Gesundheit keine Aufmerksamkeit gewidmet wird. Aus demselben Grund werden die Unterstützung der BGF durch die Führungskräfte in Form von finanziellen und personellen Ressourcen sowie die Etablierung zentraler Instrumente und Gremien der BGF als unwahrscheinlich betrachtet. Ob das Ausmaß an Mitarbeiterpartizipation und Empowerment in Organisationen, die systemisch-evolutionären Ansätzen folgen, hoch oder niedrig ist, kann anhand der theoretischen Exploration dieser Arbeit nicht eingeschätzt werden, da auch diese Themenbereiche in den systemisch-evolutionären Ansätzen ausgespart bleiben.

Menschenbild

Der Theoriegruppe liegt in der Tendenz das Bild eines komplexen Menschen, der flexibel, lern- und wandlungsfähig immer neue Aufgaben zu übernehmen in der Lage ist, zugrunde. In Abhängigkeit seiner Motive, Fähigkeiten und der Aufgabenstellungen kann er sich wechselnden Umweltbedingungen und vielfältigen Management-Strategien anpassen. (Schein, 1974, S. 84–85) An das Gedankengut moderner Ansätze anknüpfend wird hier angenommen, dass Menschen über begrenzte Informationsverarbeitungskapazitäten verfügen und auf der Basis unvollständiger Informationen handeln. Weiterhin wird davon ausgegangen, dass Menschen nicht zielorientiert, sondern zielinterpretierend handeln. Weicks Organisationsprozessmodell zufolge, wissen Menschen im Vorhinein nämlich nicht, was sie tun wollen und können. (Walter-Busch, 1996, S. 249) Organisationen bestehen Luhmanns Organisationstheorie zufolge jedoch nicht aus Menschen, sondern aus der Kommunikation von Entscheidungen. Menschen stellen hier psychische Systeme dar, die sich aus Gedanken und Wahrnehmungen zusammensetzen (Martens & Ortmann, 2006, S. 430–432). Sie werden der Umwelt zugeordnet. Es bleibt offen, ob die Mitarbeiter von den Führungskräften als (nicht) wertvoll betrachtet werden und ob ihre Bedürfnisse von hoher oder niedriger Bedeutung sind. Auch können keine angemessenen Verknüpfungen systemisch-evolutionärer Ansätze mit der Mitarbeiterzufriedenheit, -identifikation und ihrem Vorrat an gemeinsamen Überzeugungen, Werten und Regeln hergestellt werden. Schließlich lässt das gesichtete Theoriematerial keine Aussagen über die Ausprägung gegenseitigen Vertrauens und Zusammenhalts und die Qualität der Sozialbeziehungen unter den Mitarbeitern von Organisationen, die nach systemisch-evolutionären Mustern funktionieren, zu.

Gesundheitsbegriff

Zum Gesundheitsbegriff systemisch-evolutionärer Ansätze lassen sich auf der Basis der vorliegenden Informationen nur vage Annahmen ableiten; insbesondere aufgrund der Tatsache, dass nicht Menschen, sondern nur deren Kommunikationen thematisiert werden. Eine systemtheoretische Gesundheitsdefinition, in welcher Gesundheit als „(relativ erfolgreiche) Anpassung auf biochemischer, physiologischer, immunologischer, sozialer und kultureller Ebene" (Weiner, 1983; zitiert nach Udris et al., 1992, S. 11) betrachtet wird, scheint dazu geeignet zu sein, den Gesundheitsbegriff systemisch-evolutionärer Ansätze zu beschreiben. Weiterhin kann angenommen werden, dass Gesundheit in den systemisch-evolutionären Ansätzen als Fähigkeit, Umwelt- und soziale Anforderungen und Belastungen zu bewältigen, angesehen wird, woraus sich ein positives Konzept von Gesundheit und ein positives Gesundheitsverständnis ableiten lassen. Ob die Verantwortung für Gesundheit eher den Mitarbeitern obliegt oder ein Stück weit von der Organisation übernommen wird, bleibt offen. Ob Gesundheit im Rahmen der in den systemisch-evolutionären Ansätzen vorherrschenden betrieblichen Werte, Normen und Verhaltensweisen gut oder schlecht als betriebliches Thema verankert werden kann, hängt davon ab, ob es gelingt, das Gesundheitsthema in eine Kommunikationsweise zu transformieren, die dem jeweiligen Organisationstyp angemessen ist.

Arbeitsorganisation und -bedingungen

Gesellschaftliche Probleme können den systemisch-evolutionären Ansätzen zufolge mithilfe von Organisationen wirksamer und systematischer behandelt werden als ohne, da von den Organisationsmitgliedern sonst Unwahrscheinliches (z.B. ein langer anstrengender Arbeitstag, die konsequente Verfolgung bestimmter Ziele) erwartet werden kann und Organisationen ihre Mitglieder von der Umwelt abgrenzen und sie so vor möglichen störenden Einflüssen oder den Folgen ihrer Fehler schützen (Martens & Ortmann, 2006, S. 451). Auch wird durch die Exploration dieser Ansätze deutlich, dass Organisationen unter hoher Komplexität und Kontingenz und im Wissen, dass jede Entscheidung auch anders möglich wäre, mit beträchtlicher Genauigkeit und Geschwindigkeit ihre Operationen koordinieren müssen; was Struktur erfordert, die die unendliche Fülle der Möglichkeiten einschränkt (Martens & Ortmann, 2006, S. 441).

In Form von allgemeinen Kommunikations- und Handlungsanleitungen – Luhmanns Entscheidungsprämissen (Entscheidungsprogramme, Kommunikationswege und Personaleinsatz) – versuchen Organisationen Komplexität zu reduzieren (Martens & Ortmann, 2006, S. 441–442). Somit können in den systemisch-evolutionären Ansätzen keine der BGF dienlichen Anknüpfungsmöglichkeiten zu Arbeitsorganisation und -bedingungen gefunden werden, was mit sich bringt, dass die Indikatoren der Moderatorvariable D für diese Ansätze nicht zufriedenstellend erfasst werden können.

Führungsverständnis

Mitgliedschaft ist in den systemisch-evolutionären Ansätzen der Organisationstheorie das Grenzbildungsprinzip der Organisation zu ihrer Umwelt. Entscheidungen über (Nicht-)Mitgliedschaft beeinflussen Ein- und Austritt der Mitglieder, ihre Bindung an die Organisation und ihr Verhalten. Sie machen Organisationen entscheidungsfähig, richten sie auf eine ungewisse Zukunft aus und spielen bei der Abgrenzung der Organisation und der Selektion ihrer Operationen und Strukturen eine wichtige Rolle. (Walter-Busch, 1996, S. 198) Mitgliedschaft legitimiert zur Teilhabe an der Organisation. Diese wird jedoch an Bedingungen geknüpft (z.B. „Autoritätsunterwerfung gegen Gehalt", Anerkennung und Befolgung bestimmter Verhaltenserwartungen). (Martens & Ortmann, 2006, S. 446)

Auch in den systemisch-evolutionären Ansätzen können nur wenige Anknüpfungsmöglichkeiten zu BGF gefunden werden. Zwar kann angenommen werden, dass aufgrund der Tatsache, dass Personen der Umwelt zugeordnet werden, das Führungsverhalten nicht besonders mitarbeiterorientiert sein dürfte. Ob Entscheidungen tendenziell von den Betroffenen (partizipativ) getroffen werden, Entscheidungsfindungsprozesse mehr oder weniger transparent sind und ob Ziele durch die Beteiligung der Mitarbeiter erreicht werden, geht aus dem analysierten Theoriematerial nicht hervor. Es wird lediglich hervorgehoben, dass rationales Handeln und Ziele nur auf Personen- oder Gruppenebene, nicht jedoch auf Organisationsebene möglich sind und dass verschiedene Interessengruppen verschiedene Ziele verfolgen und der Widerstand einflussreicher Akteure gegenüber organisationalem Wandel ein ernstzunehmendes Problem darstellt (Sanders & Kianty, 2006, S. 243). Auch hinsichtlich des Vertrauens in die Führung und der Feedbackkultur lassen sich anhand des vorliegenden Theoriematerials keine Aussagen ableiten. Zur Motivationssteigerung der Organisationsmitglieder dienen hier Organisationszwecke und Entgelt. Es kann angenommen werden, dass den Mitarbeitern adäquate Anreize zu bieten als bedeutsam betrachtet wird, um von ihnen sonst Unwahrscheinliches (z.B. konsequente Zielverfolgung) erwarten zu können. Somit kann hier in der Tendenz auch von einem Gleichgewicht zwischen Verausgabung und Belohnung ausgegangen werden.

BGF-Varianten

Ebenso wie die modernen Ansätze stellen die systemisch-evolutionären Ansätze der Organisationstheorie für BGF kein ergiebiges Feld dar. Wie anhand der gesundheitsbezogenen Variablen gezeigt wurde, gelingt es auch hier nicht zielführend, Bezüge zur Gesundheit der Organisationsmitglieder herzustellen. Weder die Mitarbeiter, noch die Führungskräfte – geschweige denn das Thema „Gesundheit" – werden in ausreichendem Maße thematisiert. Der Fokus systemisch-evolutionärer Ansätze liegt auf der Organisation als Ganzes. Organisationsmitgliedern wird nur wenig bis keine Aufmerksamkeit gewidmet. Da Organisationen systemisch-evolutionären Vorstellungen nach nicht aus Menschen, sondern aus Kommunikationen bestehen, werden Menschen nicht einmal als Teil der Organisation betrachtet, sondern der Umwelt zugeordnet. Schon alleine die Tatsache, dass Menschen der Umwelt zugeordnet werden, beeinträchtigt ihre Erreichbarkeit im Rahmen von BGF in hohem Maße. Auch werden organisationale Trägheit und Change-Resistenzen durch einflussreiche Akteure und Interessengruppen angenommen, die organisationalen Wandel erschweren. Weiterhin wird davon ausgegangen, dass soziale Systeme von außen nur irritiert, nicht jedoch kontrolliert oder gesteuert werden können. Lediglich Selbststeuerung ist möglich; was Verknüpfungsmöglichkeiten mit BGF zudem erschwert.

Aufgrund des analysierten Theoriematerials ließe sich die Annahme formulieren, dass für Organisationen, die einer systemisch-evolutionären Denkweise verhaftet sind, aufgrund von organisationaler Trägheit, Change-Resistenzen, Selbststeuerung et cetera keinerlei BGF-Interventionen geeignet sind. Allerdings wird hier die Auffassung vertreten, dass systemisch-evolutionäre Ansätze schlicht nicht dazu geeignet sind, die unterschiedliche BGF-Verbreitung in unterschiedlichen Organisationen zu erklären, da Mitarbeiter nur in sehr eingeschränktem Maße und deren gesundheitliche Belange schlechthin nicht thematisiert werden; was die Suche nach Ansatzpunkten für BGF nahezu verunmöglicht. Nicht beantwortet werden kann somit für welche BGF-Varianten Organisationen, die systemisch-evolutionären Ansätzen folgen reif sind und für welche weniger. Allerdings findet sich in Luhmanns Systemtheorie über Organisationen ein wichtiger Hinweis darauf, wie BGF gestaltet sein sollte, wenn ihre langfristige Etablierung das Ziel ist.

> Es gilt zu beachten, dass:
>
> Gedanken, Ideen und Visionen von Personen solange keinen Eingang in die soziale Realität finden, als sie nicht in eine Kommunikationsweise transformiert werden, die dem jeweiligen System angemessen ist. Sie müssen in den Regel- und Entscheidungskontext integriert werden. Was sich alleine im Kopf einer Führungskraft oder im informellen Gespräch abspielt, besitzt im Systemkontext keine Realität. (Grossmann & Scala, 2001, S. 32)

5.4.6 Fazit

In den *klassischen Ansätzen der Organisationstheorie* wird der Mensch als Maschine betrachtet. Zur Reduktion des Risikos von Schädigungen durch monotone Arbeitsbedingungen wird verhaltensbezogene BGF als geeignet erachtet. Die Arbeitsbedingungen und Arbeitsbedingungen selbst zu verändern widerspricht dem Selbstverständnis klassischer Ansätze, da die Organisationsstruktur als gegebenes, unveränderliches Rahmengefüge angesehen wird und sich die Menschen der Organisation anzupassen haben; nicht umgekehrt. Kritiker könnten der hier dargelegten Argumentation entgegenhalten, dass Organisationen, die mehr oder weniger klassischen Organisationstheorien folgen, BGF als Mittel zum Zweck auffassen, also zur Steigerung ihrer Produktivität. Es darf jedoch davon ausgegangen werden, dass sie sich nicht selbst infrage stellen, um etwa die Bedeutung der Arbeitsabläufe hinsichtlich ihrer Gesundheitsbelastungen zu reflektieren.

In den *sozialen Ansätzen der Organisationstheorie* werden Menschen, ihr Sozialverhalten und ihre Arbeitsbedingungen wie in keinem anderen organisationstheoretischen Ansatz fokussiert. Dass die Verknüpfung sozialer Ansätze mit BGF besonders ergiebig ausfällt, liegt nahe; zumal die für BGF bedeutende OE hier ihre Wurzeln hat. Die Themen sozialer Ansätze stellen nahezu perfekte Anknüpfungspunkte für BGF, gleich welcher Variante dar, insbesondere für verhältnisbezogene Interventionen zur Veränderung von Arbeitsbedingungen und für BGF als OE. Kritiker könnten der hier dargelegten Argumentation entgegenhalten, dass Organisationen, die mehr oder weniger sozialen Organisationstheorien folgen, keinerlei BGF-Interventionen benötigen, da sie an sich gesundheitsförderlich sind. Es darf jedoch davon ausgegangen werden, dass selbst per se gesundheitsförderliche Organisationen immer noch dazu in der Lage sind, ihr gesundheitsförderliches Potenzial zu steigern.

Die Verknüpfung *situativer Ansätze der Organisationstheorie* mit BGF kann nicht besonders ergiebig ausfallen, da es – wie in diesen Ansätzen betont wird – eben von situativen Faktoren (z.B. Organisationsgröße, Branche, Umwelt) abhängt, in welcher Form Organisationen gestaltet werden sollen, um erfolgreich sein zu können. Wenn also unterschiedliche situative Faktoren unterschiedliche Organisationsstrukturen bewirken, sind je nach situativer Erfordernis unterschiedliche Organisationsformen erfolgreich; für die wiederum unterschiedliche BGF-Varianten geeignet sind. An dieser Stelle wird deutlich, dass es einer Organisationstypisierung bedarf, um Aussagen über die Eignung unterschiedlicher Organisationen für verschiedene BGF-Varianten treffen zu können. Praktisch relevante Anknüpfungsmöglichkeiten bestehen insbesondere zu Mintzbergs (z.B. 1992) Strukturtypen, da hier nach strukturellen Faktoren differenzierbare und auf existierende Organisationen übertragbare Typen voneinander unterschieden werden, die hinsichtlich BGF gut analysierbar sind.

Die *modernen Ansätze der Organisationstheorie* stellen für die BGF kein besonders ergiebiges Feld dar. Es gelingt nicht zufriedenstellend, Bezüge zur Mitarbeitergesundheit und insbesondere zu Arbeitsorganisation und -bedingungen herzustellen. Offensichtlich waren diese Themen für die Verfasser der hier analysierten Theorien nicht relevant genug, um thematisiert zu werden. Schließlich geht es in den modernen Ansätzen primär darum, menschliche Aktivitäten zu koordinieren und nicht darum, sich über das Befinden von Personen zu kümmern oder die Gesundheit von Menschen, die Rollen ausfüllen und Aufgaben erledigen sollen, zu analysieren oder gar zu schützen. Ob überhaupt und wenn ja, welche BGF-Varianten zu realisieren sind, kann anhand des analysierten Theoriematerials nicht eingeschätzt werden.

Ebenso wie moderne Ansätze stellen *systemisch-evolutionäre Ansätze der Organisationstheorie* kein besonders ergiebiges Feld für BGF dar. Wie anhand der gesundheitsbezogenen Variablen gezeigt wurde, gelingt es auch hier nicht zielführend, Bezüge zur Gesundheit der Organisationsmitglieder herzustellen, da weder Mitarbeiter, noch Arbeitsorganisation und -bedingungen oder Führung – geschweige denn Gesundheit – in ausreichendem Maße thematisiert werden. Allerdings findet sich in Luhmanns Systemtheorie über Organisationen ein wichtiger Hinweis für die praktische Umsetzung der BGF. Demnach gilt es zu beachten, dass Gedanken, Ideen und Visionen von Personen erst dann umgesetzt werden können, wenn sie in eine Kommunikationsweise transformiert werden, die dem jeweiligen System angemessen ist und wenn sie in den Regel- und Entscheidungskontext einer Organisation integriert werden (Grossmann & Scala, 2001, S. 32).

Abschließend kann resümiert werden, dass die *Verknüpfung klassischer Ansätze mit BGF* zeigt, welche gesundheitsschädlichen Wirkungen Arbeit auf Organisationsmitglieder haben kann. Demgegenüber verdeutlicht die *Verknüpfung sozialer Ansätze mit BGF*, dass Arbeit in hohem Maße gesundheitsförderlich wirken kann. Innerhalb der verglichenen Theoriegruppen repräsentieren die sozialen Ansätze die vielfältigsten Anknüpfungspunkte für BGF. Die *Verknüpfung situativer Ansätze mit BGF* zeigt, dass es einer Organisationstypisierung bedarf, um Aussagen über die Eignung unterschiedlicher Organisationen für verschiedene BGF-Varianten treffen zu können, da sich einige Organisationen hinsichtlich situativer Faktoren ähnlicher sind als andere. Die *Verknüpfung moderner Ansätze mit BGF* zeigt, dass Gesundheitsbelange in diesen Theorieansätzen nicht bedeutend genug waren, um thematisiert zu werden; dieser Verknüpfungsversuch liefert die geringsten Erträge. Die *Verknüpfung systemisch-evolutionärer Ansätze mit BGF* verdeutlicht, dass ein BGF-Projekt nicht von einer oder einigen BGF-begeisterten Person(en) getragen werden kann – auch nicht von der Führungskraft –, sondern dass BGF nur dann langfristig realisiert werden kann, wenn sie in eine Kommunikationsweise transformiert wird, die dem System angemessen ist.

In den unterschiedlichen Theoriegruppen findet BGF verschiedene – aber wenige – Anknüpfungspunkte. Dies ist insoweit nachvollziehbar, als die Mitarbeitergesundheit lange Zeit eine nur untergeordnete Rolle spielte. Im Kontext dieser Arbeit ist es wesentlich, Organisationsbedingungen und -besonderheiten zu eruieren, die für die Verbreitung von BGF fördernd oder hemmend sein könnten. Das den Organisationstheorien zugrunde liegende „Managementverständnis" vermag hier ein erster Faktor zu sein. Zur Entwicklung von Hypothesen über die Eignung unterschiedlicher Organisationstypen für BGF lassen sich aus den bislang analysierten Organisationstheorien aber nicht ausreichend verwertbare Informationen ableiten. Dies macht eine Analyse organisationskultureller Bedingungen nötig. Da das Organisationskulturkonstrukt maßgeblich auf der Human Relations-Bewegung aufbaut – die ihrerseits fruchtbare Anknüpfungspunkte für BGF bietet – kann angenommen werden, dass die Analyse ergiebig ausfallen wird.

5.5 Untersuchung organisationskultureller Bedingungen für BGF

Nun soll anhand der gesundheitsbezogenen Variablen nach organisationskulturellen Bedingungen für BGF gesucht werden. Verknüpfungsmöglichkeiten der BGF mit dem Organisationskulturkonzept und mit Kulturtypologien werden analysiert. Ziel ist es, anhand der organisationskulturellen Bedingungen Hypothesen über adäquate BGF-Varianten für unterschiedliche Organisationstypen abzuleiten.

Aufgrund der Ähnlichkeit des Organisationskulturkonzepts und der Kulturtypologien mit den institutionensoziologischen Ansätzen der Organisationstheorie – auch in diesen werden kulturelle Elemente als bedeutend erachtet – werden diese im Folgenden zu den kulturellen Ansätzen zusammengefasst (s. Tabelle 18).

Tabelle 18   Ansätze der Organisationskultur (Goldgruber, 2010, S. 339)

	Institutionensoziologische Ansätze
Kulturelle Ansätze	Organisationskulturkonzept
	Organisationskulturtypologien

Zur Beantwortung der Forschungsfrage erscheint die Verknüpfung von Organisationskulturtypologien und Mitarbeitergesundheit naheliegend zu sein, da hypothetisch angenommen wird, dass die Unterschiedlichkeit von Organisationen ein zentraler Einflussfaktor für die Verbreitung von BGF sein dürfte.

Organisationskultur per se ist jedoch weder gut noch schlecht, weder förderlich noch hemmend für BGF. Die Analyse kultureller Ansätze insgesamt informiert lediglich darüber, welche Themen hier von Bedeutung sind und welche eben nicht. Erst die Unterscheidung verschiedener Kulturtypen gibt Aufschluss darüber, ob die jeweilige Kultur förderlich oder hemmend für BGF ist. Wie in nachfolgenden Ausführungen gezeigt werden soll, können aus der Verknüpfung kultureller Ansätze mit BGF Annahmen über mehr oder weniger gesundheitsförderliche Kulturen abgeleitet werden. Die Entwicklung von Hypothesen über die Eignung unterschiedlicher Organisationen für verschiedene BGF-Varianten erfordert jedoch einen weiteren Analyseschritt und bedarf einer Organisationstypisierung; diese soll im nächsten Kapitel vorgenommen werden, in welchem im Ergebnis die vorläufigen Hypothesen präsentiert werden.

5.5.1 Verknüpfung kultureller Ansätze mit BGF

Den kulturellen Ansätzen werden das Organisationskulturkonzept, die institutionensoziologischen Ansätze und ausgewählte Organisationskulturtypologien zugeordnet. Gemeinsam ist diesen Ansätzen die Fokussierung kultureller Aspekte – insbesondere die Betonung der Bedeutung eines Vorrates an gemeinsamen Überzeugungen, Werten und Normen der Organisationsmitglieder. Die Erweiterung organisationstheoretischer Konzepte um kulturelle Aspekte beruht auf der Einsicht, dass es nicht ausreicht, lediglich die beobachtbare Realität in Organisationen zu erfassen, sondern dass auch die Werte und Normen, die hinter dieser Realität liegen, berücksichtigt werden müssen, wenn das soziale System Organisation möglichst realistisch erfasst werden soll. (Hopfenbeck, 2002, S. 775). Diese Einsicht bringt für die Verknüpfung mit BGF einen entscheidenden Vorteil mit sich, da hier den Mitarbeitern, ihren Beziehungen untereinander, ihrem Verhältnis zu den Führungskräften und ihren geteilten grundlegenden Annahmen hohe Bedeutung zukommt.

Die nun getätigten Annahmen beziehen sich jeweils auf gesundheitsförderliche Kulturen. Auf einem Kontinuum, mit den Polen *gesundheitsförderliche Kultur* und *nicht gesundheitsförderliche Kultur*, treffen die Annahmen für weniger gesundheitsförderliche Kulturen in abgeschwächter Weise zu; für nicht gesundheitsförderliche Kulturen wird jeweils das Gegenteil angenommen. Nach Verknüpfungsmöglichkeiten der kulturellen Ansätze mit BGF wird nun gesucht. Die Exploration zeigt folgendes Bild:

Rahmenbedingungen für BGF

Die Kultur einer Organisation entscheidet maßgeblich über die Priorität, die der BGF zukommt, da Implementierungsentscheidungen nicht nur formellen, sondern auch informellen Bedingungen unterliegen und es somit von den grundlegenden gesundheitsbezogenen Annahmen der Organisationsmitglieder abhängt, inwieweit ein System für BGF reif ist oder nicht. Es kann davon ausgegangen werden, dass BGF in jenen Organisationstypen, in denen ihr hohe Bedeutung beigemessen wird, auch tatsächlich finanzielle und personelle Ressourcenzuwendung erfährt, während in Organisationstypen, die der BGF weniger aufgeschlossen gegenüberstehen, die Unterstützung deutlich geringer ausfallen wird. Auch die (Nicht-)Etablierung zentraler Instrumente und Gremien der BGF ist von kulturellen Bedingungen, insbesondere dem kollektiven Gesundheitsverständnis der Organisationsmitglieder abhängig und kann, je nach Kulturtyp, dem Ideal der Luxemburger Deklaration (ENWHP, 2007) entsprechen oder geringerwertige BGF-Varianten erfordern. Ob Partizipationsmöglichkeiten durch persönliche Beteiligung der Mitarbeiter an organisationalen Entscheidungen gegeben sind und ob Empowerment der Mitarbeiter gefördert wird, ist ebenso von der jeweiligen Organisationskultur abhängig, da diese durch Werte und Prinzipien Mitbe-stimmung ermöglicht oder begrenzt (Wagner, 2004, S. 1116). Ob schließlich die Ein-führung von BGF in Projektform oder als Daueraktivität gelingt, hängt – kulturell er-klärt – grundlegend von der Übereinstimmung bestimmter Zielwerte mit Gesundheits-belangen ab. Zielwerte gibt sich eine Organisation entweder selbst vor (z.B. aufgrund von langjähriger Tradition) oder sie werden ihr von der Umwelt vorgegeben (z.B. durch die Branche). Nach Jones und Bouncken (2008, S. 409) wären typische Zielwerte das Erreichen von Spitzenleistungen, Verantwortung für Handeln, Verläss-lichkeit, Rentabilität oder Wirtschaftlichkeit. Wichtig wäre hier die Zielkompatibilität zwischen Organisations- und Gesundheitszielen. So wären kurzfristige Rentabilitäts-ziele und Mitarbeitergesundheit vermutlich wenig kompatibel, wohingegen Motivati-ons- und Zufriedenheitsziele sehr gut mit BGF in Einklang zu bringen wären. Die Ver-knüpfung zeigt, dass sämtliche Indikatoren zu den Rahmenbedingungen für BGF an-hand der kulturellen Ansätze erhoben werden können und dass ihre Ausprägungen von der Gesundheitsförderlichkeit der Kulturen abhängen.

Menschenbild

Grundlegende Annahmen über das Wesen des Menschen und menschliche Beziehun-gen (Schein, 2006, S. 45) prägen die Werte aller Organisationsmitglieder. Die Zusam-menhänge zwischen Organisationskultur und vorherrschenden Menschenbildern sind überaus plausibel. So sind Bilder von primär faulen oder abhängigen Menschen mit gesundheitsförderlichen Organisationskulturen wohl nur schlecht in Einklang zu brin-gen. Mit BGF sehr gut vereinbar – und somit zur Erklärung ihrer (Nicht-)Verbreitung in unterschiedlichen Organisationstypen geeignet – wäre hingegen das Bild eines mo-ralischen Menschen. Es wird angenommen, dass in Kulturtypen, in denen komplexe BGF-Varianten umsetzbar sind, in der Tendenz das Bild einer intrinsisch motivierten

Person vorherrscht, der es ein Bedürfnis ist, moralisch vertretbar zu handeln und für die das moralische Handeln subjektiv bedeutsamer ist als das Streben nach Wohlstand, Prestige oder Macht (Blickle, 2004, S. 841). Es kann angenommen werden, dass Führungskräfte ihren Mitarbeitern in gesundheitsförderlichen Kulturen ein hohes Maß an Anerkennung und Wertschätzung entgegenbringen und dass den Bedürfnissen der Mitarbeiter hohe Bedeutung zukommt, was wiederum mit tendenziell hoher Mitarbeiterzufriedenheit einhergeht. Weiterhin wird angenommen, dass die Identifikation der Mitarbeiter mit übergeordneten Zielen und Regeln ihrer Organisation (Wir-Gefühl, Commitment) und ihr Vorrat an gemeinsamen Überzeugungen, Werten und Regeln in gesundheitsförderlichen Kulturen stark ausgeprägt sind. Auch wird davon ausgegangen, dass gegenseitiges Vertrauen und Zusammenhalt unter den Mitarbeitern in hohem Maße gegeben sind und dass in gesundheitsförderlichen Kulturen mit hochwertigen Sozialbeziehungen in Form von sozialer Unterstützung, Respekt und Unterstützungsleistungen im Umgang mit Gesundheit und Krankheit zu rechnen ist. Sämtliche Annahmen treffen für weniger gesundheitsförderliche Kulturen in eingeschränktem Maße zu. Es zeigt sich auch anhand des Menschenbildes, dass die kulturellen Ansätze zahlreiche Anknüpfungspunkte für BGF und damit eine gute Basis für die Erklärung ihrer Verbreitung in unterschiedlichen Organisationstypen bieten. Personen, ihre Überzeugungen, Werte und gemeinsamen Annahmen werden hier – anders als in den anderen Theoriegruppen – thematisiert.

Gesundheitsbegriff

Ausgehend von der WHO-Definition (1948; zitiert nach WHO 1998), in welcher betont wird, dass Gesundheit ein „Zustand des umfassenden körperlichen, geistigen und sozialen Wohlbefindens" (S. 1) sei, kann hier der Gesundheitsbegriff mit der Arbeits- und Leistungsfähigkeit von Organisationsmitgliedern verknüpft werden: Gesundheitsförderliche Organisationskulturen fördern die Gesundheit und das Wohlbefinden der Mitarbeiter und gehen über schlichte Aufgaben- und Funktionserfüllung hinaus. So kann angenommen werden, dass die BGF-Aufgeschlossenheit einer Organisation umso höher ist, je mehr Wert gesundheitlichen Belangen beigemessen wird. Dies ist wiederum davon abhängig, welche historisch gewachsenen Annahmen über Gesundheit existieren. Fatalistische Annahmen, in welchen davon ausgegangen wird, dass Gesundheit und Krankheit ohne eigenes Zutun „passieren", wären mit BGF und ihrem Potential- und Ressourcenansatz wohl eher schlecht zu vereinbaren. Annahmen, in welchen die Verantwortung für Gesundheit den einzelnen Organisationsmitgliedern übertragen wird, wären vermutlich mit verhaltensbezogener, nicht aber mit verhältnisbezogener BGF oder komplexeren Varianten kompatibel. Die Annahme, dass Organisationen einen wesentlichen Beitrag zur Gesundheitsförderung und zum

Wohlbefinden ihrer Mitglieder leisten können, wäre demgegenüber sehr gut mit sämtlichen BGF-Varianten vereinbar. Es wird davon ausgegangen, dass die Verankerung des Themas Gesundheit im Rahmen der betrieblichen Werte, Normen und Verhaltensweisen in Abhängigkeit der Gesundheitsförderlichkeit des jeweiligen Kulturtyps einmal besser, ein andermal schlechter gelingen wird.

Arbeitsorganisation und -bedingungen

Die Zusammenhänge zwischen Arbeitsbedingungen und Gesundheitszuständen sind seit Jahren evident (Semmer & Mohr, 2001, S. 152–154; Ulich & Wülser, 2009, S. 236–237). Es kann angenommen werden, dass die Aufgaben in gesundheitsförderlichen Organisationen vollständig, die psychischen Anforderungen tendenziell hoch, die Belastungen tendenziell niedrig und die Tätigkeitsspielräume der Mitarbeiter hinsichtlich Entscheidungs-, Kontroll- und Gestaltungsmöglichkeiten eher groß sind. Dass die Arbeitsorganisation selbst Einflüsse auf die Mitarbeitergesundheit hat, konnte in verschiedenen Untersuchungen, etwa zu den Effekten der Gruppenarbeit (Ulich & Wülser, 2009, S. 248–263), nachgewiesen werden. So wird davon ausgegangen, dass ganzheitliche Gruppenarbeit mit komplexen Aufgaben, hoher Autonomie et cetera in gesundheitsförderlichen Kulturen gut umzusetzen ist und dass hier auch die Arbeitszeit gut eingeteilt werden kann. Auch können für gesundheitsförderliche Kulturen vielfältige Informations- und Kommunikations- sowie Lern- und Entwicklungsmöglichkeiten angenommen werden. Weiterhin kann aufgrund des hohen gesundheits- und persönlichkeitsförderlichen Potenzials davon ausgegangen werden, dass die Arbeit als sinnvolle Betätigung erlebt wird.

Führungsverständnis

Führungskräfte sind für die Gesundheit, das Wohlbefinden, die Leistungsfähigkeit und -bereitschaft ihrer Mitarbeiter von zentraler Bedeutung. Badura et al. (2008, S. 133) zufolge haben die direkten Vorgesetzten auf die Gesundheit ihrer Untergebenen sehr hohen Einfluss, da sie für das Klima, die Arbeitsbedingungen, den Arbeitseinsatz, faire Beurteilungen und die Anerkennung von Leistungen verantwortlich sind. Es wird angenommen, dass in gesundheitsförderlichen Kulturen ein mitarbeiterorientierter Führungsstil vorherrscht, worunter die Autoren (ebd., S. 35) aufrichtigen Einsatz der Führungskräfte für ihre Mitarbeiter verstehen (z.B. Bereitschaft zuzuhören, sich für die berufliche Weiterentwicklung und persönliche Belange der Menschen zu interessieren, Leistungen anzuerkennen). Die Fragen, ob Entscheidungen tendenziell von den Betroffenen oder von den Führungskräften getroffen werden, Ziele durch Vertrauen, gemeinsame Überzeugungen und Werte oder Anordnung erreicht werden, die Organisationsstrukturen und -prozesse transparent sind oder eine Feedbackkultur vorherrscht, können für die kulturellen Ansätze insgesamt nicht beantwortet werden, da es auch hier auf die kulturellen Gegebenheiten in unterschiedlichen Organisationstypen ankommt. In gesundheitsförderlichen Kulturen kann davon ausgegangen werden, dass das Vertrauen der Mitarbeiter in die Führungskräfte hoch ist und dass die Bedeutung von Gratifikationen und adäquaten monetären und nichtmonetären Anreizen erkannt wird.

BGF-Varianten

Ausgehend von der kulturellen Unterschiedlichkeit der Organisationen lassen sich im Hinblick auf BGF die folgenden Annahmen formulieren: Je gesundheitsförderlicher, desto eher eignet sich ein Organisationstyp für komplexe BGF-Varianten, etwa BGF als OE oder BGM. Je weniger gesundheitsförderlich, desto eher eignet sich ein Organisationstyp für wenig komplexe BGF-Varianten, etwa verhaltens- oder verhältnisbezogene BGF. Auf einem Kontinuum mit den Polen *gesundheitsförderliche Kultur* und *nicht gesundheitsförderliche Kultur* lassen sich die BGF-Varianten demgemäß in der Reihenfolge *BGM – BGF als OE – verhältnisbezogene BGF – verhaltensbezogene BGF* anordnen. Dies bedeutet jedoch ausdrücklich nicht, dass komplexere BGF-Varianten in weniger gesundheitsförderlichen Kulturen nicht dringend nötig wären, sondern lediglich, dass sie für diese weniger geeignet – im Sinne von umsetzbar – sind. So wird angenommen, dass die Aufgeschlossenheit gegenüber Gesundheitsbelangen in Richtung der nicht gesundheitsförderlichen Kulturen abnimmt.

5.5.2 Fazit

Die Verknüpfung kultureller Ansätze mit BGF zeigt, dass die Organisationskultur zahlreiche Anknüpfungspunkte und somit eine sehr gute Basis für die Erklärung ihrer (Nicht-)Verbreitung in unterschiedlichen Organisationstypen bietet. Sämtliche der 34 Indikatoren können anhand der kulturellen Ansätze erhoben werden; insbesondere aufgrund der Tatsache, dass hier Personen, ihre Überzeugungen, Werte und gemeinsamen Annahmen thematisiert werden. Was die kulturellen Ansätze allen anderen Theoriegruppen voraushaben, ist, Führung zu thematisieren und unterschiedliche Führungsverhaltensweisen zu charakterisieren.

Das hier angenommene Kontinuum verdeutlicht, dass Organisationskulturen plausibel in gesundheitsförderliche, eher gesundheitsförderliche, weniger gesundheitsförderliche und nicht gesundheitsförderliche unterteilt werden können. Für diese lassen sich sehr allgemeine Annahmen über ihre jeweilige BGF-Eignung ableiten. Um die Annahmen zu konkretisieren, bedarf es einer Organisationstypisierung. Unterschiedliche Typen von Organisationskulturen sollen möglichst trennscharf voneinander abgegrenzt werden können, um hierdurch konkrete Hypothesen über die Eignung einzelner Typen für bestimmte BGF-Varianten ableiten zu können. Eine Organisationstypisierung ist erforderlich, da angenommen wird, dass sich einige Organisationen hinsichtlich ihrer organisationalen Voraussetzungen und insbesondere hinsichtlich ihrer Gesundheitsförderlichkeit ähnlicher sind als andere und nicht individuell betrachtet, sondern zu Gruppen zusammengefasst werden sollen. Aus den bereits vorgestellten Kulturtypologien soll nun eine Typologie ausgewählt werden, die diesen Ansprüchen möglichst gerecht wird. Der *Typologienauswahl* liegen folgende Kriterien zugrunde:

- Die Organisationstypisierung basiert auf Dimensionen, die von der Autorin in Bezug auf BGF als relevant betrachtet werden und die dazu beitragen können, die Fragestellung zu beantworten.
- Die Kulturtypen lassen sich sowohl anhand kultureller als auch anhand struktureller Merkmale weitgehend trennscharf voneinander unterscheiden.
- Die Kulturtypologie wurde nicht nur theoretisch hergeleitet, sondern auch einer empirischen Überprüfung unterzogen.

Die in Tabelle 19 vorgenommene Analyse der Kulturtypologien hinsichtlich der vier Auswahlkriterien verdeutlicht, dass sich keine der Typologien vollumfänglich eignet.

Tabelle 19   Vergleich der Kulturtypologien (Goldgruber, 2010, S. 347)

Kulturtypologien / Auswahlkriterien	*Deal-Kennedys Kulturtypologie*	*Handy-Harrisons Kulturtypologie*	*Weissmanns Kulturtypologie*	*Bewertung von Weissmanns Kulturtypologie*
Dimensionen	Risikograd Feedbackgeschwindigkeit	Grad an Formalisierung Grad an Planung Grad an Regelgeleitetheit Grad an Kontrolle	Grad der Strukturierung Grad der Vergemeinschaftung	+
Kulturelle und strukturelle Merkmale	Kulturelle Merkmale	Kulturelle Merkmale	Kulturelle Merkmale	x
Empirische Überprüfung	Nein	Nein	Ja	+

+ „besser", x „gleich"

In Bezug auf die Fragestellung weist Weissmanns Kulturtypologie gegenüber den verglichenen Typologien verschiedene Vorteile auf:

- Die Dimensionen *Grad der Strukturierung* und *Grad der Vergemeinschaftung* bieten bessere Anknüpfungspunkte für BGF als jene der anderen Typologien. Es wird angenommen, dass anhand dieser insbesondere die *Arbeitsorganisation und -bedingungen* und das *Führungsverständnis* sehr gut erklärt werden können.

- Zwar werden Organisationen, genauso wie in den anderen Typologien und wenig verwunderlich, ausschließlich anhand kultureller (und nicht auch anhand struktureller) Merkmale beschrieben. Die vier Typen des Kultur-Modells sind jedoch sehr gut mit den Typen des Strukturmodells von Mintzberg (1992) kompatibel. Hierdurch kann dem Anspruch der Integration struktureller Merkmale Rechnung getragen werden.

- Anders als die beiden anderen Kulturtypologien wurde das Kultur-Modell nicht nur theoretisch hergeleitet, sondern auch – zumindest exemplarisch – empirisch überprüft.

Weitere Vorteile von Weissmanns Kulturtypologie:

- Weissmann (2004, S. 36–71) vergleicht und integriert zwölf bedeutsame Kulturtypologien. Sein Modell kann somit als State of the Art und Meta-Kultur-Modell betrachtet werden.

- Im Rahmen der Synthese der zwölf Typologien werden vier plausible Organisationskulturtypen entwickelt, die sich auf die Organisationstheorien beziehen und den Wandel der Organisationsformen und des dazugehörigen Menschenbildes nachzeichnen. Somit erfassen sie die Organisationsvielfalt sehr gut. (ebd., S. 118–121)

- Was unter den Schlagworten *Hierarchie, Netzwerk, Pathos* und *Ratio* zu verstehen ist, wird im Kultur-Modell – anders als in den anderen Typologien – zumindest ansatzweise erklärt (ebd., S. 73–75).

- Verhaltensweisen von Menschen in verschiedenen Organisationskulturen können gedeutet werden.

Weissmanns Kulturtypologie bringt jedoch auch einige Nachteile mit sich. Im Kontext dieses Buches besonders relevant sind die folgenden:

- Der Weissmann'sche Fragebogen zur Differenzierung der vier Kulturtypen ist nicht erwerbbar (Weissmann, W., persönl. Mitteilung, 28.09.2009, 09:17 Uhr).

- Die dem Kultur-Modell zugrunde liegenden Typenbeschreibungen sind äußerst kurz und wenig aussagekräftig (Weissmann, 2004, S. 118–120). Da nur wenig Information über kulturelle Merkmale der einzelnen Kulturtypen geboten wird, wird das Kultur-Modell durch die Kulturtypologie von Handy und Harrison (Handy 2000) modifiziert. Auf diese bezieht es sich ohnehin maßgeblich und in dieser werden Kulturaspekte ausführlicher beschrieben.

- Da BGF organisationalen Wandel bewirkt, der nicht nur Organisationskulturen, sondern auch -strukturen verändert (Jones & Bouncken, 2008, S. 42), ist es nicht ausreichend, Organisationen ausschließlich hinsichtlich kultureller Merkmale zu typisieren. In die Typisierung sollen auch strukturelle Merkmale einfließen, die ebenso Einfluss auf die Möglichkeiten einer Organisation haben. Das Kultur-Modell wird deshalb durch die Strukturtypologie von Mintzberg (1992) modifiziert, deren Strukturtypen mit den Kulturtypen kompatibel sind.

Zusammenfassend kann festgehalten werden, dass Weissmanns Kulturtypologie für die angestrebte Hypothesenbildung zum Zusammenhang zwischen Organisationskulturen und BGF die Kulturtypologie der Wahl darstellt. Aufgrund der beiden mit dieser Modell-Wahl einhergehenden Nachteile wird das Weissmann'sche Modell für die weitere Bearbeitung der Forschungsfrage modifiziert. Im Ergebnis lassen sich vier Organisationstypen differenzieren: *Patriarchat, Bürokratie, Taskforce* und *Community*.

5.6 Ergebnis der theoriebasierten Exploration

Im Anschluss an die Charakterisierung der vier Kulturtypen werden die vorläufigen Hypothesen über ihre jeweilige BGF-Eignung formuliert und erläutert. Die Kulturtypen bieten jeweils Anknüpfungspunkte für BGF. Es wird deutlich, dass es entscheidend ist, Interventionen an die spezifischen Voraussetzungen der einzelnen Kulturtypen anzupassen.

5.6.1 BGF im Kulturtyp Community

Die Kultur einer Organisation, deren Erscheinungsbild jenem einer Wertegemeinschaft gleicht, wird als Community (Weissmann, 2004, S. 120) bezeichnet. In dieser Kultur steht die Person im Vordergrund. Die Mitarbeiter, ebenso hochqualifizierte Experten wie die professionellen Mitarbeiter der Taskforce, tüfteln an einmaligen Problemlösungen und leihen der Organisation vorübergehend ihr Talent; Entlohnung erfolgt nach dem jeweiligen Marktwert einer Person. Anders als in der leistungsorientierten Taskforce ist das Ziel der problemlösungsorientierten Community nicht, standardisierte Kenntnisse und Qualifikationen auf abgegrenzte Problemstellungen anzuwenden, sondern hochentwickelte Innovationen hervorzubringen. Die Aufträge sind in den beiden Kulturtypen oftmals dieselben, die Arbeitsprodukte und die zu deren Erreichung eingesetzten Strukturen jedoch grundverschieden. So betrachtet etwa eine als Community organisierte Unternehmensberatung jeden Auftrag als neue Herausforderung, während eine als Taskforce geführte, standardisierte Lösungen anbietet.

Der Grad der Strukturierung ist wie in der Taskforce gering, wobei in der Community im Vergleich zu allen anderen Kulturtypen das höchste Maß an Selbstorganisation besteht; sie hat die Form eines Netzwerks, das temporäres Zusammenarbeiten unter Individualisten ermöglicht. Der Grad der Vergemeinschaftung ist hingegen hoch; im Unterschied zur Taskforce wird in der Community deutlich mehr Wert auf die emotionalen Bedürfnisse der Mitarbeiter gelegt. (Weissmann, 2004, S. 120) Der *Community*-Typ findet sich in der Literatur etwa bei Handy und Harrison (Handy, 2000, S. 31–34) unter *Personenkultur* und bei Mintzberg (1992, S. 335–369) unter *Adhocratie*.

Charakteristisch für den Community-Typ sind multidisziplinäre Teams, die jeweils nur für ein ganz bestimmtes Innovationsprojekt gebildet werden. Nach Mintzberg (ebd., S. 336) stellt der Hilfsstab den dominanten Organisationsteil dieses Kulturtyps dar, da dieser den Pool bildet, aus welchem sich die Experten für die Projektarbeit rekrutieren lassen. Diese arbeiten temporär zusammen, um innovative Ideen zu verwirklichen und Probleme mit Kreativität und Phantasie zu lösen. Genauso wie die Taskforce-Experten verfügen sie über erhebliche Autonomie sowie ein hohes Maß an Kontrolle über und Entscheidungsfreiheit bei ihrer Arbeit. Im Unterschied zu diesen, arbeiten sie in enger Beziehung zu ihren Kollegen. Macht und Einfluss sind in der Community nicht wie in der Taskforce im betrieblichen Kern konzentriert, sondern gleichmäßig auf die gesamte Organisation verteilt. Entscheidungsbefugnisse obliegen Organisationsmitgliedern aller Hierarchieebenen. Informationsflüsse verlaufen flexibel und informell und dienen stets dem Ziel der Innovationsförderung; notfalls wird die Autoritätskette in diesem Kulturtyp auch durchbrochen.

Die Organisationsform der Community entspricht einer Matrixorganisation. Wie die Taskforce neigt sie zu funktions- und marktorientierter Gruppierung. Nach Handy und Harrison (Handy, 2000, S. 19) entsteht das Bild eines Clusters von Individuen, die lose gekoppelt in einem Kreis – dem Protoplasma – zusammengefasst sind. In keiner der Kulturen wird auf Projekt- und Teamorientierung so hoher Wert gelegt, wie im Community-Typ. Über die Matrixorganisation lassen sich Projekte sehr gut in das Unternehmensgeschehen einbinden. Innovation meint nach Mintzberg (1992, S. 337) „Ausbrechen aus überkommenen Strukturen". Innovative Organisationen können aus diesem Grund nicht Standardisierung zur Koordination einsetzen. Sie müssen jegliche Bürokratie vermeiden, insbesondere um Flexibilität zu bewahren. Koordination in und zwischen den Projektteams erfolgt in diesem Kulturtyp durch gegenseitige Abstimmung. Kontaktinstrumente, etwa Projektleiter, kommen hier stärker als in allen anderen Kulturtypen zum Einsatz.

Der Führungsstil kann als „konsensual" bezeichnet werden, da Führung in der Community ausschließlich im Konsens mit den Experten erfolgt. Die leitenden Mitarbeiter verhalten sich für gewöhnlich wie Kollegen, ihr Einfluss beruht eher auf ihrem Fachwissen und auf ihren menschlichen Führungsqualitäten als auf ihrer formalen Position. Die Unternehmensstrategien werden nicht bewusst von einzelnen Personen entwickelt, sondern implizit, durch die von Fall zu Fall getroffenen Entscheidungen gebildet. Klassische Managementprinzipien, insbesondere die Einheit der Auftragserteilung, kommen hier von allen Kulturtypen am seltensten zum Einsatz.

Lernen hat Priorität. Die Community ist perfekt für innovative Projektarbeit geeignet. Zur Bearbeitung gewöhnlicher Organisationsprobleme oder gar für Routinetätigkeiten ist sie hingegen inadäquat. Die zentralen Werte sind in diesem Kulturtyp Talent, Kreativität, jugendliche Energie, Mobilität, Enthusiasmus, Commitment, Individualität, Freiheit, Selbstbestimmtheit, Spontaneität und Flexibilität. Die Kommunikation ist informell, die Organisationsmitglieder sprechen sich etwa mit Vornamen an. Innovative Arbeit ist stets mit einer dynamischen Umwelt verbunden. Zugleich ist sie oft schwer zu verstehen; sie entspricht deshalb auch einer komplexen Umwelt.

Aus der Verknüpfung mit BGF leitet sich für den Community-Typ die folgende *vorläufige* Hypothese ab:

> Je mehr Charakteristiken des Kulturtyps Community eine Organisation aufweist, desto abhängiger ist die Akzeptanz der BGF vom Gesundheitsverständnis der Individuen selbst; BGF kann relativ einfach verhaltensbezogen erfolgen, verhältnisbezogene Interventionen sind aufgrund der temporären und lose gekoppelten Projektorganisation schwieriger umzusetzen, aber realisierbar.

Der vorläufigen Hypothese zufolge dürften die BGF-Varianten in Organisationen, die dem Community-Typ zuzuordnen sind, maßgeblich vom Gesundheitsbewusstsein der Individuen abhängen. Verfügen sie doch über erhebliche Autonomie und ein hohes Maß an Kontrolle über und Entscheidungsfreiheit bei ihrer Arbeit. Während die Wertschätzung der Mitarbeiter, der Gesundheitsbegriff und die Arbeitsbedingungen zunächst durchaus positiv – im Sinne der Ermöglichung von BGF – interpretiert werden können, ist die prinzipielle „Nicht-Organisation" dieser Organisationen problematisch. Die Individuen gestalten ihre Arbeitsbedingungen weitgehend selbst, die Unternehmensführung ist quasi nicht vorhanden. Aufgrund der Betonung der Individualität sind verhältnisbezogene BGF und BGF als OE vermutlich schwierig zu realisieren. Verhaltensbezogene Interventionen wären hingegen relativ einfach zu initiieren.

5.6.2 BGF im Kulturtyp Taskforce

Die Kultur einer Organisation, deren Erscheinungsbild jenem einer Spezialeinheit gleicht, wird als Taskforce (Weissmann, 2004, S. 119–120) bezeichnet. In dieser Kultur steht die Aufgabe im Vordergrund. Die Mitarbeiter verstehen sich als Leistungsgesellschaft; Entlohnung erfolgt nach Leistung. Anders als die Typen Patriarchat und Bürokratie benötigt die Taskforce weniger Regeln, da sie einen niedrigeren Grad der Strukturierung aufweist und sich selbst organisieren kann. Im Unterschied zur Community überwiegen aufgrund der ausgeprägten Aufgabenorientierung rationale Überlegungen; die Taskforce ist im Wesentlichen kognitiv ausgerichtet. (Weissmann, 2004, S. 119) Der *Taskforce*-Typ findet sich in der Literatur etwa bei Handy und Harrison (Handy, 2000, S. 27–30) unter *Aufgabenkultur* und bei Mintzberg (1992, S. 255–285) unter *Profibürokratie*.

Im Zentrum des Taskforce-Typs stehen die Experten, etwa Ärzte, Professoren oder Unternehmensberater. Sie bilden den dominanten Organisationsteil, den betrieblichen Kern (Mintzberg, 1992, S. 256). Sie verfügen über fundierte Ausbildung, hohe Qualifikation und Autonomie. Ein großer Teil der Macht über den Arbeitsablauf ist bei ihnen verankert. Charakteristischerweise arbeiten die Experten weitgehend unabhängig von ihren Kollegen, jedoch in engem Kontakt zu ihren Klienten, etwa Patienten, Schüler, Studenten oder Kunden.

Die Organisationsform der Taskforce entspricht einer Matrixorganisation. Handy und Harrison (Handy, 2000, S. 19) verwenden zur Charakterisierung dieses Typs die Matrix. Die Aufgaben sind sowohl funktional als auch marktorientiert gruppiert, horizontal spezialisiert, vertikal hingegen erweitert. Das Verhalten der Mitarbeiter ist im Vergleich zu jenem der Mitarbeiter im Bürokratie-Typ kaum formalisiert, Planungsund Kontrollsysteme kommen seltener als in der Bürokratie zum Einsatz.

Der Führungsstil ist demokratisch. Entscheidungsprozesse verlaufen bottom-up. Die Führungsautorität der Leiter ist im Vergleich zu jener der Führungskräfte der anderen drei Kulturtypen in der Taskforce eingeschränkt, da die Experten im Kollektiv über hohe Macht verfügen. Den Führungskräften dieses Kulturtyps obliegen Funktionen wie Kontaktpflege, Repräsentation, Öffentlichkeitsarbeit oder Verhandlungen. Die Standardisierung der Qualifikationen stellt den grundlegenden Koordinationsmechanismus dar. Die Experten setzen in standardisierten Situationen ein von ihrem Berufsverband vorgegebenes und im Rahmen ihrer Ausbildung erworbenes Repertoire an Standardverfahren ein. Im Unterschied zum Community-Typ wird im Taskforce-Typ nicht nach der Lösung einmaliger Probleme mit ungewissem Ausgang gesucht, vielmehr werden Probleme mit Standardverfahren zu lösen versucht.

Professionalität hat Priorität. Die Taskforce ist gut geeignet für die Produktion ihrer Standardprodukte. Weniger dienlich ist sie hingegen für Innovation. Neben Autonomie und Demokratie sind Leistung, Intelligenz, Dynamik und Kraft von hoher Bedeutung. Auch egalitären Werten wie Kooperation, Hilfsbereitschaft und Liberalität kommt in der Taskforce hoher Stellenwert zu. Das Betriebsklima ist in diesem Kulturtyp durch Toleranz und Offenheit geprägt. Einfluss erfolgt zum Gutteil über Fachkompetenz, weniger über die Position. Für alle professionellen Mitarbeiter gelten die gleichen Spielregeln. In der Organisation werden informelle Umgangsformen gepflegt. Immer dann, wenn sich die Kernbelegschaft einer Organisation aus hochqualifizierten, professionellen Personen zusammensetzt, die schwer zu erlernende, jedoch gut zu definierende Verfahren anwenden, entspricht eine Organisation der Taskforce. Die Umwelt muss komplex genug sein, um nur von umfassend ausgebildeten Experten bewerkstelligt werden zu können, zugleich muss sie so stabil sein, dass deren Qualifikationen gut zu definieren und zu standardisieren sind.

Aus der Verknüpfung mit BGF leitet sich für den Taskforce-Typ die folgende *vorläufige* Hypothese ab:

> Je mehr Charakteristiken des Kulturtyps Taskforce eine Organisation aufweist, desto abhängiger ist die Akzeptanz der BGF vom Gesundheitsverständnis der professionellen Mitarbeiter, denen erhebliche Partizipationsmöglichkeiten obliegen; BGF kann prinzipiell sowohl verhaltens- als auch verhältnisbezogen erfolgen - in einigen Taskforces ist BGM realisierbar.

Der vorläufigen Hypothese zufolge ist die Akzeptanz der BGF in Organisationen, die dem Taskforce-Typ zuzuordnen sind, vom Gesundheitsverständnis der Professionals und damit von ihren individuellen Gesundheitsbegriffen und ihrer Bereitschaft, die Arbeit aus einer Gesundheitsperspektive heraus zu analysieren und zu gestalten, abhängig. Den Mitarbeitern obliegen erhebliche Partizipationsmöglichkeiten. Sie verfügen über hohe Autonomie und Kontrolle sowie über weitgehende Entscheidungsfreiheit bei ihrer Arbeit. Die Initiierung von BGF-Aktivitäten ist abhängig von den Professionals selbst. Expertenorganisationen neigen jedoch dazu, nur schwierig „organisierbar" zu sein, was OE-Interventionen vermutlich deutlich erschweren dürfte. Prinzipiell sind in diesen Unternehmen jedoch sowohl verhaltens- als auch verhältnisorientierte BGF-Aktivitäten möglich. In einzelnen Taskforces ist vermutlich auch BGM realisierbar.

5.6.3 BGF im Kulturtyp Patriarchat

Die Kultur einer Organisation, deren Erscheinungsbild jenem einer „Großfamilie" gleicht, wird als Patriarchat (Weissmann, 2004, S. 118–119) bezeichnet. Der charismatische Patriarch, der häufig Unternehmer und Eigentümer in einer Person ist, wirkt identitätsstiftend für seine Mitarbeiter. Haben sich neue Mitarbeiter einmal bewährt, wachsen sie in dieser Kultur zu einer motivierten „verschworenen Aktionsgemeinschaft" zusammen; ihnen werden nur wenige Einschränkungen auferlegt. Spontaneität und Flexibilität kennzeichnen den Patriarchat-Typ und ersetzen klassische Organisationsprinzipien wie Standardisierung, Spezialisierung, Formalisierung oder Automatisierung, die insbesondere im Bürokratie-Typ zur Anwendung kommen.

Patriarchate weisen einen relativ hohen Grad an Vergemeinschaftung auf. Sie sind eher affektiv als kognitiv ausgerichtet; emotionale Bedürfnisse sind in dieser Kultur bedeutsamer als rationale Überlegungen. Der Ausdruck von Freude, Wut oder Aggressivität ist hier erlaubt, wenn auch in geringerem Ausmaß als im Community-Typ. Patriarchate weisen auch einen relativ hohen Grad an Strukturierung auf. Hierarchische Merkmale des Patriarchats sind Stabilität und Ordnung, jedoch sind diese weitaus geringer ausgeprägt als im Bürokratie-Typ. (Weissmann, 2004, S. 118) Der *Patriarchat*-Typ findet sich in der Literatur etwa bei Handy und Harrison (Handy, 2000, S. 20–23) unter *Machtkultur* und bei Mintzberg (1992, S. 213–222) unter *Einfachstruktur.*

Kennzeichnend für den Patriarchat-Typ ist die Bündelung der gesamten Führungsautorität in einer Person, die gleichzeitig den dominanten Organisationsteil dieses Kulturtyps darstellt: den Patriarchen. Handy und Harrison (Handy, 2000, S. 19) verwenden zur Beschreibung dieser Konstellation das Symbol des Spinnennetzes, Mintzberg (1992, S. 214) den Begriff der *Einfachstruktur*, in welcher der strategischen Spitze – also dem Patriarchen – die zentrale Bedeutung zukommt. Einfluss erfolgt über die Nähe zur Führungskraft. Je näher am Zentrum, desto mehr, je weiter weg vom Zentrum, desto weniger Macht wird den Mitarbeitern zuteil. Der hohe Stellenwert eines guten Verhältnisses zum Patriarchen wird hier deutlich.

Die Organisationsform des Patriarchats entspricht der Linienorganisation. Patriarchate sind auf der zweiten Hierarchieebene für gewöhnlich funktional gruppiert, insofern in diesem Kulturtyp überhaupt eine Gruppierung in Einheiten vorgenommen wird. Der Grad der Aufgabenspezialisierung ist geringer als in den anderen drei Kulturtypen; ihre Abgrenzungen – aufgrund persönlicher Präferenzen und Begabungen der Mitarbeiter – als Aufgabenkonzentration historisch gewachsen. Die Belegschaft verfügt über fachlich hohes Können, die Mitarbeiter sind für mehr als eine Aufgabe einzusetzen. Ihr Verhalten ist kaum formalisiert. Informelle Kommunikation, eine flache Hierarchie, weniger klar abgegrenzte Kompetenzen und stärker vertikal ausgerichtete Kommunikationsflüsse unterscheiden diesen Kulturtyp vom Bürokratie-Typ.

Der Führungsstil ist autokratisch. Den grundlegenden Koordinationsmechanismus stellt die persönliche Weisung dar; der Patriarch selbst, der in aller Regel über eine große Leitungsspanne verfügt, erteilt idealtypisch sämtliche Anordnungen. Ausgeklügelte Planungs- und Kontrollsysteme kommen in Patriarchaten kaum zum Einsatz; Empathie und gegenseitiges Vertrauen übernehmen deren Rolle. Auch geregelten Abläufen kommt kein hoher Stellenwert zu. Bedeutung hat hingegen formale Autorität, erkennbar etwa in top-down verlaufenden Informationsflüssen und Entscheidungsprozessen sowie der Neigung des Patriarchen zu Einzelentscheidungen.

Zu den zentralen Werten zählen neben Empathie und gegenseitigem Vertrauen Intuition und Erfahrung. Persönlicher Kontakt ist in diesem Kulturtyp wichtiger als formale Geschäftsbeziehungen; Gespräche werden dem Schriftverkehr vorgezogen, Titel oder

Stellenbeschreibungen sind nebensächlich. Auch individualistische Werte wie Selbstbewusstsein, Kompetenz, Ehrgeiz und Erfolg werden in Patriarchaten geschätzt. Zeremonien, dunkle Firmenwagen, Designeinrichtung und moderne Kunstwerke zählen zu
den markantesten Machtsymbolen und Artefakten der Organisationskultur im Patriarchat-Typ. Auf die Kommunikation der Unternehmensvision und des Leitbildes wird
hier großer Wert gelegt. Professionalität hat hohen Stellenwert. Spontaneität und Flexibilität, die charakteristischen Merkmale des Patriarchat-Typs, machen maßgeschnei-
derte Auftragsarbeit möglich. Am besten funktionieren Patriarchate in einer dynamischen Umwelt, die Flexibilität erfordert, jedoch einfach genug strukturiert ist, um
Machtbefugnisse beim Patriarchen zentralisiert zu belassen. Unter diesen Umweltbedingungen sind Patriarchate grundsätzlich auch zu Innovation fähig.

Aus der Verknüpfung mit BGF leitet sich für den Patriarchat-Typ die folgende *vorläufige* Hypothese ab:

> Je mehr Charakteristiken des Kulturtyps Patriarchat eine Organisation aufweist, desto ab-
> hängiger ist die Akzeptanz der BGF vom Gesundheitsverständnis der Führungsper-
> son(en); BGF kann prinzipiell sowohl verhaltens- als auch verhältnisbezogen erfolgen,
> jedoch mit teils erheblich eingeschränkten Partizipationsmöglichkeiten der Mitarbeiter
> – in einigen Patriarchaten ist BGM realisierbar.

Der vorläufigen Hypothese zufolge bieten Organisationen, die dem Patriarchat-Typ
zuzuordnen sind, gute Voraussetzungen für BGF. Die Wertschätzung der Mitarbeiter ist
hoch, den Organisationen liegt ein tendenziell positiver Gesundheitsbegriff zugrunde.
Aufgrund der meist geringen Unternehmensgröße sind die Arbeitsbedingungen, insbesondere hinsichtlich der Handlungs- und Entscheidungsspielräume tendenziell gesundheitsförderlich; tendenziell deshalb, weil auch hier – je nach Branche und Organisation
– Überlastungssituationen denkbar sind. Das Führungsverständnis ist jedoch traditionell geprägt, d.h. Mitarbeiter haben wenig bis keine Mitspracherechte. Eine partizipative Arbeitsgestaltung ist dadurch sehr unwahrscheinlich. Verhaltensbezogene BGF ist
in Patriarchaten möglich, verhältnisbezogene Ansätze, insbesondere in Richtung OE
gehende BGF-Interventionen, sind dagegen wenig wahrscheinlich.

5.6.4 BGF im Kulturtyp Bürokratie

Die Kultur einer Organisation, deren Erscheinungsbild jenem eines Apparates gleicht,
wird – in Anlehnung an die von Taylor (z.B. 1913) im Rahmen seines Scientific Managements detailliert analysierte und von Weber (z.B. 1922) beschriebene Organisationsform – als Bürokratie (Weissmann, 2004, S. 120–121) bezeichnet. Dieser Kulturtyp
stellt gleichsam das Pendant zum Patriarchat-Typ dar: Anstatt Improvisation herrschen

Planung und Ordnung vor, formale Regelungen treten an die Stelle informeller Beziehungen, nicht Zielstrebigkeit, sondern Effizienz hat in diesem Kulturtyp Priorität. Das Effizienzstreben äußert sich in den klassischen Organisationsprinzipien Standardisierung, Spezialisierung, Koordinierung, Formalisierung und Automatisierung, welche die Spontaneität und Flexibilität des Patriarchats ersetzen.

Die emotionale Ausrichtung des Patriarchat-Typs wird im Bürokratie-Typ von einer rationalen abgelöst. Bürokratien sind in hohem Maße strukturiert. Den Werten Status, Autorität, Sicherheit, Loyalität und Macht kommt zentrale Bedeutung zu. (Weissmann, 2004, S. 121) Der *Bürokratie*-Typ findet sich in der Literatur u.a. bei Handy und Harrison (Handy, 2000, S. 23-25) unter *Rollenkultur* und bei Mintzberg (1992, S. 223-253, S. 287-333) unter *Maschinenbürokratie*, teilweise unter *Spartenstruktur*.

Kennzeichnend für den Bürokratie-Typ ist das maschinenhafte Denken. Nicht nur Dinge, sondern auch die Beschäftigten selbst, werden – analog zu Maschinenteilen – als beliebig austauschbar betrachtet. In ihrer Funktion als Rollenträger wird von ihnen erwartet, die in ihren Stellenbeschreibungen fixierten Aufgaben auszuführen. Diese sind im betrieblichen Kern ausgeprägt arbeitsteilig gestaltet, rationalisiert und horizontal wie vertikal stark spezialisiert. Hand- und Kopfarbeit wird systematisch getrennt. Da die Aufgaben zumeist einfach und repetitiv sind und gewöhnlich nur ein Minimum an Qualifikation und Ausbildung voraussetzen, ist der Tätigkeitsspielraum der Mitarbeiter stark eingeschränkt. Eigeninitiative und -verantwortung werden kaum gefördert. Die Mitarbeiter werden nicht als wertvolle Humanressourcen betrachtet.

Handy und Harrison (Handy, 2000, S. 19) verwenden zur Charakterisierung dieses Kulturtyps das Symbol des Tempels. Die Organisationsform der Bürokratie entspricht wie jene des Patriarchats einer Linienorganisation. Die Aufgaben sind zumeist auf funktionaler Basis gruppiert; klassischerweise in Bereiche wie Forschung und Entwicklung, Einkauf, Produktion, Verkauf und Verwaltung. Nimmt die Zahl der Tätigkeiten zu, werden Stäbe erforderlich, die den entscheidungs- und weisungsbefugten Linienvorgesetzten beratend zur Seite stehen; es entsteht eine Stab-Linienorganisation. Die Formalisierung von Aufgaben und Kompetenzen, Verfahren und Arbeitsstilen führt zu klassisch bürokratischen Instrumenten, wie Organisationshandbüchern, Formularen oder den bereits erwähnten Stellenbeschreibungen.

Die Führung ist formell-autokratisch; die Autorität einer Führungsperson hängt stark mit Befugnissen zusammen, die sie aufgrund ihrer Position erhält und stützt sich auf formale Aspekte wie Sanktionsmittel oder die bereits erwähnten Organigramme. Einfluss erfolgt in dieser Kultur über Position, nicht über die Nähe zur Führungskraft, nicht über Expertise. Der Kulturtyp ist von Ungleichheit geprägt. Zur Erzielung von Koordination dient die Standardisierung von Arbeitsprozessen und -produkten; da diese von Analytikern erarbeitet wird, stellt die Technostruktur nach Mintzberg (1992, S. 224) den wichtigsten Organisationsteil der Bürokratie dar. Entscheidungsbefugnisse sind relativ zentralisiert. Auch die Strategieentwicklung erfolgt top-down, wobei der Schwerpunkt auf Aktionsplanung liegt. Die in dieser Kultur zum Einsatz kommenden Managementinformations- und Kontrollsysteme zeugen vom ausgeprägten Misstrauen der Führungskräfte gegenüber ihren Mitarbeitern und sollen zu deren Disziplinierung beitragen. Formale Autoritätshierarchie und geregelte Abläufe sind im Bürokratie-Typ sehr wichtig, Regeln und Vorschriften durchdringen die gesamte Organisation. Informelle Kommunikation ist hingegen unerwünscht, Kontakt zu den Mitarbeitern wird von den Führungskräften weitgehend unterbunden. Information dient dem Zweck der Machterhaltung und wird so knapp wie möglich gehalten; Besprechungen werden im Voraus geplant, Diskussionen sachlich und nicht emotional ausgetragen.

Der Bürokratie-Typ eignet sich besonders gut für die Bearbeitung gewöhnlicher Organisationsprobleme und hochspezialisierter betrieblicher Routineaufgaben. Als leistungs- nicht aber problemlösungsorientierte Organisationsform, deren Aufgabe darin besteht, vorhandene Standardprogramme zu perfektionieren, nicht jedoch neue zu erfinden, ist sie für Innovation ungeeignet. Solange in unserer Gesellschaft nach preiswerten, massengefertigten Produkten und Dienstleistungen nachgefragt wird, werden Bürokratien existieren. Gleichwohl besteht ein Konflikt zwischen Effizienzstreben einerseits und individueller Zufriedenheit andererseits. Die Bürokratie ist als geschlossenes System stark nach innen gerichtet. Aufgrund ihrer Inflexibilität ist sie gegenüber Veränderungen nur wenig aufgeschlossen und reagiert auf diese nur sehr langsam. Die für die Bürokratie charakteristischen rationalisierten, einfachen und repetitiven Arbeitsaufgaben erfordern ebenso einfache und stabile Umweltbedingungen. Eine komplexe Umwelt würde der Rationalisierung im Weg stehen, eine dynamische ließe sich nicht vorhersagen und standardisieren.

Aus der Verknüpfung mit BGF leitet sich für den Bürokratie-Typ die folgende *vorläufige* Hypothese ab:

> Je mehr Charakteristiken des Kulturtyps Bürokratie eine Organisation aufweist, desto weniger Akzeptanz findet die BGF, die als Störung der gewöhnlichen Organisationsabläufe empfunden wird; BGF kann allenfalls verhaltensbezogen erfolgen, als Weiterentwicklung und Erweiterung des betrieblichen Arbeitsschutzes.

Der vorläufigen Hypothese zufolge bieten Organisationen, die dem Bürokratie-Typ zuzuordnen sind, wenige Anknüpfungspunkte für BGF. Die Wertschätzung der Mitarbeiter, einschließlich ihrer Arbeitsbedingungen ist gering, ihr Tätigkeitsspielraum stark eingeschränkt. Sinn und Selbstverwirklichung finden die Mitarbeiter selten in ihrer Arbeit, was geringere Arbeitszufriedenheit mit sich bringt. Die Führung ist traditionell hierarchisch. Eigeninitiative und -verantwortung werden kaum gefördert, auch werden die Mitarbeiter nicht als wertvolle Humanressourcen betrachtet. In diesen Organisationen hat BGF nur geringe Chancen. Es darf davon ausgegangen werden, dass selbst verhaltensbezogene BGF, als Weiterentwicklung und Erweiterung des betrieblichen Arbeitsschutzes, wenig Akzeptanz findet, da hierdurch typische Organisationsabläufe nur unnötig erschwert würden.

In diesem Kapitel wurden vorläufige Hypothesen über die Eignung unterschiedlicher Organisationskulturtypen für verschiedene BGF-Varianten entwickelt. Im folgenden Kapitel sollen die Hypothesen verdichtet werden.

6 Delphi-Befragung

Die im vorigen Kapitel entwickelten vorläufigen Hypothesen werden nun einer Expertengruppe zur Diskussion vorgelegt. Vertiefend geklärt werden soll, welche BGF-Varianten für welche Organisationstypen geeignet erscheinen. Um ein qualifiziertes Meinungsbild feststellen zu können, werden Personen befragt, die über umfangreiches theoretisches Wissen im Gegenstand *Organisation und BGF* verfügen. Die Ergebnisse der Gruppenbefragung werden in diesem Kapitel vorgestellt und interpretiert. Zunächst wird die zur Hypothesenverdichtung gewählte Forschungsmethode beschrieben.

6.1 Methodik der Delphi-Befragung

Zur Analyse des Zusammenhangs zwischen BGF und Organisationskulturtypen ist eine Forschungsmethode zu wählen, die der Komplexität des Themas gerecht wird. Das folgende Kapitel widmet sich der Auswahl der geeigneten Methode.

6.1.1 Befragungsmethoden im Vergleich

Zur Befragung soll eine Methode eingesetzt werden, die es ermöglicht, Expertenmeinungen zu ermitteln und zu qualifizieren. Bei der Methodenwahl ist Folgendes zu berücksichtigen: BGF kann als komplexe soziale Intervention bezeichnet werden (Elkeles, 2006, S. 144–145; Grossmann, 1993, S. 29–40; McQueen, 2001, S. 266–267; Trojan, 2006, S. 73–82). Nicht jede Organisation scheint für BGF in gleicher Weise bereit zu sein. Im Rahmen der vorliegenden Arbeit wird die These vertreten, dass organisationstheoretische und insbesondere organisationskulturelle Unterschiede zwischen verschiedenen Organisationstypen unterschiedliche BGF-Varianten erfordern. Weiterhin wird angenommen, dass es für zielführende BGF entscheidend ist, die Interventionen an die spezifischen Besonderheiten der einzelnen Organisationstypen anzupassen. Dies erfordert je nach Organisation unterschiedliche Mischungsverhältnisse verhaltens- und verhältnisbezogener Elemente bis hin zur Einbettung der BGF ins Managementsystem der Organisation. Da das Thema vage ist, muss die gewählte Befragungsmethode den Experten reichlich Interpretations- und Meinungsspielraum gewähren.

Die folgenden Varianten der Gruppenbefragung stehen unter den oben genannten Voraussetzungen zur Ermittlung von Expertenmeinungen zur Verfügung:

- *Gruppendiskussion:* Bei der Gruppendiskussion soll die Variationsbreite und Überzeugungsstärke einzelner Meinungen und Einstellungen zu einem Befragungsthema erkundet werden. Die Gruppe diskutiert in strukturierter oder moderierter Form über ein bestimmtes Thema. (Bortz & Döring, 2006, S. 243)
- *Expertenbefragung:* Bei der Expertenbefragung handelt es sich um eine mündliche oder schriftliche Befragung anhand eines teilstrukturierten Leitfadens. Abhängig vom gewählten Verfahren ist es möglich, dieselben Experten wiederholt zu befragen. (Atteslander, 2008, S. 132)
- *Delphi-Befragung:* Die Delphi-Befragung ist eine spezielle Form der schriftlichen Expertenbefragung. Die Grundidee dieser Variante der Gruppenbefragung besteht Häder (2002, S. 22) zufolge darin, in mehreren Befragungswellen Expertenmeinungen über einen unklaren Sachverhalt einzuholen und sich dabei eines anonymen Feedbacks zu bedienen.

Die drei Befragungsmethoden werden in Tabelle 20 vergleichend gegenübergestellt.

Tabelle 20   Befragungsmethoden im Vergleich (Häder, 2002, S. 60)

Gruppendiskussion	Expertenbefragung	Delphi-Befragung	Bewertung Delphi-Befragung
Design			
Experten müssen sich gleichzeitig an einem Ort befinden	Unterschiedliche Möglichkeiten zum Befragungsmodus	Befragung kann an unterschiedlichen Orten stattfinden	+
Feedback erfolgt spontan im Verlauf der Diskussion	kein Feedback	Anonymes Feedback informiert über die Gruppenmeinung	+
Ergebnisse liegen relativ rasch vor		Ergebnisse liegen relativ spät vor	−
sehr gute methodische Absicherung	relativ geringe methodische Absicherung	gute methodische Absicherung	−
Gruppendynamik			
Gruppenzwang zur Konformität ist möglich	kein Konformitätszwang	Konformitätszwang ist aufgrund der Anonymität relativ geringer	+
im Verlauf der Gruppendiskussion können kognitive Prozesse ausgelöst werden	keine gezielte Auslösung weiterer kognitiver Prozesse	durch Feedback und erneute Befragung werden kognitive Prozesse gezielt ausgelöst	+

Meinungsführerschaft ist möglich	Beeinflussung durch Meinungsführer ist nicht möglich		+
Gruppenleistung ist der Einzelleistung überlegen	Summe von Einzelleistungen	Gruppenleistung ist der Einzelleistung überlegen	+
Freie Assoziationen der Experten	Synthese aus qualitativer und quantitativer Befragung	Synthese aus qualitativer und quantitativer Befragung	0
	Ziele		
	Ideenaggregation ist prinzipiell möglich		0
	Strukturierung diffuser Sachverhalte mit unterschiedlichen Erfolgsaussichten ist möglich		0
Gruppe kann als Störfaktor wirken	Nur Ermittlung von Expertenmeinungen möglich	Ermittlung und Qualifikation von Expertenmeinungen möglich	+
Konsens erreichbar	Konsens nicht erreichbar	Konsens erreichbar	0

+ besser, – schlechter, 0 gleich

Der Vergleich der Befragungsmethoden verdeutlicht, dass die Delphi-Methode zur Einschätzung der Plausibilität von Hypothesen über den Zusammenhang zwischen Organisationskulturtypen und BGF besser geeignet ist als die Gruppendiskussion und die Expertenbefragung. Anhand der Delphi-Methode können Expertenmeinungen frei von Meinungsführerschaft ermittelt und qualifiziert werden und mit dem anonymen Feedback geht eine Verbesserung der Expertenurteile einher. Für die angestrebte Befragung stellt die Delphi-Befragung somit die Befragungsmethode der Wahl dar.

6.1.2 Delphi-Befragung zur Ermittlung von Expertenmeinungen als Methode der Wahl

Aufgrund der Vielzahl an Delphi-Varianten finden sich in der Literatur (z.B. Häder, 2002; Linstone & Turoff, 1979; Seeger, 1979) verschiedene Definitionen. Die folgenden Definitionen charakterisieren die Delphi-Methode prägnant:

> Delphi may be characterized as a method for structuring a group communication process so that the process is effective in allowing a group of individuals, as a whole, to deal with a complex problem. (Linstone & Turoff, 1979, S. 3)

Seeger (1979) beschreibt:

> a) Delphi als Kommunikationsstrategie für Personengruppen, die sich durch das Merkmal der Zugehörigkeit zu einer professionellen Gruppe oder einem gesellschaftlichen Problembereich auszeichnen. ... b) Delphi als ereignisbezogenes Instrument der technischen Voraussage. ... c) Delphi als Beeinflussungsinstrument in unterschiedlich komplexen politischen und sozialen Bereichen oder Problemfeldern. ... d) Delphi als Lernprozeß und pädagogisches Mittel. (S. 17-19)

Die Delphi-Methode ist eine spezielle Form der schriftlichen Befragung, ... Es handelt sich hierbei um eine hochstrukturierte Gruppenkommunikation, deren Ziel es ist, aus den Einzelbeiträgen der an der Kommunikation beteiligten Personen Lösungen für komplexe Probleme ... zu erarbeiten. (Bortz & Döring, 2006, S. 261)

The Delphi technique is a widely used and accepted method for gathering data from respondents within their domain of expertise. The technique is designed as a group communication process which aims to achieve a convergence of opinion on a specific real-world issue. ... The Delphi technique is well suited as a method for consensus-building by using a series of questionnaires delivered using multiple iterations to collect data from a panel of selected subjects. (Hsu & Sandford, 2007, S. 1)

Für die Namensgebung der Delphi-Methode wurde die antike Orakelstätte herangezogen. Erste Verweise auf den Delphi-Ansatz in neuerer Zeit gehen auf das Jahr 1948 zurück. Die Rand Corporation setzte die Delphi-Methode in den USA für militärische Zwecke ein, bevor sie im Jahr 1964 durch eine ebenfalls von der Rand Corporation erarbeitete Studie zur langfristigen Vorhersage wissenschaftlicher und technischer Entwicklungen öffentlich bekannt wurde. In den 1970er Jahren fand die Verbreitung des Ansatzes in Europa statt. Seit den 1990er Jahren steigt das Interesse an dieser Methode kontinuierlich. (Häder, 2002, S. 13–17)

Bei der Delphi-Methode handelt es sich um einen stark strukturierten Gruppenkommunikationsprozess, „in dessen Verlauf Sachverhalte, über die naturgemäß unsicheres und unvollständiges Wissen existiert, von Experten beurteilt werden" (Häder, 2002, S. 21).

Der klassische Ansatz der Delphi-Befragung gestaltet sich wie folgt (ebd., S. 24):

-   Operationalisieren der Problemstellung mit dem Ziel, konkrete Kriterien zur Beurteilung durch Experten im Rahmen einer quantifizierenden Befragung festzulegen. Dies erfolgt entweder durch das die Delphi-Befragung durchführende Monitoring-Team oder mittels offener qualitativer Befragung von (externen) Experten.
-   Ausarbeiten eines standardisierten Fragebogens zur anonymen Befragung der Experten.
-   Aufbereiten der Befragungsergebnisse durch das Monitoring-Team und anonymisiertes Feedback der Ergebnisse an die beteiligten Befragten.
-   Wiederholen der Befragung auf Basis der mittels des Feedbacks gewonnenen (neuen) Erkenntnisse bis zum Erreichen eines definierten Abbruchkriteriums.

Abweichend vom klassischen Ansatz der Delphi-Befragung werden nun der für die Fragestellung dieser Arbeit angemessene Delphi-Typ und das entsprechende Design der Delphi-Befragung ausgewählt. Vier Delphi-Typen lassen sich voneinander abgrenzen (ebd., S. 29–36):

- *Delphi-Befragung zur Ideenaggregation:* Zusammenfassen von Ideen zur Erarbeitung (erster) Problemlösungsvorschläge.
- *Delphi-Befragung zur Vorhersage eines Sachverhaltes:* Verschaffen einer erhöhten Klarheit über eine bestimmte, diffuse, zukünftige Angelegenheit.
- *Delphi-Befragung zur Ermittlung von Expertenmeinungen:* Erheben und qualifizieren der Meinungen einer konkret bestimmbaren Expertengruppe.
- *Delphi-Befragung zur Konsensbildung:* Erreichen eines möglichst hohen Maßes an Konsens unter den Teilnehmern zu einem strukturierten Sachverhalt.

Die Delphi-Befragung zur Ermittlung von Expertenmeinungen wurde als Befragungsmethode gewählt (Häder, 2002, S. 103):

- Mittels dieses Delphi-Typs ist das Ermitteln und Qualifizieren von Expertenmeinungen über den Zusammenhang zwischen BGF und Organisationskulturtypen möglich.
- Nicht das Schaffen von Konsens, sondern die Feststellung eines Meinungsbildes ist beabsichtigt; wobei Stabilität der Meinungen das Ziel der Befragung sein soll.
- Die Experten können bewusst ausgewählt werden.
- Die Befragungsresultate können genutzt werden, um Schlussfolgerungen über erforderliche BGF-Varianten für unterschiedliche Kulturtypen zu ziehen.

6.1.3 Befragungsdesign

Ein zweistufiger Befragungsansatz wird gewählt. Ziel ist es, aufgrund der Diskussion der vorläufigen Hypothesen und des Feedbacks der Ergebnisse eine Hypothesenverdichtung zu erzielen. Die Befragung erfolgt auf elektronischem Weg.

6.1.3.1 Expertenauswahl und -rekrutierung

Alle auskunftswilligen Experten, deren Ansichten für die Einschätzung der Plausibilität von Hypothesen über den Zusammenhang zwischen Organisationskulturtypen und BGF von Interesse sind, werden als Grundgesamtheit definiert. Aus dieser werden die potentiellen Teilnehmer ausgewählt.

Da die Güte der Ergebnisse einer Delphi-Befragung nach Häder (2002, S. 76) maßgeblich von der Lokalisierung der erforderlichen Expertise abhängt, werden für die Expertenauswahl folgende *Einschlusskriterien* festgelegt:

- Die Teilnehmer sollen über umfangreiches theoretisches Wissen in den Fachgebieten BGF und Organisationsforschung verfügen. Ein deutlicher Schwerpunkt soll auf der Organisationsforschung liegen, da angenommen wird, dass die Intentionen der BGF relativ einfach nachzuvollziehen sind.

- Die Teilnehmer sollen eine interdisziplinäre Expertengruppe darstellen, bestehend aus Betriebswirten, Gesundheitswissenschaftlern, Medizinern, Ökonomen, Psychologen, Soziologen et cetera.
- Bei den Teilnehmern soll es sich um anerkannte Wissenschaftler oder Nicht-Wissenschaftler mit vergleichbarem Ruf handeln, die möglichst auch Erfahrungen aus angewandten Forschungs- und/oder Beratungsprojekten aufweisen.
- Die Teilnehmer sollen aus dem deutschen Sprachraum stammen.

In der Literatur werden keine einheitlichen Empfehlungen zum optimalen Umfang der Expertengruppe in Bezug auf die Reliabilität der Ergebnisse gegeben. Da für Delphi-Befragungen zur Ermittlung von Expertenmeinungen eine höhere Teilnehmerzahl die Aussagekraft der Ergebnisse erhöht (Häder, 2002, S. 106), die Anforderungen an die Teilnehmer speziell sind und die Befragung auf qualitativem Weg erfolgen soll, wird der anzustrebende Umfang der Expertengruppe auf sieben bis 15 Personen festgelegt.

Vierzehn Personen, die die Einschlusskriterien erfüllten, konnten ermittelt werden. Die Vorgehensweise zur Rekrutierung der Experten gestaltete sich wie folgt:

Eine Person übernahm den Pretest des Delphi-Fragebogens. Diese verfügt über langjährige Beratungserfahrung in den Bereichen BGF und Organisationsforschung und stammt aus Österreich. Dreizehn Personen wurden eingeladen, an der Befragung teilzunehmen. Elf Personen sagten zu. Keine Person sagte ab. Zwei Personen konnten wiederholt nicht erreicht werden.

Die Expertengruppe setzte sich aus elf Teilnehmer(-teams) zusammen. Die angestrebte Gruppengröße wird erreicht, ebenso die intendierte Interdisziplinarität. Die Expertengruppe bestand aus acht Wissenschaftlern und drei Nicht-Wissenschaftlern aus den Fachgebieten Betriebswirtschaftslehre, Gesundheitswissenschaften, Medizin, Ökonomie, Pflegewissenschaften, Politikwissenschaften, Psychologie, Rechtswissenschaften und Soziologie. Jeweils drei Personen waren deutscher bzw. österreichischer Herkunft. Alle fünf angeschriebenen Personen aus der Schweiz sagten zu.

Zur Repräsentativität der Befragung muss angemerkt werden, dass sich die Aussagen nur auf die direkt einbezogenen Experten beziehen. Eine Übertragung der Ergebnisse auf eine – imaginäre – Grundgesamtheit ist nicht möglich, da hierfür Zufallsstichproben erforderlich wären. Die Experten wurden jedoch bewusst ausgewählt. Die Befragungsergebnisse dürfen somit nicht verallgemeinert werden.

6.1.3.2 Operationalisierung der Fragestellung

Die Operationalisierung der Fragestellung erfolgt in Form der Untergliederung der Forschungsfrage in die in der theoriebasierten Exploration entwickelten Variablen. Im Rahmen der Delphi-Befragung sollen die vorläufigen Hypothesen (s. Kapitel 5.6) verdichtet werden.

6.1.3.3 Konstruktion des Fragebogens

Der teilstandardisierte Fragebogen wird auf Basis der in der theoriebasierten Exploration entwickelten Variablen und vorläufigen Hypothesen entwickelt. Die Struktur des Fragebogens und die Aufgabenstellungen für die Teilnehmer in den einzelnen Abschnitten werden in Tabelle 21 dargestellt.

Tabelle 21   Delphi-Fragebogen (Goldgruber, 2010, S. 378)

Struktur des Fragebogens				Aufgaben-stellungen
1. *Kulturtyp Patriarchat*	2. *Kulturtyp Bürokratie*	3. *Kulturtyp Taskforce*	4. *Kulturtyp Community*	Lesen der Typen-beschreibungen
Rahmenbedin-gungen für BGF (7 Items)	Rahmenbedin-gungen für BGF (7 Items)	Rahmenbedin-gungen für BGF (7 Items)	Rahmenbedin-gungen für BGF (7 Items)	Einschätzen der Items
Menschenbild (7 Items)	Menschenbild (7 Items)	Menschenbild (7 Items)	Menschenbild (7 Items)	
Gesundheits-begriff (3 Items)	Gesundheits-begriff (3 Items)	Gesundheits-begriff (3 Items)	Gesundheits-begriff (3 Items)	
Arbeits-bedingungen (9 Items)	Arbeits-bedingungen (9 Items)	Arbeits-bedingungen (9 Items)	Arbeits-bedingungen (9 Items)	
Führungs-verständnis (8 Items)	Führungs-verständnis (8 Items)	Führungs-verständnis (8 Items)	Führungs-verständnis (8 Items)	
vorläufige Hypo-these (1 geschlossene, 2 offene Fragen)	vorläufige Hypo-these (1 geschlossene, 2 offene Fragen)	vorläufige Hypo-these (1 geschlossene, 2 offene Fragen)	vorläufige Hypo-these (1 geschlossene, 2 offene Fragen)	Einschätzen der Hypothese und beantworten der (offenen) Fragen

6.1.4 Befragungsprozess

Der Befragungsprozess von Delphi-Befragungen gestaltet sich allgemein wie folgt (Bortz & Döring, 2006, S. 261–262): Ein Fragebogen wird an eine Expertengruppe versendet. Die Experten werden gebeten, die Fragen zu beantworten und ggf. ihre Position zu begründen. Nachdem die ausgefüllten Fragebögen ausgewertet wurden, wird auf Basis der (statistischen) Auswertung der Gruppenergebnisse ein anonymes Feedback erstellt. Dieses wird der Expertengruppe zusammen mit einem zweiten Fragebogen übermittelt. In der zweiten Befragungswelle werden die Experten gebeten, die Gruppenantworten mit den eigenen Antworten zu vergleichen und diese ggf. zu korrigieren. Die ausgefüllten Fragebögen werden ausgewertet und der Gruppe in einem Feedback-Verfahren erneut zugänglich gemacht. Dieser Prozess kann mehrfach wiederholt werden, bis die zuvor definierten Abbruchkriterien erfüllt sind. Auf Basis der Endergebnisse wird ein Abschlussbericht erstellt, der den Experten wiederum übermittelt wird. Besondere Bedeutung für die Qualitätsverbesserung der Urteile kommt bei der Delphi-Befragung – neben dem Lerneffekt – dem Feedback zu. Führt es doch bei jeder erneuten Urteilsbildung einen Informationsgewinn für die Experten herbei. (Häder, 2002, S. 47) Für die Delphi-Befragung dieser Arbeit ist ein zweistufiges Verfahren angedacht. Das Abbruchkriterium stellt Meinungsstabilität dar. Diese soll in Form einer – relativ – einheitlichen Einschätzung der BGF-Eignung unterschiedlicher Organisationskulturtypen im Laufe zweier Befragungswellen realisiert werden.

6.1.4.1 Erste Befragungswelle

Die Fragebögen wurden den elf Teilnehmern zusammen mit einem Begleitschreiben sechs Wochen nach der Einladung elektronisch übermittelt. 23 Tage nach Übermittlung waren zehn Fragebögen eingetroffen. Die Rücklaufquote beträgt 91 Prozent. Eine der elf Personen sagte ihre Teilnahme nach Erhalt des Fragebogens ab. Sie begründete, dass es ihrer langjährigen Beratungserfahrung im Bereich BGF zufolge *„immer nur Einzelpersonen* [Hervorhebung v. Verf.] waren – unabhängig vom Organisationstyp oder der Branche oder der Größe, die etwas bewegen (oder auch nicht)" (Anonym, persönl. Mitteilung, 21.05.2009). Eine andere Person nahm nur an der ersten Befragungswelle teil. Sie lehnte die gewählte Typologie ab und begründete: „Dadurch, dass ich Antworten gebe bzw. gäbe, würde ich auch die Typologie selbst befürworten und dies kann ich nicht" (Anonym, persönl. Mitteilung, 27.05.2009). Somit setzte sich die Teilnehmergruppe der zweiten Befragungswelle aus neun Personen zusammen. Die Auswertung der Ergebnisse erfolgte auf qualitativem Weg.

6.1.4.2 Zweite Befragungswelle

In den Fragebogen zur zweiten Welle wurden das Feedback der ersten Welle und die verdichteten Hypothesen eingearbeitet. Das Feedback bestand aus einer qualitativen Darstellung der Verteilung der Gruppenantworten auf die einzelnen Antwortkategorien und aus der zusammengefassten und geordneten Wiedergabe sämtlicher Antworten auf die offenen Fragen. Die Fragebögen wurden den neun Teilnehmern gemeinsam mit einem Begleitschreiben fünf Wochen nach Versand des ersten Fragebogens elektronisch übermittelt. 31 Tage nach Übermittlung waren neun Fragebögen eingetroffen. Die Rücklaufquote beträgt 100 Prozent. Die Auswertung der Ergebnisse erfolgte analog der ersten Welle. Die Ergebnisse wurden den Teilnehmern in Form der Dissertation von Goldgruber (2010) zur Verfügung gestellt.

6.2   Meinungsbilder

Die nun folgende Darstellungsform der Delphi-Ergebnisse wird gewählt, um die Gedankengänge der einzelnen Befragten nachzuzeichnen und aufzudecken, ob die Experten Unterschiede der BGF-Eignung in Abhängigkeit des Kulturtyps sehen, welche Unterschiede sie feststellen und wie sie diese begründen.

6.2.1 Meinungsbild des Experten 1

Das Meinungsbild des Experten 1 entstand aus einer soziologischen, ökonomischen und politikwissenschaftlichen Perspektive heraus. Anhand seiner Einschätzung lassen sich – wie anhand der Einschätzungen der Mehrheit der Experten – deutliche Unterschiede der BGF-Eignung in Abhängigkeit des Kulturtyps darstellen (s. Tabelle 22).

Tabelle 22   Meinungsbild des Experten 1 (Goldgruber, 2010, S. 383)

Kulturtyp BGF-Variante	Patriarchat	Bürokratie	Taskforce	Community
Verhaltensbezogene BGF	+	+	+	+
Verhältnisbezogene BGF	–	–	+	+
BGF als OE	–	–	+	+
BGM	–	+	–	–
Keine BGF	0	0	0	0

+ geeignet, – nicht geeignet, 0 keine Einschätzung, BGF Betriebliche Gesundheitsförderung,
BGM Betriebliches Gesundheitsmanagement, OE Organisationsentwicklung

Als einziger der Befragten beurteilt Experte 1 den Patriarchat-Typ als *nicht* gesundheitsförderliche Kultur. Dessen ungeachtet betrachtet er die – seiner Meinung nach mit allen Kulturtypen kompatible – verhaltensbezogene BGF als geeignete Interventionsvariante für Patriarchate. Den *weniger* gesundheitsförderlich eingeschätzten Bürokratie-Typ sieht er indes als geeignet für BGM an. Nur die beiden (eher) gesundheitsförderlich eingeschätzten Kulturtypen Taskforce und Community erscheinen ihm reif für verhältnisbezogene BGF und BGF als OE zu sein; nicht jedoch für BGM.

Meinungsbild zum Kulturtyp Patriarchat

Den Patriarchat-Typ betrachtet Experte 1 als *nicht* gesundheitsförderliche Kultur. Er schätzt ihn deutlich negativer ein als die Mehrheit der Befragten. Der vorläufigen Hypothese stimmt er völlig zu. Der Experte argumentiert: „Dieser Unternehmenstypus ist durch einen ausgeprägten Herrschaftswillen ... [der Führungsperson] geprägt, ... die sich den Zugriff auf die gesamte Person des Mitarbeiters sichern ... will. Das Verhalten ist hierarchiebetont, von Misstrauen gegenüber den Mitarbeitern geprägt." In der ersten Welle lehnt er verhältnisbezogene BGF für Patriarchate eher ab, BGF als OE völlig. Für den Fall, dass die Führungskraft selbst einen gesundheitsbewussten Lebensstil pflegt und denselben ihren Mitarbeitern nahelegen möchte, betrachtet er hingegen verhaltensbezogene BGF als geeignete Interventionsvariante. Der modifizierten Hypothese stimmt er ebenfalls völlig zu, ohne seine Einschätzung jedoch zu begründen. Als geeignete BGF-Variante betrachtet er auch in dieser Welle verhaltensbezogene BGF; wiederum ohne seine Einschätzung zu begründen.

Trotz der negativen Einschätzung der Gesundheitsförderlichkeit kommt Experte 1 mit den anderen Experten übereinstimmend zum Schluss, dass verhaltensbezogene BGF für Patriarchate besonders geeignet sei. Wie lässt sich dies erklären? Vermutlich trägt die Tatsache, dass BGF im Patriarchat-Typ entscheidend von der Führungsperson – also dem Patriarchen – abhängt, in höherem Maße zur Meinungsbildung bei als die Einschätzung der Items.

Meinungsbild zum Kulturtyp Bürokratie

Den Bürokratie-Typ betrachtet Experte 1 als *weniger* gesundheitsförderliche Kultur. Dennoch zeigt die Item-Analyse, dass er ihn positiver beurteilt als die Gruppe. Zwei Einschätzungen weichen von der Gruppenmeinung stark ab: Der Experte nimmt an, dass BGF-Projekte in Bürokratien eher einfach zu etablieren seien und betrachtet die Aufgaben als eher vollständig. Der vorläufigen Hypothese stimmt er eher zu.

> Der Experte formuliert:
> Meines Erachtens ist ... noch nach Produktions- und Dienstleistungs- und/oder öffentlichen Unternehmen zu unterscheiden. Produktionsbetriebe weisen ... eher eine durchgängige Bürokratie-Struktur auf, während es in Dienstleistungsunternehmen und öffentlichen Unternehmen durchaus Inseln geben wird, die aus dem Typus herausfallen.

Neben der verhaltensbezogenen BGF-Variante erscheinen ihm in „Ausnahme-Bürokratien" auch verhältnisbezogene BGF und BGF als OE adäquat zu sein. Der modifizierten Hypothese stimmt der Experte völlig zu, ohne seine Einschätzung jedoch zu begründen. In der zweiten Welle scheinen ihm verhaltensbezogene BGF und BGM für den Bürokratie-Typ geeignet zu sein, wohingegen er verhältnisbezogene BGF und BGF als OE explizit ablehnt. Seine Einschätzung begründet er neuerlich nicht.

Für „Banken, Versicherungen, öffentliche Dienstleistungsunternehmen" und andere „Ausnahmebürokratien" betrachtet der Experte auch komplexe BGF-Varianten als geeignet. Da der Bürokratie-Typ hier jedoch nicht differenzierter als in der vorliegenden Form betrachtet wird, kann gefolgert werden, dass Experte 1 die verhaltensbezogene BGF-Variante als die am ehesten geeignete annimmt.

Meinungsbild zum Kulturtyp Taskforce

Den Taskforce-Typ betrachtet Experte 1 als *eher* gesundheitsförderliche Kultur. Im Unterschied zu den anderen Kulturtypen schätzt er die Items zu diesem Typ beinahe vollständig übereinstimmend mit der Gruppe ein. Die Item-Analyse zeigt keine Auffälligkeiten. Der vorläufigen Hypothese stimmt er völlig zu.

> Der Experte begründet:
> Taskforces sind ... kleine Unternehmen oder Unternehmenseinheiten. Diese fokussieren sehr stark auf den (in-)formellen Leiter. Grundsätzlich besteht Aufgeschlossenheit gegenüber BGF. Wie allfällige Konzepte und Maßnahmen ausfallen ist aber vorrangig von den Einstellungen und Werten des (in-)formellen Leiters abhängig.

Über geeignete BGF-Varianten für den Taskforce-Typ urteilt der Experte in der ersten Welle nicht. Diese sind seiner Ansicht nach durch die (in-)formellen Führungskräfte determiniert. Auch der modifizierten Hypothese stimmt er völlig zu, wobei er dieses Mal seine Einschätzung nicht begründet. Als besonders geeignete BGF-Varianten betrachtet er verhaltens-, verhältnisbezogene BGF und BGF als OE. BGM erscheint ihm für Taskforces hingegen nicht geeignet zu sein. Seine Einschätzungen bleiben jedoch abermals unbegründet.

Die in der ersten Welle betonte Abhängigkeit der BGF von der (in-)formellen Führungskraft wird in der zweiten Welle dadurch ausgedrückt, dass der Experte nun mehrere BGF-Varianten als gleich geeignet einstuft. Er nimmt an, dass grundsätzlich Aufgeschlossenheit gegenüber BGF bestehe. Diese Einschätzung deckt sich mit der Gruppenmeinung. Interessant bleibt, warum er die Variante BGM für den Taskforce-Typ – unbegründet – ablehnt. Aufgrund der Notwendigkeit der Integration in bestehende Managementsysteme betrachtet er ihn möglicherweise als nicht in die Taskforce-Kultur passend.

Meinungsbild zum Kulturtyp Community

Den Community-Typ betrachtet Experte 1 als gesundheitsförderliche Kultur. Gleichwohl schätzt er diesen Organisationstyp tendenziell negativer ein als die Gruppe. Während die Gruppe in Communitys (eher) ausgeprägte Sozialbeziehungen vermutet, nimmt Experte 1 wenig ausgeprägte Beziehungen an. Auch findet er, dass Gesundheit hier nur schwer als betriebliches Thema verankert werden könne. Gratifikationen und Anreize gebe es in Communitys kaum. Der vorläufigen Hypothese stimmt er völlig zu. Seine Einschätzung begründet er wie folgt: „Dieser Unternehmenstypus bietet den Mitarbeitern und Führungskräften Arbeitsbedingungen, die an sich Gesundheitsförderungspotenziale sind; d.h. das Bedürfnis nach BGF entsteht erst gar nicht, da hier ausschließlich ‚Arbeitsfreude' herrscht." Am ehesten geeignet wäre dieser Kulturtyp nach der Ansicht des Experten für verhaltensbezogene Maßnahmen. Auch der modifizierten

Hypothese stimmt er völlig zu, jedoch ohne seine Einschätzung zu begründen. Nach dem Feedback der Gruppenmeinung betrachtet der Experte den Community-Typ für alle BGF-Varianten geeignet; nur nicht für BGM.

Aus seinem Antwortverhalten kann geschlossen werden, dass er die in der ersten Welle postulierte hohe Gesundheitsförderlichkeit des Community-Typs in der zweiten Welle relativiert sieht und sich der Gruppenmeinung anschließt, wonach sich Communitys für mehrere BGF-Varianten eignen.

Zusammenfassend zeigt das Meinungsbild von Experten 1, dass seine Antworten aus der ersten Befragungswelle gehaltvollere Ergebnisse liefern als jene aus der zweiten Welle. Obwohl seine Beurteilungen – wie die Item-Analyse zeigt – mit Ausnahme der Einschätzung des Taskforce-Typs, erheblich vom Gruppenergebnis abweichen, stimmt seine Einschätzung der geeigneten BGF-Varianten für die verschiedenen Kulturtypen sehr gut mit dem Gruppenergebnis überein.

6.2.2 Meinungsbild des Expertenteams 2

Das Meinungsbild des Expertenteams 2 entstand zum einen aus einer soziologischen und zum anderen aus einer pflegewissenschaftlichen Perspektive heraus. Anhand der Beurteilung des Teams lassen sich – wie anhand der Einschätzungen der Mehrheit der Experten – deutliche Unterschiede der BGF-Eignung in Abhängigkeit des Kulturtyps darstellen (s. Tabelle 23).

Tabelle 23   Meinungsbild des Expertenteams 2 (Goldgruber, 2010, S. 388)

Kulturtyp BGF-Variante	Patriarchat	Bürokratie	Taskforce	Community
Verhaltensbezogene BGF	+	+	+	+
Verhältnisbezogene BGF	–	0	+	0
BGF als OE	0	–	+	0
BGM	–	+	0	0
Keine BGF	0	0	0	0

+ geeignet, – nicht geeignet, 0 keine Einschätzung, BGF Betriebliche Gesundheitsförderung, BGM Betriebliches Gesundheitsmanagement, OE Organisationsentwicklung

Die Item-Analyse zeigt, dass das Team die Typen Community und Taskforce als gesundheitsförderliche Kulturen betrachtet. Den Patriarchat-Typ schätzt es als eher gesundheitsförderliche Kultur ein, den Bürokratie-Typ als nicht gesundheitsförderliche Kultur. Alle Kulturtypen erscheinen dem Team für BGF geeignet zu sein; gleichermaßen für die verhaltensbezogene Variante, in unterschiedlicher Weise für die komplexeren Varianten. Mit verhältnisbezogener BGF und BGF als OE kompatibel betrachtet es nur den Taskforce-Typ. Anknüpfungsmöglichkeiten für BGM erkennt es im Bürokratie-Typ. Im Gegensatz zu den anderen Befragten betrachtet es den Community-Typ nur für verhaltensbezogene BGF geeignet.

Meinungsbild zum Kulturtyp Patriarchat

Den Patriarchat-Typ betrachtet Expertenteam 2 als eher gesundheitsförderliche Kultur. Die Item-Analyse zeigt keinerlei Auffälligkeiten. Der vorläufigen Hypothese stimmt das Team eher zu und begründet, dass die Führungskraft die Entscheidungsgewalt habe und am besten zu wissen glaube, was für die Mitarbeiter gut sei. Auf die Frage nach den geeigneten BGF-Varianten antwortet das Team: „Wenn es darum geht, was bei diesem Kulturtyp wahrscheinlicher ist, dass es durchgeführt wird: eher verhaltens- und verhältnisbezogene BGF".

Der modifizierten Hypothese stimmt das Expertenteam völlig zu und argumentiert, dass die Einstellung der Führungskraft ... das Auftreten von BGF bestimme. Wenn die nötige Einstellung vorhanden ist, dann sieht das Team eher verhaltensbezogene BGF „zur Kompetenzsteigerung des Einzelnen" für den Patriarchat-Typ als geeignet an. Explizit nicht geeignet erscheinen ihm Patriarchate hingegen für die verhältnisbezogene BGF-Variante und für BGM zu sein.

Deutungsschwierigkeiten des Eignungsbegriffs werden hier offensichtlich. Zur Wahl des Eignungsbegriffs wird im Schlusskapitel Stellung genommen.

Meinungsbild zum Kulturtyp Bürokratie

Den Bürokratie-Typ betrachtet Expertenteam 2 als nicht gesundheitsförderliche Kultur. Wiederum zeigt die Item-Analyse keinerlei Auffälligkeiten. Der vorläufigen Hypothese stimmt das Team völlig zu. So betrachtet es verhaltensbezogene BGF als geeignete BGF-Variante und argumentiert: „Wenn, dann verhaltensbezogen, da hier die Verantwortung für Gesundheit beim Mitarbeiter liegt; zudem können kranke/nicht mehr leistungsfähige Mitarbeiter durch andere ersetzt werden; also besteht gar kein Anreiz, sich um die Förderung der Gesundheit zu bemühen."

Auch die modifizierte Hypothese wird von dem Expertenteam bestätigt. Das Team schätzt, dem Gruppenergebnis folgend, neben verhaltensbezogener BGF auch BGM als für den Bürokratie-Typ geeignet ein. Seine Beurteilung begründet es wie folgt: „Verhaltensbezogene Maßnahmen [sind] geeignet, da eher [ein] negativer Gesundheitsbegriff vorherrscht, also auch eine pathogene Sichtweise und individuelle Zuschreibung. BGM wäre aufgrund der Strukturen naheliegend. OE würde [die] Förderung der Mitarbeiterkompetenzen berücksichtigen, ist in diesem Kulturtyp aber eher unwahrscheinlich."

Da das Team BGF als OE für den Bürokratie-Typ explizit ablehnt, BGM per definitionem jedoch auch OE einschließt, wird die Antwort dahingehend interpretiert, dass die verhaltensbezogene Variante als besonders realisierbar, BGM hingegen nur aufgrund des Gruppenfeedbacks als geeignet angenommen wird.

Meinungsbild zum Kulturtyp Taskforce

Den Taskforce-Typ betrachtet Expertenteam 2 als gesundheitsförderliche Kultur. In der Tendenz schätzt es ihn positiver ein als die Gruppe. Die Item-Analyse zeigt zwei Auffälligkeiten: Ressourcen für BGF erscheinen dem Team einfach aufzutreiben zu sein. Gratifikationen betrachtet es als gegeben. Der vorläufigen Hypothese stimmt es völlig zu, ohne seine Einschätzung jedoch zu begründen. Sämtliche der vier BGF-Varianten betrachtet es als geeignet; wiederum bleiben die Einschätzungen unbegründet.

Der modifizierten Hypothese stimmt das Team eher zu und argumentiert, dass hier verhältnis- und verhaltensbezogene Interventionen genauso geeignet seien wie BGF als OE. Auf die Frage nach den geeigneten BGF-Varianten antwortet es, dass in diesem Kulturtyp eher generelle Offenheit für das Thema bestehe. Verhaltens-, verhältnisbezogene BGF und BGF als OE schätzt es als geeignete Interventionsvarianten ein.

Aufgrund seiner Einschätzung in der ersten Delphi-Welle, wonach der Taskforce-Typ für „alle vier" BGF-Varianten geeignet sei, wird davon ausgegangen, dass das Expertenteam BGM in Taskforces als durchaus realisierbar betrachtet.

Meinungsbild zum Kulturtyp Community

Den Community-Typ betrachtet Expertenteam 2 als gesundheitsförderliche Kultur. Die Item-Analyse zeigt nur eine Auffälligkeit: Die Etablierungschancen von BGF als Daueraktivität betrachtet das Team positiver als die Mehrheit der Befragten. Der vorläufigen Hypothese stimmt es völlig zu, ohne seine Einschätzung jedoch zu begründen. Auf die Frage nach den geeigneten BGF-Varianten antwortet es, dass „alle vier" Varianten geeignet wären, was insofern erstaunt, als in der vorläufigen Hypothese nur von verhaltens- und verhältnisbezogenen Maßnahmen die Rede war; nicht jedoch von BGF als OE und BGM.

Der modifizierten Hypothese stimmt das Team eher zu. In der zweiten Welle betrachtet es, mit der Begründung, dass die Arbeitsbedingungen in diesem Organisationstyp im Idealfall bereits gesundheitsförderlich seien, nur noch verhaltensbezogene BGF als für den Community-Typ besonders geeignet. Dem Team zufolge bestehe eventuell individuell eine Motivation für/ein Bedarf nach verhaltensbezogenen Maßnahmen. Die Eignung weiterer BGF-Varianten schätzt das Team ein wie folgt: „BGM ist eher nicht geeignet, da ev. zu systematisch für diesen Kulturtyp, in dem sich [die] Beschäftigte[n] eher selbst organisieren. Verhältnisbezogene BGF spielt eine eher untergeordnete Rolle."

Die Einschätzung der ersten Welle irritiert, da der Hypothese völlig zugestimmt wird und parallel dazu sämtliche der BGF-Varianten als für den Kulturtyp geeignet angenommen werden. In der zweiten Welle sieht das Team hingegen verhaltensbezogene BGF als für den Community-Typ besonders geeignet an. Die anderen Varianten schätzt das Team jedoch nicht als nicht geeignet, sondern lediglich als weniger geeignet ein. Insofern kann die Antwort dahingehend interpretiert werden, dass sich der Community-Typ für verschiedene BGF-Varianten eigne, am meisten jedoch für die verhaltensbezogene Varianten und am wenigsten für BGM. Auch die Item-Analyse und insbesondere die positive Einschätzung der Etablierungschancen von BGF als Daueraktivität legen diesen Schluss nahe.

Zusammenfassend zeigt das Meinungsbild von Expertenteam 2 keinerlei Auffälligkeiten. Nur die Einschätzung der BGF-Eignung des Community-Typs weicht auf den ersten Blick von der Gruppe ab. Nach der Interpretation der Textstelle wird aber deutlich, dass das Team weniger radikal antwortet als es zunächst scheint. Die Mehrdeutigkeit des Eignungsbegriffs zeigt sich auch hier wieder.

6.2.3 Meinungsbild des Experten 3

Das Meinungsbild des Experten 3 entstand aus einer rechts- und gesundheitswissenschaftlichen Perspektive heraus. Anhand seiner Einschätzung lassen sich zwar Unterschiede der BGF-Eignung in Abhängigkeit des Kulturtyps darstellen, jedoch weniger deutliche als anhand der Einschätzungen der Mehrheit der Experten (s. Tabelle 24).

Tabelle 24   Meinungsbild des Experten 3 (Goldgruber, 2010, S. 393)

Kulturtyp BGF-Variante	Patriarchat	Bürokratie	Taskforce	Community
Verhaltensbezogene BGF	+	+	+	+
Verhältnisbezogene BGF	+	+	+	+
BGF als OE	–	–	+	+
BGM	–	+	+	+
Keine BGF	0	0	0	0

+ geeignet, – nicht geeignet, 0 keine Einschätzung, BGF Betriebliche Gesundheitsförderung, BGM Betriebliches Gesundheitsmanagement, OE Organisationsentwicklung

Die Item-Analyse zeigt, dass Experte 3 die Kulturtypen Taskforce und Community als eher gesundheitsförderliche Kulturen einschätzt, während er den Patriarchat-Typ als weniger gesundheitsförderliche und den Bürokratie-Typ als nicht gesundheitsförderliche Kultur betrachtet. Allerdings sieht er verhaltens- und verhältnisbezogene BGF in allen Kulturtypen realisierbar. Auch BGM erscheint ihm, bis auf den Patriarchat-Typ in allen Organisationstypen umsetzbar zu sein. BGF als OE lehnt er nicht nur für Patriarchate, sondern auch für Bürokratien ab.

Meinungsbild zum Kulturtyp Patriarchat

Den Patriarchat-Typ betrachtet Experte 3 als weniger gesundheitsförderliche Kultur. Die Item-Analyse zeigt, dass er ihn deutlich negativer einschätzt als die Gruppe. So ist nur er der Ansicht, dass BGF in Patriarchaten nicht die für ihre Bewältigung erforderliche Priorität zukomme und dass Gesundheit schlecht als betriebliches Thema zu etablieren sei. Höher als die Gruppe schätzt er die psychischen Belastungen der Mitarbeiter ein. Als einziger ist er der Auffassung, dass Patriarchat-Mitarbeiter in der Tendenz zu Gratifikationskrisen neigen. Die vorläufige Hypothese lehnt Experte 3 eher ab.

> Der Experte begründet:
> Wenn BGF a priori auch als nur verhaltensorientiert verstanden werden kann, dann würde die Hypothese eher stimmen, insbesondere die Aussage, dass BGF vom – stark die Eigenverantwortung betonenden – Gesundheitsverständnis der Führungsperson abhängt, sowie, dass die Partizipation eingeschränkt ist. Diese Einschätzung heißt aber nicht, dass ohne ,ganzheitliche' BGF die Mitarbeitenden in patriarchalisch geführten Unternehmen schlechtere Rahmenbedingungen für die Gesundheit haben müssen: Bedingungen wie Wertschätzung der Arbeit, Autonomie, Ganzheitlichkeit und Vielfalt der Aufgaben, unkomplizierte Kommunikation und Zusammenarbeit sind besonders bei günstiger Marktlage bereits vorhanden und müssen nicht erst mittels BGF geschaffen werden. Gleichwohl ist die Verausgabungstendenz unter dem relativ großen sozialen Druck/der sozialen Kontrolle hoch: auch bei guter monetärer und nicht monetärer Belohnung gibt es daher tendenziell Gratifikationskrisen.

Die Frage nach den geeigneten BGF-Varianten beantwortet der Experte wie folgt: „Geeignet bezieht sich auf ,Umsetzbarkeit' und nicht auf ,notwendig': In dem Sinn ist verhaltensbezogene BGF besonders ,geeignet'.... Stressbekämpfung wird eher mittels Stressmanagement/Stressimmunisierung zu erreichen versucht als mittels ,sozialer Unterstützung am Arbeitsplatz'."

Der modifizierten Hypothese stimmt er völlig zu. Warum er nun neben der verhaltensbezogenen auch die verhältnisbezogene Variante als geeignet einschätzt, bleibt unklar. Da er aber auch in der zweiten Welle betont, „einzelne, verhaltensorientierte Maßnahmen mit einer gewissen Überzeugungsarbeit durchaus für möglich" zu halten und seine Befürwortung der verhältnisbezogenen Variante nicht kommentiert, wird die Antwort des Experten dahingehend interpretiert, dass er verhaltensbezogene BGF als „die am ehesten geeignete Interventionsvariante" für Patriarchate ansieht. Somit kann seine Einschätzung, trotz negativerer Beurteilung des Kulturtyps, als mit der Gruppenmeinung übereinstimmend bewertet werden.

Meinungsbild zum Kulturtyp Bürokratie

Den Bürokratie-Typ betrachtet Experte 3 als nicht gesundheitsförderliche Kultur. Die Item-Analyse zeigt eine Auffälligkeit: Im Gegensatz zu den restlichen Befragten sieht der Experte nur geringe Etablierungschancen zentraler Instrumente und Gremien der BGF. Der vorläufigen Hypothese stimmt er völlig zu. Er begründet: „BGF wird nicht nur abgelehnt, weil sie als eine Störung empfunden wird. Die Mitarbeitenden per se und ihre Gesundheit haben keinen hohen Stellenwert." Wie in der vorläufigen Hypothese formuliert, erscheint dem Experten verhaltensbezogene BGF für den Bürokratie-Typ geeignet zu sein.

Der modifizierten Hypothese stimmt er ebenfalls völlig zu. Er formuliert: „Die Modifikation präzisiert die Kriterien, die m.E. zur Bestätigung der Hypothese führen." Neben verhaltensbezogener BGF schätzt er auch verhältnisbezogene BGF und BGM als für den Bürokratie-Typ geeignet ein. Nur BGF als OE lehnt er weiterhin ab.

Obwohl der Experte seine Einschätzung in der zweiten Welle offensichtlich der Gruppenmeinung anpasst, führt seine Begründung, dass „unter gewissen Voraussetzungen ... alles möglich" sei zur Interpretation, dass er seine ursprüngliche Einschätzung bevorzugen würde. Auch spricht die deutlich negative Einschätzung der Etablierungschancen von Instrumenten und Gremien der BGF dafür, dass in Bürokratien, seiner Auffassung nach, die weniger komplexen Varianten eher umsetzbar seien.

Meinungsbild zum Kulturtyp Taskforce

Den Taskforce-Typ betrachtet Experte 3 als eher gesundheitsförderliche Kultur. Die Item-Analyse zeigt keine Auffälligkeiten. Der Experte meint, dass hier alles möglich sei, egal, wie man es nenne. Der vorläufigen Hypothese stimmt er eher zu. Er begründet: „Aufgrund der starken Position der einzelnen Mitarbeitenden trifft die Aussage zu. Zusätzlich zu der persönlichen Überzeugung der Mitarbeitenden braucht es eine große Überzeugungs-, Verhandlungs- und Moderationskompetenz der Leitungspersonen, um die eigenständigen und eigenwilligen Mitarbeitenden auf einen gemeinsamen BGF-Kurs zu bringen." Der Taskforce-Typ scheint dem Experten in der ersten Delphi-Welle für verhältnisbezogene BGF geeignet zu sein, „wenn die beruflichen Anforderungen der Experten zu hoch sind". BGF als OE und BGM sind seiner Ansicht nach dann für Taskforces adäquat, wenn das Commitment dafür geschaffen werden könne.

Auch der modifizierten Hypothese stimmt Experte 3 eher zu. Er argumentiert wie folgt: „Ich würde vollständig zustimmen, wenn nicht die ..., für mich nicht ganz nachvollziehbare Unterscheidung zwischen BGF als OE, verhältnis- und verhaltensbezogener BGF und BGM getroffen würde". Insgesamt scheint ihm der Taskforce-Typ – unabhängig von Begrifflichkeiten, die er anders wählen würde – für sämtliche der hier unterschiedenen BGF-Varianten reif zu sein.

Meinungsbild zum Kulturtyp Community

Den Community-Typ betrachtet Experte 3 als eher gesundheitsförderliche Kultur. Dennoch schätzt er ihn negativer ein als die Gruppe. Auffällig negativer beurteilt er zwei Items zum Führungsverständnis. So vermutet er in Communitys nur eher transparente Organisationsstrukturen und -prozesse und ein tendenziell geringes Vertrauen der Mitarbeiter in die Führung. Der vorläufigen Hypothese stimmt der Experte eher zu. Die Abhängigkeit der BGF vom Gesundheitsverständnis der Individuen beurteilt er als zutreffend. Er hebt die hohe Realisierungschance verhältnisbezogener Interventionen hervor, um „allenfalls vorhandene, die anspruchsvollen Aufgaben behindernde Regulierungen mittels verhältnisorientierter Maßnahmen zu beseitigen".

Der modifizierten Hypothese stimmt er ebenfalls eher zu. Nun betont er die hohe Bedeutung, die der Auftragserfüllung seiner Ansicht nach in Communitys zukomme. Auch argumentiert er, dass es in Communitys das Ziel sei, mittels BGF Gesundheitsbelastungen, die die Auftragserfüllung behindern, zu reduzieren. Wie die dazu eingesetzte BGF-Variante bezeichnet wird, ist seiner Meinung nach wenig relevant. Entscheidend sei vielmehr, dass in Communitys „mit guter Argumentation alles als BGF verkauft und umgesetzt" werden könne, „wenn Überforderung und Gesundheitsprobleme die Auftragserfüllung gefährden". Dem Experten scheinen sämtliche der BGF-Varianten für Communitys geeignet zu sein.

Zusammenfassend zeigt das Meinungsbild des Experten 3, dass er, trotz negativerer Einschätzung der Gesundheitsförderlichkeit sämtlicher Kulturtypen, hinsichtlich der Beurteilung ihrer BGF-Eignung mit der Gruppe übereinstimmt. Auch zeigt die Interpretation, dass er den Eignungsbegriff in demselben Sinne auffasst wie die Autorin, nämlich im Sinne von „umsetzbar" und nicht im Sinne von „notwendig". Wiederholt kritisiert er die Differenzierung der BGF in Varianten, die er – streng nach Luxemburger Deklaration (ENWHP, 2007) und den Qualitätskriterien für BGF (BKK, 1999) – so nicht vornehmen würde. Diese Kritik wird im Schlusskapitel aufgegriffen.

6.2.4 Meinungsbild des Experten 4

Das Meinungsbild des Experten 4 entstand aus einer psychologischen Perspektive heraus. Anhand seiner Einschätzung lassen sich zwar Unterschiede der BGF-Eignung in Abhängigkeit des Kulturtyps darstellen, jedoch weniger deutliche als anhand der Einschätzungen der Mehrheit der Experten (s. Tabelle 25).

Die Item-Analyse zeigt, dass der Experte die Kulturtypen Taskforce und Community als gesundheitsförderliche Kulturen, den Patriarchat-Typ als durchschnittlich gesundheitsförderliche Kultur und den Bürokratie-Typ als nicht gesundheitsförderliche Kultur einschätzt. Unabhängig davon erscheint ihm gerade und ausschließlich der Bürokratie-Typ für sämtliche der BGF-Varianten reif zu sein. Im Taskforce-Typ vermutet er ebenfalls gesundheitsförderliche Organisationsbedingungen; nur BGM scheint ihm nicht in die Kultur zu passen. Patriarchate und Communitys betrachtet Experte 4 hingegen nur als geeignet für verhaltensbezogene BGF und BGF als OE.

Tabelle 25 Meinungsbild des Experten 4 (Goldgruber, 2010, S. 398)

Kulturtyp BGF-Variante	Patriarchat	Bürokratie	Taskforce	Community
Verhaltensbezogene BGF	+	+	+	+
Verhältnisbezogene BGF	–	+	+	–
BGF als OE	+	+	+	+
BGM	–	+	0	–
Keine BGF	0	0	0	0

+ geeignet, – nicht geeignet, 0 keine Einschätzung, BGF Betriebliche Gesundheitsförderung, BGM Betriebliches Gesundheitsmanagement, OE Organisationsentwicklung

Meinungsbild zum Kulturtyp Patriarchat

Den Patriarchat-Typ betrachtet Experte 4 als durchschnittlich gesundheitsförderliche Kultur. Auffallend ist, dass er in diesem Organisationstyp Anreize – anders als die Gruppe – nicht nur als eher, sondern als völlig gegeben ansieht. Die vorläufige Hypothese befürwortet er völlig. Er begründet: „Nach meinen Erfahrungen sind Patriarchate grundlegend von Merkmalen und Einstellungen des Patriarchen abhängig." Auf die Frage nach den geeigneten BGF-Varianten antwortet er, dass eben „genau das … sehr stark von der Persönlichkeit des Patriarchen" abhänge.

Der modifizierten Hypothese stimmt der Experte eher zu. Seine eingeschränkte Zustimmung rühre daher, dass er sich frage, ob ein positives Menschenbild und ein positives Gesundheitsverständnis mit einem autoritären Führungsverständnis vereinbar seien. Als geeignete BGF-Varianten für den Patriarchat-Typ betrachtet er verhaltensbezogene BGF und BGF als OE, da durch erstere Selbstüberforderungstendenzen entgegengewirkt werden könne und ebendiese allenfalls in letztere einmünden könne. Verhältnisbezogene BGF und BGM lehnt der Experte ausdrücklich ab, da „Managementsysteme … nicht zu diesem Kulturtyp [passen]".

Die Interpretation des Meinungsbildes zeigt, dass Experte 4 den Patriarchat-Typ, analog zur Mehrheit der Delphi-Teilnehmer, in erster Linie als geeignet für verhaltensbezogene BGF betrachtet. Hierfür sprechen auch die Argumente, dass hier Selbstüberforderungstendenzen auftreten können, denen mit verhaltensbezogenen Maßnahmen vorgebeugt werden könne und dass Managementsysteme nicht zu den idealtypisch einfach strukturierten Patriarchaten passen. Die Einschätzung des Experten, wonach verhaltensbezogene Maßnahmen allenfalls in eine BGF als OE einmünden können, rührt möglicherweise daher, dass er in Patriarchaten mit besonders aufgeschlossener Führung gesundheitsbezogene OE als realisierbar betrachtet. Auch seine insgesamt positivere Einschätzung des Patriarchat-Typs lässt darauf schließen, dass der Experte manche Patriarchate als aufgeschlossener gegenüber BGF betrachtet als andere und die „offeneren" unter ihnen als bereit für OE ansieht.

Meinungsbild zum Kulturtyp Bürokratie

Den Bürokratie-Typ betrachtet Experte 4 als nicht gesundheitsförderliche Kultur. Im Gegensatz zu den übrigen Experten schätzt er ihn negativer ein, wobei er ein Item auffallend negativer beurteilt: So ist er der Meinung, dass BGF in Bürokratien nur geringe Priorität zukomme. Die vorläufige Hypothese trifft seiner Ansicht nach völlig zu. Er begründet, dass „eine verhältnisorientierte BGF – die ja eigentlich als BGM bezeichnet werden müsste – ... in derartigen Kulturen nicht zuletzt als Gefährdung der Machtstrukturen" verstanden würde. Auf die Frage nach den geeigneten BGF-Varianten antwortet er: "'Geeignet' wäre ein BGM-Ansatz, um eine solche Struktur durch entsprechende Entwicklungen grundlegend zu verändern; dies ist im Einzelfall auch möglich. Realisierbar erscheint in der Mehrzahl der Fälle – zumindest kurz- bzw. mittelfristig – am ehesten die verhaltensbezogene BGF".

Die modifizierte Hypothese lehnt der Experte in der zweiten Befragungswelle hingegen eher ab. Seiner Ansicht nach müsste betont werden, dass die verhaltensbezogene BGF nur als Einstieg und zur Sensibilisierung dienen dürfe und danach andere BGF-Varianten zum Einsatz kommen sollten, deren „'Reihenfolge' bzw. ... Zeitpunkte, zu denen sich die eine oder andere Variante als mehr oder weniger geeignet erweist", berücksichtigt werden müssten.

Die Einschätzung ihrer Gesundheitsförderlichkeit deutet auf eine geringe Aufgeschlossenheit der Bürokratien gegenüber BGF hin. Dennoch betrachtet der Experte sämtliche der BGF-Varianten als für den Bürokratie-Typ geeignet. Dies lässt sich daraus schließen, dass er den Eignungsbegriff als geeignet im Sinne von „nötig" versteht. Dem Experten zufolge wäre BGF nötig, um die Machtstrukturen derartiger Kulturen grundlegend zu verändern. Realisierbar erscheint ihm jedoch zumeist am ehesten die verhaltensbezogene BGF zu sein. Seine Einschätzung der modifizierten Hypothese lässt sich wie folgt deuten: Der Interpretation nach ist es dem Experten ein Anliegen, den nicht gesundheitsförderlichen Bürokratie-Typ durch BGF in Richtung Gesundheitsförderlichkeit zu bewegen. Zu einem Kulturwandel in Richtung Gesundheitsförderlichkeit wären seiner Auffassung nach aber komplexere BGF-Varianten als die verhaltensbezogene Variante nötig; insbesondere verhältnisbezogene BGF und BGF als OE.

Meinungsbild zum Kulturtyp Taskforce

Den Taskforce-Typ sieht Experte 4 als gesundheitsförderliche Kultur an. In diesem Punkt zeigt die Item-Analyse keinerlei Auffälligkeiten. Die vorläufige Hypothese bewertet er als völlig zutreffend und begründet: „Dieser Kulturtyp ist bezüglich seiner Leistungsfähigkeit davon abhängig, dass kompetente Mitarbeitende einander vertrauen und sich gegenseitig unterstützen. Allerdings kenne ich auch Beispiele dafür, dass Mitarbeitende, die aus irgendwelchen Gründen als nicht ‚dazu passend' erlebt werden, zu Mobbingopfern werden können." Als im Taskforce-Typ „am ehesten realisierbar" betrachtet der Experte verhaltens-, verhältnisbezogene BGF und BGF als OE.

Die modifizierte Hypothese beurteilt er als eher zutreffend, wobei die Frage nach den geeigneten BGF-Varianten aufgrund von Schwierigkeiten in der „Differenzierung zwischen BGF als OE, verhältnisbezogener BGF und BGM" diesmal unbeantwortet bleibt.

Da Experte 4 verhaltens-, verhältnisbezogene BGF und BGF als OE für „am ehesten realisierbar" erachtet, kann angenommen werden, dass er auch BGM für grundsätzlich realisierbar hält; nur eben eingeschränkter. Seine Argumentation bezüglich des Community-Typs stützt diese Interpretation dahingehend, als er für den Taskforce-Typ Strukturen annimmt, in die sich Managementsysteme eingliedern lassen. Unter der Annahme, dass der Experte tatsächlich auch BGM für realisierbar erachtet, deckt sich seine Einschätzung des Taskforce-Typs mit der Gruppenmeinung.

Meinungsbild zum Kulturtyp Community

Auch den Community-Typ betrachtet Experte 4 als gesundheitsförderliche Kultur. Die Item-Analyse zeigt, dass er die Etablierungschancen zentraler Instrumente und Gremien der BGF im Gegensatz zur Gruppe negativer einschätzt. Der vorläufigen Hypothese stimmt er völlig zu. Auf die Frage, welche BGF-Varianten besonders geeignet wären, antwortet er: „Alle bis auf BGM, das in dieser Form nicht in die Kultur passt, der in vielen Fällen so etwas wie eine strategische Unternehmensführung fehlt."

Der modifizierten Hypothese stimmt Experte 4 eher zu. Dies begründet er wie folgt: „Auch wenn kein artikuliertes Bedürfnis nach BGF vorhanden sein sollte, könnten gerade in diesem Unternehmenstyp Tendenzen der Selbstüberforderung entstehen, denen durch verhaltensorientierte BGF entgegen gewirkt werden kann. Diese könnte dann allenfalls in eine BGF als OE einmünden." Verhältnisbezogene BGF und BGM lehnt er für den Community-Typ explizit ab.

Die Ablehnung eines BGM erscheint plausibel, da angenommen werden kann, dass Organisationen dieses Kulturtyps tatsächlich in vielen Fällen die strukturellen Voraussetzungen fehlen dürften. Auch der Hinweis, dass hier – analog zu Patriarchaten – Selbstüberforderungstendenzen einzelner Organisationsmitglieder auftreten können, die verhaltensbezogene Interventionen erfordern, ist nachvollziehbar. Überdies verdeutlicht der Vergleich der Argumentationen des Experten 4 zu den Kulturtypen Taskforce und Community, dass die in Bezug auf den Taskforce-Typ getätigte Interpretation, wonach er BGM als *grundsätzlich* zum Taskforce-Typ passend betrachtet, zulässig ist. Weisen Taskforces doch im Unterschied zu Communitys die nötigen Organisationsstrukturen zur Implementierung von Managementsystemen auf.

Zusammenfassend zeigt das Meinungsbild, dass der Experte nicht nur die Gesundheitsförderlichkeit der vier Kulturtypen mit den anderen Befragten weitgehend übereinstimmend einschätzt, sondern dass sich – nach Differenzierung des Eignungsbegriffs – auch seine Einschätzung der BGF-Eignung der unterschiedlichen Kulturtypen mit dem Gruppenergebnis deckt. Der Eignungsbegriff und das von Experten 4 im Zusammenhang mit dem Kulturtyp Taskforce aufgeworfene Differenzierungsproblem der BGF-Varianten werden im Schlusskapitel diskutiert.

6.2.5 Meinungsbild des Experten 5

Am wenigsten mit dem Gruppenergebnis überein stimmt das Meinungsbild des Experten 5, der aus einer sozialwissenschaftlichen Perspektive heraus argumentierend, sämtliche der Kulturtypen für sämtliche der BGF-Varianten als gleichermaßen geeignet annimmt: „Die Varianz innerhalb dieses Typus [und der anderen drei Typen] muss nicht kleiner sein als die Varianz zwischen den Kulturtypen". (s. Tabelle 26)

Tabelle 26   Meinungsbild des Experten 5 (Goldgruber, 2010, S. 403)

Kulturtyp \ BGF-Variante	Patriarchat	Bürokratie	Taskforce	Community
Verhaltensbezogene BGF	+	+	+	+
Verhältnisbezogene BGF	+	+	+	+
BGF als OE	+	+	+	+
BGM	+	+	+	+
Keine BGF	0	0	0	0

+ geeignet, – nicht geeignet, 0 keine Einschätzung, BGF Betriebliche Gesundheitsförderung, BGM Betriebliches Gesundheitsmanagement, OE Organisationsentwicklung

Die Item-Analyse veranschaulicht, dass der Experte die Kulturtypen nicht nur hinsichtlich ihrer BGF-Eignung, sondern auch hinsichtlich ihrer Gesundheitsförderlichkeit homogen einschätzt. Nur eine Abweichung lässt sich in seinem Meinungsbild feststellen: Den Bürokratie-Typ betrachtet er als weniger gesundheitsförderliche Kultur.

Meinungsbild zum Kulturtyp Patriarchat

Den Patriarchat-Typ betrachtet Experte 5 als eher gesundheitsförderliche Kultur. Die Item-Analyse zeigt keinerlei Auffälligkeiten. Der vorläufigen Hypothese stimmt er völlig zu. Er weist jedoch darauf hin, dass sich „die hier herausgestellten Stärken des Organisationstypus ‚Patriarchat' ... nur für solche Mitarbeiter [realisieren], die sich dem Patriarchen unterordnen. Die Situation der ‚Dissidenten' darf nicht ausgeblendet werden."

Die modifizierte Hypothese lehnt er hingegen eher ab und betrachtet den Patriarchat-Typ als für sämtliche BGF-Varianten geeignet. Er argumentiert, dass „es ... verstockte, weltläufige und lernende Patriarchen" gebe und dass „die Varianz innerhalb dieses Typus ... nicht kleiner sein [muss] als die Varianz zwischen den Kulturtypen".

Meinungsbild zum Kulturtyp Bürokratie

Den Bürokratie-Typ betrachtet Experte 5 als weniger gesundheitsförderliche Kultur. Die vorläufige Hypothese lehnt er mit der Begründung eher ab, dass „auch bürokratische Organisationen ... ‚modern' (i.S.v. ‚human relations') geführt" werden können. Die Frage nach geeigneten BGF-Varianten beantwortet er mit der Einschätzung, dass auch hier sowohl Verhaltensprävention wie BGM möglich sei. Die modifizierte Hypothese lehnt er ebenfalls eher ab.

Der Experte formuliert:

Der Kulturtyp ‚Bürokratie' ist sicherlich häufig eine eher hinderliche Bedingung für BGF. Er hat allerdings auch den Charme, dass er sich von oben nach unten steuern lässt; und dann können z.B. ganz bürokratisch Handlungsspielräume vergrößert und Kriterien der Gesundheitsgerechtigkeit in Verwaltungsroutinen eingebaut werden.

Wie für die anderen Kulturtypen schätzt der Experte sämtliche BGF-Varianten als für den Bürokratie-Typ geeignet ein, da sich auch hier, angesichts der hohen Varianz eine Einschränkung auf einzelne Interventions-Typen nicht begründen lasse.

Meinungsbild zum Kulturtyp Taskforce

Den Taskforce-Typ betrachtet Experte 5 als eher gesundheitsförderliche Organisationskultur. Der vorläufigen Hypothese stimmt er eher zu und formuliert, dass „auch hier große Varianz" bestehe. Auf die Frage nach den geeigneten BGF-Varianten antwortet er: „Auch hier sind sowohl Verhaltensprävention wie BGM möglich und kommen auch vor".

Die modifizierte Hypothese lehnt er eher ab. Er meint, dass die Formulierung der Hypothese nicht ausreichend die Antwort der Experten reflektiere. Wie für die anderen Kulturtypen betrachtet er auch für den Taskforce-Typ sämtliche BGF-Varianten als geeignet und argumentiert, dass sich angesichts der hohen Varianz eine Einschränkung auf einzelne Interventions-Typen nicht begründen lasse.

Meinungsbild zum Kulturtyp Community

Den Community-Typ sieht Experte 5 ebenfalls als eher gesundheitsförderliche Kultur. Die vorläufige Hypothese lehnt er eher ab, „weil auch ... BGM (als Kriterium aller wichtigen und einschlägigen Unternehmens- und Teamentscheidungen) gut mit dem Kulturtyp vereinbar" sei. Als geeignete BGF-Varianten für den Community-Typ betrachtet er „verhaltensbezogene [BGF], systemische OE sowie auch BGM".

Die modifizierte Hypothese lehnt er ebenfalls eher ab. Er begründet dies mit der Vermutung, dass „die Formulierung der Hypothese nicht ausreichend die Antwort der Experten [reflektiert]". Auch gebe es zwischen dem Kulturtyp Community und den fünf Moderatorvariablen „keinen derart kausal starken Zusammenhang". „Wäre dem so, bräuchte es kaum noch Gesundheitsförderung." Alle vier BGF-Varianten betrachtet Experte 5 „angesichts der großen Varianz innerhalb des Kulturtyps" als geeignet.

Trotz seines betriebswirtschaftlichen und ökonomischen Hintergrunds argumentiert der Experte aus einer individualistischen Perspektive heraus, dass *ein,* auf individuelle Organisationen abgestimmtes Ideal-Modell der BGF ausreiche. Diese Deutung ist zurückzuführen auf Aussagen wie die folgende: „Systemische Organisationsentwicklung kann auch funktionieren, wenn [der] Patriarch selbst die Welt systemisch sieht". Seiner Argumentationslinie – wonach die Varianz innerhalb der einzelnen Kulturtypen gleich hoch ist wie jene zwischen den Kulturtypen – kann entgegengehalten werden, dass Weissmann (2004) in seiner Untersuchung empirisch zeigen konnte, dass sich diese vier Kulturtypen unterscheiden lassen. Der Autorin ist keine Untersuchung bekannt, die dies widerlegen würde. Dass die idealtypisch beschriebene Reinform der Kulturtypen in realen Organisationen vermutlich nie anzutreffen sein wird, ist genauso richtig wie schlüssig; es handelt sich auch schlicht um eine Typisierung, die als Hilfsmittel dazu dienen soll, „mehr/weniger-Einschätzungen" darüber zu erzielen, welche BGF-Varianten für Organisationen, die (kulturelle) Gemeinsamkeiten aufweisen, eher geeignet sind und welche weniger.

Die fortwährende Suche des Experten nach Ausnahmen innerhalb der Typen, welche die Typisierung widerlegen sollen, zeigt sich neben der bereits angeführten Textstelle über systemische OE etwa in den beiden folgenden Passagen: „Es gibt verstockte, weltläufige und lernende Patriarchen." Und „auch bürokratische Organisationen können ‚modern' (i.S.v. ‚human relations') geführt werden". Ausnahmen zu finden ist natürlich immer möglich, im Kontext dieses Buches aber nicht hilfreich, da es genau um das Gegenteil gehen soll, nämlich kulturell ähnliche Organisationen zusammenzufassen und hinsichtlich ihrer BGF-Eignung von solchen zu unterscheiden, die diese Gemeinsamkeiten nicht aufweisen.

Der individualistischen Argumentation ungeachtet, zeigt das Meinungsbild des Experten 5 einige subtile BGF-Präferenzen für einzelne Kulturtypen: So eigne sich etwa

für den Patriarchat-Typ „vor allem" verhaltensbezogene BGF, und der Bürokratie-Typ stelle „sicherlich häufig eine eher hinderliche Bedingung für BGF" dar, obwohl er „auch den Charme [hat], dass er sich von oben nach unten steuern lässt".
Die aus den Experteneinschätzungen der ersten Welle abgeleitete, tendenziell hohe Gesundheitsförderlichkeit sämtlicher Kulturtypen zweifelt Experte 5 an. Er argumentiert: „Drei der vier Kulturtypen, außer der ‚Bürokratie', weisen eher gute Voraussetzungen für BGF auf. Es muss doch auffallen, dass dies einfach irgendwie nicht stimmen kann. Wäre dem so, bräuchte es kaum noch Gesundheitsförderung". Seine Aussage kann dahingehend interpretiert werden, dass er die Gesundheitsförderlichkeit der Kulturtypen als Indikator für unterschiedliche Bedarfe an BGF deutet. Gesundheitsförderlichkeit wird hier jedoch keineswegs als Ausschlusskriterium für BGF betrachtet, sondern als begünstigender Faktor; insbesondere für komplexe BGF-Varianten.

6.2.6 Meinungsbild des Experten 6

Das Meinungsbild des Experten 6 entstand aus einer philosophischen, soziologischen und geschichtswissenschaftlichen Perspektive heraus. Anhand seiner Einschätzung lassen sich deutliche Unterschiede der BGF-Eignung in Abhängigkeit des Kulturtyps darstellen (s. Tabelle 27).

Tabelle 27 Meinungsbild des Experten 6 (Goldgruber, 2010, S. 408)

Kulturtyp / BGF-Variante	Patriarchat	Bürokratie	Taskforce	Community
Verhaltensbezogene BGF	+	+	+	+
Verhältnisbezogene BGF	–	–	+	+
BGF als OE	–	–	+	+
BGM	–	+	+	–
Keine BGF	0	0	–	0

+ geeignet, – nicht geeignet, 0 keine Einschätzung, BGF Betriebliche Gesundheitsförderung, BGM Betriebliches Gesundheitsmanagement, OE Organisationsentwicklung

Die Item-Analyse zeigt, dass Experte 6 die Kulturtypen Patriarchat und Taskforce als eher gesundheitsförderliche Kulturen einschätzt. Den Bürokratie-Typ schätzt er weniger gesundheitsförderlich ein. Zum Community-Typ macht er keine Angaben. Sämtliche Kulturtypen erscheinen ihm für verhaltensbezogene BGF geeignet zu sein. Die eher selbstorganisierten Typen Taskforce und Community betrachtet er überdies als reif für verhältnisbezogene BGF und für BGF als OE, wohingegen er diese BGF-

Varianten für die eher hierarchischen Typen Bürokratie und Patriarchat ablehnt. BGM sieht er mit Bürokratien und Taskforces kompatibel. Mit Patriarchaten und Communitys bringt er BGM hingegen nicht in Verbindung.

Meinungsbild zum Kulturtyp Patriarchat

Den Patriarchat-Typ betrachtet Experte 6 als eher gesundheitsförderliche Kultur. Die Item-Analyse zeigt eine Auffälligkeit. Während die Gruppe die Ressourcenzuwendung für BGF in Patriarchaten mehrheitlich eher positiv beurteilt, ist Experte 6 der Ansicht, dass hier nicht mit ausreichenden Ressourcen gerechnet werden könne. Der vorläufigen Hypothese stimmt er völlig zu, merkt aber an, dass sich die Zustimmung nur auf einen Teil der Hypothese beziehe. Er betont die hohe Abhängigkeit der BGF „von der überragend wichtigen, je nachdem mehr oder auch weniger BGF-freundlichen Unternehmungsführungspolitik, der Führungsphilosophie und -kompetenz et cetera" des Patriarchen. Die Frage nach BGF-Varianten für Patriarchate beantwortet er nicht.

Der modifizierten Hypothese stimmt der Experte hingegen nur eher zu. Als geeignete BGF-Variante betrachtet er nun explizit verhaltensbezogene BGF. Seinem Hinweis, wonach sich die meisten Antworten definitionsgemäß aus der Beschreibung des Kulturtyps ableiten lassen, kann entgegengehalten werden, dass die Item-Analyse keineswegs einheitliche, sondern deutlich unterschiedliche Experten-Einschätzungen zeigt.

Meinungsbild zum Kulturtyp Bürokratie

Den Bürokratie-Typ betrachtet Experte 6 als weniger gesundheitsförderliche Kultur. Gleichwohl zeigt die Item-Analyse, dass er insbesondere den Gesundheitsbegriff positiver einschätzt als die Gruppe. So schätzt er das Gesundheitsverständnis von Bürokratie-Mitarbeitern als eher hoch ein. Er sieht die Verantwortung für Gesundheit eher bei der Organisation als bei den Mitarbeitern. Auch ist er der Ansicht, dass Gesundheit in Bürokratien eher einfach als betriebliches Thema verankert werden könne. Der vorläufigen Hypothese stimmt der Experte in der ersten Befragungswelle eher zu. Er begründet seine Einschätzung jedoch nicht und macht auch keine Aussagen über geeignete BGF-Varianten. Ein methodischer Hinweis des Experten fließt jedoch in die Entwicklung der Hypothesen ein.

Der modifizierten Hypothese stimmt Experte 6 ebenfalls eher zu. Wiederum begründet er seine Einschätzung nicht. Bürokratien erscheinen ihm in der zweiten Welle reif für verhaltensbezogene BGF und für BGM zu sein.

.   Da Experte 6 sowohl der vorläufigen als auch der modifizierten Hypothese eher zustimmt, ohne seine Einschätzung jedoch zu begründen, kann angenommen werden, dass er die verhaltensbezogene Variante tatsächlich als geeignet für Bürokratien einschätzt, BGM in der zweiten Welle jedoch nur „mitankreuzte". Zwar lässt seine durchweg positivere Einschätzung der Variable *Gesundheitsbegriff* vermuten, dass er den Bürokratie-Typ als aufgeschlossener gegenüber Veränderungen betrachtet als die Gruppe. Da er jedoch verhältnisbezogene BGF und BGF als OE explizit ausschließt, diese jedoch Bestandteile eines BGM sind, kann seine Annahme relativiert werden.

Meinungsbild zum Kulturtyp Taskforce

Den Taskforce-Typ sieht Experte 6 als eher gesundheitsförderliche Kultur an. Er beurteilt ihn tendenziell negativer als die Expertengruppe. Auffallend bei der Item-Analyse ist, dass er Anreize in Taskforces als eher nicht gegeben betrachtet. Der vorläufigen Hypothese stimmt er eher zu, ohne seine Einschätzung jedoch zu begründen. Auf die Frage nach den geeigneten BGF-Varianten antwortet er nicht.

Der modifizierten Hypothese stimmt er ebenfalls eher zu; wiederum ohne seine Einschätzung zu begründen. Er betrachtet nun sämtliche BGF-Varianten als für Taskforces geeignet. Da der Experte trotz tendenziell negativerer Einschätzung der Items die BGF-Eignung des Taskforce-Typs in hoher Übereinstimmung mit der Gruppe einschätzt, kann angenommen werden, dass sich in Taskforces tatsächlich sowohl geringer- als auch höherwertige BGF-Varianten umsetzen lassen.

Meinungsbild zum Kulturtyp Community

Die Items zur Gesundheitsförderlichkeit des Community-Typs schätzt Experte 6 aus zeitlichen Gründen und da er „den Kulturtyp 'Community' von demjenigen der 'Taskforce' nur sehr unzureichend abgrenzen kann", nicht ein. Aus demselben Grund bewertet er auch die vorläufige Hypothese nicht.

Der modifizierten Hypothese stimmt er eher zu. Verhaltens-, verhältnisbezogene BGF und BGF als OE erscheinen ihm „alle drei ... ,im Prinzip' – d.h. abgesehen von speziellen Rahmenbedingungen, die dann jeweils eine begründete Priorisierung ermöglichen – ungefähr gleich geeignet zu sein". BGM lehnt der Experte ab. Da er seine Einschätzung nicht begründet, wird sie dahingehend interpretiert, dass er BGM für Communitys aufgrund der tendenziell fehlenden Organisationsstrukturen, die die Einbettung von Managementsystemen begünstigen würden, ablehnt.

Zusammenfassend zeigt das Meinungsbild des Experten 6, dass er die eigentliche Frage nach der BGF-Eignung der Kulturtypen in hoher Übereinstimmung mit der Gruppe beantwortet, wenngleich er zumeist davon absieht, seine Einschätzungen inhaltlich zu begründen. Vielmehr übt er Methodenkritik: Kritischer als die Gruppe betrachtet er die Methodik der Delphi-Befragung im Allgemeinen und die Hypothesenbildung im Speziellen. Dies könnte auf seine fachwissenschaftliche Herkunft zurückzuführen sein, die sich von jener der anderen Experten dahingehend unterscheidet, dass er die Arbeit als einziger auch aus der Perspektive eines Universalwissenschaftlers heraus betrachtet. Zu seinen methodischen Anmerkungen wird im Schlusskapitel Stellung genommen.

6.2.7 Meinungsbild des Expertenteams 7

Das Meinungsbild des Expertenteams 7 entstand zum einen aus einer medizinischen und gesundheitswissenschaftlichen, zum anderen aus einer soziologischen Perspektive heraus. Anhand der Einschätzungen lassen sich deutliche Unterschiede der BGF-Eignung in Abhängigkeit des Kulturtyps darstellen (s. Tabelle 28).

Tabelle 28   Meinungsbild des Expertenteams 7 (Goldgruber, 2010, S. 413)

Kulturtyp BGF-Variante	Patriarchat	Bürokratie	Taskforce	Community
Verhaltensbezogene BGF	+	−	−	−
Verhältnisbezogene BGF	+	+	−	−
BGF als OE	−	−	+	−
BGM	−	+	+	−
Keine BGF	0	−	−	+

+ geeignet, − nicht geeignet, 0 keine Einschätzung, BGF Betriebliche Gesundheitsförderung, BGM Betriebliches Gesundheitsmanagement, OE Organisationsentwicklung

Die Item-Analyse zeigt, dass das Expertenteam den Community-Typ als gesundheitsförderlichsten der vier Kulturtypen betrachtet. Aufgrund seiner hohen Gesundheitsförderlichkeit im Alltag sieht das Team hier keine BGF-Interventionen erforderlich. Die Typen Patriarchat und Taskforce schätzt es als eher gesundheitsförderliche Kulturen ein. Gleichwohl erscheint ihm der Patriarchat-Typ nur für die weniger komplexen BGF-Varianten reif zu sein, der Taskforce-Typ hingegen nur für die komplexen. Lediglich den Bürokratie-Typ beurteilt das Expertenteam als weniger gesundheitsförderliche Kultur. Für diesen betrachtet es verhältnisbezogene BGF und BGM als geeignet.

Meinungsbild zum Kulturtyp Patriarchat

Den Patriarchat-Typ schätzt Expertenteam 7 als eher gesundheitsförderliche Kultur ein. Die Item-Analyse zeigt zwei Auffälligkeiten: Zum einen sieht das Team bessere Möglichkeiten der Patriarchat-Mitarbeiter zu ganzheitlicher Gruppenarbeit als die übrigen Befragten. Zum anderen betrachtet es Gratifikationen in Patriarchaten nicht nur als eher, sondern als völlig gegeben. Der vorläufigen Hypothese stimmt es völlig zu und argumentiert, dass die zunächst eingeschränkten Partizipationsmöglichkeiten eine schrittweise Entwicklung der Partizipationskultur erfordern. Gelingt dies, „hat BGF einen hohen Impact." Als für Patriarchate besonders geeignet betrachtet das Team in der ersten Delphi-Welle „BGF als Führungsentwicklung".

Der modifizierten Hypothese stimmt es ebenfalls völlig zu, mit der Begründung, dass „die Leitungsperson ... in dieser Organisation die Strategie und damit auch die Gesundheitsorientierung" bestimme. Den Patriarchat-Typ betrachtet das Team in der zweiten Welle als geeignet für verhaltens- und verhältnisbezogene BGF, wohingegen es BGF als OE und BGM explizit ablehnt.

Expertenteam 7 begreift BGF als Chance zum Kulturwandel. Diese Zukunftsperspektive bringt mit sich, dass der Eignungsbegriff uneinheitlich, tendenziell im Sinne von „zur Veränderung der aktuellen Kultur notwendig" und weniger als „in der aktuellen Kultur realisierbar" aufgefasst wird. Erstere Auffassung wird in der Einschätzung deutlich, dass schrittweise die Partizipationskultur von Patriarchaten durch „BGF als Führungsentwicklung" zu fördern wichtig wäre, dass dies in der aktuellen Kultur jedoch als eher unrealistisch angenommen werden müsse. In der zweiten Welle verändert das Team seine Auffassung des Begriffs in Richtung „geeignet, im Sinne von realisierbar" und kommt zum Schluss, dass verhaltens- und verhältnisbezogene Einzelmaßnahmen für Fachfremde (Leitungskräfte) eher zu verarbeiten seien als langfristige Change-Prozesse.

Meinungsbild zum Kulturtyp Bürokratie

Den Bürokratie-Typ betrachtet Expertenteam 7 als weniger gesundheitsförderliche Kultur. Die Item-Analyse zeigt keinerlei Auffälligkeiten. Der vorläufigen Hypothese stimmt das Team eher zu. Es formuliert, dass BGF im Bürokratie-Typ „als funktionalistische Stabilisierung des Status quo [und] formalisierter, datengeleiteter Prozess" eingesetzt werden könne. „Oder ... als Innovation, Unterschiedsbildung, Chance zum Kulturwandel". Als geeignete BGF-Variante betrachtet das Team BGM und zwar konkret die „Ankopplung von BGM an [das] QM-System". Die modifizierte Hypothese lehnt Expertenteam 7 hingegen eher ab.

> Das Team argumentiert:
> Die positive Irritation durch verhaltensbezogene BGF wäre ... zu gering für diesen Organisationstyp (wahrscheinlich eher negativ, Widerstand auslösend), um einen Unterscheid zu markieren. Die Organisationsmitglieder würden diese Intervention eher außerhalb der Organisation suchen und umsetzen, dies sicher auch in Abhängigkeit von der individuellen Gesundheitskompetenz.

Den Bürokratie-Typ schätzt Expertenteam 7 als geeignet für verhältnisbezogene BGF und für BGM ein. Hingegen betrachtet es diesen Organisationstyp für verhaltensbezogene BGF und für BGM als explizit nicht geeignet. Hierzu führt es aus: „Systematische und kleinschrittige Aufnahme des Gesundheitsfokus in die Gesamtstrategie wäre ev. der Auslöser für einen langfristigen Change-Prozess, der sicherlich zunächst die Verhältnisse ändern würde (Hierarchie, Kommunikations- und Informationsstrukturen) und dann langfristig einen Gesundheitseffekt bringt".

Analog zum Patriarchat-Typ bezieht sich die Einschätzung, dass BGM für den Büro-kratie-Typ geeignet sei, auf geeignet „im Sinne von notwendig". Die Einschätzung der Nicht-Eignung des Bürokratie-Typs für verhaltensbezogene BGF teilt die Experten-gruppe nicht. Gleichwohl könnte es aber sein, dass im Bürokratie-Typ tatsächlich „nicht einmal" verhaltensbezogene Maßnahmen umsetzbar sind, weil seine organisati-onalen Voraussetzungen diese schlicht nicht zulassen.

Meinungsbild zum Kulturtyp Taskforce

Den Taskforce-Typ betrachtet Team 7 als eher gesundheitsförderliche Kultur. Die Item-Analyse zeigt wiederum keinerlei Auffälligkeiten. Der vorläufigen Hypothese stimmt das Team völlig zu. „Zusammenhänge sind abhängig vom konkreten Belastungs-/Ressourcenprofil – Handlungsbedarf …". „Teamentwicklung zur Erhöhung der Ko-operationsmöglichkeiten" erscheint dem Team die geeignete BGF-Intervention zu sein.

Der modifizierten Hypothese stimmt das Team eher zu. Es begründet, dass „die in diesem Organisationstyp … eher vorhandenen Strukturen (im Vergleich zum Commu-nity-Typ) das Andocken sowohl von BGF als auch von BGM [erlauben]". Dieser Kul-turtyp erscheint dem Team für BGF als OE reif zu sein. Zudem schätzt es BGM als geeignet ein. Verhaltens- und verhältnisbezogene BGF betrachtet es hingegen explizit als nicht geeignet. Das Team argumentiert: „Mit der einseitigen Implementierung von entweder verhaltens- oder verhältnisbezogener BGF würde das Grundprinzip der Pro-fessionalität der Organisationsmitglieder unterlaufen und die Funktionalität [einge-schränkt] – Mitglieder dieses Organisationstyps sind mit systemischen und ganzheitli-chen Denkmustern eher vertraut und würden diese auch einfordern."

Meinungsbild zum Kulturtyp Community

Den Community-Typ betrachtet Expertenteam 7 als eher gesundheitsförderliche Kul-tur. Die Item-Analyse zeigt, dass das Team, positiver als die Mehrheit der Experten, Gratifikationen als vollständig gegeben annimmt. Die vorläufige Hypothese wird ab-gelehnt, mit der Begründung, dass „der Kulturtyp … bereits eine hohe gesundheitsför-derliche Qualität im Alltag [hat]. Daher ist explizite BGF in der Regel nicht notwen-dig". Die Frage nach den geeigneten BGF-Varianten beantwortet das Team mit dem Statement: „Kompetenz der Spezialisten, [die] sich dann selbst [organisieren]".

Der modifizierten Hypothese stimmt Expertenteam 7 eher zu. Das Team argumen-tiert, dass „in dieser Organisation … quasi der Bedarf an BGF [verschwindet], da alle relevanten Maßnahmen und Aktionen unter einem anderen Label entweder bereits etabliert sind oder sich dort verorten lassen". Im Unterschied zur Gruppe hält das Ex-pertenteam an seiner Argumentation aus der ersten Welle fest und befindet explizit keine der BGF-Varianten als für den ohnehin gesundheitsförderlichen Community-Typ geeignet.

Hier scheint die Einschätzung der Gruppe plausibler zu sein, wonach BGF auch dazu dienen könne, eine per se gesundheitsförderliche Kultur gesundheitsbezogen positiv zu beeinflussen. Jedoch wird die Ablehnung von BGF für den Community-Typ durch die Bemerkung, dass „bei ungünstigem Belastungs-/Ressourcenprofil ... Potential für BGF [besteht]", deutlich abgeschwächt. Dies wiederum legt die Vermutung nahe, dass das Team dem Gruppenergebnis gegebenenfalls zustimmen könnte.

Zusammenfassend zeigt das Meinungsbild des Expertenteams 7, dass sich seine Einschätzungen der Gesundheitsförderlichkeit der Kulturtypen von allen Befragten am besten mit dem Gruppenergebnis decken. Das Team entdeckte Zusammenhänge, die der Autorin sehr plausibel erscheinen, die jedoch nachhaltigen Kulturwandel bewirken sollen. BGF als Change-Instrument einzusetzen bedeutet, die Zukunft zu fokussieren. Es hat zur Folge, dass der BGF-Eignungsbegriff eher im Sinne von „zur Veränderung der aktuellen Kultur notwendig" und weniger als „in der aktuellen Kultur realisierbar" verstanden wird. Der Eignungsbegriff wird im Schlusskapitel diskutiert.

6.2.8 Meinungsbild des Experten 8

Das Meinungsbild des Experten 8 entstand aus einer psychologischen Perspektive heraus. Anhand seiner Einschätzung lassen sich Unterschiede der BGF-Eignung in Abhängigkeit des Kulturtyps darstellen. Lediglich zwischen den eher hierarchischen Kulturtypen Bürokratie und Patriarchat sieht er Parallelen (s. Tabelle 29)

Tabelle 29 Meinungsbild des Experten 8 (Goldgruber, 2010, S. 418)

Kulturtyp BGF-Variante	Patriarchat	Bürokratie	Taskforce	Community
Verhaltensbezogene BGF	+	+	0	+
Verhältnisbezogene BGF	–	–	0	+
BGF als OE	–	–	+	+
BGM	–	–	0	+
Keine BGF	0	0	0	0

+ geeignet, – nicht geeignet, 0 keine Einschätzung, BGF Betriebliche Gesundheitsförderung, BGM Betriebliches Gesundheitsmanagement, OE Organisationsentwicklung

Die Item-Analyse veranschaulicht, dass der Experte den Kulturtyp Community als gesundheitsförderlich und reif für sämtliche BGF-Varianten betrachtet. Die Kulturtypen Patriarchat und Taskforce sieht er als eher gesundheitsförderliche Kulturen an. Den Bürokratie-Typ betrachtet er als weniger gesundheitsförderliche Kultur. Dennoch erscheint ihm im Patriarchat-Typ – analog zum Bürokratie-Typ – nur verhaltensbezogene BGF möglich zu sein. Diese Einschätzung stimmt mit dem Gruppenergebnis zum Patriarchat-Typ überein, nicht jedoch mit jenem zum Bürokratie-Typ. Den Taskforce-Typ betrachtet Experte 8 als reif für BGF als OE. Diese Ansicht teilen sämtliche der Befragten.

Meinungsbild zum Kulturtyp Patriarchat

Den Patriarchat-Typ schätzt Experte 8 als eher gesundheitsförderliche Kultur ein. Als einziger ist er der Auffassung, dass für BGF ausreichende Ressourcen zur Verfügung stünden. Auch ist nur er der Ansicht, dass die Bedürfnisse der Mitarbeiter in Patriarchaten von hoher Bedeutung seien, dass der Führungsstil der Patriarchen mitarbeiterorientiert und das Vertrauen der Mitarbeiter in die Führung stark ausgeprägt sei. Die vorläufige Hypothese bestätigt er, ohne seine Einschätzung jedoch zu begründen. Die Frage nach den geeigneten BGF-Varianten beantwortet er nicht.

Der modifizierten Hypothese stimmt er eher zu und argumentiert: „Wenn personelle und finanzielle Ressourcen vorhanden sind, verhaltensbezogene BGF zu praktizieren, und kompetente Personen die Führung (Management) von ihrem Nutzen für das Unternehmen überzeugen können, dann ist verhaltensbezogene BGF machbar".

Im Gegensatz zu Experten 1 beurteilt Experte 8 den Patriarchat-Typ nicht negativer, sondern positiver als die Gruppe. Gleichwohl kommen beide Experten zum Schluss, dass die verhaltensbezogene Variante die geeignete BGF-Variante für Patriarchate sei. Hier wird deutlich, dass die Abhängigkeit der BGF von den Führungskräften – wie sie Patriarchaten zugeschrieben wird –, in höherem Maße zur Erklärung ihrer BGF-Eignung beiträgt, als die Einschätzung ihrer Gesundheitsförderlichkeit.

Meinungsbild zum Kulturtyp Bürokratie

Den Bürokratie-Typ betrachtet Experte 8 als weniger gesundheitsförderliche Kultur. Die Items zu diesem Kulturtyp schätzt er stark übereinstimmend mit der Gruppe ein. Seine Einschätzung zeigt keinerlei Auffälligkeiten. Der vorläufigen Hypothese stimmt er eher zu, ohne seine Beurteilung jedoch zu begründen. Die Frage nach den geeigneten BGF-Varianten beantwortet er vorerst nicht.

Der modifizierten Hypothese stimmt er ebenfalls eher zu. Er formuliert: „Wenn schon, denn schon: ein bisschen Entspannungskurse, eine kleine Rückenschule: warum nicht? Tut nicht weh."

Wenn seine Begründung auch etwas illustriert erscheinen mag, so scheint sie doch plausibel zu sein; deckt sie sich doch mit der vorläufigen Hypothese. Gleichwohl steht die Argumentation im Gegensatz zur Argumentation des Expertenteams 7, wonach in Bürokratien gerade nicht verhaltensbezogene Maßnahmen zum Einsatz kommen sollten, eben weil sie zu niederschwellig sind. Auch steht die Einschätzung im Gegensatz zur Einschätzung jener Experten, die den Bürokratie-Typ als reif für BGM betrachten. Theoretisch mag der Bürokratie-Typ für BGM geeignet sein. Dies widerspricht dem Wesen dieses Typs jedoch sehr deutlich, da er Merkmale hinsichtlich Arbeitsgestaltung, Partizipation et cetera aufweist, die BGF-Projekte systematisch behindern.

Meinungsbild zum Kulturtyp Taskforce

Den Taskforce-Typ betrachtet Experte 8 als eher gesundheitsförderliche Kultur. In geringer Übereinstimmung mit der Gruppe schätzt er die Items zu diesem Kulturtyp ein. Es lässt sich jedoch weder eine Tendenz hin zu einer positiveren noch hin zu einer negativeren Einschätzung ausmachen. Negativer als alle anderen beurteilt er lediglich die Informations- und Kommunikationskultur von Taskforces als eher schwach ausgeprägt. Der vorläufigen Hypothese stimmt er völlig zu, ohne seine Einschätzung jedoch zu begründen. Auch beantwortet er die Frage nach den geeigneten BGF-Varianten nicht.

Der modifizierten Hypothese stimmt er ebenfalls völlig zu. Als geeignete BGF-Variante für den Taskforce-Typ betrachtet er nun BGF als OE. Seine Einschätzung bleibt wiederum unbegründet. Aufgrund fehlender Begründungen fällt die Interpretation der Einschätzung des Experten 8 schwer. Da er jedoch die Varianten verhaltens-, verhältnisbezogene BGF und BGM nicht grundsätzlich ablehnt, kann gefolgert werden, dass er den Taskforce-Typ im Besonderen für BGF als OE und überdies, unter bestimmten Voraussetzungen, als geeignet für die anderen BGF-Varianten betrachtet.

Meinungsbild zum Kulturtyp Community

Als einzigen der Kulturtypen betrachtet Experte 8 den Community-Typ als gesundheitsförderliche Kultur. Die Items zu diesem Organisationstyp schätzt er in hoher Übereinstimmung mit der Gruppe ein. Gleichwohl beurteilt er zwei Items auffallend abweichend von den übrigen Experten: So ist er der Ansicht, dass BGF in Communitys die erforderliche Priorität zukomme und dass BGF als Daueraktivität einfach zu realisieren sei. Der vorläufigen Hypothese stimmt er eher zu. Über die seiner Ansicht nach für den Community-Typ geeigneten BGF-Varianten gibt er keine Auskunft.

Die modifizierte Hypothese lehnt er hingegen eher ab. Er argumentiert: „Auch wenn die Bedingungen (alle Faktoren) für BGF günstig sind, sollte man sich nicht mit dem Erreichten zufrieden geben, sondern BGF ... als permanenten Prozess der Gesunderhaltung betrachten". In der zweiten Welle betrachtet der Experte nun den Community-Typ als reif für sämtliche BGF-Varianten. Aufgrund von Unklarheiten in der Definition gilt das für BGM jedoch nur eingeschränkt.

Experte 8 plädiert für BGF „... als permanenten Prozess der Gesunderhaltung", auch bei per se günstigen Bedingungen, wie sie seiner Einschätzung nach im gesundheitsförderlichen Community-Typ vorzufinden sind. Seine Antwort lässt sich dahinge-

hend erklären, dass er mit dem Feedback der Gruppenantworten zur ersten Welle un-
zufrieden war. In der Hypothese wurde die – von mehreren Experten betonte – hohe
Gesundheitsförderlichkeit dieses Kulturtyps hervorgehoben. Es wurde argumentiert,
dass Communitys aufgrund dieser möglicherweise keinerlei BGF benötigen.

Zusammenfassend zeigt das Meinungsbild des Experten 8, dass seine Einschätzung
sowohl hinsichtlich der Gesundheitsförderlichkeit als auch hinsichtlich der BGF-
Eignung der vier Kulturtypen durchschnittlich mit der Gruppe übereinstimmt. Die Autorin betrachtet seine Argumentation, wonach sich der Bürokratie-Typ ausschließlich
für verhaltensbezogene BGF eignet, als plausibel. Entspricht die verhaltensbezogene
Variante doch als einzige dem Wesen des Bürokratie-Typs, der, etwa in Bezug auf
Arbeitsgestaltung oder Mitarbeiterpartizipation, Merkmale aufweist, die BGF-Projekte
systematisch behindern.

6.2.9 Meinungsbild des Experten 9

Das Meinungsbild des Experten 9 entstand aus einer politikwissenschaftlichen und
medizintheoretischen Perspektive heraus. Anhand seiner Einschätzung lassen sich
zwar Unterschiede der BGF-Eignung in Abhängigkeit des Kulturtyps darstellen, jedoch weniger deutliche als anhand der Einschätzungen der Mehrheit der Experten. Lediglich den Patriarchat-Typ differenziert Experte 9 deutlich von den übrigen Kulturtypen (s. Tabelle 30).

Tabelle 30   Meinungsbild des Experten 9 (Goldgruber, 2010, S. 422)

Kulturtyp BGF-Variante	Patriarchat	Bürokratie	Taskforce	Community
Verhaltensbezogene BGF	+	+	+	+
Verhältnisbezogene BGF	–	+	+	+
BGF als OE	–	+	+	+
BGM	–	+	0	+
Keine BGF	0	0	0	0

+ geeignet, – nicht geeignet, 0 keine Einschätzung, BGF Betriebliche Gesundheitsförderung,
BGM Betriebliches Gesundheitsmanagement, OE Organisationsentwicklung

Die Item-Analyse zeigt, dass der Experte die Kulturtypen Patriarchat, Taskforce und
Community gleichermaßen als eher gesundheitsförderlich beurteilt, während er den
Bürokratie-Typ als weniger gesundheitsförderlich einschätzt. Dennoch sieht er in den
Typen Bürokratie, Taskforce und Community neben der verhaltensbezogenen auch

komplexere BGF-Varianten realisierbar. Bürokratien und Communitys erscheinen ihm sogar reif für BGM zu sein. Allein im Patriarchat-Typ sei ausschließlich verhaltensbezogene BGF umsetzbar und das auch nur, solange der Patriarch zur Entscheidungsdelegation bereit und in der Lage sei.

Meinungsbild zum Kulturtyp Patriarchat

Den Patriarchat-Typ schätzt Experte 9 als eher gesundheitsförderliche Kultur ein. Der vorläufigen Hypothese stimmt er eher zu. Ein Item beurteilt er auffallend positiver als die Gruppe. So meint er, dass BGF in Patriarchaten eher hohe Priorität zukomme. Er betont die Macht des Patriarchen und die Abhängigkeit der BGF von dessen gesundheitsbezogenen Einstellungen.

> Experte 9 argumentiert, dass:
> die vorläufige Hypothese ... insoweit zu[trifft], wie man es mit einem ‚umsorgenden‘, ‚gütigen‘ Patriarchen zu tun hat, der zur Entscheidungsdelegation ... wenigstens ansatzweise bereit und in der Lage ist. Ist Letzteres nicht der Fall ..., wird es in der Regel wohl nur zur ‚Wohltat‘ vereinzelter verhaltenspräventiver Angebote reichen, da verhältnispräventive Eingriffe in betriebliche Abläufe tendenziell im Widerspruch zum hier typischen Autokratismus stehen.... Ist der Patriarchalismus der Unternehmensführung hingegen v.a. durch Härte und die Forderung nach unbedingter Folgsamkeit geprägt, müssen selbst die Chancen verhaltensbezogener BGF-Angebote als eher gering eingeschätzt werden.

In der ersten Welle betrachtet der Experte verhaltensbezogene BGF als „am leichtesten realisierbar". Er wirft jedoch die Frage auf, ob die verhaltensbezogene Variante gleichzeitig auch „als besonders ‚geeignet‘ zu bezeichnen" sei. Probleme mit der Deutung des Eignungsbegriffs werden hier wiederum deutlich.

Der modifizierten Hypothese stimmt der Experte ebenfalls eher zu. Analog zur ersten Welle betrachtet er den Patriarchat-Typ als eingeschränkt für verhaltensbezogene BGF geeignet. Seine Einschätzung begründet er diesmal jedoch nicht.

Meinungsbild zum Kulturtyp Bürokratie

Den Bürokratie-Typ schätzt Experte 9 als weniger gesundheitsförderliche Kultur ein. Der vorläufigen Hypothese stimmt er eher zu. Seine Einschätzung der BGF-Eignung dieses Organisationstyps unterscheidet sich von jener der anderen Experten. Er verweist auf „mangelnde ‚Stimmigkeit‘ der Typisierung", weshalb er andere Typologien heranzieht. Einmal interpretiert er den Bürokratie-Typ im Sinne der "produktivistischen Arbeits- und Sozialordnung" nach Dabrowski et al. (1989) und der "seelenlosen Arbeitshäuser" nach Kotthoff und Reindl (1990) und schlussfolgert: „Da geht eher nichts". Ein andermal versteht er ihn in Richtung der "sozial-technokratischen Arbeits- und Sozialordnung" nach Dabrowski et al. (1989) und schätzt, dass zumindest verhaltens- und verhältnisbezogene BGF, vielleicht auch BGM möglich seien, während

"'systemische Organisationsentwicklung' ... ein schwieriges Unterfangen sein [dürfte],
aber auch nicht völlig ausgeschlossen [ist], wenn es im Räderwerk des Betriebs or-
dentlich zu knirschen angefangen hat und im Management eine gewisse Grundbereit-
schaft zur Infragestellung tradierter Strukturen und Abläufe vorhanden ist".

Auch der modifizierten Hypothese stimmt er eher zu. In der zweiten Welle betrachtet er sämtliche der BGF-Varianten als für den Bürokratie-Typ geeignet. Seine Einschätzung begründet er jedoch abermals nicht. Einmal kommt er zum Schluss, dass
sich der Bürokratie-Typ für keine BGF-Variante eigne, ein andermal, dass zumindest
verhaltens- und verhältnisbezogene BGF möglich seien und wieder ein andermal, dass
dieser Typ reif für sämtliche BGF-Varianten sei. Wie lässt sich dieses Ergebnis deuten? Nachdem er BGF als OE zunächst als „schwieriges Unterfangen" in Bürokratien
bezeichnet – BGM aber per definitionem alle BGF-Varianten einschließt –, können
diese beiden Varianten ausgeschlossen werden. Die Eignung des Bürokratie-Typs für
verhaltensbezogene BGF deckt sich hingegen weitgehend mit dem Gruppenergebnis.
Dass in manchen Bürokratien „... eher nichts geht", könnte der Realität entsprechen.
Lediglich die Einschätzung hinsichtlich der Eignung dieses Kulturtyps für verhältnisbezogene BGF stimmt nicht mit der Gruppeneinschätzung überein. Seine Argumentation bezieht sich hier auf einen Bürokratie-Typ, der – zumindest ansatzweise – durch
Beteiligung geprägt ist. Da Partizipation dem Wesen von Bürokratien aber deutlich
widerspricht, kann verhältnisbezogene BGF für Regel-Bürokratien ausgeschlossen
werden.

Meinungsbild zum Kulturtyp Taskforce

Den Taskforce-Typ schätzt Experte 9 wiederum als eher gesundheitsförderliche Kultur
ein. Der vorläufigen Hypothese stimmt er eher zu. Auch hier zeigt die Item-Analyse
keinerlei Auffälligkeiten. Obwohl er betont, dass „Aspekte der Hierarchisierung, der
Arbeitsbelastungen und der Ungleichheit zwischen verschiedenen Beschäftigtengrup-
pen in der Typenbeschreibung zu stark vernachlässigt werden" und insbesondere das
„'Fußvolk' ... in der Charakterisierung der 'Taskforce' nicht wirklich vorzukommen
[scheint]", beurteilt er die BGF-Eignung des Taskforce-Typs in hoher Übereinstimmung mit der Gruppe. Auf die Frage nach geeigneten BGF-Varianten antwortet er:
„Verhaltensprävention würde mit dem individualistischen Habitus der professionellen
Experten gut zusammenpassen. Allerdings könnte deren erhöhte Fähigkeit zur intellektuellen Analyse komplexer Probleme auch einen günstigen 'Resonanzboden' für strukturelle Veränderungsvorhaben (z.B. Organisationsentwicklungsprozesse) bilden." Warum der Experte BGM für Taskforces explizit ablehnt, bleibt offen.

Auch der modifizierten Hypothese stimmt er eher zu. Als geeignete BGF-Varianten
sieht er verhaltens- und verhältnisbezogene BGF und BGF als OE an. Die Typenbeschreibung des Taskforce-Typs betrachtet er als zu wenig differenziert. Er kritisiert,

dass „der Blick … auf die Schicht der – miteinander auf ungefähr gleicher Augenhöhe verkehrenden – ‚Profis' bzw. ‚Experten' konzentriert" sei. Dieser Kritik ist entgegenzuhalten, dass es innerhalb eines Organisationskulturtyps immer Berufsbilder geben wird, die eher mit der Typenbeschreibung übereinstimmen und solche, die dies weniger tun. Hervorgehoben werden jene Berufsgruppen, die prägnant typisch sind; im Fall des Taskforce-Typs eben die Experten. Dass Hilfskräfte hier weniger Berücksichtigung finden als Experten, mag sein. Allerdings stellen nicht sie, sondern die Experten den Unterschied zu den anderen Kulturtypen dar. Dieser Aspekt rechtfertigt die Differenzierung.

Meinungsbild zum Kulturtyp Community

Den Community-Typ schätzt Experte 9 als eher gesundheitsförderliche Kultur ein. Der vorläufigen Hypothese stimmt er eher zu. Insgesamt schätzt er diesen Kulturtyp aber weniger übereinstimmend mit der Gruppe ein als die anderen drei Typen. So ist er etwa der Ansicht, dass in Communitys ein eher negatives Gesundheitsverständnis vorherrsche und dass Gesundheit eher schlecht als betriebliches Thema verankert werden könne. Als einziger betrachtet er die psychischen Belastungen der Community-Mitarbeiter an ihren Arbeitsplätzen als hoch. In der ersten Welle ist Experte 9 der Auffassung, dass Communitys für BGF, gleich welcher Variante, nicht besonders geeignet seien, da „Gesundheit gar nicht als *betriebliches* [Hervorhebung v. Verf.] Thema angesehen wird".

Später konkretisiert er seine Annahme. So solle der Community-Typ nicht als uneingeschränkt, sondern lediglich als tendenziell gesundheitsförderlich bezeichnet werden und verhaltensbezogene BGF dürfte in diesem Kulturtyp zwar am einfachsten umzusetzen, für diesen jedoch nicht am besten geeignet sein. Analog zur ersten Befragungswelle stimmt er auch der modifizierten Hypothese eher zu. Während er Communitys anfänglich für keine der BGF-Varianten als geeignet ansieht, betrachtet er sie später mit der verhaltensbezogenen, aber auch mit den drei anderen BGF-Varianten als kompatibel.

Zusammenfassend zeigt das Meinungsbild des Experten 9, dass er die Gesundheitsförderlichkeit der vier Kulturtypen differenziert und in hoher Übereinstimmung mit der Expertengruppe bewertet. Seine Kritik an der gewählten Typologie wird insbesondere in den Ausführungen zu den Organisationskulturtypen Bürokratie und Taskforce deutlich. Seiner Kritik ist entgegenzuhalten, dass die Weissmann'sche Typologie *nicht* in der vorliegenden Arbeit entwickelt, sondern kriteriengeleitet aus bestehenden Typologien ausgewählt wurde. Somit betrachtet es die Autorin als wenig hilfreich, die Typologie zu kritisieren, da diese als Vorbedingung nicht Diskussionsgegenstand der Delphi-Befragung sein sollte. Zur Auswahl der Typologie wird im Schlusskapitel Stellung genommen.

6.3 Ergebnis der Delphi-Befragung

Welche BGF-Varianten sollten künftig in unterschiedlichen Organisationen eingesetzt werden, wenn sie deren organisationalen Voraussetzungen angemessen sein sollen?

In den klassischen, sozialen, situativen, modernen und systemisch-evolutionären Ansätzen der Organisationstheorie findet BGF verschiedene – aber wenige – Anknüpfungspunkte. Dies ist insoweit nachvollziehbar, als die Gesundheit der Mitarbeiter lange Zeit eine nur untergeordnete Rolle spielte. Fruchtbare Verknüpfungsmöglichkeiten bieten hingegen die kulturellen Ansätze. Fördernde und hemmende organisationale Bedingungen für BGF lassen sich sehr gut kulturtypologisch erfassen.

Die Verknüpfung der unterschiedlichen Organisationstypen mit verschiedenen BGF-Varianten, abgebildet auf einem Kontinuum der Gesundheitsförderlichkeit von Organisationskulturen, stellt das Ergebnis dieser Arbeit dar. Die Verknüpfung gestaltet sich wie in Abbildung 14 schematisch dargestellt.

Vom Pol „gesundheitsförderliche Organisationskultur" zum Pol „nicht gesundheitsförderliche Organisationskultur" können die Kulturtypen in der Reihenfolge Community – Taskforce – Patriarchat – Bürokratie angeordnet werden. Wie aus Abbildung 14 ersichtlich, sind die beiden eher selbstorganisierten Kulturtypen Community und Taskforce näher dem Pol „gesundheitsförderliche Organisationskultur" angesiedelt, während die beiden eher hierarchischen Kulturtypen Patriarchat und Bürokratie näher dem Pol „nicht gesundheitsförderliche Organisationskultur" angeordnet sind. Grob lässt sich hieraus die folgende Annahmen ableiten: *Je hierarchischer eine Organisation, desto weniger, je selbstorganisierter, desto mehr Ansatzpunkte für BGF bietet sie.*

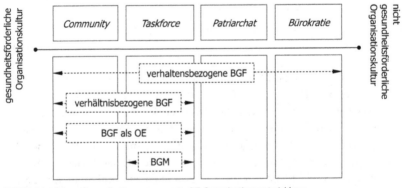

BGM Betriebliches Gesundheitsmanagement, OE Organisationsentwicklung

Abbildung 14 BGF-Eignung von Organisationskulturtypen (Goldgruber, 2010, S. 461)

Die Hypothesen werden im Folgenden vorgestellt und die BGF-Eignung des jeweiligen Kulturtyps wird knapp beschrieben. An dieser Stelle soll ausdrücklich hervorgehoben werden, dass sich die Hypothesen auf die *aktuelle Situation* der Organisationen beziehen; jene Situation also, in der Organisationen mit BGF in Kontakt treten. Inwieweit die Organisationen durch BGF – als aktives Instrument zum Kulturwandel und damit zur Initiierung von Veränderungsprozessen – in Richtung des Pols „gesundheitsförderliche Organisationskultur" möglicherweise gebracht werden könnten, wird jeweils skizziert und im Schlusskapitel diskutiert.

6.3.1 Hypothese 1: BGF im Kulturtyp Community

Organisationen, die dem Kulturtyp Community zuzuordnen sind, sind selbstorganisiert strukturiert und emotional ausgerichtet. Der explorativen Untersuchung zufolge bieten Communitys günstige Rahmenbedingungen für BGF. Dem Kulturtyp liegen ein positives Menschenbild und ein eher positiver Gesundheitsbegriff zugrunde. Die Arbeitsorganisation und die Arbeitsbedingungen der Mitarbeiter sind gesundheitsförderlich gestaltet. Das Führungsverständnis der Leitungspersonen ist partizipativ. Hieraus folgt, dass die organisationalen Voraussetzungen für BGF in Communitys als günstig anzunehmen sind; Gesundheit passt sehr gut in deren Kultur.

Aus der Verknüpfung mit BGF leitet sich für den Community-Typ die folgende Hypothese ab:

> Für Organisationen, die dem Kulturtyp Community zuzuordnen sind, stellen verhaltens- und verhältnisbezogene BGF sowie BGF als OE die am ehesten geeigneten BGF-Varianten dar.

Welche BGF-Varianten in Communitys nun konkret realisiert werden, ist vorrangig von den gesundheitsbezogenen Einstellungen und Werten der Mitarbeiter abhängig; obliegen diesen doch, aufgrund ihrer starken Position als Professionals, erhebliche Partizipationsmöglichkeiten. Einzelne verhaltens- oder verhältnisbezogene Maßnahmen sind mit diesem Kulturtyp ebenso vereinbar, wie langfristige Veränderungsprozesse. So kann – den für Community-Mitarbeiter typischen – Selbstüberforderungstendenzen durch verhaltensorientierte BGF entgegengewirkt werden. Verhältnisbezogene BGF kann dazu dienen, Regulierungen zu beseitigen, welche die anspruchsvollen Aufgaben behindern. Da die Community-Mitarbeiter mit systemischem Denken vertraut sind, lassen sich OE-Prozesse ebenfalls sehr gut umsetzen. Die im Vergleich zum Taskforce-Typ weniger vorhandenen Strukturen erschweren jedoch die Implementierung eines BGM, das für Communitys wohl zu systematisch wäre; dürfte ihnen doch in vielen Fällen eine strategische Unternehmensführung fehlen.

6.3.2 Hypothese 2: BGF im Kulturtyp Taskforce

Organisationen, die dem Kulturtyp Taskforce zuzuordnen sind, sind eher selbstorganisiert strukturiert und eher rational ausgerichtet. Der explorativen Untersuchung zufolge bieten Taskforces eher günstige Rahmenbedingungen für BGF. Auch liegen dem Kulturtyp ein (eher) positives Menschenbild und ein eher positiver Gesundheitsbegriff zugrunde. Die Arbeitsorganisation und die Arbeitsbedingungen der Mitarbeiter sind gesundheitsförderlich gestaltet. Das Führungsverständnis der Leitungspersonen ist eher partizipativ. Hieraus folgt, dass die organisationalen Voraussetzungen für BGF in Taskforces als günstig anzunehmen sind; Gesundheit passt sehr gut in deren Kultur.

Aus der Verknüpfung mit BGF leitet sich für den Taskforce-Typ die folgende Hypothese ab:

> Für Organisationen, die dem Kulturtyp Taskforce zuzuordnen sind, stellen verhaltens- und verhältnisbezogene BGF, BGF als OE sowie BGM die geeigneten BGF-Varianten dar.

Welche BGF-Varianten in Taskforces nun konkret realisiert werden, ist – ebenso wie in Communitys – vorrangig von den gesundheitsbezogenen Einstellungen und Werten der professionellen Mitarbeiter abhängig, denen erhebliche Partizipationsmöglichkeiten obliegen. Neben einfach plan-, steuer- und abgrenzbaren Einzelmaßnahmen eignen sich für Taskforces auch langfristige Veränderungsprozesse in Form von OE und BGM. Verhaltensbezogene BGF ist mit dem Streben nach Individualität der professionellen Mitarbeiter kompatibel. Aufgrund der Fähigkeit der Mitarbeiter zur intellektuellen Analyse komplexer Probleme sind in Taskforces aber auch strukturelle und organisationale Veränderungsvorhaben umsetzbar. Die im Vergleich zum Community-Typ eher vorhandenen Strukturen erlauben, neben vielfältigen BGF-Interventionen, auch die Implementierung eines BGM. Als Kriterium aller wichtigen und einschlägigen Unternehmensentscheidungen ist dieses sehr gut mit dem Taskforce-Typ vereinbar. Als einziger der verglichenen Kulturtypen eignet sich der Taskforce-Typ demnach für sämtliche der BGF-Varianten gleichermaßen.

6.3.3 Hypothese 3: BGF im Kulturtyp Patriarchat

Organisationen, die dem Kulturtyp Patriarchat zuzuordnen sind, sind eher hierarchisch strukturiert und eher emotional ausgerichtet. Der explorativen Untersuchung zufolge bieten Patriarchate eher ungünstige Rahmenbedingungen für BGF. Dem Kulturtyp liegen ein eher positives Menschenbild und ein eher positiver Gesundheitsbegriff zugrunde. Die Arbeitsorganisation und die Arbeitsbedingungen der Mitarbeiter sind tendenziell gesundheitsförderlich gestaltet. Das Führungsverständnis der Leitungspersonen ist eher partizipativ. Hieraus folgt, dass die organisationalen Voraussetzungen für BGF in Patriarchaten, im Vergleich zu Communitys und Taskforces, als weniger günstig anzunehmen sind; Gesundheit passt weniger gut in deren Kultur. Aus der Verknüpfung mit BGF leitet sich für den Patriarchat-Typ die folgende Hypothese ab:

> Für Organisationen, die dem Kulturtyp Patriarchat zuzuordnen sind, stellt verhaltensbezogene BGF die am ehesten geeignete BGF-Variante dar.

Organisationen, die dem Patriarchat-Typ zuzuordnen sind, werden grundlegend von Merkmalen und Einstellungen des Patriarchen geprägt. Die Realisierung von BGF hängt hier – stärker als in allen anderen Kulturtypen – von der Führungsperson ab, welche die Strategie und damit auch die Gesundheitsorientierung der Organisation vorgibt. Bedingungen wie Autonomie, Ganzheitlichkeit und Vielfalt der Aufgaben, unkomplizierte Kommunikation und Kooperation sind jedoch oftmals bereits vorhanden und müssen nicht erst mittels BGF geschaffen werden. Gleichwohl ist die Verausgabungstendenz der Mitarbeiter unter dem relativ großen sozialen Druck und der sozialen Kontrolle hoch, weshalb Gratifikationskrisen entstehen können. Einfach zu verarbeitende und zu kontrollierende Einzelmaßnahmen sind mit Patriarchaten besser vereinbar als komplexe langfristige Veränderungsprozesse. Somit sind Patriarchate am ehesten für verhaltensbezogene BGF geeignet, sofern die Führungsperson der BGF aufgeschlossen gegenübersteht. Eingriffe in betriebliche Abläufe stehen hingegen tendenziell im Widerspruch zum hier typischen Autokratismus. Aufgrund der teils erheblich eingeschränkten Partizipationsmöglichkeiten der Mitarbeiter sind auch OE-Prozesse für Patriarchate wenig geeignet. Als Managementsystem passt BGM nicht zu diesem Kulturtyp, dem die hierfür erforderlichen Organisationsstrukturen weitgehend fehlen. Zur langfristigen und aktiven Veränderung der Patriarchate durch BGF in Richtung einer gesundheitsförderlichen Kultur wären aber gerade OE-Prozesse nötig, etwa Führungsentwicklung oder die Entwicklung einer Partizipationskultur.

6.3.4 Hypothese 4: BGF im Kulturtyp Bürokratie

Organisationen, die dem Kulturtyp Bürokratie zuzuordnen sind, sind hierarchisch strukturiert und rational ausgerichtet. Der explorativen Untersuchung zufolge bieten Bürokratien ungünstige Rahmenbedingungen für BGF. Dem Kulturtyp liegen ein negatives Menschenbild und ein eher negativer Gesundheitsbegriff zugrunde. Die Arbeitsorganisation und die Arbeitsbedingungen der Mitarbeiter sind zuweilen gesundheitsschädlich gestaltet. Das Führungsverständnis der Leitungspersonen ist eher autoritär.

Hieraus folgt, dass die organisationalen Voraussetzungen für BGF in Bürokratien als ungünstig zu bezeichnen sind; Gesundheit passt nicht gut in deren Kultur. Aus der Verknüpfung mit BGF leitet sich für den Bürokratie-Typ die folgende Hypothese ab:

> Für Organisationen, die dem Kulturtyp Bürokratie zuzuordnen sind, stellt verhaltensbezogene BGF die am ehesten geeignete BGF-Variante dar.

Organisationen, die dem Bürokratie-Typ zuzuordnen sind, bieten von allen verglichenen Kulturtypen am wenigsten Anknüpfungspunkte für BGF. Häufig stellen sie sogar eine eher hinderliche Bedingung für BGF dar; wird diese doch zuweilen als Störung gewohnter Organisationsabläufe empfunden. In Bürokratien besteht kein besonderer Anreiz, sich um die Förderung der Gesundheit der Mitarbeiter zu bemühen, da diese als beliebig austauschbar erachtet werden. Die Wertschätzung der Mitarbeiter, einschließlich ihrer Arbeitsbedingungen, ist gering. Ihre Tätigkeitsspielräume sind stark eingeschränkt. Da plan-, steuer- und abgrenzbare Einzelmaßnahmen einfach zu verarbeiten und zu kontrollieren sind, eignen sie sich nicht nur für Patriarchate, sondern auch für Bürokratien eher als langfristige Veränderungsprozesse. Somit ist der Bürokratie-Typ am ehesten für verhaltensbezogene BGF geeignet. Die Betonung der Eigenverantwortung durch verhaltensbezogene Maßnahmen passt gut zu diesem Kulturtyp. Verhältnisbezogene Eingriffe in betriebliche Abläufe sind hingegen mit Bürokratien schlecht vereinbar, da diese ihre Organisationsstrukturen gerade nicht verändern, sondern bewahren wollen. Auch OE dürfte hier ein schwieriges Unterfangen sein, da sie einen doppelten Lernprozess – sowohl der Mitarbeiter als auch der Organisation – bedingen und langfristige organisationale Veränderungen bewirken würde. BGM würde in Bürokratien schließlich wohl als Gefährdung der Machtstrukturen verstanden werden. Zur langfristigen und aktiven Veränderung der Bürokratien in Richtung einer gesundheitsförderlichen Kultur wäre jedoch *gerade* ein BGM-Ansatz geeignet. BGM könnte in bereits vorhandene Managementsysteme, etwa ein vorhandenes Qualitäts- oder Umweltmanagementsystem integriert werden. Durch entsprechende Entwicklungen könnten überkommene Strukturen grundlegend verändert werden. In der aktuellen Realität der Bürokratien erscheinen andere als verhaltensbezogene Interventionen jedoch nicht realisierbar zu sein.

Es kann resümiert werden, dass die Forschungsfrage zufriedenstellend beantwortet werden konnte. Für die in der Einleitung getätigte Vermutung – wonach die geringe und zudem sehr heterogene Verbreitung von BGF auf die Unterschiedlichkeit von Organisationen zurückzuführen sei, deren organisationale Voraussetzungen bislang zu wenig Berücksichtigung fanden – liegen nun *theoretische* Erklärungsansätze vor.

Dieses Buch stellt somit einen systematischen Beitrag in der Diskussion über die Ursachen der unterschiedlichen Verbreitung von BGF dar, auch wenn die Forschungslücke längst nicht geschlossen werden konnte. Nicht geklärt werden konnte etwa, wie der Kulturtyp und die Gesundheitsförderlichkeit einer Organisation valide gemessen werden können und ob die entwickelten Hypothesen einer *empirischen* Prüfung standhalten würden. Dies wäre aber auch nicht Ziel einer Explorationsstudie. Kritische Punkte, die gewählte Methode und die Ergebnisse der Arbeit betreffend, werden im folgenden Kapitel diskutiert. Hier wird u.a. der Frage nachgegangen, ob eine derartige, wie in dieser Arbeit unternommene Reduktion der Vielfalt von Organisationen auf vier Typen zulässig ist oder nicht. Würden künftig jedoch – wie in den Hypothesen formuliert – den organisationalen Voraussetzungen der Organisationen angemessene BGF-Varianten gewählt, könnte die Verbreitung von BGF erhöht werden.

7 Reflexion

Ausgehend von der Feststellung, dass zwar einige Organisationen BGF-Projekte durchführen, viele aber nicht, begab sich die Autorin auf einen Suchprozess, um den vagen Gegenstand *Organisation und BGF* zu erkunden. Die theoretischen Erklärungsansätze dieser Arbeit stellen einen ersten, systematischen Beitrag zur Diskussion über die Ursachen der Verbreitung von BGF dar. Vor dem Hintergrund des gegenwärtigen Wissensstandes über BGF scheint das Kulturkonstrukt sehr gut dazu geeignet zu sein, sinnvolle Hinweise auf die Gesundheitsförderlichkeit von Organisationen zu geben. Dennoch besteht weiterer Forschungsbedarf.

7.1 Zusammenfassung

Organisationsvielfalt bedeutet Unterschied. Organisationen unterscheiden sich in Bezug auf ihre Größe, ihre Branche et cetera. Auch und insbesondere unterscheiden sie sich aber in Bezug auf ihre Kultur. Aus der Organisationsvielfalt erwachsende Konsequenzen für die BGF wurden untersucht. Es wurde der Frage nachgegangen, ob die Unterschiedlichkeit von Organisationen ein Faktor für die Verbreitung von BGF sein kann. Angenommen wurde, dass es die *eine* BGF nicht gibt, sondern dass unterschiedliche Organisationstypen verschiedene BGF-Varianten erfordern. Eine organisationstheoretische Fokussierung auf unterschiedliche Organisationstypen wurde unternommen. Ziel war es, theoretisch plausibel zu erklären, warum BGF in unterschiedlichen Organisationen derselben Branchen und Größen unterschiedliche Verbreitung findet.

Die Ursache für die unterschiedliche Verbreitung von BGF liegt in den Organisationen selbst. Einige Organisationen sind an der Gesundheit, dem Wohlbefinden und den Bedürfnissen ihrer Mitarbeiter interessiert, andere nicht. Einige Organisationen investieren in ihre Mitarbeiter, weil sie etwa Lohnkosten durch zu hohe Ausfallzeiten reduzieren oder die Mitarbeiter an sich binden möchten, andere nicht. Die Beispiele verdeutlichen, dass der Wert, der dem Thema Gesundheit in unterschiedlichen Organisationstypen beigemessen wird und damit die Realisierungschancen verschiedener BGF-Varianten, in hohem Maße kulturell geprägt sind. Anhand kultureller Indikatoren können Bezüge zwischen unterschiedlichen Organisationstypen und der Mitarbeitergesundheit hergestellt werden. Hierdurch kann erklärt werden, warum es in einigen Organisationen gelingt, BGF zu initiieren und langfristig zu etablieren und warum dem in anderen nicht so ist. Wenn die gewählte BGF-Variante zur Kultur einer Organisation passt – so die These – erhöhen sich ihre Realisierungschancen, wenn die BGF-Variante hingegen nicht mit der vorherrschenden Kultur kompatibel ist, verringern sie sich.

Im Ergebnis liegen verdichtete Hypothesen über die (Nicht-)Eignung von vier unterschiedlichen Organisationskulturtypen für fünf verschiedene BGF-Varianten vor. Diese sollen dazu beitragen, dass künftig im Rahmen einer Organisationsanalyse *vor* dem Start eines BGF-Projekts geklärt werden kann, für welche BGF-Varianten sich eine Organisation besonders eignet und für welche weniger.

Der Untersuchungsprozess soll nun zusammengefasst werden. Hierzu wird die Bedeutung der einzelnen Kapitel komprimiert erläutert, die jeweils zentralen Ergebnisse werden rekapituliert. Die Basis für die explorative Untersuchung der organisationstheoretischen Bedingungen für BGF stellte ein umfassendes Literaturstudium dar.

Den Stand der Forschung zur Verbreitung von BGF darzustellen, war das Ziel des ersten Kapitels. Es zeigte sich, dass die Versuche verschiedener Autoren, die geringe und heterogene Verbreitung von BGF zu erklären, über Spekulationen meist nicht hinausgehen.

Die theoretische Fundierung der BGF war das Ziel des zweiten Kapitels. Im Ergebnis bildete dieses Kapitel zum einen die theoretische Grundlage für die Ableitung verschiedener BGF-Varianten und zum anderen stellte es die Basis für die Herleitung gesundheitsbezogener Variablen dar, anhand derer organisationstheoretische Ansätze verglichen wurden.

Die Funktionsweise von Organisationen zu verstehen, um hieraus Implikationen für die BGF abzuleiten, war das Ziel des dritten Kapitels. Es wurde festgestellt, dass die sehr unterschiedlichen und teilweise widersprüchlichen organisationstheoretischen Perspektiven zur Erklärung der fördernden und hemmenden Bedingungen für BGF in unterschiedlichen Organisationstypen teils mehr, oft jedoch weniger hilfreich sind. Im Ergebnis wurde herausgefunden, dass die fördernden und hemmenden Bedingungen für BGF anhand des Organisationskulturkonzepts plausibel und besser als anhand sämtlicher anderer Ansätze erklärt werden können.

Organisationskulturelle Bezüge zur Mitarbeitergesundheit herauszuarbeiten, war das Ziel des vierten Kapitels. Wesentliche Anknüpfungspunkte zwischen Organisationskultur und Mitarbeitergesundheit lassen sich etwa in den gesundheitsbezogenen Einstellungen und Werten der Führungskräfte und der Mitarbeiter, im Grad an gemeinsamen Überzeugungen der Organisationsmitglieder, der Identifikation der Mitarbeiter mit ihrer Organisation, der Wertschätzung und der Einbindung der Mitarbeiter in organisationale Entscheidungen ausmachen. Dass sich Organisationen hinsichtlich ihrer Kultur – und somit auch hinsichtlich ihrer BGF-Eignung – typisieren lassen, konnte in diesem Kapitel gezeigt werden. Welche Organisationstypen jedoch für welche BGF-Varianten besonders geeignet sind und welche weniger, war Gegenstand der weiter-führenden Untersuchung.

Die Formulierung vorläufiger Hypothesen über den Zusammenhang zwischen Organisationstypen und BGF war das Ziel der theoriebasierten Exploration. Hierzu war es zunächst erforderlich, die *eine* BGF in plausible Varianten zu untergliedern. Die theoretisch hergeleiteten Varianten *verhaltensbezogene BGF*, *verhältnisbezogene BGF*, *BGF als OE*, *BGM* und *keine BGF* wurden ausgearbeitet. Die systematische Untersuchung organisationstheoretischer und -kultureller Bedingungen für BGF erfolgte anhand der fünf, ebenfalls theoretisch hergeleiteten, gesundheitsbezogenen Variablen *Rahmenbedingungen für BGF*, *Menschenbild*, *Gesundheitsbegriff*, *Arbeitsorganisation und -bedingungen* und *Führungsverständnis*, die anhand von insgesamt 34 Indikatoren operationalisiert wurden.

- Zu den Ergebnissen der Untersuchung organisationstheoretischer Bedingungen für BGF: Die *Verknüpfung klassischer Ansätze mit BGF* verdeutlichte, welche gesundheitsschädlichen Wirkungen Arbeit auf Organisationsmitglieder haben kann. Demgegenüber zeigte die *Verknüpfung sozialer Ansätze mit BGF*, dass Arbeit auch in hohem Maße gesundheitsförderlich wirken kann. Die *Verknüpfung situativer Ansätze mit BGF* verdeutlichte, dass es einer Organisationstypisierung bedarf, um Aussagen über die Eignung unterschiedlicher Organisationen für verschiedene BGF-Varianten treffen zu können, da sich einige Organisationen hinsichtlich situativer Merkmale ähnlicher sind als andere. Die *Verknüpfung moderner Ansätze mit BGF* erbrachte die geringsten Erträge. Zeigte sie doch, dass Gesundheit in diesen Theorieansätzen schlicht nicht bedeutend genug war, um thematisiert zu werden. Die *Verknüpfung systemisch-evolutionärer Ansätze mit BGF* verdeutlichte, dass BGF – sofern sie nachhaltig sein soll – einer der Kommunikationsweise des jeweiligen Systems angemessenen Transformation bedarf.
- Zu den Ergebnissen der Untersuchung organisationskultureller Bedingungen für BGF: Die *Verknüpfung kultureller Ansätze mit BGF* zeigte, dass die Organisationskultur zahlreiche Anknüpfungspunkte für BGF und somit eine gute Basis für die Erklärung ihrer (Nicht-)Verbreitung in unterschiedlichen Organisationstypen bietet. Vor allem weil hier Personen, ihre Überzeugungen, Werte und gemeinsamen Annahmen sowie Führungsverhaltensweisen thematisiert werden.

Im Ergebnis wurden – unter Rückgriff auf das, durch zwei Typologien (Handy, 2000; Mintzberg, 1992) modifizierte, empirische Kultur-Modell von Weissmann (2004) – die vier Kulturtypen *Patriarchat*, *Bürokratie*, *Taskforce* und *Community* differenziert und auf einem Kontinuum der Gesundheitsförderlichkeit von Organisationskulturen angeordnet. Vier vorläufige Hypothesen über deren BGF-Eignung wurden entwickelt.

Die Verdichtung der Hypothesen war das Ziel der abschließenden Delphi-Befragung. Eine bewusst ausgewählte Expertengruppe, bestehend aus neun Personen, wurde zusammengestellt. In zwei Befragungswellen diskutierten die Experten – in einer teilstrukturierten schriftlichen Interviewsituation, welcher ein teilstandardisierter Fragebogen zugrunde gelegt wurde – die vorläufigen Hypothesen. Die Auswertung und Interpretation der Befragungsergebnisse erfolgte auf qualitativem Weg. Die vier Hypothesen wurden in Kapitel 6.3 vorgestellt.

7.2 Diskussion

Mit der Absicht, die gesamte Arbeit kritisch zu reflektieren, werden nun die gewählte Methodik und im Anschluss daran die erzielten Ergebnisse diskutiert.

7.2.1 Diskussion der Methodik

War die Exploration zur Bearbeitung des Themas dieser Arbeit geeignet? Im Folgenden wird diskutiert, ob im Rahmen der theoriebasierten Exploration zur Hypothesenbildung die vorgenommene Unterteilung der BGF in Varianten gerechtfertigt war und ob die gesundheitsbezogenen Variablen und Theoriegruppen adäquat gewählt wurden. Sodann wird diskutiert, ob im Rahmen der empirisch-qualitativen Exploration zur Hypothesenverdichtung die Delphi-Befragung zur Ermittlung von Expertenmeinungen die richtige Methode war und ob die richtigen Experten ausgewählt wurden.

Der Gegenstand *Organisation und BGF* legitimiert die *Exploration* als Methodik dieser Arbeit, da sich der explorative Forschungsansatz dazu eignet, wissenschaftliches Neuland zu erkunden. Auch bedarf die Forschungslücke *Verbreitung von BGF* grundlegender Forschungsarbeit. Zuweilen wird der Exploration Unwissenschaftlichkeit vorgeworfen, da das Suchen nach und das Sammeln von Informationen über einen Gegenstand unsystematisch wirken kann (Bortz & Döring, 2006, S. 353). Die explorative Untersuchung beruhte jedoch nicht auf zufälligem, sondern auf systematischem Entdecken und erfüllt somit wissenschaftliche Ansprüche. Systematisches Entdecken bedingt ausführliche Theoriearbeit. Ein sorgfältiges Literaturstudium, dessen Ziel es nicht war, die Standardliteratur der BGF wiederzugeben, sondern ihren theoretischen Hintergrund zu erarbeiten – sowohl aus gesundheits- als auch aus sozialwissenschaftlicher Perspektive – stellte die Basis für eine reflektierte, systematische Exploration dar. Wie die Gesundheitswissenschaften insgesamt, musste auch das Literaturstudium dieser Arbeit zwangsläufig oberflächlich bleiben, da es sehr breit angelegt war. So diente es nicht nur der Aufbereitung von Literatur zu BGF, sondern auch der Erkundung des Wesens von Organisationen und schließlich der Verknüpfung der beiden Bereiche.

Unter der Zielsetzung der theoretischen Fundierung der BGF nahm die Darstellung verschiedener Modelle und Theorien notwendigerweise erheblichen Raum ein. So dienten etwa Organisationstheorien dazu, ein Verständnis dafür zu entwickeln, wie Organisationen funktionieren, wie sie mit ihrer Umwelt interagieren und welche spezifischen Besonderheiten unterschiedlicher Organisationen BGF-Aktivitäten fördern oder hemmen.

Gesundheitsmodelle wurden herangezogen, um zu illustrieren, dass sich Organisationen aus Menschen zusammensetzen, die völlig unterschiedliche Vorstellungen von Gesundheit und Krankheit haben können, deren Ansichten es im Kontext der BGF-Eignung von Organisationen zu berücksichtigen gilt. So dürfte manchen Menschen eine salutogenetische, ressourcenorientierte Vorstellung von Gesundheit fremd sein. Vielmehr dürften fatalistische gesundheitsbezogene Ansichten – wonach Gesundheit und Krankheit schicksalhaft und gottgegeben sind – auch in Führungsetagen moderner Organisationen des 21. Jahrhunderts vorzufinden sein. Überlegungen wie diese sollen Sensibilität dafür schaffen, dass es für BGF einen Unterschied macht, welche Gesundheitsmodelle in den Köpfen der Menschen eines sozialen Systems vorherrschen. So wären gesundheitsbezogene OE-Prozesse mit fatalistischen Vorstellungen von Gesundheit und Krankheit wohl nicht in Einklang zu bringen, da das Verständnis für Konzepte wie Selbstwirksamkeit, Empowerment oder Partizipation schlicht fehlen dürfte.

Zur Systematisierung der Untersuchung wurden zwei Explorationstechniken eingesetzt: Zunächst kam eine theoriebasierte Exploration zum Einsatz und im Anschluss daran eine empirisch-qualitative Exploration.

7.2.1.1 Diskussion der theoriebasierten Exploration

Wie bereits ausgeführt, könnte dem gewählten Forschungsansatz Beliebigkeit vorgeworfen werden, da er in Teilen freier Improvisation glich. Freie Improvisation meint, dass innerhalb des breiten Rahmens des Literaturstudiums nicht nur die getroffene Auswahl an BGF-Varianten, gesundheitsbezogenen Variablen und Theoriegruppen möglich gewesen wäre, sondern auch verschiedene andere Gruppierungen. Da der explorative Forschungsansatz jedoch auf Heuristiken und nicht auf Algorithmen beruht – die Lösungsschritte also nicht exakt definiert sind – ist ein gewisses Maß an Beliebigkeit und Improvisation wohl in keiner explorativen Arbeit zu vermeiden. So muss auch diese theoriebasierte Exploration willkürlich sein, da der Untersuchungsgegenstand undeutlich ist. Betont werden soll jedoch, dass die BGF-Varianten und gesundheitsbezogenen Variablen trotz erheblicher Undeutlichkeit des Gegenstandes systematisch, theoriegeleitet entwickelt wurden. Der Explorationsprozess wurde dokumentiert. Im Folgenden wird er kritisiert.

Diskussion der BGF-Varianten (Teil 1)

Die Unterteilung der BGF in Varianten basierte auf dem Umstand, dass von der *einen* BGF zu sprechen, im Kontext dieser Arbeit zu kurz greift. Die *BGF-Varianten* lassen sich aus dem theoretischen Hintergrund der BGF logisch ableiten:

- *Modelle des Gesundheitsverhaltens* dienen der theoretischen Fundierung der verhaltensbezogenen BGF. Anhand dieser kann erklärt werden, dass verhaltens-bezogene Maßnahmen vom Willen und der Motivation der Menschen abhängen und warum sie nur allzu oft im Nichts verlaufen. Menschen können zu gesund-heitsförderlichem Verhalten nicht gezwungen werden, sie können lediglich dafür sensibilisiert werden. Wohl nur wenn jemand gesundheitsbezogene Verhaltens-änderung als sinnvolle und nützliche Strategie zur Förderung seiner individuel-len Gesundheit erkennt, wird er die angebotenen verhaltensbezogenen Maßnah-men nutzen.

- *Modelle zu Arbeitsbedingungen und Gesundheit* eignen sich zur theoretischen Fundierung der verhältnisbezogenen BGF. Anhand dieser können verhältnisbe-zogene Maßnahmen legitimiert und ihre Bedeutung für die Mitarbeitergesund-heit kann aufgezeigt werden. Anders als bei verhaltensbezogenen Maßnahmen ist die Umsetzung verhältnisbezogener Maßnahmen nicht mehr von der Eigen-verantwortung und Gesundheitskompetenz der Menschen abhängig, sondern vom Gesundheitsverständnis und der Aufgeschlossenheit der Entscheidungsträ-ger gegenüber organisatorischen Veränderungen.

- Theorie zu *OE* dient der theoretischen Fundierung der BGF als OE. OE bewirkt Lernprozesse: Im Unterschied zu verhältnisbezogenen Maßnahmen bezieht sich OE nicht nur auf die Veränderung der Organisationsstruktur, sondern auch auf die Veränderung der -kultur und schließt Verhaltensänderung mit ein. Gesund-heitsbezogene OE bedingt demnach Aufgeschlossenheit der Entscheidungsträger gegenüber jeglicher Art von Veränderung; insbesondere deren Fähigkeit zu kriti-scher Selbstreflexion. Change-Resistenzen der Organisationsmitglieder gegen-über Veränderungen können anhand dieses Ansatzes erklärt werden.

- BGM, das zum Ziel hat, verhaltens- und verhältnisbezogene BGF, gesundheits-bezogene OE und Arbeitsschutz in das Managementsystem einer Organisation zu integrieren, stellt als umfassendste und komplexeste der Varianten das ange-strebte Ziel der BGF dar. BGM entspricht als einzige der Varianten dem Ideal der Luxemburger Deklaration (ENWHP, 2007). Dass sich BGM nicht für sämtli-che Organisationen eignen kann, weil viele nicht über ausreichend selbstreflexi-ve und selbstkritische Leitungspersonen verfügen und andere kein explizites Managementsystem implementiert haben, in welches das BGM integriert werden könnte, wurde in dieser Arbeit aufgezeigt.

Die vorgenommene Abgrenzung der BGF-Varianten kann als abgesichert betrachtet werden, da sie den Stand der Forschung reflektiert. Eine weiterführende Diskussion der Abgrenzungsproblematik von BGF erfolgt in Kapitel 7.2.2.

Diskussion der gesundheitsbezogenen Variablen

Ebenso wie die BGF-Varianten wurden auch die fünf *gesundheitsbezogenen Variablen* relativ willkürlich, gleichwohl systematisch aus der Literatur hergeleitet. Das bedeutet wiederum, dass innerhalb des theoretischen Rahmens der Literaturarbeit nicht nur die getroffene Auswahl an Variablen, sondern auch eine andere denkbar gewesen wäre. Da der explorative Forschungsansatz jedoch auf Heuristiken beruht, geht auch mit der Auswahl der Variablen Beliebigkeit einher. Allerdings darf nicht außer Acht gelassen werden, dass die Autorin zum Zeitpunkt der Variablenauswahl sowohl im Bereich BGF als auch im Bereich Organisation über fundierte Themenkenntnisse verfügte, die neben dem systematischen Vorgehen Bortz und Döring (2006, S. 354) zufolge wesentlich zur Hypothesenentwicklung beitragen.

Die Ableitung der Variablen aus der Literatur erfolgte in einem dreistufigen Verdichtungs- und Selektionsprozess:

- In einer breiten Auswahl wurden zunächst zehn vorläufige gesundheitsbezogene Variablen festgelegt, die aus gesundheitswissenschaftlicher Perspektive in Zusammenhang mit BGF stehen und darüber hinaus in der Organisations- und Managementliteratur thematisiert werden. Es sind dies die folgenden: *Rahmenbedingungen für BGF, Menschenbild, Gesundheitsbegriff, Modellvorstellungen zu Gesundheit und Krankheit, Arbeitsorganisation, Arbeitsbedingungen und Gesundheit, Gesundheitsverhalten, Führungsverständnis, Arbeitsanreize* und *Arbeitsüberwachung.*

- Eine Verdichtung dieser zehn Variablen war nötig, da sich herausstellte, dass sich einige zu ähnlich waren, um trennscharf voneinander abgegrenzt werden zu können. Die Variablen *Rahmenbedingungen für BGF, Menschenbild* und *Gesundheitsverhalten* wurden unverändert beibehalten. Die Variablen *Gesundheitsbegriff* und *Modellvorstellungen zu Gesundheit und Krankheit* wurden hingegen zu einer Variable verdichtet, da sich im Bearbeitungsverlauf herausstellte, dass zu diesen beiden – sehr ähnlichen – Themenfeldern, aufgrund spärlicher Hinweise in der Organisations- und Managementliteratur, getrennte Aussagen nicht möglich waren. Aus demselben Grund erwies sich auch die ursprüngliche Trennung der Variablen *Arbeitsorganisation* und *Arbeitsbedingungen und Gesundheit* als nicht zweckdienlich, weshalb sie verdichtet wurden. Auch die Variablen *Führungsverständnis, Arbeitsanreize* und *Arbeitsüberwachung* wurden zusammengefasst.

-   Im letzten Verdichtungs- und Selektionsschritt wurde die Variable *Gesundheits-verhalten* ausgeschieden, da erkannt wurde, dass sich diese personbezogene Variable zur Erklärung der Reife von Organisationen für BGF nicht eignet; zumal über die Analyse von Organisationstheorien und -typologien Rückschlüsse auf das individuelle gesundheitsbezogene Verhalten von Individuen zu spekulativ und nicht sinnvoll wären. Die verbleibenden fünf Variablen wurden in die endgültige Fassung übernommen.

Die theoriebasierte Exploration zeigt, dass sämtliche der Variablen dazu geeignet waren, zum Vergleich der Theoriegruppen beizutragen, da Anknüpfungspunkte für BGF gefunden und die Theoriegruppen voneinander differenziert werden konnten. Somit kann angenommen werden, dass die Variablen adäquat gewählt wurden. Zur Ableitung von Aussagen über die Gesundheitsförderlichkeit erwiesen sich die Variablen *Arbeitsorganisation und -bedingungen* und *Führungsverständnis* ertragreicher als die drei anderen Variablen, da sie besser dazu geeignet waren, die Theoriegruppen zu differenzieren. Auch hinsichtlich des *Menschenbildes* zeigten sich Unterschiede zwischen den Theoriegruppen. Weniger gut waren die Variablen *Rahmenbedingungen für BGF* und *Gesundheitsbegriff* dazu geeignet, die Theoriegruppen zu differenzieren. Eine Erklärung hierfür könnte sein, dass die Indikatoren zu diesen beiden Variablen zu gesundheitsspezifisch waren, um anhand von Organisationstheorien – in denen Gesundheit explizit kaum thematisiert wird – beantwortet werden zu können. Eine andere Erklärung könnte sein, dass Führung, Arbeitsorganisation und -bedingungen Themenbereiche darstellen, die mit Organisationen üblicherweise assoziiert werden, Gedanken zum vorherrschenden Menschenbild und dem damit einhergehenden Gesundheitsbegriff hingegen in Zusammenhang mit Organisationen weniger üblich sind.

Die fünf Variablen wurden anhand von 34 Indikatoren operationalisiert. Nicht immer konnten die Indikatoren den Variablen trennscharf zugeordnet werden. So wäre es durchaus möglich gewesen, dieselben Indikatoren mehreren Variablen zuzuordnen. Beispielsweise passen die Indikatoren *Partizipation* und *Empowerment* thematisch sowohl zur Variable *Rahmenbedingungen für BGF* als auch zur Variable *Führungsverständnis* und der Indikator *Sozialbeziehungen* könnte nicht nur der Variable *Menschenbild*, sondern ebenso der Variable *Gesundheitsbegriff* zugeordnet werden. Auch hätten einzelne Indikatoren unterteilt, andere zusammengefasst werden können. Beispielsweise hätten die formelle und die informelle *Priorität der BGF* gesondert abgefragt werden können, da es – im Nachhinein betrachtet – einen großen Unterschied macht, ob etwas formell („im Organigramm") festgeschrieben ist oder informell („in der Kultur") gelebt wird. Konträr dazu wäre der Informationsgehalt vermutlich nicht wesentlich geschmälert worden, wenn die kulturellen (gesundheitsbezogenen) Elemente nicht anhand von zwei Indikatoren (*gemeinsame Überzeugungen, Werte und Regeln,*

Gesundheit als betriebliches Thema), sondern nur anhand von einem Indikator abgefragt worden wären. Gleiches gilt für die Indikatoren *Partizipation* und *Zielerreichung*, die inhaltlich hätten zusammengefasst werden können. Weil mit der Auswahl der Indikatoren aufgrund des explorativen Untersuchungsdesigns zwangsläufig ein gewisses Maß an Willkür einhergeht, hätten selbstverständlich auch ganz andere Indikatoren herangezogen werden können.

Neben der Indikatorenauswahl soll auch die Itemformulierung analysiert werden. Zwar war die wissenschaftliche Terminologie mit der Zielgruppe der Experten kompatibel, die Items hätten dennoch sprachlich vereinfacht werden können, um eine zügigere Bearbeitung des Fragebogens zu ermöglichen. Beispielsweise wäre die Formulierung *„für Gesundheitsförderung werden in diesem Kulturtyp ausreichende Ressourcen zur Verfügung gestellt"* einfacher, nicht aber wesentlich weniger informativ als die gewählte Itemformulierung zu Indikator *Ressourcen für BGF*. Für die Experten-Delphi-Befragung dürften Details wie diese weitgehend unbedeutend sein. Würde der Fragebogen in realen Organisationen eingesetzt werden, würde er hingegen einer Weiterentwicklung bedürfen. Überlegungen hierzu werden in Kapitel 7.3 formuliert.

Diskussion der Theoriegruppen

Um nicht sämtliche Organisationstheorien einzeln hinsichtlich möglicher Anknüpfungspunkte für BGF untersuchen zu müssen und Trennschärfe zwischen den Theoriegruppen zu erzielen, wurden thematisch übereinstimmende Theorien, in Anlehnung an die Literatur (z.B. Schreyögg, 2008, S. 29), zu Gruppen zusammengefasst. Die vorgenommene Gruppierung soll nun begründet werden:

- Organisationstheorien, in denen Merkmale wie Arbeitsteilung, Effizienz, Rationalität oder Standardisierung eine wichtige Rolle spielen (Webers Bürokratiemodell, Taylors Scientific Management), werden in der Literatur als „klassisch" bezeichnet. Diese Begrifflichkeit wurde übernommen. Die beiden Ansätze wurden zu den *klassischen Ansätzen* zusammengefasst.
- Organisationstheorien, in denen soziale Prozesse und informale Beziehungen im Mittelpunkt stehen (Human Relations-Bewegung, Human Resources-Bewegung), wurden zu den *sozialen Ansätzen* verdichtet, da hier zwischenmenschlichen Abläufen Bedeutung zukommt.
- Theorien, in denen parallel existierende Organisationen hinsichtlich verschiedener Faktoren typisiert werden (situativer Ansatz, Organisationstypologien), wurden zur Theoriegruppe der *situativen Ansätze* zusammengefasst, da hier die jeweilige Situation, in der sich eine Organisation befindet, berücksichtigt wird.
- Zur Theoriegruppe der *modernen Ansätze* wurden jene Theorien zusammengefasst, in denen rationale Handlungen und Entscheidungen im Vordergrund stehen

(verhaltenswissenschaftliche Entscheidungstheorie, neue Institutionenökonomik). Die Begriffswahl erfolgte, analog zu den klassischen Ansätzen, in Anlehnung an die Literatur.

- Organisationstheorien, die auf system- und evolutionstheoretischen Überlegungen beruhen (populationsökologischer Ansatz, Weicks Organisationsprozessmodell, Luhmanns Systemtheorie über Organisationen), wurden, wiederum in Anlehnung an die Literatur, zu den *systemisch-evolutionären Ansätzen* verdichtet.

- Schließlich wurden jene Theorien, in denen kulturelle Elemente wie gemeinsame Werte, Normen und Überzeugungen von Bedeutung sind (Organisationskulturansätze, Kulturtypologien, institutionensoziologische Ansätze), zu den *kulturellen Ansätzen* zusammengefasst.

Die Gruppierung der Theorien und Typologien zu sechs *Theoriegruppen* war nötig, um kompakte, prägnante und somit deutlich voneinander abgrenzbare Theoriebündel hinsichtlich ihrer Anknüpfungspunkte für BGF vergleichen zu können. Da die Theorien und Typologien den Stand der Forschung reflektieren und systematisch, themenbezogen gruppiert wurden, kann die Bündelung als abgesichert angenommen werden. Gleichwohl wären auch hier innerhalb des theoretischen Rahmens der Literaturarbeit andere Gruppierungsvarianten möglich gewesen, da sich bei explorativen Untersuchungen – wie bereits mehrfach erwähnt – ein gewisses Maß an Beliebigkeit nicht vermeiden lässt.

Die theoriebasierte Exploration zeigte, dass zwischen einigen Organisationstheorien und BGF keine sinnvollen Bezüge hergestellt werden können, insbesondere dann nicht, wenn Führungskräfte, die Arbeitsorganisation und die Arbeitsbedingungen außen vor gelassen werden und die Mitarbeitergesundheit nicht oder nicht in ausreichendem Maße thematisiert wird, wie es insbesondere in den modernen und systemisch-evolutionären Ansätzen der Fall ist. Ausschließlich anhand der kulturellen Ansätze können mögliche Unterschiede in der Verbreitung von BGF erklärt werden.

7.2.1.2 Diskussion der empirisch-qualitativen Exploration

Die empirisch-qualitative Exploration erfolgte anhand einer Delphi-Befragung. Ziel der Befragung war es nicht, die vorläufigen Hypothesen zu prüfen, sondern sie zu verdichten. Warum erfolgte im Anschluss an die theoriebasierte Hypothesenentwicklung nicht wie üblich die empirische Hypothesenprüfung? Ein weiterer Explorationsschritt war nötig, weil es sich bei den entwickelten um *vorläufige* Hypothesen handelte, welche die Gedankengänge der Autorin wiedergeben. Zwar mögen sie plausibel sein, gleichwohl beinhalten sie die Option, unrichtig zu sein. Dies machte den zweiten Explorationsschritt nötig, in welchem die vorläufigen Hypothesen einer Expertenrunde zur Diskussion vorgelegt wurden.

Diskussion der Methodenwahl

Gerade im Kontext der theoretischen Diskussion über BGF und Organisation war die Delphi-Befragung zur Ermittlung von Expertenmeinungen nach Ansicht der Autorin die *richtige Methode.* Zum einen, da über ein Thema nachgedacht werden sollte, zu dem aus der Literatur keine Erkenntnisse mehr gezogen werden konnten; was eine Befragung von Experten erforderte. Laien hätte hier wohl der fachliche Hintergrund gefehlt, um theoretische Überlegungen zu Verknüpfungsmöglichkeiten von Organisationen und BGF anstellen zu können. Zum anderen, da die Delphi-Befragung den beiden gängigen Methoden zur Experten-Gruppenbefragung – der Gruppendiskussion und der Expertenbefragung – aufgrund der anonymen Feedbackwellen und der reduzierten Beeinflussungsmöglichkeiten durch Meinungsführer überlegen ist. Die trotz des Feedbacks heterogenen Expertenantworten legen den Schluss nahe, dass sich die komplexe Frage nach dem Zusammenhang zwischen Organisationskulturtypen und BGF anhand einer Gruppendiskussion nicht hätte beantworten lassen, da diese aufgrund ihres spontanen und flüchtigen Charakters möglicherweise chaotisch verlaufen wäre, auch wenn sie professionell moderiert worden wäre. Durch wiederholte, mündliche Befragungen einzelner Experten hätte die Frage wohl auch beantwortet werden können. Aus Kostengründen wurde die Delphi-Befragung einzelnen mündlichen Experteninterviews jedoch vorgezogen.

Der teilstandardisierte Delphi-Fragebogen setzte sich aus 34 Items zusammen und beinhaltete überdies die vorläufigen Hypothesen über die Eignung der vier Kulturtypen für BGF. Da der Fragebogen von der Autorin selbst entwickelt wurde und außer einem Pretest keiner weiteren Testung unterzogen wurde, handelt es sich hierbei ausdrücklich *nicht* um ein validiertes Instrument. Die Hinweise einiger Befragungsteilnehmer deuten darauf hin, dass der Fragebogen nicht vollumfänglich dazu geeignet war, zu messen was gemessen werden sollte. So zeigte die Befragung, dass die Gesundheitsförderlichkeit der vier Kulturtypen anhand des Fragebogens nur unzureichend gemessen werden konnte, da – mit Ausnahme der Bürokratie – alle Kulturtypen als (eher) gesundheitsförderlich eingestuft wurden. Anspruch des Fragebogens war es jedoch nicht, ein validiertes Befragungsinstrument zu sein, sondern als strukturierendes Element für eine Expertendiskussion zu dienen. Diesem Anspruch wurde er gerecht. Wenn der Fragebogen jedoch künftig in der Diagnostik realer Organisationen eingesetzt werden soll, bedarf es einer Weiterentwicklung und Validierung des Instruments. Diesbezügliche Überlegungen werden in Kapitel 7.3 formuliert.

Rückblickend muss notiert werden, dass der Delphi-Fragebogen gewagt war: Die Experten wurden nicht nur gebeten, die Gesundheitsförderlichkeit der vier Kulturtypen einzuschätzen, sondern auch parallel dazu die vorläufigen Hypothesen über ihre BGF-Eignung zu beurteilen. Hierdurch fühlten sie sich teilweise provoziert. Üblicherweise hätten alleine die Experteneinschätzungen der ersten Welle zur Formulierung der vorläufigen Hypothesen geführt. Nicht so in dieser Arbeit, in der die vorläufigen Hypothesen bereits in den Fragebogen zur ersten Welle integriert wurden. Die theoriebasierte Exploration hätte ihren Zweck jedoch nicht erfüllt, hätten die Hypothesen nicht in die Delphi-Befragung Eingang gefunden. So sollte doch auf der theoriebasierten Exploration aufgebaut und nicht von vorne begonnen werden. Auch wollte die Autorin die Gelegenheit nutzen, die vorläufigen Hypothesen in beiden Wellen zu diskutieren.

Diskussion der Expertenwahl

Auswahl und Qualifikation der Experten stellen bedeutende Einflussfaktoren auf das Befragungsergebnis dar. Ob neben der richtigen Methode auch die *richtige Expertenwahl* getroffen wurde, soll nun analysiert werden: Wie in Abbildung 15 veranschaulicht, wurde der Interdisziplinarität der Expertengruppe Rechnung getragen.

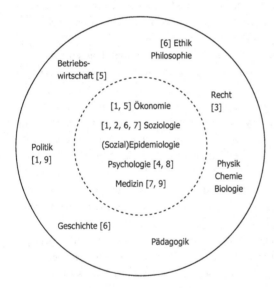

Abbildung 15   (Gesundheits-)Wissenschaftliche Herkunft der Experten (Schnabel, 2005, S. 162)

Einzig die Disziplinen (Sozial-)Epidemiologie, Pädagogik und die naturwissenschaftlichen Ergänzungsdisziplinen wurden durch die Expertengruppe *nicht* repräsentiert. Indessen verfügten zwei der Experten zusätzlich zu ihrem Grundstudium über eine Disziplinen übergreifende Public Health-Ausbildung. Eine Expertin war Pflegewissenschaftlerin. Die Auswahl der Experten hinsichtlich ihrer Qualifikation war richtig, insofern als die Gesundheitswissenschaften in ihrer Breite und insbesondere die für diese

Arbeit besonders relevanten sozial- und geisteswissenschaftlichen Disziplinen sehr gut abgedeckt wurden. Die nicht abgedeckten Disziplinen sind weitgehend dem naturwissenschaftlichen Bereich der Gesundheitswissenschaften zuzuordnen, dem hier untergeordnete Bedeutung zukam. Dass die Suche nach Personen mit Expertise in den Bereichen Organisation und BGF eher solche mit sozial- und geisteswissenschaftlicher Ausbildung und weniger solche mit naturwissenschaftlichem Hintergrund ergab, ist wenig verwunderlich. Ist der Gegenstand doch ein sozial- und geisteswissenschaftlicher.

Ziel der Zusammensetzung einer möglichst interdisziplinären Expertengruppe war es ausdrücklich *nicht*, Repräsentativität zu erzielen, sondern die vorläufigen Hypothesen aus verschiedenen Blickwinkeln zu betrachten; ungeachtet der Frage der Repräsentativität. Dass alle relevanten gesundheitswissenschaftlichen Disziplinen abgedeckt wurden, bedeutet aber auch nicht, dass alle möglichen Standpunkte erhoben werden konnten. Zwar unterscheiden sich die Auffassungen von Soziologen und Psychologen zunächst aufgrund ihrer Ausbildung voneinander. Erstere fokussieren auf soziale Systeme (z.B. Gruppen, Organisationen, Gesellschaften), letztere auf psychische Systeme (z.B. Individuen). Diese stark vereinfachende Unterscheidung alleine würde jedoch zu kurz greifen, um von einer Abdeckung aller möglichen Standpunkte durch die Befragten ausgehen zu können, da natürlich auch innerhalb der Disziplinen unterschiedliche Standpunkte anzunehmen sind. Verschiedene Soziologen würden genauso wie verschiedene Psychologen zu unterschiedlichen Einschätzungen desselben Sachverhalts kommen. Aufgrund des qualitativen Charakters der Befragung und der hohen Anforderungen an die Experten wurden dreizehn Personen angefragt. Vermutlich wäre die Streuung der Antworten anders verlaufen, wenn mehr Experten befragt worden wären, da Einzelmeinungen deutlicher entstanden wären, wenn sich viele Personen in ihren Einschätzungen bestätigt hätten.

Auch stellt sich die Frage, ob eine andere Expertenauswahl zu anderen Ergebnissen geführt hätte? Theoretisch wäre dies möglich. Da Delphi-Befragungen jedoch nicht dazu dienen, repräsentative Ergebnisse zu produzieren, ist dies nicht weiter von Relevanz. Die Notwendigkeit der Interpretation der Meinungsbilder muss aber einmal mehr betont werden.

Greifen wir die Frage danach, ob die Expertenauswahl richtig war, noch einmal auf: Dass selbst einige der sorgfältig ausgewählten Experten den Gegenstand *Organisation und BGF* nicht – wie intendiert – verknüpft betrachteten, könnte daran liegen, dass die beiden Disziplinen Gesundheits- und Organisationswissenschaften viel zu groß und komplex sind, als dass es Menschen gäbe, die die Themen *Organisation und BGF* ausreichend durchschauen würden, um Verknüpfungen zu anderen Disziplinen herstellen zu können. Insofern war eine Mischung aus verschiedenen Experten mit unterschiedlichen Blickwinkeln zielführend. Sehr auffällig ist doch, dass es kaum Organisationswissenschaftler gibt, die eine ähnliche Meinung vertreten. Vielmehr setzen sie sehr unterschiedliche Schwerpunkte. Dieses Ergebnis spiegelt sich übrigens im Theorienpluralismus der Organisationstheorien sehr schön wider. Die unterschiedliche Schwerpunktsetzung gilt wohl auch für die Gesundheitswissenschaftler.

Eine Annäherung an die Frage, warum einige Organisationen BGF-Projekte realisieren und andere nicht, ist durch die Experten-Delphi-Befragung wohl gelungen. Die empirisch-qualitative Exploration zeigte, dass sich an der sehr komplexen Frage nach der BGF-Eignung von Organisationen im Kontext von Organisationskultur die Expertenurteile scheiden und dass im Anschluss an diese Dissertation noch erheblicher Forschungsbedarf zur systematischen Erklärung der Verbreitung von BGF besteht.

7.2.2 Diskussion der Ergebnisse

Konnte die Forschungsfrage anhand der Ergebnisse dieser Arbeit zufriedenstellend beantwortet werden? In diesem Kapitel wird zunächst auf die grundsätzlichen Zweifel zweier Experten an Typologien eingegangen. Danach werden Kritikpunkte an der Kulturtypologie, die dieser Arbeit zugrunde gelegt wurde, erörtert. Auch werden zentrale Einflussfaktoren auf das Ergebnis der Arbeit diskutiert. Abschließend wird die Tragweite der Variable *Organisationskultur* hinterfragt.

Die Ergebnisse dieser Arbeit stellen *Einschätzungen* dar. Tendenzangaben über die BGF-Eignung unterschiedlicher Organisationskulturtypen liegen vor. Im Kontext der Fragestellung sind Einschätzungen anstelle von exakten Messwerten beabsichtigt und vertretbar, da nicht jeder Gegenstand eindeutig und signifikant abzugrenzen und zu messen ist und der Gegenstand der vorliegenden Arbeit schlicht ein solcher ist. Die Delphi-Befragung zeigt ein heterogenes *Meinungsbild* der Experten. Die breite Streuung der Antworten deutet darauf hin, dass im Gegenstand *Organisation und BGF* noch erhebliche Theoriearbeit zu leisten ist. Nun sollen mögliche Gründe für die Heterogenität des Ergebnisses diskutiert werden.

7.2.2.1 Diskussion der Kritik an Typologien im Allgemeinen

Zwei der insgesamt dreizehn angefragten Experten lehnten ihre Teilnahme an der Delphi-Befragung nach Durchsicht des Fragebogens zur ersten Welle ab. Ihre *Gegenargumente* sind sehr ähnlich und zur Beantwortung der Fragestellung nicht hilfreich. So argumentierten beide aus einer individualistischen und auch kasuistischen Perspektive heraus, anstatt Organisationen als Ganzheiten zu betrachten; also eine organisationale Perspektive zu wählen. Die Kritiker brachten sich außerdem auf Basis eigener wissenschaftlicher Positionen und vor allem aufgrund ihrer Erfahrungen aus der Praxis in die Diskussion ein:

- *Individualistische Argumentation:* „Meine ... Beratungserfahrung im Bereich BGF ... hat immer wieder gezeigt, dass es *„immer nur Einzelpersonen* [Hervorhebung v. Verf.] waren – unabhängig vom Organisationstyp oder der Branche oder der Größe, die etwas bewegen (oder auch nicht)" (Anonym, persönl. Mitteilung, 21.05.2009, 15:41 Uhr). Diese Argumentation ist möglicherweise für kleinere Organisationen gerechtfertigt, in denen Einzelpersonen eine gewisse Gestaltungsmacht zukommt. Grundsätzlich erscheint sie jedoch nicht plausibel zu sein, da die gesundheitsbezogenen Beeinflussungsmöglichkeiten durch Einzelpersonen doch erheblich eingeschränkt sein dürften. Es kann angenommen werden, dass Einzelpersonen, wie etwa Personalchefs, nur sehr wenig in Richtung OE oder der Reduktion von Arbeitsbelastungen ausrichten dürften. Allenfalls könnten sie, trivial formuliert, Fitnesskurse anbieten. Dass Personalchefs jedoch motiviert sind, den Mitarbeitern Fitnesskurse anzubieten, weil sie selbst Freude daran haben oder ein einschneidendes Lebensereignis hatten – welche Gründe es auch immer sein mögen – hat mit der Fragestellung aber nichts mehr zu tun. Nicht ob einzelne Mitglieder – undifferenziert betrachteter sozialer Systeme – BGF aufgeschlossen oder blockierend gegenüberstehen, sollte untersucht werden, sondern, ob in den Organisationen selbst systematische Erklärungsansätze für die Verbreitung von BGF aufzudecken sind.

- *Hinweise auf Praxiseindrücke:* Auch Hinweise auf fallbezogene Praxiseindrücke sind im Kontext dieser Arbeit nicht hilfreich, da es, wie eben nachdrücklich betont, gerade darum gehen soll, durch Verallgemeinerung Systematiken zu erkennen. Aus der Sicht von Unternehmensberatern sind Organisationen gewiss einzigartig und Verallgemeinerungen nur zulässig, wenn sie exakt gemessen werden können. Das ist prinzipiell natürlich richtig, nur hilft es im Kontext dieser Arbeit nicht weiter. Umgelegt auf ein Beispiel aus der Medizin ist jeder Krebsfall oder Herzinfarkt immer individuell und dennoch lassen sich Risikofaktoren identifizieren, die eine solche Erkrankung statistisch wahrscheinlich fördern; nur eben nicht bei allen Menschen, die diese Risikofaktoren aufweisen. Hinweise wie „ich kenne viele Unternehmen, die ..." führen direkt in die Unwissenschaftlichkeit. Auch die Annahme, dass Organisationen erst von BGF überzeugt werden müssen, ist möglicherweise völlig falsch. Jedenfalls dann, wenn der Gegenstand nicht aus einer Beratungsperspektive, sondern aus einer neutralen Perspektive heraus betrachtet wird.

Pauschalkritik an Typologien äußerte einer der beiden Experten, der seine Teilnahme an der Delphi-Befragung ablehnte: „Ist ja nett, wenn man immer wieder qualitative Typen und Phasen definiert. Phasologien und Typologien sind gut im Verkaufsprozess und für Manager und Betriebswirte mit wenig Zeit." (Anonym, persönl. Mitteilung,

27.05.2009, 15:20 Uhr) In der Tat ist die empirische Beschreibung von Organisationen relativ gering verbreitet. Über die Gründe lässt sich nur spekulieren. Ein Grund mag darin liegen, dass die Wirtschaftswissenschaften generell eher wenig empirisch orientiert sind, ein anderer, dass die wenigen Versuche, Organisationstypen empirisch zu untersuchen, nur wenig erfolgreich waren. So konnten die Ergebnisse der Versuche, Organisationen empirisch zu typisieren schließlich nicht theoretisch erklärt werden oder die Typologisierungsversuche scheiterten generell daran, Unterschiede systematisch nachweisen zu können. (Tacke, 2001, S. 165–167) Gleichwohl erscheint der Autorin die Typologisierung von Organisationen – also die Einordnung und Differenzierung des Forschungsfelds – sinnvoll zu sein. Allein schon deshalb, weil die „gesellschaftliche Kommunikation Organisationen mit hoher Selbstverständlichkeit im Schema funktionaler Differenzierung typologisiert und das Schema auch verwendet, um Abweichungen verständlich und handhabbar zu machen." (Tacke, 2001, S. 165)

Der Experte formulierte weiter: "Durch die Vorgabe der Typen geben Sie bereits Wirklichkeiten vor, denen man nicht beipflichten muss, die aber einfach als solches postuliert und damit konstruiert werden. Danach wird mit diesen Konstruktionen umgegangen, als wären sie greifbare Wirklichkeiten. Sie zwingen Urteile über Typologien ab und behandeln danach die Urteile als Zustimmung zu den Typologien." (Anonym, persönl. Mitteilung, 27.05.2009, 15:20 Uhr) Grundsätzlich ist festzuhalten, dass Typenbeschreibungen niemals Beschreibungen der Realität sind. Typen sind vielmehr „Steigerungen und Verknüpfungen bestimmter beobachtbarer Einzelerscheinungen unter bestimmten Gesichtspunkten und insofern gedankliches Konstrukt" (Kocka, 1986, zitiert nach Kieser, 2006, S. 71). Auch Webers idealtypische Beschreibung der Bürokratie wurde – insbesondere von empirisch orientierten Wissenschaftlern – zuweilen als Beschreibung der Wirklichkeit und nicht als ein Instrument, das Verstehen fördern soll, fehlinterpretiert. Folglich wurde kritisiert, dass reale Bürokratien dem Idealtyp nicht entsprechen. (ebd., S. 88-89) Ebenso verhält es sich mit der, der explorativen Untersuchung dieser Arbeit zugrunde gelegten Kulturtypologie. Aller Voraussicht nach würde in empirischen Analysen recht einfach gezeigt werden können, dass die einzelnen Kulturtypen in der Realität vielfältigen Variationen unterliegen und deshalb durch Einheitstypen nicht zutreffend charakterisiert werden können. In diesem Buch kam es jedoch auf die möglichen Variationen in der Organisationswirklichkeit nicht an, da die Typen dabei helfen sollten, theoretisch das Verstehen über den Untersuchungsgegenstand zu fördern. Die eindeutige und endgültige Zuordnung realer Organisationen zu bestimmten Kulturtypen war nicht weiter von Bedeutung. Vielmehr sollten theoretische Zusammenhänge zwischen organisationalen Besonderheiten und der BGF-Eignung der Organisationen aufgezeigt werden, die bei der Einführung von BGF sinnvoll zu berücksichtigen sind. Die Annahmen bleiben somit theoretisch; womit es nicht nur unerheblich ist, ob es die vier Kulturtypen in Wirklichkeit gibt, sondern auch, ob sie eindeutig identifiziert und gruppiert werden können. Typenbildung hat zum Ziel, „die Eigenart von Kulturerscheinungen scharf zum Bewusstsein zu bringen" (Weber, 1982, zitiert nach Kieser, 2006, S. 71). Dies vermochte die Typologie zu leisten.

Die Delphi-Methode ist eine vollständig offene Methode, bei welcher den Befragten reichlich Interpretations- und Meinungsspielraum gewährt werden sollte. Genau dieser könnte durch die Vorgabe einer Typologie eingeschränkt worden sein, wie eben genannter Experte kritisierte. Jedoch zeigte die Befragung, dass nicht alle Delphi-Teilnehmer auf dem Stand der theoretischen Diskussion waren. Insofern bot die Typologie eine gewisse Struktur, ohne die diese Befragung womöglich ergebnislos geblieben wäre.

7.2.2.2 Diskussion der Kritik an der gewählten Kulturtypologie im Speziellen

Die Zweifel zweier Experten(-teams) an der gewählten *Kulturtypologie* sollen nun thematisiert werden:

- *Die Kulturtypen differenzieren zu wenig die Vielfalt der Organisationen:* Dieser Kritikpunkt mag stimmen. Die Frage ist jedoch, ob er ausreichend relevant ist. Ist eine derartige, wie die hier vorgenommene Reduktion der Organisationsvielfalt noch zulässig oder nicht mehr? Die Autorin teilt die Ansicht der Kritiker, wonach die radikale Gruppierung der Vielfalt an Organisationen in vier Kulturtypen nicht nur naiv, sondern auch realitätsfern ist. Allerdings muss an dieser Stelle wiederholt betont werden, dass es in dieser Arbeit nicht darum ging, die Wirklichkeit abzubilden, sondern darum, sich ein *theoretisches Modell* zurechtzulegen, anhand dessen die Komplexität der Organisationsvielfalt reduziert und das Verstehen des Gegenstandes, einschließlich seiner Verknüpfung mit BGF, gefördert werden sollte. Diesen Zweck erfüllten die vier Typen.
  Weiterhin werden auch in anderen Typologien sehr ähnliche Typen differenziert. Folglich dürfte die Vielfalt der Organisationen mit der gewählten Typologie doch recht gut – oder zumindest nicht schlechter als mittels anderer Typologien – abgebildet worden sein. Das Problem liegt also nicht in der gewählten Typologie an sich begründet, auch nicht in der Differenzierung von – nur – vier Typen, sondern darin, ob eine Person Typologien grundsätzlich befürwortend oder ablehnend gegenübersteht.
  Wie auch immer konstruiert, stellen Typologien grobe Vereinfachungen dar. In diesem Buch dient die Differenzierung von vier Kulturtypen als Hilfsmittel zur theoretischen Annäherung an den Gegenstand *Organisation und BGF.* Hierfür erscheinen die vier Typen auch gerechtfertigt zu sein. Eine andere Frage ist, ob es ausreichend wäre, reale Organisationen in vier Einheitstypen zu kategorisie-

ren. Aller Voraussicht nach wäre es dies nicht, da die einzelnen Typen in der Realität in vielfältigen Variationen auftreten würden und deshalb durch Einheitstypen nicht zutreffend charakterisiert werden könnten. Natürlich muss BGF erst an die individuellen Bedarfe realer Organisationen angepasst werden. Hinweise darauf, ob die Maßnahmen allerdings eher aus der verhaltensbezogenen, der OE- oder der BGM-Variante stammen sollten oder ob BGF möglicherweise in keiner der Varianten sinnvoll umzusetzen wäre, könnten aus den theoretischen Ergebnissen dieser Arbeit abgeleitet werden. Es liegt nun also ein theoretisches Modell zur Wahl geeigneter BGF-Varianten für unterschiedliche Kulturtypen vor; nicht mehr, aber auch nicht weniger.

- *Die Kulturtypen sind zu wenig trennscharf:* Auch dieser Kritikpunkt mag zutreffen. Die beiden Typen Bürokratie und Patriarchat sind eindeutiger formuliert, wohingegen die Grenzen zwischen Taskforce und Community verschwimmen. Die Aussagekraft der vier Kulturtypen dürfte ähnlich hoch oder niedrig sein, wie jene, die anhand anderer Typen erzielt worden wäre. Kommen die Grundtypen – durch welche Bezeichnungen sie auch immer illustriert werden – doch in den verschiedenen Typologien immer wieder in sehr ähnlicher Form vor. Hieraus lässt sich ableiten, dass nicht nur die, möglicherweise durch die vier Typen zu wenig differenzierte Vielfalt an Organisationen, sondern auch die mangelnde Trennschärfe ein Grundproblem von Typologien insgesamt sein dürfte; nicht ein spezifisches Problem der gewählten Typologie. Ferner wäre es der Autorin nicht möglich gewesen, selbst ein Kultur-Modell zu entwerfen. Insofern musste auf ein Bestehendes zurückgegriffen werden.

Wie alle Typologien simplifiziert, schematisiert und pauschaliert auch die gewählte Typologie sehr stark. Von allen recherchierten Typologien erschien sie jedoch zur Untersuchung von Organisationen, hinsichtlich ihrer Anknüpfungspunkte für BGF, die am besten geeignete zu sein. Insofern, als ihre beiden *Dimensionen* sehr gut zur Fragestellung passen: Professionelle BGF setzt bei der Organisation der Arbeit und bei der Führung an. Diese beiden Bereiche werden von den Dimensionen *Grad der Strukturierung* und *Grad der Vergemeinschaftung* abgedeckt. Da die Dimensionen der anderen recherchierten Kulturtypologien nicht annähernd so gut zur Fragestellung passen, wurden sie nicht verwendet. Eine Modifikation des empirischen Kultur-Modells von Weissmann (2004) erschien dennoch erforderlich zu sein, da der Autor die vier Kulturtypen wenig aussagekräftig beschreibt. Die Modifikation des Modells um die Kulturtypologie von Handy und Harrison (Handy, 2000) und die Strukturtypologie von Mintzberg (1992) ermöglichte eine vertiefte Kulturbetrachtung ohne jedoch die Organisationsstruktur außen vor zu lassen. Gleichwohl entstand eine Mischtypologie. Da der Weissmann'sche Fragebogen zur Differenzierung der vier Kulturtypen aber nicht erwerbbar ist (Weissmann, W., persönl. Mitteilung, 28.09.2009, 09:17 Uhr), ist der Umstand, dass die Kulturtypen der entstandenen Mischtypologie nicht mittels bestehendem Fragebogen zu erfassen sind, nicht weiter tragisch. Ohnehin müssten erst Instrumente entwickelt werden, die dazu geeignet wären, den Kulturtyp einer Organisation abzubilden.

Schließlich soll nicht unerwähnt bleiben, dass die Bezeichnungen der vier Kulturtypen, im Nachhinein betrachtet, nicht optimal gewählt wurden. So wäre es bezeichnender gewesen, in Anlehnung an Handy und Harrison (Handy, 2000), anstelle der Community von der *Personenkultur* zu sprechen, anstelle der Taskforce von der *Aufgabenkultur*, anstelle des Patriarchats von der *Machtkultur* und anstelle der Bürokratie von der *Rollenkultur*. Zum einen wäre jeweils hervorgehoben worden, dass die Kultur die bedeutende Variable ist und zum anderen wäre das jeweils zentrale Element – also die Person in der Community, die Aufgabe in der Taskforce, Macht im Patriarchat und die Rolle in der Bürokratie – deutlich hervorgehoben worden. An der Anzahl der Typen hätte eine andere Bezeichnung freilich nichts geändert. Höhere Trennschärfe wäre durch prägnantere Betitelung möglicherweise jedoch erzielt worden.

7.2.2.3 Diskussion zentraler Einflussfaktoren

Neben anderen könnten insbesondere die folgenden sechs Faktoren Einfluss auf das Ergebnis der Arbeit haben:

Diskussion des Eignungsbegriffs

Die Delphi-Befragung zeigt, dass der *Eignung*sbegriff zu unterschiedlichen Auffassungen führte: So wurde er nicht nur – wie beabsichtigt – im Sinne von „in der aktuell vorhandenen Kultur umsetzbar" ausgelegt, sondern auch im Sinne von „zur Veränderung der aktuellen Kultur notwendig". Augenscheinlich lassen Aussagen wie jene, dass „grundsätzlich jede Organisation für BGF geeignet ist", darauf schließen. Im Rahmen der Interpretation der Meinungsbilder wurden die Auffassungen „umsetzbar" und „notwendig" differenziert. Es zeigte sich, dass sämtliche der Befragten, die den Eignungsbegriff im Sinne von „zur Veränderung der aktuellen Kultur notwendig" auffassten, darstellen wollten, was zur Veränderung des Kulturtyps in Richtung „gesundheitsförderliche Organisationskultur" notwendig wäre. Am Beispiel Bürokratie und BGM kann nachvollzogen werden, dass die Differenzierung des Eignungsbegriffs gut und richtig war. Müssen doch *künftig* geeignete BGF-Varianten nicht gleichzeitig auch in der aktuellen Situation anwendbar sein: Notwendig für eine Bewegung der Bürokratien in Richtung „gesundheitsförderliche Organisationskultur" wäre der Mehrheit der Experten zufolge BGM. In der aktuellen Situation „umsetzbar" wäre es jedoch sehr wahrscheinlich nicht. So kann es schlicht nicht sein, dass Organisationen, die wenig geeignet für verhaltensbezogene BGF sind, reif sind für umfassendes BGM.

Anstelle von BGF-Eignung zu sprechen, wäre es vielleicht passender gewesen, den Begriff BGF-*Reife* zu verwenden. Durch die Wahl des *Reife*begriffs hätte die Option zur Veränderung Berücksichtigung gefunden. So wäre miteinbezogen worden, dass sich Organisationen im Laufe der Zeit verändern können und sich zu einem späteren Zeitpunkt aufgrund ihrer veränderten Kultur möglicherweise für andere BGF-Varianten eignen als zum aktuellen: eben weil sie reifer geworden sind. Bestimmte Organisationstypen scheinen jedoch so starr zu sein, dass sie mindestens so lange nicht reif für bestimmte BGF-Varianten sind, wie sich ihre Organisationsbedingungen nicht ändern. Insofern war es wieder treffender, von Eignung zu sprechen als von Reife. Eine Entscheidung für einen der beiden Begriffe muss an dieser Stelle ausbleiben.

Diskussion der BGF-Varianten (Teil 2)

Auch die Unschärfe der BGF und die damit einhergehende *Abgrenzungsproblematik der BGF-Varianten* stellt einen wesentlichen Einflussfaktor auf das Ergebnis dar: Die Unterteilung der BGF in vier Varianten und eine Nicht-Variante soll an dieser Stelle verteidigt werden. Sie basiert auf dem Umstand, dass von der *einen* BGF zu sprechen, im Kontext dieses Buches zu kurz greift. Diverse Versuche der Unterteilung der BGF in Varianten sind und bleiben problematisch. In bewusster Abkehr vom Ideal der Luxemburger Deklaration (ENWHP, 2007) und den Qualitätskriterien für BGF (BKK, 1999) wurden die Varianten *verhaltensbezogene BGF*, *verhältnisbezogene BGF*, *BGF als OE* und *BGM* und die Nicht-Variante *keine BGF* voneinander abgegrenzt. Hiermit soll der Tatsache Rechnung getragen werden, dass BGF in der Praxis nur allzu oft gerade *nicht* dem angestrebten Ideal entspricht, sondern vielfältige, durchaus auch wenig komplexe Interventionen einschließt. Trivial formuliert sollte anhand der vorgenommenen Unterteilung der BGF in Varianten abgebildet werden, dass es möglicherweise typisch ist, dass bestimmte Organisationen aufgrund ihrer spezifischen Besonderheiten zu nichts anderem in der Lage sind, als „Äpfelkörbe" anzubieten, andere hingegen durchaus für komplexe Varianten, wie OE oder BGM, bereit sind.

Die Abgrenzung der BGF-Varianten könnte, wie von einigen Experten postuliert, unzureichend und vielleicht auch zu konstruiert sein. Mehrere Abgrenzungsvarianten wurden diskutiert. Der gewählten Variante wurde der Vorzug gegeben. Zum einen, weil sie nicht zu detaillierte Vorgaben macht und somit den Experten Spielraum gewährt. Zum anderen, weil nicht nur verhaltens- von verhältnisbezogenen Interventionen unterschieden werden. Ferner lassen sich die BGF-Varianten aus dem theoretischen Hintergrund der BGF logisch ableiten und hierdurch rechtfertigen. Die vorgenommene Abgrenzung der Varianten kann als abgesichert betrachtet werden, da sie den Stand der Forschung reflektiert. Zwar könnte die BGF weiter ausdifferenziert werden. Die Logik der vier Stufen ist jedoch eindeutig dadurch begründet, dass unterschiedliche Interventionsebenen betrachtet werden: nämlich das Mitarbeiterverhalten, die Arbeitsabläufe, die Organisationsumgebung und die Führung und schließlich alle genannten Bereiche in Kombination. Ebenso wie die Kulturtypenbezeichnungen und der Eignungsbegriff hätten sich gewiss auch für die Bezeichnung der verschiedenen BGF-Varianten andere, möglicherweise treffendere Begriffe finden lassen. Inhaltlich sind die Varianten trennscharf voneinander abgegrenzt. Lediglich zwischen der verhaltensbezogenen BGF und der BGF als OE mögen mehr oder weniger relevante Überschneidungen bestehen. Sprachlich wäre eine Optimierung der Variantenbezeichnungen sicher angebracht; insbesondere den BGF-Begriff betreffend.

Diskussion systematischer Fehler

Das Ergebnis könnte weiterhin durch die folgenden *systematischen Fehler* der Delphi-Befragung beeinflusst worden sein:

- *Einschätzungs-Bias:* Je nach der persönlichen Haltung der Experten zum Thema BGF könnte die BGF-Eignung der vier Kulturtypen über- oder unterschätzt worden sein. Kann die Frage nach der persönlichen Haltung doch sowohl optimistisch als auch pessimistisch beantwortet werden. Im Rahmen der Interpretation der Meinungsbilder wurde versucht, diesen systematischen Fehler zu entdecken, jedoch blieb das Bestreben erfolglos. Es ist jedoch davon auszugehen, dass Experten ihrem Gegenstand kritisch und somit objektiv gegenüberzustehen vermögen.

- *Schicht-Bias:* Ein Expertenteam wies auf den Umstand hin, dass die gesundheitsförderlicheren Kulturtypen Taskforce und Community nur bei hoch qualifizierten Experten vermutet werden. „Weniger gut gebildeten Berufsgruppen bleibt nur Bürokratie oder Patriarchat, die seitens ihrer Führung, Arbeitsgestaltung et cetera weniger gesundheitsförderlich beschrieben werden. ... Die Frage ist, wie sich auch bei nieder qualifizierten Berufsgruppen oder Unternehmensbereichen eine mitarbeiterorientierte Unternehmenskultur entwickeln lässt." Dieser systematische Fehler betrifft wohl auch, aber nicht ausschließlich, dieses Forschungsthema. So befinden sich Gesundheitsförderung und Prävention grundsätzlich in einem sozialen Dilemma, da von ihnen in besonderem Maße Angehörige der Mittelschicht angesprochen werden.

- *Einstellungs-Bias:* Ein anderer Experte war der Ansicht, dass „es für die BGF-Reife ... auf die ‚Ansprechbarkeitsprofile' aufgrund der Einstellung von Entscheidungsträgern im Unternehmen ankommt.... Die mit der Arbeit untersuchten Zusammenhänge zwischen Unternehmenskulturtypen und BGF sollte auch diesen ‚Einstellung-Bias berücksichtigen". Die Einstellung von Einzelpersonen unterstellt, dass diesen genügend Macht zukommt, die Organisation zu verändern. Da dem aber, wie bereits mehrfach ausgeführt, nach Auffassung der Autorin nicht so sein dürfte und die individualistische Perspektive in dieser Arbeit nicht weiter relevant ist, wird einem möglichen Einstellungs-Bias keine besondere Bedeutung beigemessen.

Diskussion der Hypothesenformulierung

Erfüllen die Hypothesen die vier Kriterien der Wissenschaftlichkeit nach Bortz und Döring (2006, S. 7-8)? Die Hypothesen stellen allgemeingültige, über den Einzelfall hinausgehende Behauptungen dar, denen implizit die Struktur eines sinnvollen Konditionalsatzes zugrunde liegt, der potentiell falsifizierbar ist. Die Kriterien 2 bis 4 sind also erfüllt. Beziehen sich die Hypothesen aber auch auf reale, empirisch untersuchbare Sachverhalte? Es könnte argumentiert werden, dass Hypothesen, die sich auf theoretische Konstrukte – hier also auf die vier Kulturtypen – beziehen, empirisch nicht untersuchbar sind. Allerdings können die Kulturtypen anhand der beiden, in der Realität durchaus untersuchbaren Dimensionen „Grad der Strukturierung" und „Grad der Vergemeinschaftung" erfasst werden. Somit kann festgestellt werden, dass sich die Hypothesen auf empirisch untersuchbare Sachverhalte beziehen, womit auch Kriterium 1 erfüllt ist. *Wie* sich der „Grad der Strukturierung", der „Grad der Vergemeinschaftung" oder auch die Gesundheitsförderlichkeit von Organisationskulturen konkret messen ließe, muss an dieser Stelle unbeantwortet bleiben. Forschungsbedarf besteht also u.a. in der Entwicklung geeigneter Messinstrumente.

Diskussion der Fassung von Gesundheitsförderlichkeit

Einfluss auf das Ergebnis hat schließlich auch die konkrete *Fassung von Gesundheitsförderlichkeit*. Mittels des Fragebogens kann wohl noch nicht valide gemessen werden, ob ein Kulturtyp nun gesundheitsförderlich ist oder nicht. Ein Experte wies darauf hin, dass „drei der vier Kulturtypen, außer der ‚Bürokratie', ... eher gute Voraussetzungen für BGF auf[weisen]. Es muss doch auffallen, dass dies einfach irgendwie nicht stimmen kann". Diese Aussage ist sicherlich richtig. Die Empirie zeigt sehr deutlich, dass dieses Ergebnis nicht stimmen kann, denn es hieße, dass die Verbreitung von BGF deshalb so gering ist, weil die Mehrheit der Organisationen gar keinen Bedarf an BGF hat. Vermutlich wird das Ergebnis durch das bereits diskutierte, uneinheitliche Verständnis des Eignungsbegriffs und durch die vage Konzeptualisierung der Gesundheitsförderlichkeit insgesamt verfälscht. Zum einen muss betont werden, dass der Fragebogen selbstverständlich einer Weiterentwicklung und Validierung bedarf, sofern er für den Praxiseinsatz herangezogen werden soll. Zum anderen soll auch darauf hingewiesen werden, dass die Gesundheitsförderlichkeit *nicht* als Indikator für unterschiedliche Bedarfe der einzelnen Kulturtypen an BGF gedeutet werden sollte, da Gesundheitsförderlichkeit hier als begünstigender Faktor für BGF betrachtet wird.

Diskussion der Variable Organisationskultur

Abschließend soll der Frage nachgegangen werden, ob die Variable *Organisationskultur* richtig gewählt wurde: Ein Experte formulierte, dass der „Kulturtyp als einzige unabhängige Variable ... nicht unbegrenzt weit trägt". Neben der Variable *Organisationskultur* wiesen einige Experten auf die ebenso relevanten Variablen *Branche, Größe* und *Führungsperson* hin. Die Hauptvariable für die BGF-Eignung einer *ganzen* Organisation – und *nicht* mögliche Einflussfaktoren auf das Gelingen von BGF-Projekten oder Einzelpersonen, die zufällig an Gesundheitsförderung interessiert sind oder nicht – sehen die Experten in der Führung, in der (meist) informellen Koalition „anerkannter" Multiplikatoren, in der Bereitschaft zu OE und auch – und explizit angeführt – in der Organisationskultur. Führung und informelle Beziehungen sind Teil der Organisationskultur. Auch OE kann unter den Begriff der Organisationskultur gefasst werden, da es hierbei immer auch um Führungs-, Partizipationsentwicklung et cetera geht. Somit kann gefolgert werden, dass die Variable richtig gewählt wurde. Unabhängig von Branchen und Größen konnte anhand dieser Variable theoretisch plausibel erklärt werden, warum BGF in unterschiedlichen Organisationen unterschiedliche Verbreitung findet. Die in dieser Arbeit vorgenommene, separate Untersuchung der Variable *Organisationskultur* war notwendig und legitim, gleichwohl sollte künftige Forschung die Variablen *Kultur, Branche* und *Größe* integrieren.

Die Diskussion der Ergebnisse führt zum Schluss, dass die Forschungsfrage anhand des gewählten Forschungsansatzes zufriedenstellend beantwortet werden konnte. Dass das explorative Forschungsdesign dieser Arbeit – welches der Autorin großen Spielraum für Kreativität und den Experten, damit einhergehend, ebenso großen Spielraum für Kritik ließ – ungewöhnlich ist, kommt im Feedback der Delphi-Teilnehmer sehr schön zum Ausdruck. Diese hinterfragten nämlich nicht nur die Befragung selbst (z.B. Variablen- und Itemkonstruktion, Hypothesenformulierung), sondern auch deren Vorbedingungen (z.B. Wahl einer Typologie, Wahl der Weissmann'schen Typologie).

7.3 Schlussfolgerungen

Welche Schlüsse können nun aus dieser Arbeit gezogen werden? Zunächst wird der Kulturansatz gängigen Spekulationen zur Verbreitung von BGF zur Seite gestellt. Gesundheit als organisationaler Wert wird in die Diskussion eingeführt. Da das Kulturkonstrukt und insbesondere seine Kombination mit Gesundheitsförderung noch einer Weiterentwicklung bedürfen, werden sodann Überlegungen zur „gesundheitsförderlichen Organisationskultur" formuliert. Danach wird die aktive Rolle der BGF im Veränderungsprozess hin zur gesundheitsförderlichen Organisation thematisiert. Schließlich werden Möglichkeiten der Messung von „gesundheitsförderlicher Organisationskultur" skizziert.

Die Verbreitung von BGF lässt sich organisationskulturell erklären

Den Anstoß für dieses Buch gaben die mehr oder minder hilflosen Versuche verschiedener Autoren, die geringe und zudem sehr heterogene Verbreitung von BGF über Betriebsgrößen und Branchen hinweg zu erklären. Diese gingen über Spekulationen meist nicht hinaus, wie die Ausführungen zum Stand der Forschung zeigen. Die Verbreitung von BGF ist nach verschiedenen Untersuchungen höchst unterschiedlich. Bislang lassen sich keine systematischen Ursachen für diese Unterschiede identifizieren, auch weil nur vereinzelt danach gefragt wurde. Die Verbreitung von BGF wird meist über Unterschiede in der Ressourcenausstattung der Organisationen zu erklären versucht, aber auch über strukturelle Unterschiede zwischen Organisationen, wie unterschiedlichen Aufwand bei der Implementierung und Standardisierung der Maßnahmen oder unterschiedliches Engagement der außerbetrieblichen Akteure. Spekulationen wie diese zeigen, dass die Erklärung der Ursachen für die unterschiedliche Verbreitung von BGF eine erhebliche Forschungslücke darstellt.

Dass diese in den letzten Jahren nicht geschlossen, ja nicht einmal ansatzweise verkleinert werden konnte, verdeutlicht etwa die Literaturzusammenstellung von Kliche, Kröger und Meister (2010). Auch heute werden über die Ursachen dafür, warum geschätzte drei Viertel bis vier Fünftel der Organisationen BGF-Projekte erst gar nicht starten und andere, anfangs enthusiastisch verfolgte Projekte nach wenigen Monaten wieder einstellen, nur Vermutungen angestellt. Den Spekulationen von Kliche et al. (ebd., S. 231) zufolge könnte zum einen die Einführung von Mindeststandards für Evaluation und Qualitätssicherung der BGF-Projekte und zum anderen Betriebsdemokratie die Verbreitung von BGF fördern: Ersterer Ansatz durch Selektion, da nur Organisationen mit ernsthaftem Commitment BGF-Projekte initiieren könnten. Für diese würden dann den Autoren zufolge ausreichende Ressourcen zur Verfügung stehen, wodurch sich eine höhere Wirksamkeit der Maßnahmen erzielen ließe. Hier drängt sich allerdings die Frage auf, anhand welcher Kriterien „BGF-willige" Organisationen seriös selektiert werden könnten? Insgesamt mutet Selektion jedenfalls diskriminierend an, weshalb dieser Ansatz mit dem Gesundheitsförderungsgedanken wohl nur schwer in Einklang zu bringen wäre. Letzterer Ansatz erscheint in Zusammenhang mit der vorliegenden Arbeit hingegen interessant zu sein. Weist er doch indirekt auf die hohe Bedeutung der Organisationskultur hin: So ist BGF den Autoren zufolge dazu geeignet, soziale Beziehungen zu festigen oder auch in Frage zu stellen; jedenfalls einschneidend zu verändern. Dies könnte Führungskräfte dazu veranlassen, anstelle von komplexen BGF-Varianten die „ungefährliche" verhaltensbezogene Variante zu wählen. Brauchen doch Organisationen nicht verändert, Partizipation und Mitarbeiterorientierung nicht gefördert und Arbeitnehmervertreter nicht an der Gestaltung organisationaler Strukturen und Prozesse beteiligt zu werden. Unschwer zu erkennen ist, dass die

Beschreibung – mehr oder minder deutlich – einem der vier Kulturtypen entspricht. Dass es sich hierbei um den Bürokratie-Typ handelt, ist nebensächlich. Interessant ist vielmehr, dass hier – mehr oder minder umständlich – der Versuch unternommen wird, die Perspektive weg von der BGF, hin zu den Organisationen zu lenken.

Eben diese Perspektive wurde in der vorliegenden Arbeit eingenommen. Vermutet wurde, dass die aktuelle Verbreitung von BGF auf die Tatsache zurückzuführen sei, dass die organisationalen Voraussetzungen unterschiedlicher Organisationen in der Konzeption von BGF-Projekten berücksichtigt werden müssen. Es konnte gezeigt werden, dass sich Organisationen unabhängig von ihrer Größe, Branche, Region oder wirtschaftlichen Lage anhand von Merkmalen unterscheiden, die in ihnen selbst liegen: Kulturelle Merkmale, die nicht willentlich verändert werden können, sondern durch grundlegende Annahmen, Werte, Normen, Überzeugungen, Einstellungen und Regeln der Menschen, die das soziale System Organisation bilden, geprägt werden. Aus diesem Grund verfügen nicht alle Organisationen über gleich günstige Rahmenbedingungen für BGF. Nicht alle Organisationen verwenden dieselben Gesundheitsbegriffe. Auch liegen nicht allen Organisationen dieselben Menschenbilder zugrunde. Daraus folgt, dass die Arbeitsbedingungen in unterschiedlichen Organisationen höchst unterschiedlich gestaltet sind und die Führungsverständnisse der Leitungspersonen teils erheblich variieren. Schon die untersuchten Variablen verdeutlichen, dass Organisation nicht gleich Organisation ist und dass unterschiedliche Organisationen verschiedene BGF-Varianten erfordern. Kulturen mit günstigen und solche mit ungünstigen Rahmenbedingungen für BGF, Kulturen mit positiven und solche mit negativen Menschenbildern und Gesundheitsbegriffen, Kulturen mit gesundheitsförderlichen und gesundheitsschädlichen Arbeitsbedingungen und Leitungspersonen mit einem partizipativen und solche mit einem autoritären Führungsverständnis können nicht gleichermaßen für dieselben BGF-Varianten geeignet sein. Vielfalt bedeutet Unterschied. Und Organisationsvielfalt erfordert unterschiedliche Herangehensweisen an Organisationen.

Warum wurde die Verbreitung von BGF gerade über den Organisationskulturansatz zu erklären versucht? Ob Gesundheit in einem sozialen System einen Wert darstellt oder nicht, ist kulturell geprägt und somit von den gemeinsamen gesundheitsbezogenen Annahmen, Überzeugungen und Einstellungen jener Menschen abhängig, die dieses System bilden. Beispiele schlechter Praxis zeigen, dass BGF – von oben herab vorgegeben oder von außen oktroyiert – scheitert, weil sie scheitern muss, da willkürlich BGF-Maßnahmen mit Organisationstypen kombiniert werden, die nicht kombinierbar sind. Das Buch zeigt also, dass wir schlicht noch zu wenig wissen, „um derart breit in diesem Thema zu agieren. Das meiste ist theorieloses Gehampel und Aktionismus! Da darf man sich einfach nicht wundern, wenn die meisten Projekte im Sande verlaufen." (Ahrens, D. persönl. Mitteilung, 06.08.2009, 11:51 Uhr)

Ohne Sinn in einer Sache oder Aktivität zu sehen, akzeptieren Menschen langfristig nichts, was sie machen müssen, nur weil andere es von ihnen verlangen. Innerhalb eines eingeschränkten Rahmens bilden hier vielleicht entsprechende Gegenleistungen eine Ausnahme – wie sich im Prinzip der „Autoritätsunterwerfung gegen Gehalt" äußert. Bei freiwilligen Angelegenheiten wie BGF zeigt sich die hohe Abhängigkeit von ihrem Vermögen, Sinn zu stiften umso deutlicher: Wenn sich die Menschen in der BGF nicht wiederfinden, wenn sie in den Maßnahmen keinen Nutzen erkennen und die Angebote aus diesem Grund nicht für sinnvoll erachten, werden sie BGF wohl nicht akzeptieren. BGF muss also an die Menschen und Organisationen angepasst werden. Gesundheit hat demnach dann die Chance, in einer Organisation ernsthaft und langfristig verankert zu werden, wenn sie mit der Kultur der Organisation kompatibel ist und einen organisationalen Wert darstellt. Die Verankerung des Werts Gesundheit im sozialen System Organisation verdeutlicht weiterhin, dass die Reichweite von Einzelpersonen – auch und insbesondere von gesundheitsmotivierten Leitungspersonen – äußerst begrenzt ist und BGF-Projekte folglich nicht von Einzelpersonen getragen werden können. Sehr prägnant äußert sich hierzu Sievers (2000, S. 35). Er kritisiert die aus dem Human Resources Management stammenden Motivationstheorien, wonach Menschen in Organisationen nur Leistung erbringen, wenn „Manager Menschen motivieren! – Als wenn Manager keine Menschen wären! – Ich persönlich bin der Überzeugung, daß ich niemanden motivieren kann, daß Menschen sich nur selbst motivieren können. … [Sie] können bestenfalls Bedingungen schaffen, in denen es anderen Menschen leichter fällt, sich selbst zu motivieren." (Sievers, 2000, S. 35)

Stellt Gesundheit keinen organisationalen Wert dar, ist es geradezu vergeudete Mühe, zu versuchen die Menschen für das Thema zu sensibilisieren. Wo einzig Artefakte der Organisationskultur wie Formeln, Modelle oder Rechenleistung von Computern zählen, ist Gesundheit nicht von Bedeutung und belächelte Apfelkörbe oder punktuelle Alibi-Rückenschulen sind die komplexesten der möglichen BGF-Maßnahmen. Anhand dieses Beispiels sollte folgende Überlegung verdeutlicht werden: Obwohl der Gesundheitsförderungsgedanke höchst plausibel ist – ganz einfach weil es mehr Sinn macht, die Gesundheit und das Wohlbefinden der Menschen zu fördern und ihre Ressourcen zu stärken, als darauf zu warten, bis sie krank werden, um einzugreifen – hat die Gesundheitsförderung das Problem, dass Gesundheit nicht für alle sozialen Systeme einen Wert darstellt und der Gesundheitsförderungsgedanke nicht in den Köpfen aller Menschen gleichermaßen verankert werden kann. Neben der Zielgruppe der ohnehin gesundheitsbewussten Mittelschichtangehörigen gibt es – nicht nur, aber auch im betrieblichen Setting – Personengruppen, die nicht oder nur sehr schwer erreichbar sind: schichtbezogen etwa bildungsferne Menschen, geschlechtsbezogen etwa Männer und berufsbezogen – wie im Beispiel skizziert – etwa Ingenieure. Die Erreichbarkeit verschiedener Zielgruppen war nicht Thema dieses Buches. Anhand des Beispiels sollte jedoch ausgedrückt werden, dass das Idealmodell der BGF (ENWHP, 2007), kombiniert mit sozialen Systemen, in denen Gesundheit keinen Wert hat, scheitern muss. Bestenfalls verhaltensbezogene BGF könnte punktuell umsetzbar sein.

Warum unternehmen Organisationen nur vereinzelt etwas im Bereich BGF? Dieses Buch liefert gute Hinweise dafür, dass unabhängig von offensichtlichen Faktoren wie Betriebsgröße und Branche, subtile, nicht sichtbare, nicht rational begreifbare und schon gar nicht einfach objektivierbare kulturelle Faktoren für die erfolgreiche Umsetzung von BGF-Projekten eine erhebliche Rolle zu spielen scheinen. Die aktuelle Verbreitung von BGF kann schlüssig über das Organisationskulturkonstrukt erklärt werden. Vielleicht enttäuschend für Betriebswirte und Menschen, die versuchen, Organisationen anhand von Prozessen und Strukturen, standardisierten Arbeitsanweisungen, Handbüchern, Richtlinien und ähnlichen rationalen Instrumenten zu steuern, kann resümiert werden, dass alle Maßnahmen, die Menschen einschränken oder den aktuellen Status der sozialen Systeme nicht berücksichtigen, langfristig nicht realisierbar sind. So ist erklärbar, dass etwa ein Fünftel bis ein Viertel der Organisationen Interesse an BGF hat, der Rest hingegen nicht. Würde am aktuellen Status der Organisationen angesetzt, würden also ihre spezifischen Besonderheiten ernsthaft berücksichtigt werden, könnte die Verbreitung von BGF gesteigert werden.

Um den sozialen Systemen nicht ohne Beachtung ihres Kontextes und den Menschen nicht ohne Berücksichtigung ihrer Überzeugungen Standardprogramme aufzuoktroyieren, braucht es mindestens zweierlei:

- Zum einen bedarf es eines Umdenkens der BGF-Experten. Diese müssten BGF in unterschiedlichen Varianten zulassen und je nach Organisationstyp die richtigen Varianten wählen. Dies erfordert auch die Einsicht, dass nicht immer der Königsweg der Integration gesundheitsbezogener Ziele in das Managementsystem einer Organisation möglich ist – auch allein schon aufgrund der Tatsache, dass manche Organisationen nicht über explizite Managementsysteme verfügen, in welche BGF integriert werden könnte und Gesundheit nicht für alle sozialen Systeme einen Wert oder eben ein Sinnkriterium darstellt.
- Zum anderen bedarf es der ehrlichen Absicht, die Gesundheit und das Wohlbefinden der Menschen und Organisationen ihrer selbst willen zu fördern; BGF also nicht aus anderen Interessen heraus implementieren zu wollen. Vermutlich ist schon die Absicht, mittels BGF Fehlzeiten und Fluktuationen reduzieren zu wollen, falsch. Auch BGF zur Imageaufwertung einzusetzen, greift bei weitem nicht tief genug. BGF zu implementieren, um vor einschneidenden Restrukturierungen abzulenken, ist sogar zutiefst verwerflich. Motive solcher und ähnlicher Art sind ebenso oberflächlich wie die Kommerzialisierung des Themas Gesundheit insgesamt und schaden der BGF mehr als sie ihr nutzen.

Natürlich muten derlei Überlegungen naiv an. Ein Hauch von Weltverbesserung ist nicht zu verbergen. Die Gesundheit und das Wohlbefinden der Menschen allerdings tatsächlich ihrer selbst willen zu fördern und gleichzeitig zu akzeptieren, dass schlicht nicht alle sozialen Systeme dazu bereit und gewillt sind, ist nach Ansicht der Autorin der eigentliche Anspruch an die BGF. Hierdurch könnte ihre Verbreitung gefördert werden. Überlegungen, wie die neuerdings formulierten Zugangsbeschränkungen (Kliche et al., 2010, S. 232), würden hingegen vermutlich eher Eliten fördern und soziale Ungleichheiten verstärken. Einfach weil die informierteren, interessierteren und aufgeklärteren Organisationstypen – in dieser Arbeit Taskforce und Community genannt – die Angebote eher erkennen und nutzen würden, als die weniger informierten, interessierten und aufgeklärten.

Anhand des Organisationskulturansatzes lässt sich die Verbreitung von BGF also erklären. Organisationskultur stellt jedoch ein Konstrukt dar. Sie ist in weiten Teilen gedanklicher Natur, entzieht sich direkter Beobachtbarkeit und ist demnach schwer zu fassen und noch schwerer zu messen. Mit Blick auf BGF bedarf der Organisationskulturansatz zweifelsohne einer Weiterentwicklung. Überlegungen zur Konkretisierung des Ansatzes und zu Verknüpfungsmöglichkeiten mit BGF werden nun formuliert.

Gesundheitsförderliche Organisationskulturen werden benötigt

Um Organisationen und Gesundheitsförderung miteinander zu verknüpfen, bedarf es einer „gesundheitsförderlichen Organisationskultur". Es braucht also eine Kultur, in der Gesundheit einen Wert darstellt. Am nicht gesundheitsförderlichen Pol des Kontinuums der Gesundheitsförderlichkeit von Organisationskulturen befinden sich Organisationen, die mit Gesundheitsförderung aus verschiedenen Gründen nicht in Einklang zu bringen sind. Am gesundheitsförderlichen Pol befinden sich hingegen Organisationen, die das Ideal einer „gesundheitsförderlichen Organisationskultur" repräsentieren. Dazwischen positioniert sich die Vielfalt an Organisationen, die in diesem Buch in die vier Kulturtypen *Patriarchat, Bürokratie, Taskforce* und *Community* unterteilt wurde. Die Komplexität der möglichen BGF-Varianten steigt mit zunehmender Gesundheitsförderlichkeit der Organisationskulturen an.

Das Modell verdeutlicht, dass es nun Ziel sein muss, die realen Organisationen hinsichtlich ihrer Gesundheitsförderlichkeit korrekt zu typisieren, durch die Wahl der adäquaten BGF-Varianten die richtigen Maßnahmen zu setzen, somit die Gesundheit der Organisationen tatsächlich zu fördern und ihnen dadurch die Chance zu geben, sich am Kontinuum langfristig in Richtung des Pols der „gesundheitsförderlichen Organisationskultur" zu entwickeln. Übereinstimmend mit den Ergebnissen dieser Arbeit formuliert Pelikan (2007), dass es eines entsprechenden Wertewandels „in der Organisation und ihrer relevanten Umwelt" (S. 80) bedarf, „damit Gesundheitsförderung zur Erfüllung neuer Sinnkriterien eingesetzt wird" (S. 80). In Organisationen einen Wertewandel herbeizuführen ist vielleicht möglich. So einfach ist die Sache aber wohl nicht. Weisen doch Kulturforscher einmal vehement, ein andermal subtil darauf hin, dass die Kultur einer Organisation nicht bewusst gelenkt, nicht willentlich gesteuert und möglicherweise auch mit großem Bemühen nur schwer verändert werden kann. Aufgrund veränderter Personenkonstellationen, Umweltbedingungen und systemimmanenter Gegebenheiten verändert sie sich vielmehr selbst. Somit dürfte die Kultur einer Organisation mehr Macht haben, als es rational entwickelte Strukturen und Strategien je haben können.

Was aber könnte für Organisationen erstrebenswert daran sein, sich dem Pol „gesundheitsförderliche Organisationskultur" zu nähern? Wie könnte eine „gesundheitsförderliche Organisationskultur" aussehen? Vermutlich ist es plakativer, erstere Frage anhand der Beschreibung des Gegenteils einer gesundheitsförderlichen Kultur zu beantworten: Nicht alle Organisationen eignen sich für BGF. Der Pol „nicht gesundheitsförderliche Organisationskultur" des Kontinuums repräsentiert Organisationen, deren organisationale Voraussetzungen BGF unterbinden. Dies ist beispielsweise dann der Fall, wenn die Führungskräfte – insbesondere jene des Topmanagements – psychopathische Züge aufweisen, also durch Gewissenlosigkeit, Verantwortungslosigkeit und fehlendes Empathievermögen gekennzeichnet sind. Aufgrund ihrer Macht über und ihres Einflusses auf die Mitarbeiter und in weiterer Folge die gesamte Organisation übertragen sich ihre pathogenen Verhaltensweisen im Laufe der Zeit auf das soziale System. Besonders pathogen wirken karriereorientierte Führungskräfte der mittleren Managementebene, die der psychopathischen Führungskraft hörig sind, ihre irrationalen Entscheidungen nicht nur dulden, sondern mittragen und hiermit der gesamten Organisation schaden. Mit Gesundheitsförderung sind derlei Merkmale offensichtlich nicht in Einklang zu bringen. Geht es doch gerade nicht darum, Mitarbeiter – und ihre Gesundheit – zu fördern, ihre Potentiale zu stärken oder Partizipation und Empowerment zu ermöglichen. Ziel ist das Gegenteil: Die Unterdrückung und Behinderung der Menschen. Gesundheit hat hier keinen Wert. BGF-Projekte wären vergeudete Mühe und Zeit.

In der Tat stellen Überlegungen wie diese eine Extrembeschreibung dar, eben weil sie einen der beiden Pole des Kontinuums charakterisieren. In weniger extremer, jedoch mit den hier angestellten Überlegungen durchaus kompatibler Form typisieren Kets de Vries und Miller (1984, S. 23–39) Organisationen hinsichtlich der neurotischen Störungen ihrer Führungskräfte und der daraus resultierenden Organisationskultur. Sie unterscheiden fünf neurotische Führungsstile: den „misstrauischen", den „zwanghaften", den „dramatischen", den „depressiven" und den „schizoiden" Führungsstil. Jeder dieser Stile wirkt in hohem Maße pathogen auf das soziale System, das von einer neurotischen Person gelenkt wird. Keine dieser Organisationen ist in ihrer aktuellen, pathogenen Situation reif für BGF. Ein Wandel der Organisationen in Richtung einer „gesundheitsförderlichen Organisationskultur" dürfte wohl ausschließlich durch den Austausch der Führungsspitze zu erreichen sein. Zu berücksichtigen ist hierbei allerdings, dass auch *nach* einer radikalen Umstrukturierung die Kultur über lange Zeit vom neurotischen Stil dieser Führungsperson geprägt bleiben dürfte.

Wie „gesundheitsförderliche Organisationskultur" gewiss nicht aussieht, wurde eben mit Fokus auf den besonders bedeutsamen Bereich der Führung skizziert. Gäbe es jedoch die „gesundheitsförderliche Organisationskultur" in ihrer Reinform, wie sähe sie aus? Gesundheit würde in solch einer Kultur ein zentraler organisationaler Wert sein, an welchem die Vision der Organisation ausgerichtet wäre. Der Gesundheitsförderungsgedanke würde sich nicht nur in der Kultur, sondern auch in der Strategie der gesundheitsförderlichen Organisation widerspiegeln und in sämtliche Zielformulierungen einfließen. So würde Effizienzsteigerung nicht – wie verbreitet – mit Personalabbau gleichgesetzt werden, sondern mit dem Lernen, die vorhandenen Ressourcen künftig effektiv zu nutzen. Auch wäre eine gesundheitsförderliche Organisation nur wenig strukturiert, vielmehr in hohem Maße selbstorganisiert und durch Zusammengehörigkeit und Emotionalität geprägt. Die hier angestellten Überlegungen sollen nicht dahingehend interpretiert werden, dass Gesundheit zum Hauptziel einer Organisation werden muss, damit diese dann gesundheitsförderlich ist. Keine Organisation ist einfach nur dazu da, die Mitarbeiter gesund zu erhalten, sondern vielmehr dazu, ihre primären Unternehmenszwecke zu erfüllen. Das Bestreben sollte jedoch sein, die Mitarbeitergesundheit als Ziel zu integrieren.

Anhand der fünf Variablen ließe sich die „gesundheitsförderliche Organisationskultur" ferner wie folgt definieren:

- Die *Rahmenbedingungen für BGF* wären sehr günstig, da der Gesundheit hoher Stellenwert zukäme. So wären BGF-Projekte einfach umzusetzen und ebenso einfach langfristig in der Organisation zu verankern. Nicht zuletzt, da die hierfür erforderlichen Ressourcen rechtzeitig budgetiert und in angemessenem Ausmaß zur Verfügung gestellt würden. Geprägt von organisationalem Lernen und kontinuierlicher persönlicher Weiterentwicklung der Organisationsmitglieder wären BGF-Instrumente wie Gesundheitszirkel als Element der OE einfach umzusetzen, da die Mitarbeiter als Experten ihrer Arbeitssituation anerkannt wären.

- Der gesundheitsförderlichen Kultur würde ein moralisches *Menschenbild* zugrunde liegen. Dies bedeutet, dass es den Organisationsmitgliedern – insbesondere den Führungskräften – ein Bedürfnis wäre, ihr Streben nach Wohlstand, Prestige oder Macht moralisch vertretbarem Handeln unterzuordnen. Selbstverständlich wären die Mitarbeiter für die Führungskräfte in einer „gesundheitsförderlichen Organisationskultur" wertvoll. Selbstverständlich würde ihren Bedürfnissen hohe Bedeutung zukommen. Selbstverständlich wäre ihre Zufriedenheit

hoch. Die lose gekoppelten Organisationsmitglieder würden eine starke Wertegemeinschaft bilden und sich mit ihrer Organisation identifizieren. Gegenseitiges Vertrauen und Zusammenhalt wären vorhanden, gemeinsame (gesundheitsbezogene) Überzeugungen, Werte und Regeln ebenso.

- Der „gesundheitsförderlichen Organisationskultur" würde ein salutogenetischer
  Gesundheitsbegriff zugrunde liegen. Gesundheit würde also nicht nur mit körperlicher Anwesenheit, sondern mit umfassendem Wohlbefinden gleichgesetzt
  werden. Das soziale System würde Verantwortung für die Gesundheit seiner
  Mitglieder übernehmen, also Hilfe im Umgang mit Gesundheit und Krankheit
  bieten und soziale Unterstützung leisten.

- Gesundheitsförderliche *Arbeitsbedingungen* wären gegeben, sodass die Organisationsmitglieder ihre Arbeit als sinnvolle Betätigung erleben könnten. Die Aufgaben wären abwechslungsreich gestaltet. Die Arbeit würde mit hohen psychischen Anforderungen an eigenständiges Denken, Planen und Entscheiden, mit
  großen Tätigkeitsspielräumen und vielfältigen Kooperationsmöglichkeiten einhergehen, nicht aber mit hohen psychischen Belastungen. Eine ehrliche und
  transparente Informations- und Kommunikationskultur, in der konstruktivem
  Feedback Raum geboten wird, wäre etabliert.

- Anders als in der Beschreibung der *nicht* gesundheitsförderlichen Kultur skizziert, würde ein gesundheitsförderliches *Führungsverständnis* bedeuten, die Gestaltung, Lenkung und Entwicklung der Organisation an Gesundheitsförderung
  auszurichten. Die Führungskräfte würden systemisch denken – also prüfen, wie
  sich ihre Handlungen auf über- und untergeordnete Ebenen auswirken – und sich
  in hohem Maße mitarbeiterorientiert verhalten. Sie würden die Bedürfnisse und
  Bedarfe der Mitarbeiter also in ihren Handlungen berücksichtigen. Auch würde
  die gesundheitsförderliche Organisation dem Anspruch der Gesundheitsförderung nach Partizipation und Empowerment gerecht. Die Mitarbeiter könnten sich
  angemessen an betrieblichen Entscheidungen (z.B. über neue Projekte) beteiligen und die betrieblichen Rahmenbedingungen angemessen mitgestalten. Entscheidungen würden im Konsens mit allen Beteiligten getroffen; niemals von
  den Führungskräften alleine. Zwischen Leistung (z.B. verrichteter Arbeit) und
  Gegenleistung (z.B. Wertschätzung, Geld) würde ein Gleichgewicht bestehen.
  Anreize (z.B. Aufstiegschancen, Arbeitsplatzsicherheit) würden in angemessenem Ausmaß geboten. Die Mitarbeiter könnten ihren Führungskräften Vertrauen
  entgegenbringen, da diese zu jeder Zeit gewissenhaft, verantwortungsvoll und
  empathisch agieren würden. „Gesundheitsförderliche Organisationskulturen"
  wären dazu geeignet, das Ziel der Luxemburger Deklaration zu erreichen und
  „gesunde Mitarbeiter in gesunden Unternehmen" (ENWHP, 2007) zu beschäftigen.

Wandel zur gesundheitsförderlichen Organisation durch BGF ist möglich

Die eben unternommene Definition der „gesundheitsförderlichen Organisationskultur" ist Fiktion. Wie ließe sich „gesundheitsförderliche Organisationskultur" aber in der Realität herstellen? In ihrer Reinform wohl nur mit annähernd gleich geringer Wahrscheinlichkeit wie das *Ideal*modell der BGF (ENWHP, 2007, S. 4). Betrachten wir jedoch das in diesem Buch vorgestellte theoretische Modell der Gesundheitsförderlichkeit von Organisationskulturen, dann wird deutlich, dass eine Annäherung des jeweiligen Kulturtyps an den Pol der „gesundheitsförderlichen Organisationskultur" durchaus realisierbar wäre. Aus dem Modell ist primär ersichtlich, welche der Kulturtypen in ihrer aktuellen Situation eher gesundheitsförderlich sind und welche weniger. Dies zu klären war Aufgabe dieser Arbeit. Sekundär kann aus dem Modell auch abgeleitet werden, dass zur Bewegung eines Kulturtyps in Richtung des Pols „gesundheitsförderliche Organisationskultur" komplexere BGF-Varianten nötig wären, als die in der aktuellen Realität der Organisation realisierbaren. Vermutlich bedarf dieser Gedankengang einer Erläuterung:

Nähern wir uns – analog zur Definition der „gesundheitsförderlichen Organisationskultur" – mit einem Negativ-Szenario. Einem klassischen Patriarchen OE-Prozesse nahezulegen, wäre die Anstrengung nicht wert. Kann doch davon ausgegangen werden, dass dieser alles andere möchte, als mehr Mitbestimmung seiner Mitarbeiter bei organisationalen Entscheidungen oder gar sein Führungsverständnis zu überdenken, es zu hinterfragen und ggf. zu verändern. BGF als OE im Kulturtyp Patriarchat würde also mit hoher Wahrscheinlichkeit scheitern. In der aktuellen Situation des Patriarchats wären jedoch verhaltensbezogene BGF-Maßnahmen realisierbar, sofern die Leitungsperson diese unterstützt. Die BGF-Verantwortlichen würden also gut daran tun, zunächst nichts anderes als Ernährungsberatung, Fitnesskurse und ähnliche, wenig komplexe verhaltensbezogene Angebote zu setzen, wenn sie das soziale System nicht vergrämen, sondern für Gesundheitsförderung gewinnen wollen. Erst wenn die verhaltensbezogene Variante im Patriarchat-Typ tatsächlich realisiert – also nicht nur angeboten, sondern auch angenommen – wird, können ihr im nächsten Schritt behutsam verhältnisbezogene Maßnahmen zur Seite gestellt werden.

Hier zeigt sich die aktive Rolle der BGF in Veränderungsprozessen. Gesundheitsbezogene OE-Interventionen sind komplexer als verhaltensbezogene Maßnahmen. Sie erfordern ein ungleich größeres Verständnis für Gesundheit und die Bereitschaft des Systems für Veränderung. Die Organisation hat dadurch allerdings auch die Chance, sich dem Pol der „gesundheitsförderlichen Organisationskultur" zu nähern. Auch in dieser Reifestufe wäre es noch unklug, OE-Interventionen zu starten. Würde organisationale Veränderung auf verschiedenen Ebenen das System doch überfordern. Wäre die verhältnisbezogene BGF-Variante indes einmal etabliert, könnten im nächsten

Schritt gesundheitsbezogene OE-Prozesse in Gang gesetzt werden. Eines Tages könnte in dieser – nunmehr auch für OE reifen – Organisation wohl sogar ein Gesundheitsmanagementsystem aufgebaut und mit anderen Managementsystemen (z.b. Umwelt-, Qualitätsmanagement) verknüpft werden. Würde Gesundheit als organisationaler Wert doch die Vision der Organisation prägen.

Dass der Prozess hin zur „gesundheitsförderlichen Organisationskultur" ein langer wäre und zwangsläufig mit einer revolutionären Veränderung der einst patriarchalisch geprägten Organisation einherginge, ist anzunehmen. Die Entwicklung einer Organisation in Richtung „gesundheitsförderliche Organisationskultur" – und sei es eine marginale – ist also zwangsläufig mit der Bereitschaft zu Veränderung verbunden. Organisationaler Wandel ist jedoch kein triviales Unterfangen. Ohne an dieser Stelle ausschweifen zu wollen, ist jedenfalls zu bedenken, dass die Strategie, die Struktur und die Kultur einer Organisation *immer* gemeinsam verändert werden müssen, da sie sich zu entsprechen haben. Es reicht nicht aus, nur die Kultur verändern zu wollen.

Da in diesem Buch gezeigt werden konnte, dass weniger Strategie und Struktur, sondern vielmehr Kultur dazu geeignet ist, die Verbreitung von BGF zu erklären, sollen Gedanken zu Möglichkeiten und Grenzen von Kulturwandel die Überlegungen zur Realisierung von „gesundheitsförderlicher Organisationskultur" beschließen: Die Möglichkeit, die Kultur einer Organisation mittels BGF verändern zu können, muss als möglich, jedoch auch als deutlich begrenzt angenommen werden. Dass das Streben nach Kulturwandel Grenzen haben muss, ist plausibel. Bezieht sich Kultur doch auf die stabilsten und am wenigsten formbaren Elemente einer Organisation. Sie ist weder einfach zu schaffen, noch leicht zu verändern. Die Bewegung einer Organisation in Richtung des Pols „gesundheitsförderliche Organisationskultur" muss aus diesem Grund als erstrebenswertes, jedoch schwierig zu bewerkstelligendes – gleichsam sozialromantisches – Unterfangen eingestuft werden. Resistenz gegenüber Neuem dürfte nur *eine* der Hürden auf dem Weg zur gesundheitsförderlichen Kultur sein, welcher sich mittels BGF jedoch durchaus bestreiten ließe.

Gesundheitsförderliche Organisationskultur muss messbar sein

Je diffuser der Gegenstand, desto bedeutsamer ist es, ihn greifbar zu machen und abbilden zu können. Somit stellt sich nun notwendigerweise die Frage nach der Messbarkeit. Gibt es ein Instrument, anhand dessen die „gesundheitsförderliche Organisationskultur" gemessen werden kann?

Zur Messung der Organisationskultur steht eine Vielzahl an Instrumenten zur Verfügung. Sackmann (2007, S. 32) gibt einen Überblick über die wesentlichsten und erwähnt etwa das Organizational Culture Inventory (OCI), den Organizational Culture Questionnaire (OCQ), den Organizational Values Questionnaire (OVQ) und verschiedene Organizational Narrative Approaches (ONA). Die Methoden reichen von auf-

wendigen, zeitintensiven, qualitativen Ethnographien bis hin zu simplen, standardisierten, quantitativen Befragungen. Je nach Methode werden unterschiedliche Ebenen und
Komponenten der Organisationskultur erfasst. Zur Erfassung des aktuellen kulturellen
Status einer Organisation eignen sich quantitative Methoden, anhand derer relativ zügig und objektiv kulturelle Merkmale aufgedeckt werden können. Die Erkenntnisse,
die aus quantitativen Verfahren zu ziehen sind, bleiben jedoch oberflächlich. Zur Erfassung tiefliegender kultureller Merkmale ist der Einsatz qualitativer Methoden also
unverzichtbar. Um der Komplexität der Organisationskultur Rechnung zu tragen, ist
eine Kombination verschiedener Erhebungsmethoden mit gleichrangiger Funktion –
Triangulation – singulären Methoden vorzuziehen (Flick, 2008; Sackmann, 2007).

Auch zur Erhebung gesundheitsförderlicher Arbeit existiert eine Reihe an Instrumenten, etwa die Salutogenetische Subjektive Arbeitsanalyse (SALSA), der Fragebogen für die BGF (FBGF), das Tätigkeitsbewertungssystem (TBS), die Analyse psychischer Anforderungen und Belastungen (RHIA/VERA), das Lernförderlichkeitsinventar
(LFI) und die Diagnose gesundheitsförderlicher Arbeit (DigA) (Ulich & Wülser, 2009,
S. 165). Analog zu den Organisationswissenschaftlern bedienen sich die Gesundheitswissenschaftler neben quantitativen vermehrt auch qualitativer Methoden (Schaeffer &
Müller-Mundt, 2002, S. 7).

Instrumente zur Messung der Organisationskultur existieren also ebenso wie solche
zur Messung gesundheitsförderlicher Arbeit. Wie Masser (2009) in ihrer Diplomarbeit
feststellte, fehlen bislang jedoch Instrumente, anhand derer die Gesundheitsförderlichkeit von Organisationskulturen abgebildet werden könnte.

Im Rahmen einer Literaturanalyse verglich und bewertete sie verschiedene Instru-
mente zur Messung der Organisationskultur in Hinblick auf ihren Gesundheitsaspekt.
Nur in vier der neunzehn recherchierten Instrumente wurde Gesundheit thematisiert,
sodass über Dimensionen wie Gesundheitsvorsorge, Sozialleistungen, Mitarbeiterori-
entierung, Führungsverhalten und Arbeitsbedingungen Anknüpfungsmöglichkeiten für
BGF gefunden werden konnten. Es sind dies die Checkliste Unternehmenskultur und
Führungsverhalten als Erfolgsfaktoren, das Great Place to Work® Kultur-Audit©, der
Bertelsmann-Werkzeugkasten Unternehmenskultur (Beile, 2007) und ein Kultur-
Messinstrument von Unterreitmeier (2004). Masser (ebd., S. 72-99) ordnete die Instrumente zunächst in eine Systematisierung von Beile (2007) ein und danach in das
Arbeits-Gesundheitsmodell von Badura und Hehlmann (2003). Es zeigte sich, dass
keines der Instrumente dazu geeignet ist, die Gesundheitsförderlichkeit von Organisationskulturen abzubilden, da sämtlichen Instrumenten eine Ergebnisdimension fehlt,
anhand derer der Gesundheitszustand der Organisationsmitglieder erhoben werden
könnte. Hiermit ist gemeint, dass zwar durchaus gesundheitsbezogene Dimensionen
von Organisationskultur erfasst werden, dass das Ergebnis jedoch nicht mit Bezug auf
Gesundheit kategorisiert wird. Zum Einsatz in BGF-Projekten am ehesten geeignet

erscheint Masser (2009, S. 98) die Checkliste von Sackmann (2004) zu sein, da hier die meisten Übereinstimmungen zu den vier Dimensionen *Organisations-, Arbeitsbedingungen, Gesundheitszustand* und *Arbeitsverhalten* des gesundheitswissenschaftlichen Referenzmodells von Badura und Hehlmann (2003) ermittelt werden konnten. Aber auch diese Checkliste eignet sich nur bedingt, da auch hier die gesundheitsbezogene Ergebnisdimension fehlt. (Masser, 2009, S. 101)

Abschließend muss also festgestellt werden, dass gegenwärtig kein adäquates Instrument zur Messung der Gesundheitsförderlichkeit von Organisationskulturen existiert, anhand dessen künftig vor dem Start eines BGF-Projekts die organisationalen Voraussetzungen einer Organisation valide ermittelt werden könnten.

Die Dissertation von Goldgruber (2010) bietet für die Entwicklung eines solchen Instruments eine Basis; auch wenn noch erhebliche Messprobleme bestehen dürften und der Delphi-Fragebogen zweifellos für einen Einsatz in der Praxis weiterentwickelt und schließlich auch validiert werden müsste. Ferner könnten einzelne Dimensionen der von Masser (2009) verglichenen Instrumente in die Entwicklung des Instruments einfließen. Überlegungen wie diese führen nun zum Ausblick auf weiterführenden Forschungsbedarf.

7.4 Ausblick

Erste hypothetische Überlegungen zur organisationskulturellen Erklärung der Verbreitung von BGF liegen vor. Wo aber kann die Forschung nun weitermachen? Forschungsbedarf besteht zumindest in zweierlei Hinsicht: Zum einen stellen die Weiterentwicklung des Kulturkonstrukts und insbesondere die Entwicklung einer „gesundheitsförderlichen Organisationskultur" bedeutende Forschungsaspekte dar. Zum anderen stehen Organisationsanalysen zur Validierung von Instrumenten an, welche die BGF-Eignung von Organisationen zu messen vermögen. Über die vorliegende Arbeit hinausgehende Forschungsperspektiven sollen nun abschließend skizziert werden:

Entwicklung einer "gesundheitsförderlichen Organisationskultur"

Ebenso wie die Gesundheitsförderlichkeit von Organisationen stellt die Organisationskultur ein theoretisches Konstrukt dar, das sich direkter Beobachtung weitestgehend entzieht. Um kulturelle Erklärungsansätze für die Verbreitung von BGF bereitstellen zu können, müssten geeignete Indikatoren entwickelt werden, anhand derer die beiden Konstrukte operationalisiert und somit empirisch untersucht werden könnten. Anhaltspunkte zur Operationalisierung des Kulturkonstrukts ließen sich wohl in Instrumenten zur Messung der Organisationskultur, wie den von Masser (2009) analysierten, finden. Anhaltspunkte zur Operationalisierung der Gesundheitsförderlichkeit von Organisationen könnten beispielsweise in der Gegenüberstellung gesunder und ungesunder Orga-

nisationen von Badura und Hehlmann (2003, S. 54) oder auch in den gesundheitsbezogenen Variablen und Indikatoren dieser Arbeit (Goldgruber, 2010, S. 287–288) ausgemacht werden.

Ein weiteres, bislang ungelöstes Problem liegt darin, dass die verschiedenen Ansätze der Organisationskultur nicht spezifisch das Thema Gesundheit berücksichtigen.
Aus Mangel an Alternativen musste in diesem Buch auf das empirische Kultur-Modell
von Weissmann (2004) zurückgegriffen werden, dessen Dimensionen von allen verglichenen Typologien am sinnvollsten erschienen, um sich dem Gegenstand *Organisation und BGF* zu nähern. Forschungsbedarf besteht nun also in der Verknüpfung der
Konstrukte *Organisationskultur* und *Gesundheitsförderlichkeit von Organisationen*
und in der Entwicklung einer Kulturtypologie, die Gesundheit in den Mittelpunkt
stellt.

Hypothesen darüber, für welche BGF-Varianten unterschiedliche Organisationstypen in ihrer jeweils aktuellen Situation geeignet sind, wurden formuliert. Ziel aktiver
BGF muss es aber sein, nicht nur dem *Ist*-Stand entsprechend Maßnahmen zu setzen,
sondern eine „gesundheitsförderliche Organisationskultur" zu entwickeln. Langfristig
muss BGF Organisationen dabei unterstützen, sich stetig in Richtung des gesundheitsförderlichen Pols des Kontinuums der Gesundheitsförderlichkeit von Organisationskulturen zu entwickeln oder, anders formuliert, einen definierten *Soll*-Stand zu erreichen. Abhängig von den jeweiligen organisationalen Voraussetzungen wäre dieser
freilich von Organisationstyp zu Organisationstyp unterschiedlich zu definieren. Muss
doch angenommen werden, dass nur jene BGF-Aktivitäten Bestand haben werden,
deren Komplexität die jeweilige Organisationskultur weder über- noch unterfordert: So
wäre der anzustrebende *Soll*-Stand in eher gesundheitsförderlichen Kulturen aller Voraussicht nach höher anzusetzen als in weniger gesundheitsförderlichen.

Um mittels BGF Veränderungsprozesse zu initiieren, wären – so die Vermutung –
neben Maßnahmen, die den aktuell geeigneten BGF-Varianten zuzuordnen sind, Maßnahmen der nächst komplexen BGF-Variante zu wählen: Wandelprozesse von *Bürokratien* ließen sich also vermutlich durch strukturelle Veränderungen beziehungsweise
durch verhältnisbezogene Maßnahmen einleiten. BGF würde hier als Vehikel dienen,
um bürokratische Strukturen zu bewegen. Wandelprozesse von *Patriarchaten* ließen
sich wohl durch organisationale Veränderungen beziehungsweise BGF als OE erzielen. BGF würde hier als Vehikel dienen, um patriarchalische Machtansprüche aufzu-
weichen. Ob Überlegungen wie diese zutreffen oder nicht, wäre in künftiger Forschungsarbeit zu klären. Insbesondere müsste der Frage nachgegangen werden, über
welches Potential die BGF – als aktives Veränderungsinstrument – zur Entwicklung
von Organisationskulturen in Richtung Gesundheitsförderlichkeit tatsächlich verfügt.

Natürlich müsste der Entwicklungsfortschritt einer Organisation, hin zur „gesundheitsförderlichen Kultur" überprüft werden können. In Zukunft sollte also im Rahmen

von *Prozessevaluationen* ermittelt werden können, ob die „richtigen" BGF-Varianten gewählt wurden oder ob Adaptionen notwendig sind. Im Rahmen von *Ergebnisevaluationen* sollte analysiert werden können, ob eine Organisationskultur im Laufe eines BGF-Projekts gesundheitsförderlicher geworden ist oder nicht. Zwar müssen Bestrebungen wie diese als deutlich begrenzt angenommen werden, eben weil Organisationskulturen wandlungsresistent sind, Effekte gesundheitsfördernder und primärpräventiver Maßnahmen kurzfristig wohl nur sehr eingeschränkt abzubilden sein werden und letztlich, weil die Gesundheitsförderungsmaßnahmen wirksam sein müssten, um Unterschiede abbilden zu können. Zur Wirksamkeit gesundheitsbezogener Maßnahmen in der Arbeitswelt soll an dieser Stelle auf Reviews von Goldgruber und Ahrens (2009; 2010) verwiesen werden. Anzunehmen ist, dass durch die Wahl der „richtigen" BGF-Varianten nicht nur die Verbreitung von BGF gesteigert, sondern auch deren Wirksamkeit erhöht werden könnte. Ob dem tatsächlich so ist, müsste allerdings erst untersucht werden.

Messung der BGF-Reife von Organisationen

Instrumente zur Messung der Organisationskultur bestehen ebenso wie solche zur Messung von gesundheitsförderlicher Arbeit. Instrumente, anhand derer die Gesundheitsförderlichkeit von Organisationskulturen abgebildet werden könnte, fehlen jedoch. Um die hypothetischen Überlegungen dieser Arbeit aber für den künftigen Praxiseinsatz nutzbar machen zu können, muss die BGF-Reife von realen Organisationen messbar werden. Hierzu wäre zunächst gewiss weitere Theoriearbeit nötig. Schließlich wäre aber auch – und vor allem – Empiriearbeit erforderlich.

Neben der Organisationsdiagnostik (z.B. Bornewasser, 2009; Felfe & Liepmann, 2008) sollte speziell die Organisationsanalyse (z.B. Titscher, Meyer & Mayrhofer, 2008) sehr gut dazu geeignet sein, die Forschungsarbeit am gesundheitsförderlichen Kulturkonstrukt voranzubringen. Stellt BGF doch ein bedeutendes Anwendungsfeld der Organisationsforschung dar (Felfe & Liepmann, 2008, S. 26). Organisationsanalysen unterscheiden sich „von allen anderen (empirischen) Untersuchungen dadurch, dass sie in formalen Zusammenhängen stattfinden und formalisierte Beziehungen zum Gegenstand haben" (Titscher et al., 2008, S. 55-56). Fragen nach individuellen Gewohnheiten oder Einstellungen können anhand von Organisationsanalysen also nicht geklärt werden. Diese interessieren im Zusammenhang mit dem gesundheitsförderlichen Kulturkonstrukt aber auch nicht. Schließlich soll es ja darum gehen, den organisationalen Voraussetzungen – nicht einzelnen Personen – angemessene BGF-Varianten bereitzustellen.

Ziel künftiger Forschung müsste es also sein, organisationsdiagnostische und/oder organisationsanalytische Instrumente zu entwickeln, anhand derer die BGF-Reife verschiedener Kulturtypen valide gemessen werden kann. Die Erhebungsinstrumente soll-

ten einfach anzuwenden, leicht wiederholbar und gut auswertbar sein. Auch sollten sie
– abhängig von der Größe und der Branche einer Organisation und ggf. abteilungsspe-
zifisch – individuell einsetzbar sein. Grundsätzlich können sämtliche der bekannten
empirischen Methoden der Datenerhebung auch in Organisationsanalysen eingesetzt
werden (Titscher et al., 2008, S. 199-272). Welche Methoden und Instrumente aber
konkret zur Messung der BGF-Reife von Organisationen adäquat wären, stellt eine
offene Forschungsfrage dar. Gedanken hierzu sollen nun notiert werden:

Im Rahmen von *Befragungen* könnten die öffentlich propagierten Werte und unge-
schriebenen Regeln über gesundheitsbezogen „richtiges" und „falsches" Verhalten in
einer Organisation ermittelt werden. So könnte etwa analysiert werden, ob Autonomie,
Partizipation oder Empowerment von Bedeutung sind oder nicht. Vermutlich würde
sich im Rahmen einer exemplarischen Instrumententestung herausstellen, dass anhand
dieser (teil)standardisierten, schriftlichen Befragungsform größere Organisationen
zwar sehr gut analysiert werden können, nicht so hingegen kleinere. Kleinere Organisationen würden sich vermutlich eher für persönliche, mündliche Leitfaden-Interviews
eignen. Neben Einzelbefragungen wären wohl auch Gruppendiskussionen zur Analyse
organisationskultureller Zusammenhänge vorstellbar. *Soziometrien* oder *Netzwerkana-
lysen* könnten sich darüber hinaus als geeignet erweisen.

Im Rahmen von *Beobachtungen* könnte die Gesundheitsförderlichkeit von sichtbaren Kulturelementen wie Kommunikationsmustern, Anreiz- und Gratifikationssyste-
men, Gebäuden, Büroräumen oder einzelnen Arbeitsplätzen analysiert werden. Auch
ließen sich vermutlich über den Firmenjargon, über Geschichten und Witze Informationen über den Wert, der Gesundheit in einer Organisation zukommt, einholen. Schlüsse über die BGF-Reife von Organisationskulturen könnten zusätzlich auch über *Arte-
faktenanalysen* gezogen werden. Aus methodischer Sicht könnten neben Befragungen
verschiedene Arten der Beobachtung vermutlich aufschlussreiche Erkenntnisse über
die BGF-Reife von Organisationen liefern.

Die konkreten Instrumente zur Messung der Gesundheitsförderlichkeit von Organisationskulturen müssten gewiss auf die Möglichkeiten, Fähigkeiten und Kapazitäten
des Erhebungsteams zugeschnitten werden. Zur Analyse der Gesundheitsförderlichkeit
von Organisationskulturen wäre ein Mix an Erhebungsmethoden einer einzelnen Methode vorzuziehen. So könnten anhand von qualitativen Methoden tiefliegende, gemeinsame Annahmen der Organisationsmitglieder aufgespürt werden und dennoch
wäre es möglich, mittels quantitativer Methoden rasch vergleichbare Ergebnisse zu
erzielen.

Ein grundlegendes Verständnis und Sensibilität der Teammitglieder für die Eigen-
heiten und Eigenartigkeiten von Organisationen erscheinen jedoch besonders relevant
zu sein. Auch Titscher et al. (2008) empfehlen, empirische Studien in Organisationen
nur unter der Bedingung des Vorhandenseins fundierter Theoriekenntnisse über Orga-

nisationen durchzuführen, da „das, was bei einer Organisationsanalyse gesehen und festgestellt wird, … [von] den Überzeugungen dessen ab[hängt], der die Analyse durchführt und von den Instrumenten, die er, seinen Überzeugungen entsprechend, einsetzt" (S. 68). Vermutlich gibt es Menschen, die über ein tiefes Verständnis für die Besonderheiten von Organisationen verfügen und die dazu in der Lage sind, Organisationen – einschließlich ihrer Kultur und Führung – zu deuten, jedoch nur selten.

Der Bereich *Kultur und Führung* führt zu weiteren spannenden Fragestellungen: Welche Auswirkungen hat der (psychische) Gesundheitszustand von Führungskräften auf die Gesundheit der Mitarbeiter und der Organisation? Welchen Einfluss haben Führungsstil und Managementverhalten? Badura et al. (2008) kamen in einer empirischen Studie zum Sozialkapital von Organisationen unlängst zum Schluss, dass „der direkte Vorgesetzte … die vielleicht wichtigste Person in einer Organisation [ist], wenn es um die Gesundheit der ihm anvertrauten Mitarbeiterinnen und Mitarbeiter geht" (S. 133). Die Ergebnisse der Delphi-Befragung dieser Arbeit bestärken diesen Befund. Auch enthalten sämtliche der von Masser (2009, S. 72-99) verglichenen Instrumente Führungsverhalten als Dimension. Künftige Forschung zum gesundheitsförderlichen Kulturkonstrukt sollte sich demnach auch mit Fragestellungen zum Zusammenhang zwischen Gesundheit, Kultur und Führung beschäftigen.

Verzeichnisse

Literatur

Aderhold, J. & Jutzi, K. (2003). Theorie sozialer Systeme. In E. Weik & R. Lang (Hrsg.), *Moderne Organisationstheorien 2. Strukturorientierte Ansätze. Lehrbuch* (S. 121–151). Wiesbaden: Gabler.

Aderhold, J. (2003). Organisation als soziales System. In E. Weik & R. Lang (Hrsg.), *Moderne Organisationstheorien 2. Strukturorientierte Ansätze. Lehrbuch* (S. 153–188). Wiesbaden: Gabler.

Ahrens, D. & Schott, T. (2004). Arbeitsbedingte Erkrankungen und betriebliches Gesundheitsmanagement: Eine betriebswirtschaftliche und gesundheitsökonomische Betrachtung. In Bertelsmann Stiftung & Hans-Böckler-Stiftung (Hrsg.), *Zukunftsfähige betriebliche Gesundheitspolitik. Vorschläge der Expertenkommission* (S. 1–69). Gütersloh: Bertelsmann Stiftung.

Ahrens, D. (2004a). Gesundheitsökonomie und Gesundheitsförderung: Eigenverantwortung für Gesundheit? *Das Gesundheitswesen, 66* (4), 213-221.

Ahrens, D. (2004b). Prioritätensetzung im Gesundheitswesen und die Bedeutung von Gesundheitsförderung und gesundheitsökonomischer Evaluation aus Sicht von Public Health. In D. Ahrens & B. J. Güntert (Hrsg.), *Gesundheitsökonomie und Gesundheitsförderung* (S. 255–284). Baden-Baden: Nomos.

Ahrens, D. (2007). Ökonomisierung und Gesundheitsförderung. In B. Schmidt & P. Kolip (Hrsg.), *Gesundheitsförderung im aktivierenden Sozialstaat. Präventionskonzepte zwischen Public Health, Eigenverantwortung und Sozialer Arbeit. Grundlagentexte Gesundheitswissenschaften* (S. 45–55). Weinheim, München: Juventa.

Alvesson, M. (1993). *Cultural perspectives on organizations*. Cambridge, MA: Cambridge Univ. Press.

Antonovsky, A. (1979). *Health, stress and coping: New perspectives on mental and physical well-being*. San Francisco, CA: Jossey-Bass.

Antonovsky, A. (1997). *Salutogenese: Zur Entmystifizierung der Gesundheit*. Tübingen: DGVT.

Argyris, C. (1957). *Personality and organization: The conflict between system and the individual*. New York, NY: Harper & Row.

Atteslander, P. (2008). *Methoden der empirischen Sozialforschung*. Berlin: Schmidt.

Bachmann, K. (2002). *Health promotion programs at work: A frivolous cost or a sound investment?* Verfügbar unter: http://www.conferenceboard.ca/documents.aspx?DID=461 [9.11.2009].

Badura, B. & Hehlmann, T. (2003). *Betriebliche Gesundheitspolitik: Der Weg zur gesunden Organisation*. Berlin u.a.: Springer.

Badura, B. (2008). Das Sozialkapital von Organisationen. In F. Gastager (Hrsg.), *Betriebliche Gesundheitsförderung im europäischen Eisenbahnwesen* (S. 17–47). Wien: Böhlau.

Badura, B., Greiner, W., Rixgens, P., Ueberle, M. & Behr, M. (2008). *Sozialkapital: Grundlagen von Gesundheit und Unternehmenserfolg*. Berlin, Heidelberg: Springer.

Badura, B., Münch, E. & Ritter, W. (2001). *Partnerschaftliche Unternehmenskultur und betriebliche Gesundheitspolitik: Fehlzeiten durch Motivationsverlust* (4. neubearbeitete Auf.). Gütersloh: Bertelsmann Stiftung.

Baecker, D. (1993). *Die Form des Unternehmens*. Frankfurt/Main: Suhrkamp.

Baecker, D. (1999). *Organisation als System: Aufsätze*. Frankfurt/Main: Suhrkamp.

Baetge, J., Schewe, G., Schulz, R. & Solmecke, H. (2007). Unternehmenskultur und Unternehmenserfolg: Stand der empirischen Forschung und Konsequenzen für die Entwicklung eines Messkonzeptes. *Journal für Betriebswirtschaft, 57,* 183-219.

Bamberg, E., Ducki, A. & Metz, A.-M. (Hrsg.). (1998). *Handbuch Betriebliche Gesundheitsförderung: Arbeits- und organisationspsychologische Methoden und Konzepte*. Göttingen: Verl. f. Angewandte Psychologie.

Barnard, C. I. (1938). *The functions of the executive*. Cambridge, MA: Harvard Univ. Press.

Beck, D. & Schnabel, P.-E. (2009). Verbreitung und Inanspruchnahme von Maßnahmen zur Gesundheitsförderung in Betrieben in Deutschland. *Das Gesundheitswesen, eFirst*

Becker, P. (1992). Die Bedeutung integrativer Modelle von Gesundheit und Krankheit für die Prävention und Gesundheitsförderung: Anforderungen an allgemeine Modelle von Gesundheit und Krankheit. In P. Paulus (Hrsg.), *Prävention und Gesundheitsförderung. Perspektiven für die psychosoziale Praxis* (S. 91–107). Köln: GwG-Verl.

Becker, P. (2001). Modelle der Gesundheit: Ansätze der Gesundheitsförderung. In S. Höfling & O. Gieseke (Hrsg.), *Gesundheitsoffensive Prävention. Gesundheitsförderung und Prävention als unverzichtbare Bausteine effizienter Gesundheitspolitik* (S. 41–53). München: Redaktion Politische Studien, Hanns-Seidel-Stiftung e. V. Atwerb-Verlag KG.

Becker, P. (2006). Anforderungs-Ressourcen-Modell in der Gesundheitsförderung. In Bundeszentrale für Gesundheitliche Aufklärung (Hrsg.), *Leitbegriffe der Gesundheitsförderung. Glossar zu Konzepten, Strategien und Methoden in der Gesundheitsförderung.* 6. Aufl. (S. 13–15). Schwabenheim/Selz: Sabo.

Beile, J. (2007). Ansatzpunkte zur Messung von Unternehmenskulturen: Grundlage für die Entwicklung eines Audit "Beteiligungsorientierte Unternehmenskultur". In F. W. Nerdinger (Hrsg.), *Ansätze zur Messung von Unternehmenskultur. Möglichkeiten, Einordnung und Konsequenzen für ein neues Instrument* (S. 26–43). Rostock: Arbeitspapier Nr. 7 aus dem Projekt TiM.

Bengel, J., Strittmatter, R. & Willmann, H. (2001). *Was erhält Menschen gesund? Antonovskys Modell der Salutogenese: Diskussionsstand und Stellenwert* (Erweiterte Neuauflage). Köln: Bundeszentrale für gesundheitliche Aufklärung.

Berger, U. & Bernhard-Mehlich, I. (2006). Die Verhaltenswissenschaftliche Entscheidungstheorie. In A. Kieser & M. Ebers (Hrsg.), *Organisationstheorien.* 6. neubearbeitete Aufl. (S. 169–214). Stuttgart: Kohlhammer.

Bertelsmann Stiftung & Hans-Böckler-Stiftung (Hrsg.). (2004). *Zukunftsfähige betriebliche Gesundheitspolitik: Vorschläge der Expertenkommission.* Gütersloh: Bertelsmann Stiftung.

BKK Bundesverband & Europäisches Informationszentrum (Hrsg.). (1999). *Qualitätskriterien für die betriebliche Gesundheitsförderung: Gesunde Mitarbeiter in gesunden Unternehmen: Erfolgreiche Praxis betrieblicher Gesundheitsförderung in Europa.* Essen. Verfügbar unter: http://www.bkk.de/bkk/psfile/downloaddatei/32/qualitaets3ec8870d67043.pdf [4.6.2008].

Blau, P. M. & Schoenherr, R. A. (1971). *The structure of organizations.* New York, NY u.a.: Basis Books.

Blau, P. M. & Scott, W. R. (1962). *Formal organizations: A comparative approach.* San Francisco, CA: Chandler.

Blickle, G. (2004). Menschenbilder. In G. Schreyögg & A. v. Werder (Hrsg.), *Handwörterbuch Unternehmensführung und Organisation.* 4. neubearbeitete Aufl. (S. 836–843). Stuttgart: Schäffer-Poeschel.

Bödeker, W. & Hüsing, T. (2008). *IGA-Barometer 2. Welle: Einschätzung der Erwerbsbevölkerung zum Stellenwert der Arbeit, zur Verbreitung und Akzeptanz von betrieblicher Prävention und zur krankheitsbedingten Beeinträchtigung der Arbeit - 2007.* IGA-Report 12 (BKK BV, DGUV, AOK-BV & vdek, Hrsg.). Essen. Verfügbar unter: http://www.iga-info.de/fileadmin/texte/iga_report_12.pdf [12.8.2009].

Boerner, S. (2004). Führungsstile und -konzepte. In G. Schreyögg & A. v. Werder (Hrsg.), *Handwörterbuch Unternehmensführung und Organisation.* 4. neubearbeitete Aufl. (S. 316–323). Stuttgart: Schäffer-Poeschel.

Bornewasser, M. (2009). *Organisationsdiagnostik und Organisationsentwicklung.* Stuttgart: Kohlhammer.

Bortz, J. & Döring, N. (2006). *Forschungsmethoden und Evaluation für Human- und Sozialwissenschaftler* (4. neubearbeitete Aufl.). Heidelberg: Springer.

Burns, T. & Stalker, G. M. (1961). *Management of innovation.* London: Tavistock Publ.

Busch, R. (1996). Einführung des Herausgebers. In R. Busch (Hrsg.), *Unternehmenskultur und betriebliche Gesundheitsförderung. Erweiterte Dokumentation eines Workshops an der Freien Universität Berlin am 30. 05. 1995* (S. 13–21). Berlin: Kooperationsstelle FU-DGB.

Chew, L., Cheah, C. & Koh, Y. H. (2002). Health promotion programme in the private workplaces in Singapore: A prevalence survey. *Singapore Medical Journal, 43* (1), 18-24.

Coleman, J. S. (1988). Social capital in the creation of human capital. *American Journal of Sociology, 94* (Supplement), 95-120.

Cyert, R. M. & March, J. G. (1963). *A behavioral theory of the firm.* Englewood Cliffs, NJ: Prentice-Hall.

Dabrowski, H., Marstedt, G. & Mergner, U. (1989). *Mehr als Monotonie und Zeitdruck: Soziale Konstitution und Verarbeitung von psychischen Belastungen im Betrieb.* Wiesbaden: Dt. Univ.-Verl.

Deal, T. E. & Kennedy, A. A. (2000). *Corporate cultures: The rites and rituals of corporate life.* New York, NY: Basic Books.

Degener, M. (2003). *Soziale Verantwortung und Unternehmenserfolg: Die Bedeutung der Unternehmenskultur und des Human Resources Management für den ökonomischen Erfolg.* Dissertationsschrift, Humanwissenschaftliche Fakultät der Universität Potsdam. Potsdam

Degener, M. (2004). *Unternehmenserfolg und soziale Verantwortung.* Frankfurt/Main: Europ. Verl. d. Wissenschaften.

DiMaggio, P. J. & Powell, W. W. (1991). The iron cage revisited: Institutional isomorphism and collective rationality in organizational fields. In W. W. Powell & P. J. DiMaggio (Hrsg.), *The new institutionalism in organizational analysis.* Chicago, IL u.a.: Univ. of Chicago Press.

Docherty, G., Fraser, E. & Hardin, J. (1999). Health promotion in the Scottish workplace. *Health Education Research, 14* (4), 565-573.

Dürr, A. (2007). *Humankapital: Bekenntnis zum Erfolgsfaktor Mensch.* Saarbrücken: VDM, Müller.

Ebers, M. & Gotsch, W. (2006). Institutionenökonomische Theorien der Organisation. In A. Kieser & M. Ebers (Hrsg.), *Organisationstheorien.* 6. neubearbeitete Aufl. (S. 247–308). Stuttgart: Kohlhammer.

Eco, U. (2005). *Wie man eine wissenschaftliche Abschlußarbeit schreibt* (11. Aufl.). Heidelberg: C. F. Müller.

Elkeles, T. (2006). Evaluation von Gesundheitsförderung und Evidenzbasierung? In W. Bödeker & J. Kreis (Hrsg.), *Evidenzbasierung in Gesundheitsförderung und Prävention* (S. 111–153). Bremerhaven: Wirtschaftsverl. NW.

ENWHP European Network for Workplace Health Promotion. (2002). *Barcelona Declaration on developing good workplace health practice in Europe.* Verfügbar unter: http://www.enwhp.org/fileadmin/downloads/declaration_englisch_a3.pdf [28.7.2009].

ENWHP Network for Workplace Health Promotion. (2007). *Luxemburger Deklaration zur betrieblichen Gesundheitsförderung in der Europäischen Union.* Verfügbar unter: http://www.netzwerk-unternehmen-fuer-gesundheit.de/fileadmin/rs-dokumente/dateien/Luxemburger_Deklaration_22_okt07.pdf_Declaration.pdf [18.7.2009].

Etzioni, A. (1961). *A comparative analysis of complex organizations: On power, involvement, and their correlates.* New York, NY: The Free Press.

Fahrenberg, J. (2007). *Menschenbilder: Psychologische, biologische, interkulturelle und religiöse Ansichten. Psychologische und Interdisziplinäre Anthropologie.* Verfügbar unter: http://psydok.sulb.uni-saarland.de/volltexte/2007/981/pdf/e_Buch_MENSCHENBILDER_J._Fahrenberg_2007_100807.pdf [19.3.2009].

Faltermaier, T. (2005). *Gesundheitspsychologie.* Stuttgart: Kohlhammer.

Fatzer, G. (2004). Einleitung: Organisationsentwicklung und ihre Herausforderungen. In G. Fatzer (Hrsg.), *Organisationsentwicklung für die Zukunft. Ein Handbuch.* 3. Aufl. (S. 13–34). Köln: EHP.

Felfe, J. & Liepmann, D. (2008). *Organisationsdiagnostik.* Göttingen u.a.: Hogrefe.

FGÖ Fonds Gesundes Österreich. (2005). *Glossar.* Verfügbar unter: http://www.fgoe.org/gesundheitsfoerderung/glossar [11.9.2008].

Flick, U. (2008). *Triangulation: Eine Einführung* (2. Aufl.). Wiesbaden: VS, Verl. f. Sozialwissenschaften.

Franzkowiak, P. & Sabo, P. (Hrsg.). (1998). *Dokumente der Gesundheitsförderung: Internationale und nationale Dokumente und Grundlagentexte zur Entwicklung der Gesundheitsförderung im Wortlaut und mit Kommentierung* (2. Aufl.). Mainz: Sabo.

Franzkowiak, P. (2006a). Belastung und Bewältigung/Stress-Bewältigungs-Perspektive. In Bundeszentrale für Gesundheitliche Aufklärung (Hrsg.), *Leitbegriffe der Gesundheitsförderung. Glossar zu Konzepten, Strategien und Methoden in der Gesundheitsförderung.* 6. Aufl. (S. 18–21). Schwabenheim/Selz: Sabo.

Franzkowiak, P. (2006b). Protektivfaktoren/Schutzfaktoren. In Bundeszentrale für Gesundheitliche Aufklärung (Hrsg.), *Leitbegriffe der Gesundheitsförderung. Glossar zu Konzepten, Strategien und Methoden in der Gesundheitsförderung.* 6. Aufl. (S. 189–190). Schwabenheim/Selz: Sabo.

Frey, B. S. & Benz, M. (2004). Anreizsysteme, ökonomische und verhaltenswissenschaftliche Dimension. In G. Schreyögg & A. v. Werder (Hrsg.), *Handwörterbuch*

Unternehmensführung und Organisation. 4. neubearbeitete Aufl. (S. 21–28). Stuttgart: Schäffer-Poeschel.

Fuchs, M. (2009). Bestimmungsfaktoren für Sozialkapital und Vertrauen in Unternehmen. In B. Badura, H. Schröder & C. Vetter (Hrsg.), *Fehlzeiten-Report 2008. Zahlen, Daten, Analysen aus allen Branchen der Wirtschaft.* Betriebliches Gesundheitsmanagement: Kosten und Nutzen (S. 23–31). Heidelberg: Springer.

Fülgraff, G. M. (1999). New Public Health. In W. Schlicht & H.-H. Dickhut (Hrsg.), *Gesundheit für alle. Fiktion oder Realität* (S. 225–238). Schorndorf: Hofmann.

Glasgow, R. E., Lichtenstein, E. & Marcus, A. C. (2003). Why don't we see more translation of health promotion research to practice? Rethinking the efficacy-to-effectiveness transition. *American Journal of Public Health, 93* (8), 1261-1267.

Glasl, F. (2008a). Die sieben Basisprozesse der Organisationsentwicklung. In F. Glasl (Hrsg.), *Professionelle Prozessberatung. Das Trigon-Modell der sieben OE-Basisprozesse.* 2. neubearbeitete Aufl. (S. 90–132). Bern u.a.: Haupt.

Glasl, F. (2008b). Wandel der Organisationsberatung zur Prozessberatung. In F. Glasl (Hrsg.), *Professionelle Prozessberatung. Das Trigon-Modell der sieben OE-Basisprozesse.* 2. neubearbeitete Aufl. (S. 33–49). Bern u.a.: Haupt.

Goldgruber, J. & Ahrens, D. (2009). Gesundheitsbezogene Interventionen in der Arbeitswelt: Review über die Wirksamkeit betrieblicher Gesundheitsförderung und Primärprävention. *Prävention und Gesundheitsförderung, 4* (1), 83-95.

Goldgruber, J. & Ahrens, D. (2010). Effectiveness of workplace health promotion and primary prevention interventions: A review. *Journal of Public Health, 18* (1), 75-88.

Goldgruber, J. (2008). Unternehmenskultur und Gesundheitsförderung. In F. Gastager (Hrsg.), *Betriebliche Gesundheitsförderung im europäischen Eisenbahnwesen* (S. 189–218). Wien: Böhlau.

Goldgruber, J. (2010). *Organisationen und ihre Eignung für betriebliche Gesundheitsförderung: Eine explorative Untersuchung der organisationstheoretischen und organisationskulturellen Bedingungen.* Dissertation bei B.J. Güntert. UMIT. Hall/Tirol.

Greiner, B. A. (1998). Der Gesundheitsbegriff. In E. Bamberg, A. Ducki & A.-M. Metz (Hrsg.), *Handbuch Betriebliche Gesundheitsförderung. Arbeits- und organisationspsychologische Methoden und Konzepte* (S. 39–55). Göttingen: Verl. f. Angewandte Psychologie.

Grosch, J. W, Alterman, T., Petersen, M. R & Murphy, L. R. (1998). Worksite health promotion programs in the U.S.: Factors associated with availability and participation. *American Journal of Health Promotion, 13* (1), 36-45.

Grossmann, R. & Scala, K. (2001). *Gesundheit durch Projekte fördern: Ein Konzept zur Gesundheitsförderung durch Organisationsentwicklung und Projektmanagement* (3. Aufl.). Weinheim, München: Juventa.

Grossmann, R. & Scala, K. (2006). Setting-Ansatz in der Gesundheitsförderung. In Bundeszentrale für Gesundheitliche Aufklärung (Hrsg.), *Leitbegriffe der Gesundheitsförderung. Glossar zu Konzepten, Strategien und Methoden in der Gesundheitsförderung.* 6. Aufl. (S. 205–206). Schwabenheim/Selz: Sabo.

Grossmann, R. (1993). Gesundheitsförderung durch Organisationsentwicklung – Organisationsentwicklung durch Projektmanagement. In J. M. Pelikan, H. Demmer & K. Hurrelmann (Hrsg.), *Gesundheitsförderung durch Organisationsentwicklung. Konzepte, Strategien und Projekte für Betriebe, Krankenhäuser und Schulen* (S. 43–60). Weinheim u.a.: Juventa.

Güntert, B. J. (2004). Gesundheitsstrategien/-management. In E. Gaugler (Hrsg.), *Handwörterbuch des Personalwesens.* 3. neubearbeitete Aufl. (S. 853–863). Stuttgart: Schäffer-Poeschel.

Häder, M. (2002). *Delphi-Befragungen: Ein Arbeitsbuch.* Wiesbaden: Westdt. Verl.

Hall, R. H., Haas, J. E. & Johnson, N. J. (1967). An examination of the Blau-Scott and Etzioni typologies. *Administrative Science Quarterly, 12* (1), 118-139.

Handy, C. (2000). *Gods of management: The changing work of organisations.* London: Arrow Books.

Hannan, M. T. & Freeman, J. (1989). *Organizational ecology.* Cambridge, MA u.a.: Harvard Univ. Press.

Harden, A., Peersman, G., Oliver, S., Mauthner, M. & Oakley, A. (1999). A systematic review of the effectiveness of health promotion interventions in the workplace. *Occupational Medicine, 49* (8), 540-548.

Hauser, F. (2009). Unternehmenskultur, Gesundheit und wirtschaftlicher Erfolg in den Unternehmen in Deutschland: Ergebnisse eines Forschungsprojekts des Bundesministeriums für Arbeit und Soziales. In B. Badura, H. Schröder & C. Vetter (Hrsg.), *Fehlzeiten-Report 2008. Zahlen, Daten, Analysen aus allen Branchen der Wirtschaft.* Betriebliches Gesundheitsmanagement: Kosten und Nutzen (S. 187–193). Heidelberg: Springer.

Hauser, F., Schubert, A. & Aicher, M. (2007). *Unternehmenskultur, Arbeitsqualität und Mitarbeiterengagement in den Unternehmen in Deutschland: Ein Forschungsprojekt des Bundesministeriums für Arbeit und Soziales* (Bundesministerium für Arbeit und Soziales, Hrsg.).

Hollederer, A. (2007). Betriebliche Gesundheitsförderung in Deutschland: Ergebnisse des IAB-Betriebspanels 2002 und 2004. *Das Gesundheitswesen, 69* (02), 63-76.

Hopfenbeck, W. (2002). *Allgemeine Betriebswirtschafts- und Managementlehre: Das Unternehmen im Spannungsfeld zwischen ökonomischen, sozialen und ökologischen Interessen* (14. Aufl.). München: Redline Wirtschaft b. Verl. Moderne Industrie.

Hsu, C.-C. & Sandford, B. A. (2007). The Delphi technique: Making sense of consensus. *Practical Assessment, Research & Evaluation, 12* (10), 1-8. Verfügbar unter: http://pareonline.net/pdf/v12n10.pdf [20.7.2009].

Hurrelmann, K. (2006). *Gesundheitssoziologie: Eine Einführung in sozialwissenschaftliche Theorien von Krankheitsprävention und Gesundheitsförderung.* Weinheim, München: Juventa.

Jones, G. R. & Bouncken, R. B. (2008). *Organisation: Theorie, Design und Wandel.* München u.a.: Pearson Studium.

Karasek, R. A. & Theorell, T. (1990). *Healthy work: Stress, productivity, and the reconstruction of working life.* New York, NY: Basic Books.

Karasek, R. A. (1979). Job demands, job decision latitude, and mental strain: Implications for job redesign. *Administrative Science Quarterly, 24* (2), 285-308.

Kasper, H., Heimerl, P. & Mühlbacher, J. (2002). Strukturale und prozessorientierte Organisationsformen. In H. Kasper & W. Mayrhofer (Hrsg.), *Personalmanagement Führung Organisation.* 3. neubearbeitete Aufl. (S. 19–92). Wien: Linde.

Keeley, B. (2007). *Humankapital: Wie Wissen unser Leben bestimmt.* Paris: OECD.

Kets de Vries, M. F.R. & Miller, D. (1984). *The neurotic organization: Diagnosing and changing counterproductive styles of management.* San Francisco, CA: Jossey-Bass.

Kickbusch, I. (2003). Gesundheitsförderung und Prävention: Gesundheitsförderung. In F. Wilhelm Schwartz, B. Badura, R. Busse, R. Leidl, H. Raspe, J. Siegrist & U. Walter (Hrsg.), *Public Health. Gesundheit und Gesundheitswesen.* 2. Aufl. (S. 181–189). München, Jena: Urban & Fischer.

Kieser, A. & Ebers, M. (Hrsg.). (2006). *Organisationstheorien* (6. neubearbeitete Aufl.). Stuttgart: Kohlhammer.

Kieser, A. & Walgenbach, P. (2007). *Organisation* (5. neubearbeitete Aufl.). Stuttgart: Schäffer-Poeschel.

Kieser, A. & Woywode, M. (2006). Evolutionstheoretische Ansätze. In A. Kieser & M. Ebers (Hrsg.), *Organisationstheorien.* 6. neubearbeitete Aufl. (S. 309–352). Stuttgart: Kohlhammer.

Kieser, A. (2006a). Der Situative Ansatz. In A. Kieser & M. Ebers (Hrsg.), *Organisationstheorien.* 6. neubearbeitete Aufl. (S. 215–245). Stuttgart: Kohlhammer.

Kieser, A. (2006b). Human Relations-Bewegung und Organisationspsychologie. In A. Kieser & M. Ebers (Hrsg.), *Organisationstheorien.* 6. neubearbeitete Aufl. (S. 133–167). Stuttgart: Kohlhammer.

Kieser, A. (2006c). Managementlehre und Taylorismus. In A. Kieser & M. Ebers (Hrsg.), *Organisationstheorien.* 6. neubearbeitete Aufl. (S. 93–132). Stuttgart: Kohlhammer.

Kieser, A. (2006d). Max Webers Analyse der Bürokratie. In A. Kieser & M. Ebers (Hrsg.), *Organisationstheorien.* 6. neubearbeitete Aufl. (S. 63–92). Stuttgart: Kohlhammer.

Kliche, T., Kröger, G. & Meister, R. (2010). Die Implementation Betrieblicher Gesundheitsförderung in Deutschland. In W. Kirch, M. Middeke & R. Rychlik (Hrsg.), *Aspekte der Prävention* (S. 224–235). Stuttgart: Thieme.

Köhler, T., Janßen, C., Plath, S.-C., Steinhausen, S. & Pfaff, H. (2009). Determinanten der betrieblichen Gesundheitsförderung in der Versicherungsbranche: Ergebnisse einer Vollerhebung bei deutschen Versicherungen im Jahr 2006. *Das Gesundheitswesen, 71* (11), 722-731.

Kolip, P. (2003). Ressourcen für Gesundheit: Potenziale und ihre Ausschöpfung. *Das Gesundheitswesen, 65,* 155-162.

Kotthoff, H. & Reindl, J. (1990). *Die soziale Welt kleiner Betriebe: Wirtschaften, Arbeiten und Leben im mittelständischen Industriebetrieb.* Göttingen: Schwartz.

Lang, R., Winkler, I. & Weik, E. (2005). Organisationskultur, Organisationaler Symbolismus und Organisationaler Diskurs. In E. Weik & R. Lang (Hrsg.), *Moderne Organisationstheorien 1. Handlungsorientierte Ansätze. Lehrbuch.* 2. neubearbeitete Aufl. (S. 207–258). Wiesbaden: Gabler.

Laske, S., Meister-Scheytt, C. & Küpers, W. (2006). *Organisation und Führung.* Münster u.a.: Waxmann.

Lawrence, P. R. & Lorsch, J. W. (1969). *Organization and environment: Managing differentiation and integration.* Homewood, IL u.a.: Irwin.

Lenhardt, U. & Rosenbrock, R. (1998). Gesundheitsförderung in der Betriebs- und Unternehmenspolitik: Voraussetzungen, Akteure, Verläufe. In R. Müller & R. Rosenbrock (Hrsg.), *Betriebliches Gesundheitsmanagement, Arbeitsschutz und Gesundheitsförderung. Bilanz und Perspektiven* (S. 298–326). Sankt Augustin: Asgard.

Lenhardt, U. (2005). Gesundheitsförderung: Rahmenbedingungen und Entwicklungsstand. *Sozialwissenschaften und Berufspraxis, 28* (1), 5-17.

Lewin, K. (1946). Action research and minority problems. *Journal of Social Issues, 2,* 34-46.

Likert, R. (1961). *New patterns of management.* Tokyo u.a.: McGraw-Hill Kogakusha.

Linnan, L., Bowling, M., Childress, J., Lindsay, G., Blakey, C., Pronk, S., Wieker, S. & Royall, P. (2008). Results of the 2004 national worksite health promotion survey. *American Journal of Public Health, 98* (8), 1503-1509.

Linstone, H. A. & Turoff, M. (Hrsg.). (1979). *The Delphi method: Techniques and applications* (3. print). Reading, MA u.a.: Addison-Wesley.

Longland, S. (2007). *Gliding: Theory of Flight.* (2nd ed.). London: A&C Black.

Luhmann, N. (2006). *Organisation und Entscheidung* (2. Aufl.). Wiesbaden: VS, Verl. f. Sozialwissenschaften.

Macdonald, S., Csiernik, R., Durand, P., Rylett, M. & Wild, T. C. (2006). Prevalence and factors related to Canadian workplace health programs. *Canadian Journal of Public Health, 97* (2), 121-125.

March, J. G. & Simon, H. A. (1958). *Organizations*. New York, NY u.a.: Wiley.

Marckmann, G. (2001). Prioritäten im Gesundheitswesen: Zum Gutachten des Sachverständigenrates für die konzertierte Aktion im Gesundheitswesen. *Ethik in der Medizin, 13,* 204-207.

Marstedt, G. (1994). *Rationalisierung und Gesundheit: Neue Produktionskonzepte, systemische Rationalisierung, lean production - Implikationen für Arbeitsbelastungen und betriebliche Gesundheitspolitik: P94-204.* Veröffentlichungsreihe der Forschungsgruppe Gesundheitsrisiken und Präventionspolitik. Berlin: Wissenschaftszentrum Berlin für Sozialforschung.

Martens, W. & Ortmann, G. (2006). Organisationen in Luhmanns Systemtheorie. In A. Kieser & M. Ebers (Hrsg.), *Organisationstheorien.* 6. neubearbeitete Aufl. (S. 427–461). Stuttgart: Kohlhammer.

Martin, J. (1992). *Cultures in organizations: Three perspectives.* New York, NY u.a.: Oxford Univ. Press.

Masser, D. (2009). *Unternehmenskultur und Mitarbeitergesundheit.* Diplomarbeit, Fachhochschulstudiengänge Burgenland. Pinkafeld.

Mayo, E. (1933). *The human problems of an industrial civilization.* New York, NY: Macmillan.

McGregor, D. (1970). *Der Mensch im Unternehmen.* Düsseldorf, Wien: Econ.

McKelvey, B. & Aldrich, H. E. (1983). Populations, natural selection, and applied organizational science. *Administrative Science Quarterly, 28* (1), 101-128.

McQueen, D. V. (2001). Strengthening the evidence base for health promotion. *Health Promotion International, 16* (3), 261-268.

MDS Medizinischer Dienst der Spitzenverbände der Krankenkassen (Hrsg.). (2008). *Präventionsbericht 2007: Leistungen der Gesetzlichen Krankenversicherung in der Primärprävention und Betrieblichen Gesundheitsförderung: Berichtsjahr 2006.* Essen. Verfügbar unter: http://www.gkv.info/gkv/fileadmin/user_upload/Pressemitteilungen/Praeventionsbericht2007.pdf [15.11.2009].

Meggeneder, O. (2004). Betriebliche Gesundheitsförderung in kleinen Unternehmen: Eine Führungsaufgabe. *Soziale Sicherheit* (2), 77-83.

Meifert, M. T. & Kesting, M. (2004). *Gesundheitsmanagement im Unternehmen: Konzepte, Praxis, Perspektiven.* Berlin u.a.: Springer.

Meyer, J. W. & Rowan, B. (1977). Institutionalized organizations: Formal structure as myth and ceremony. *American Journal of Sociology, 83* (2), 340-363.

Miles, M. B. (1975). Planned change and organizational health: Figure and ground. In J. V. Baldridge & T. E. Deal (Hrsg.), *Managing change in educational organizations* (S. 224–249). Berkeley, CA: McCutchan.

Mintzberg, H. (1992). *Die Mintzberg-Struktur: Organisationen effektiver gestalten.* Landsberg/Lech: Verl. Moderne Industrie.

Morgan, G. (2006). *Bilder der Organisation* (4. Aufl.). Stuttgart: Klett-Cotta.

Muto, T., Hsieh, S. D. & Sakurai, Y. (1999). Status of health promotion programme implementation in small-scale enterprises in Japan. *Occupational Medicine, 49* (2), 65-70.

Muto, T., Kikuchi, S., Tomita, M., Kurita, M. & Ozawa, K. (1996). Status of health promotion program implementation and future tasks in Japanese companies. *Industrial Health, 34* (2), 101-111.

Nerdinger, F. W. (2004). Motivation. In G. Schreyögg & A. v. Werder (Hrsg.), *Handwörterbuch Unternehmensführung und Organisation.* 4. neubearbeitete Aufl. (S. 905–914). Stuttgart: Schäffer-Poeschel.

Noack, H. (1993). Gesundheit: Medizinische, psychologische und soziologische Konzepte. In P. Novak & R. Gawatz (Hrsg.), *Soziale Konstruktionen von Gesundheit* (S. 13–32). Ulm: Univ.-Verl. Ulm.

Nutbeam, D. & Harris, E. (2001). *Theorien und Modelle der Gesundheitsförderung.* Gamburg: G. Conrad.

Oesterreich, R. & Volpert, W. (Hrsg.). (1999). *Psychologie gesundheitsgerechter Arbeitsbedingungen: Konzepte, Ergebnisse und Werkzeuge zur Arbeitsgestaltung.* Bern u.a.: Huber.

Oesterreich, R. (1999). Konzepte zu Arbeitsbedingungen und Gesundheit: Fünf Erklärungsmodelle im Vergleich. In R. Oesterreich & W. Volpert (Hrsg.), *Psychologie gesundheitsgerechter Arbeitsbedingungen. Konzepte, Ergebnisse und Werkzeuge zur Arbeitsgestaltung* (S. 141–215). Bern u.a.: Huber.

Ouchi, W. G. (1981). *Theory Z.* New York, NY: Avon Books.

Pelikan, J. M. (2007). Gesundheitsförderung durch Organisationsentwicklung: Ein systemtheoretischer Lösungszugang. *Prävention und Gesundheitsförderung, 2* (2), 74-81.

Peters, T. J. & Waterman, R. H. (1982). *In search of excellence: Lessons from America's best-run companies* (6th ed.). New York, NY u.a.: Harper & Row.

Peterson, M. & Wilson, J. F. (2002). The culture-work-health model and work stress. *American Journal of Health Behavior, 26* (1), 16-24.

Pfaff, H. & Slesina, W. (Hrsg.). (2001). *Effektive betriebliche Gesundheitsförderung: Konzepte und methodische Ansätze zur Evaluation und Qualitätssicherung.* Weinheim, München: Juventa.

Pfaff, H., Plath, S.-C., Köhler, T. & Krause, H. (2008). *Gesundheitsförderung im Finanzdienstleistungssektor: Prävention und Gesundheitsmanagement bei Banken und Versicherungen.* Berlin: Ed. Sigma.

Quaas, W., Kubitscheck, S. & Thiele, L. (1997). Betriebliche Gesundheitsförderung durch Arbeitsgestaltung und Unternehmenskultur. *Journal of Public Health, 5* (3), 208-238.

Ridder, H.-G. (2004). Arbeitsorganisation. In G. Schreyögg & A. v. Werder (Hrsg.), *Handwörterbuch Unternehmensführung und Organisation*. 4. neubearbeitete Aufl. (S. 28–37). Stuttgart: Schäffer-Poeschel.

Roethlisberger, F. J. & Dickson, W. J. (1939). *Management and the worker*. Cambridge, MA: Harvard Univ. Press.

Rosenbrock, R. (2006). Betriebliche Gesundheitsförderung als Systemeingriff. In W. Bödeker & J. Kreis (Hrsg.), *Evidenzbasierung in Gesundheitsförderung und Prävention* (S. 57–71). Bremerhaven: Wirtschaftsverl. NW.

Rosenbrock, R. (2006a). *Betriebliche Gesundheitsförderung: Elemente sowie fördernde und hemmende Bedingungen der Umsetzung: Symposium vom 18.05.2006. Betriebliche Gesundheitsförderung. Wirtschaftlicher Erfolgsfaktor Gesundheit*, Kernkompetenzbereich Gesundheit der Fachhochschulstudiengänge Burgenland.

Rüegg-Stürm, J. (2005). *Das neue St. Galler Management-Modell: Grundkategorien einer modernen Managementlehre. Der HSG-Ansatz*. Bern u.a.: Haupt.

Sackmann, S. A. (1991). *Cultural knowledge in organizations: Exploring the collective mind*. Newbury Park, CA u.a.: Sage Publ.

Sackmann, S. A. (2004). *Erfolgsfaktor Unternehmenskultur: Mit kulturbewusstem Management Unternehmensziele erreichen und Identifikation schaffen*. Wiesbaden: Gabler.

Sackmann, S. A. (2007). *Assessment, evaluation, improvement: Success through corporate culture* (2. Aufl.). Gütersloh: Bertelsmann Stiftung.

Sackmann, S. A. (2009). Möglichkeiten der Erfassung und Entwicklung von Unternehmenskultur. In B. Badura, H. Schröder & C. Vetter (Hrsg.), *Fehlzeiten-Report 2008. Zahlen, Daten, Analysen aus allen Branchen der Wirtschaft*. Betriebliches Gesundheitsmanagement: Kosten und Nutzen (S. 15–22). Heidelberg: Springer.

Sanders, K. & Kianty, A. (2006). *Organisationstheorien: Eine Einführung*. Wiesbaden: VS, Verl. f. Sozialwissenschaften.

Schaeffer, D. & Müller-Mundt, G. (2002). Vorwort. In D. Schaeffer & G. Müller-Mundt (Hrsg.), *Qualitative Gesundheits- und Pflegeforschung* (S. 7–10). Bern u.a.: Huber.

Scharinger, C. (2005). *Betriebliche Gesundheitsförderung und Organisationsentwicklung: Unternehmen entwickeln und Strukturen gesund gestalten*. Linz: Fonds Gesundes Österreich.

Schein, E. H. (1974). Das Bild des Menschen aus der Sicht des Management. In E. Grochla (Hrsg.), *Management. Aufgaben und Instrumente* (S. 69–91). Düsseldorf, Wien: Econ.

Schein, E. H. (2000). Organisationsentwicklung: Wissenschaft, Technologie oder Philosophie? In K. Trebesch (Hrsg.), *Organisationsentwicklung. Konzepte, Strategien, Fallstudien* (S. 19–32). Stuttgart: Schäffer-Poeschel.

Schein, E. H. (2006). *Organisationskultur: The Ed Schein corporate culture survival guide* (2. neubearbeitete Aufl.). Bergisch Gladbach: EHP.

Scherer, A. G. (2006). Kritik der Organisation oder Organisation der Kritik? Wissenschaftstheoretische Bemerkungen zum kritischen Umgang mit Organisationstheorien. In A. Kieser & M. Ebers (Hrsg.), *Organisationstheorien*. 6. neubearbeitete Aufl. (S. 19–62). Stuttgart: Kohlhammer.

Schmidt, S. J. (2008). *Unternehmenskultur: Die Grundlage für den wirtschaftlichen Erfolg von Unternehmen* (4. Aufl.). Weilerswist: Velbrück Wissenschaft.

Schnabel, P.-E. (2005). Grundlagen und Entwicklungsperspektiven der Gesundheitswissenschaften. In A. Kerres & B. Seeberger (Hrsg.), *Gesamtlehrbuch Pflegemanagement* (S. 159–187). Berlin, Heidelberg: Springer.

Schnabel, P.-E. (2007). *Gesundheit fördern und Krankheit prävenieren: Besonderheiten, Leistungen und Potentiale aktueller Konzepte vorbeugenden Versorgungshandelns*. Weinheim, München: Juventa.

Schreyögg, G. & Werder, A. v. (2004). Organisation. In G. Schreyögg & A. v. Werder (Hrsg.), *Handwörterbuch Unternehmensführung und Organisation*. 4. neubearbeitete Aufl. (S. 966–977). Stuttgart: Schäffer-Poeschel.

Schreyögg, G. (1996). Unternehmenskultur. In R. Busch (Hrsg.), *Unternehmenskultur und betriebliche Gesundheitsförderung. Erweiterte Dokumentation eines Workshops an der Freien Universität Berlin am 30. 05. 1995* (S. 23–35). Berlin: Kooperationsstelle FU-DGB.

Schreyögg, G. (2004). Organisationstheorie. In G. Schreyögg & A. v. Werder (Hrsg.), *Handwörterbuch Unternehmensführung und Organisation*. 4. neubearbeitete Aufl. (S. 1069–1088). Stuttgart: Schäffer-Poeschel.

Schreyögg, G. (2008). *Organisation: Grundlagen moderner Organisationsgestaltung. Mit Fallstudien* (5. neubearbeitete Aufl.). Wiesbaden: Gabler.

Schwager, T. & Udris, I. (1998). Verhaltens- versus verhältnisorientierte Maßnahmen in der betrieblichen Gesundheitsförderung: Eine Recherche in Schweizer Betrieben. In G. Amann & R. Wipplinger (Hrsg.), *Gesundheitsförderung. Ein multidimensionales Tätigkeitsfeld* (S. 367–388). Tübingen: DGVT.

Schwarzer, R. (2004). *Psychologie des Gesundheitsverhaltens: Einführung in die Gesundheitspsychologie* (3. neubearbeitete Aufl.). Göttingen u.a.: Hogrefe.

Scott, W. R. (1986). *Grundlagen der Organisationstheorie*. Frankfurt/Main, New York, NY: Campus.

Seeger, T. (1979). *Die Delphi-Methode: Expertenbefragungen zwischen Prognose und Gruppenmeinungsbildungsprozessen*. Freiburg: Hochschul-Verl.

Seibt, A. C. (2006). Modell der Gesundheitsüberzeugungen/Health Belief Model. In Bundeszentrale für Gesundheitliche Aufklärung (Hrsg.), *Leitbegriffe der Gesundheitsförderung. Glossar zu Konzepten, Strategien und Methoden in der Gesundheitsförderung*. 6. Aufl. (S. 150–152). Schwabenheim/Selz: Sabo.

Semmer, N. K & Mohr, G. (2001). Arbeit und Gesundheit: Konzepte und Ergebnisse der arbeitspsychologischen Streßforschung. *Psychologische Rundschau, 52* (3), 150-158.

Senge, P. M. (2004). Die fünfte Disziplin - die lernfähige Organisation. In G. Fatzer (Hrsg.), *Organisationsentwicklung für die Zukunft. Ein Handbuch*. 3. Aufl. (S. 145–178). Köln: EHP.

Shain, M. & Kramer, D. M. (2004). Health promotion in the workplace: Framing the concept, reviewing the evidence. *Occupational and Environmental Medicine, 61,* 643-648.

Siegrist, J. & Dragano, N. (2008). Psychosoziale Belastungen und Erkrankungsrisiken im Erwerbsleben: Befunde aus internationalen Studien zum Anforderungs-Kontroll-Modell und zum Modell beruflicher Gratifikationskrisen. *Bundesgesundheitsblatt - Gesundheitsforschung - Gesundheitsschutz, 51* (3), 305-312.

Siegrist, J. (1996). Adverse health effects of high-effort/low-reward conditions. *Journal of Occupational Health Psychology, 1* (1), 27-41.

Sievers, B. (1993). Theorie und Praxis der Organisationsentwicklung. In J. M. Pelikan, H. Demmer & K. Hurrelmann (Hrsg.), *Gesundheitsförderung durch Organisationsentwicklung. Konzepte, Strategien und Projekte für Betriebe, Krankenhäuser und Schulen* (S. 34–42). Weinheim u.a.: Juventa.

Sievers, B. (2000). Organisationsentwicklung als Lernprozeß personaler und sozialer Systeme – oder: Wie läßt sich OE denken? In K. Trebesch (Hrsg.), *Organisationsentwicklung. Konzepte, Strategien, Fallstudien. Wegweisende Beiträge aus der Zeitschrift Organisationsentwicklung* (S. 33–49). Stuttgart: Schäffer-Poeschel.

Simon, H. A. (1948). *Administrative behavior: A study of decision-making process in administrative organization*. New York, NY: Macmillan.

Slesina, W. (2008). Betriebliche Gesundheitsförderung in der Bundesrepublik Deutschland. *Bundesgesundheitsblatt - Gesundheitsforschung - Gesundheitsschutz, 51* (3), 296-304.

Smircich, L. (1983). Concepts of culture and organizational analysis. *Administrative Science Quarterly, 28* (3), 339-358.

Stark, W. (2006). Empowerment. In Bundeszentrale für Gesundheitliche Aufklärung (Hrsg.), *Leitbegriffe der Gesundheitsförderung*. 6. Aufl. (S. 28–31). Schwabenheim/Selz: Sabo.

Steinmann, H. & Schreyögg, G. (2005). *Management: Grundlagen der Unternehmensführung* (6. neubearbeitete Aufl.). Wiesbaden: Gabler.

Suhrcke, M., Urban, D., Iburg, K. M., Schwappach, D., Boluarte, T. & McKee, M. (2007). *The economic benefits of health and prevention in a high-income country: The example of Germany* (Wissenschaftszentrum Berlin für Sozialforschung, Hrsg.). Verfügbar unter: http://bibliothek.wz-berlin.de/pdf/2007/i07-302.pdf [18.11.2009].

SVR Sachverständigenrat zur Begutachtung der Entwicklung im Gesundheitswesen. (2005). *Koordination und Qualität im Gesundheitswesen: Drucksache 15/5670 des Deutschen Bundestags.* Verfügbar unter: http://dip21.bundestag.de/dip21/btd/ 15/056/1505670.pdf [18.3.2009].

Tacke, V. (2001). Funktionale Differenzierung als Schema der Beobachtung von Organisationen: Zum theoretischen Problem und empirischen Wert von Organisationstypologien. In V. Tacke (Hrsg.), *Organisation und gesellschaftliche Differenzierung* (S. 141–169). Wiesbaden: Westdeutscher Verl.

Taylor, F. W. (1913). *Die Grundsätze wissenschaftlicher Betriebsführung* (5.-10. Tsd.). München u. Berlin: Oldenbourg.

Titscher, S., Meyer, M. & Mayrhofer, W. (2008). *Organisationsanalyse: Konzepte und Methoden.* Wien: Facultas WUV.

Trebesch, K. (2000a). 50 Definitionen der Organisationsentwicklung - und kein Ende. Oder: Würde Einigkeit stark machen? In K. Trebesch (Hrsg.), *Organisationsentwicklung. Konzepte, Strategien, Fallstudien* (S. 50–62). Stuttgart: Schäffer-Poeschel.

Trebesch, K. (2000b). Einführung: Die Entwicklung der Organisationsentwicklung. In K. Trebesch (Hrsg.), *Organisationsentwicklung. Konzepte, Strategien, Fallstudien. Wegweisende Beiträge aus der Zeitschrift Organisationsentwicklung* (S. 9–16). Stuttgart: Schäffer-Poeschel.

Trebesch, K. (2004). Organisationsentwicklung. In G. Schreyögg & A. v. Werder (Hrsg.), *Handwörterbuch Unternehmensführung und Organisation.* 4. neubearbeitete Aufl. (S. 988–997). Stuttgart: Schäffer-Poeschel.

Trojan, A. & Legewie, H. (2001). *Nachhaltige Gesundheit und Entwicklung: Leitbilder, Politik und Praxis der Gestaltung gesundheitsförderlicher Umwelt- und Lebensbedingungen.* Frankfurt/Main: Verl. f. akademische Schriften.

Trojan, A. (2006). Zu Chancen und Grenzen der Evidenzbasierung komplexer sozialer Interventionen. In W. Bödeker & J. Kreis (Hrsg.), *Evidenzbasierung in Gesundheitsförderung und Prävention* (S. 73–109). Bremerhaven: Wirtschaftsverl. NW.

Udris, I. & Frese, M. (1999). Belastung und Beanspruchung. In C. Graf Hoyos & D. Frey (Hrsg.), *Arbeits- und Organisationspsychologie. Ein Lehrbuch* (S. 429–445). Weinheim: Psychologie Verlags Union.

Udris, I. (2006). Salutogenese in der Arbeit: Ein Paradigmenwechsel? *Wirtschaftspsychologie* (2/3), 5-13.

Udris, I., Kraft, U., Mussmann, C. & Rimann, M. (1992). Arbeiten, gesund sein und gesund bleiben. *Psychosozial, 15* (4), 9-22.

Ulich, E. & Wülser, M. (2009). *Gesundheitsmanagement in Unternehmen: Arbeitspsychologische Perspektiven* (3. neubearbeitete Aufl.). Wiesbaden: Gabler.

Ulich, E. (2005). *Arbeitspsychologie* (6. neubearbeitete Aufl.). Zürich: Schäffer-Poeschel.

Ulmer, J. & Gröben, F. (2004). *Gesundheitsförderung im Betrieb: Postulat und Realität 15 Jahre nach Ottawa* (Hans-Böckler-Stiftung, Hrsg.). Düsseldorf. Verfügbar unter: http://www.boeckler.de/pdf/p_arbp_088.pdf [15.11.2009].

Ulmer, J. & Groeben, F. (2005). Work place health promotion: A longitudinal study in companies placed in Hessen and Thueringen. *Journal of Public Health, 13* (3), 144-152.

Unterreitmeier, A. (2004). *Unternehmenskultur bei Mergers & Acquisitions: Ansätze zu Konzeptualisierung und Operationalisierung.* Wiesbaden: Dt. Univ.-Verl.

Vahs, D. (2005). *Organisation: Einführung in die Organisationstheorie und -praxis* (5. neubearbeitete Aufl.). Stuttgart: Schäffer-Poeschel.

Vogt, I. (2006). Psychologische Grundlagen der Gesundheitswissenschaften. In K. Hurrelmann, U. Laaser & O. Razum (Hrsg.), *Handbuch Gesundheitswissenschaften.* 4. neubearbeitete Aufl. (S. 147–181). Weinheim, München: Juventa.

Wagner, D. (2004). Partizipation. In G. Schreyögg & A. v. Werder (Hrsg.), *Handwörterbuch Unternehmensführung und Organisation.* 4. neubearbeitete Aufl. (S. 1115–1123). Stuttgart: Schäffer-Poeschel.

Walgenbach, P. (2006). Neoinstitutionalistische Ansätze in der Organisationstheorie. In A. Kieser & M. Ebers (Hrsg.), *Organisationstheorien.* 6. neubearbeitete Aufl. (S. 353–402). Stuttgart: Kohlhammer.

Waller, H. (2006). *Gesundheitswissenschaft: Eine Einführung in Grundlagen und Praxis* (4. neubearbeitete Aufl.). Stuttgart: Kohlhammer.

Walter, U., Schwartz, F. W., Robra, B.-P. & Schmidt, T. (2003). Gesundheitsförderung und Prävention: Prävention. In F. Wilhelm Schwartz, B. Badura, R. Busse, R. Leidl, H. Raspe, J. Siegrist & U. Walter (Hrsg.), *Public Health. Gesundheit und Gesundheitswesen.* 2. Aufl. (S. 189–225). München, Jena: Urban & Fischer.

Walter-Busch, E. (1996). *Organisationstheorien von Weber bis Weick.* Amsterdam: G+B Verl. Fakultas.

Weber, M. (1922). *Wirtschaft und Gesellschaft.* Grundriß der Sozialökonomik: Bd. 3. Tübingen: Mohr.

Weibler, J. (2004). Führung und Führungstheorien. In G. Schreyögg & A. v. Werder (Hrsg.), *Handwörterbuch Unternehmensführung und Organisation.* 4. neubearbeitete Aufl. (S. 294–308). Stuttgart: Schäffer-Poeschel.

Weick, K. E. (1979). *The social psychology of organizing* (2nd ed.). Reading, MA u.a.: Addison-Wesley.

Weissmann, W. (2004). *Unternehmenskultur: Ein Weg zum tieferen Verständnis von Prozessen in Unternehmen.* Wien: WUV Univ.-Verl.

Westermayer, G. & Stein, B. (2006). *Produktivitätsfaktor betriebliche Gesundheit.* Göttingen u.a.: Hogrefe.

WHO World Health Organization. (1986). *Ottawa Charta zur Gesundheitsförderung.* Verfügbar unter: http://www.euro.who.int/AboutWHO/Policy/20010827_2?-lan guage=German [15.9.2008].

WHO World Health Organization. (1998). *Glossar Gesundheitsförderung.* Gamburg: Verl. f. Gesundheitsförderung.

WHO World Health Organization. (2005). *Bangkok Charta für Gesundheitsförderung in einer globalisierten Welt.* Verfügbar unter: http://www.who.int/-healthpromotion/conferences/6gchp/BCHP_German_version.pdf [10.9.2008].

Wilkens, U., Lang, R. & Winkler, I. (2003). Institutionensoziologische Ansätze. In E. Weik & R. Lang (Hrsg.), *Moderne Organisationstheorien 2. Strukturorientierte Ansätze. Lehrbuch* (S. 189–242). Wiesbaden: Gabler.

Williamson, O. E. (1985). *The economic institutions of capitalism.* New York, NY u.a.: Free Press.

Wilson, M. G, DeJoy, D. M, Jorgensen, C. M & Crump, C. J. (1999). Health promotion programs in small worksites: Results of a national survey. *American Journal of Health Promotion, 13* (6), 358-365.

Wipplinger, R. & Amann, G. (1998). Gesundheit und Gesundheitsförderung: Modelle, Ziele und Bereiche. In G. Amann & R. Wipplinger (Hrsg.), *Gesundheitsförderung. Ein multidimensionales Tätigkeitsfeld* (S. 17–51). Tübingen: DGVT.

Woodward, J. (1958). *Management and technology.* London: HMSO.

Zapf, D. & Semmer, N. K. (2004). Stress und Gesundheit in Organisationen. In H. Schuler (Hrsg.), *Enzyklopädie der Psychologie, Themenbereich D, Serie III, Band 3, Organisationspsychologie.* 2. Aufl. (S. 1007–1112). Göttingen: Hogrefe.

Zucker, L. G. (1977). The role of institutionalization in cultural persistence. *American Sociological Review, 42* (October), 726-743.

Abkürzungen

BGF	Betriebliche Gesundheitsförderung
BGM	Betriebliches Gesundheitsmanagement
ENWHP	European Network for Workplace Health Promotion
FGÖ	Fonds Gesundes Österreich
KMU	Klein- und Mittelunternehmen
MDS	Medizinischer Dienst der Spitzenverbände der Krankenkassen
OE	Organisationsentwicklung
WHO	Weltgesundheitsorganisation

Abbildungen

Tabellen